잃어버린 수하물을 찾는 이탈리아인 이민자 가족.
루이스 위키스 하인, 1904년, 뉴욕공립도서관 소장.

페트로시노의 아내 아델리나.
1900년경, 미국국회도서관 소장.

조지프 페트로시노. 1883년.

검은 손 용의자('황소' 페토, 왼쪽에서 세번째)를 케리 경위, 매캐퍼티 경위(왼쪽에서 첫번째와 두번째)와 함께 법원으로 데려가는 페트로시노(가장 오른쪽). 1903년, 미국국회도서관 소장.

장의차에 실린 페트로시노의 관이 아델리나의 집에 도착했다.
베인 뉴스 서비스, 1909년 4월 9일, 미국국회도서관 소장.

페트로시노의 장례 행렬. 베인 뉴스 서비스, 1909년 4월 9일, 미국국회도서관 소장.

천재 형사의
뉴욕 마피아 소탕 실화

블랙
핸드

천재 형사의
뉴욕 마피아 소탕 실화

블랙
핸드

스테판 탈티 지음
허형은 옮김

문학동네

이민자였던
아버지를 기억하며

THE
BLACK
HAND
차 례

이 불길 속에서 어떻게 살아가야 할까!

— 뉴욕을 처음 본 이탈리아계 이민자

일러두기

1. 미주는 원주이며, 본문의 주는 옮긴이주다.
2. 원서에서 이탤릭체로 강조한 부분은 고딕체로 표기했다.
3. 단행본과 잡지는 『 』로, 논문과 기사는 「 」로, 연극과 영화, 뮤지컬과 노래는 〈 〉로
   표기했다.
4. 인명과 지명은 국립국어원 외래어표기법을 따랐다. 인명에 한해 이탈리아인
   이름은 이탈리아어 발음으로, 이탈리아계 미국인 이름은 영어 발음으로 표기했다.

프롤로그
이성을 마비시키는 거대한 공포

1906년 9월 21일 오후[1], 기운 넘치는 소년 윌리 라바르베라
가 뉴욕시 반짝이는 이스트강에서 두 블록 떨어진 제 부모의
과일가게 앞에서 신나게 뛰어놀고 있었다. 다섯 살 난 윌리와
또래 친구들은 보도에서 나무굴렁쇠를 굴리면서 꽥꽥거리며
서로의 꽁무니를 쫓아다녔고 그러다 굴렁쇠가 포석 깐 길에
픽 쓰러지면 와르르 웃어댔다. 아이들은 집이나 동네 이탈리아
식당으로 가는 은행원들과 인부들, 타조 깃털로 장식한 모자
를 쓴 젊은 여자들 뒤로 요리조리 숨어가며 달음질쳤다. 보행
자 물결이 휩쓸고 지나갈 때마다 윌리와 아이들은 서로의 시야
에서 아주 잠깐 사라졌다가 행인들이 지나가면 다시 나타나곤
했다. 그런 숨바꼭질을 그날 오후에만 수십 번 했다.

하고많은 사람들이 지나갔다. 강물에 반사되는 은빛도 어스

레할 무렵 윌리는 한 번 더 홱 돌아서 길을 내달려 인부 무리 뒤로 모습을 감췄다. 하지만 이번에는 보행자 물결이 지나간 뒤에도 다시 나타나지 않았다. 윌리가 서 있어야 할 자리는 희미해져가는 햇빛을 받은 채 텅 비어 있었다.

친구들은 바로 눈치채지 못했다. 뱃속을 찌르는 허기를 느끼고서야 아이들은 그날 오후를 재미나게 보낸 비좁은 인도를 천천히 돌아보았다. 길가에 드리운 그림자가 점차 길어지자 아이들은 좀더 진지하게 윌리를 찾았다. 윌리는 머리카락 한 올도 보이지 않았다.

윌리는 원래도 좀 제멋대로였고 장난으로 가출하겠다고 큰소리친 적도 있던 터라, 친구들이 윌리네 가게에 가서 뭔가 잘못됐다고 알리기 전에 조금 망설였을 수도 있다. 어차피 어른들에게 알려야 했으므로 아이들은 가게 안으로 들어갔다. 잠시 후 윌리의 부모 윌리엄과 카테리나가 가게에서 뛰쳐나왔고 사방 길거리를 이 잡듯 뒤지며 사탕 판매대 주인과 식료품상에게 혹시 우리 아이 못 봤느냐고 큰 소리로 묻고 다녔다. 아무도 본 이가 없었다. 윌리는 감쪽같이 사라졌다.

바로 그때 텔레파시가 통한 것처럼 기묘한 일이 벌어졌다. 아직 경찰에 신고하지 않았고 사소한 단서조차 발견되기 전인데도, 윌리의 가족과 친구들은 말 한마디 주고받지 않은 채 윌리에게 무슨 일이 생겼는지 동시에 알아챘다. 신기하게도 시카고

나 세인트루이스, 뉴올리언스, 피츠버그, 그리고 그 사이에 점점이 흩어져 있는 이름 모를 도시의 주민들, 1906년 가을에 유난히 많이 실종된 아동의 부모들도 똑같은 결론에 이르렀다. 누가 우리 아이를 데려갔는가? 라 마노 네라La Mano Nera. 이탈리아인들은 그렇게 불렀다. 검은손 협회The Black Hand Society.

검은손은 대규모로 갈취, 암살, 아동 납치, 폭탄 테러를 일삼는 악명 높은 범죄 조직—"악랄하고 사악한 해로운 무리"[2]—이었다. 검은손이 전국적으로 악명을 얻은 계기는 2년 전 브루클린의 외딴 동네에서 일어난 사건이었다. 미국에 이민 와 벼락부자가 된 어느 건축업자의 집 우편함에 검은손 조직원이 협박 편지를 넣고 간 것이 시발점이었다. 그후 관과 십자가, 단검 그림으로 장식한 검은손 협회의 협박 편지가 도시 곳곳에 나타났고, 편지가 왔다 하면 곧 잔악한 범죄가 뒤따랐다. 검은손은, 한 주민의 표현을 빌리면, "문명국가에서 전시戰時를 제외하면 역사상 유례가 없는 경악스러운 범죄 기록"[3]을 세웠다. 20세기 초에 이러한 집단 공포를 낳은 존재는 쿠 클럭스 클랜Ku Klux Klan, KKK밖에 없을 것이다. 당시 이탈리아계 이민자들이 검은손에 "마음 깊은 곳에서부터 피어오르는, 이성을 마비시키는 거대한 공포를 느끼고 있었다"[4]고 한 기자는 전했다. 그해 가을에 이르러서는 이탈리아인뿐 아니라 수많은 미국인이 그 같은 공포를 맛봤다.

며칠 후 라바르베라가에 편지가 오자 두려움 섞인 예상이 적중했음이 드러났다. 납치범들은 윌리를 풀어주는 대가로, 라바르베라 가족에게는 천문학적 액수인 5천 달러를 요구했다. 범인들이 그 편지에 정확히 뭐라고 썼는지는 전해지지 않지만 이런 류의 협박 편지에는 주로 "당신 아들은 우리가 데리고 있다"[5]든가 "이 편지를 경찰에게 보여줬다간 성모 마리아님께 맹세코 네 아이의 목숨이 온전치 못할 것이다" 따위의 문장이 나왔다. 편지 하단에 그려넣은 조잡한 검은색 십자가 세 개와 해골, 크로스본(대퇴골 두 개를 교차시킨 모양. 주로 해골 밑에 그려 죽음을 상징하는 표시로 쓴다—옮긴이) 그림은 공포감을 극대화했다. 검은손의 기호였다.

혹자는 검은손이나 그 비슷한 조직이 미국에서 완전히 새로운 차원의 살인 및 갈취 행각을 벌여 거대한 폭력이 지배하는 암흑의 시대를 열었을 뿐 아니라, 미국 정부를 손아귀에 넣고 휘두를 목적으로 간첩단 활동도 했었다고 주장했다. 이런 주장은 적어도 십 년이 넘도록 이어져 갓 이민 온 이탈리아계 이민자들을 괴롭혔다. 매사추세츠주 상원의원 헨리 캐벗 로지는 이탈리아인으로 이루어진 모종의 비밀 조직을 두고 이런 발언을 했다. "이들이 활동 무대를 넓히고 있으며 테러 행위로 배심원단을 조종하고 있는데다 언젠가는 시 의회와 연방 정부까지 손에 넣을 거라는 우려가 널리 퍼져 있습니다."[6] 반면에 이탈리아 대사는 검은손 소리만 들어도 발끈했다. 의심이 많은 이들은 그런 조직이 아예 존재하지 않는다고, 미국의 '백인들'이 증오에 눈이 멀어 자기네 나라에서 멀리 쫓아내고 싶은 이탈리아 인들을 저주하려 지어낸 낭설에 불과하다고 반박했다.[7] 한 이탈리아인 재담가는 검은손 협회가 "사실상 문학작품 속에만 존재한다"고 비꼬기도 했다.[8]

하지만 검은손이 허구라면 대체 누가 윌리를 억류하고 있는 걸까?

라바르베라 가족은 경찰에 납치 신고를 했다. 곧 형사 한 명이 2번 애비뉴 837번지 집으로 출동했다. 그 유명한 이탤리언 수사반 반장 조지프 페트로시노였다. 그는 작달막하고 몸이 딴딴한데다 가슴이 술통처럼 벌어져서 꼭 부두 노동자 같았다. 누구는 짙은 회색이라 하고 또 누구는 숯처럼 새카맣다고 하는 그의 눈은 상대방을 꿰뚫어보는 듯한 냉철한 인상을 풍겼다.[9] 어깨는 떡 벌어지고 "근육은 마치 철끈 같"[10]았지만 난폭한 성정은 아니었다. 오히려 그 반대였다. 그는 심미적인 대화를 즐겨하고 오페라를 사랑했는데 그중에서도 이탈리아 작곡가의 음악을 좋아했다. 바이올린 연주 솜씨도 수준급이었다. 뉴욕 선이 "조 페트로시노는 바이올린 활을 구슬려 이야기하게 만들 줄 안다"고 평할 정도였다.[11] 그러나 뭐니 뭐니 해도 그의 천직은 범죄 수사였다. 뉴욕 타임스에 따르면 페트로시노는

"세계 최고의 이탈리아계 형사"[12]였고 고국에서는 "이탈리아의 셜록 홈스"[13]라는 속설까지 돌았다. 마흔여섯의 나이에 이미 "파리 지하세계의 미로를 누비는 어느 '자베르 형사' 혹은 런던 경시청의 어느 경위도 부러워할 만한 경력, 즉 코넌 도일의 상상력을 자극했을 법한 모험과 성취로 가득한 삶을 누리"[14]고 있었다. 페트로시노는 낯을 다소 가리지만 청렴한 성격에 말투는 조곤조곤했고, 무모하리만치 용감해서 도발을 당하면 폭력적으로 돌변하기도 했다. 게다가 친구들마저 변장한 그를 길에서 마주치면 못 알아보고 지나칠 정도로 위장술에 능했다.[15] 정규교육을 초등학교 6학년 과정까지밖에 못 받았지만, 한 번 본 것은 절대 잊지 않는 정확한 기억력을 지녀서[16] 몇 년 전 흘끔 본 종이에 적혀 있던 정보도 쉽게 떠올리곤 했다. 아내도 자녀도 없었던 그는 자신이 사랑하는 나라를 뿌리째 흔드는 검은손 일당을 소탕하는 데 인생을 바쳤다. 하지만 길을 걸으며 오페레타를 흥얼거릴 줄도 아는 사람이 조지프 페트로시노였다.[17]

윌리엄 라바르베라가 문을 열고 집안으로 안내했을 때 페트로시노는 여느 때처럼 검은색 정장에 검정 구두, 검정 중산모 자 차림이었다.[18] 행방불명된 아이의 아버지는 형사에게 그간 받은 편지를 죄다 보여줬는데 그것 말고는 더 내놓을 정보가 없었다. 검은손은 어디에나 있지만 어디에서도 보이지 않았다.

모든 것을 꿰뚫고 있는 것처럼 보인다는 점에서 초현실적이었고 몹시 잔악했다. 그 점을 두 사람 다 잘 알았다. 페트로시노는 윌리의 부모가 "비통함으로 거의 미칠 지경"[19]인 모습을 보았다.

라바르베라가를 나선 페트로시노 형사는 곧장 수사에 착수해 사소한 단서라도 찾아내려고 정보원과 연락책을 탈탈 털었다. 그는 도시 전체에 엔파미라 불리는 방대한 규모의 스파이와 정보원 네트워크를 포진시키고 있었다.[20] 바텐더, 의사, 행상, 변호사, 오페라 가수, ('화이트 윙어'라 불리는) 거리 청소부, 은행원, 뮤지션, 얼굴에 흉터가 있는 시칠리아 출신 건달 등 네트워크를 이루는 군상의 면면도 참 다양했다. 윌리의 인상착의는 뉴욕의 신문 수십 개에 실렸다.

하지만 윌리를 봤거나 소식을 들었다는 이는 아무도 없었다. 네번째로 날아든 편지에서 검은손은 누추한 집이라도 팔아서 아이 몸값을 마련하라고 요구했다. 그 건물은 라바르베라 가족이 미국에서 소유한 유일한 자산이자 평생 푼푼이 저축해 마련한 집이었다. 그 집을 팔면 라바르베라 가족은 끝도 없이 계속되는 빈곤의 나락으로 추락할 터였다. 일가족이 기를 쓰고 **메초조르노**(이탈리아 남부, 특히 시칠리아의 별칭. 이탈리아어로 정오를 뜻한다—옮긴이)를 떠나온 것은 그러한 가난의 굴레를 벗어나기 위해서였다. 그런데 집을 팔아 돈을 대면 적어도 자손의 자손 세대까지는 아메리칸드림을 포기해야 했다.

어쩐지 검은손은 한발 앞서 라바르베라 가족이 보일 반응을 예상하고 있었다. 네번째 편지에는 몸값의 유인이 동봉되어 있었다. 라바르베라 부인을 노린 것 같았다. 편지지를 펼치자 뭔가가 바닥으로 툭 떨어졌다. 윌리의 짙은 머리칼 한 가닥이었다.

+ + +

며칠이 흘렀다. 아무 단서도 발견되지 않았다. 마치 윌리가 공중분해된 것 같았다.

3주차에 한 엔파메로부터 제보가 들어왔다. 어떤 남자가 뉴저지주 케닐워스에서 이상한 소문을 들었다고 했다.[21] 노동자 계급이 많이 사는 동네에서 한 여성이 산책하던 중 커다란 보따리를 지고 가는 남자를 지나쳤는데, 그 옆을 막 지나는 순간 보따리 안에 든 뭔가가 귀청을 찢는 외마디소리를 내더란다. 그러자 남자는, 금방이라도 무너질 듯 너무나 조잡해 오두막이라고밖에 표현하지 못할 근처의 집으로 허겁지겁 들어가더니 문을 닫았다. 하지만 여자는 방금 들은 소리에 너무 놀라 주변을 어슬렁거리며 문을 뚫어져라 쳐다봤다. 잠시 후 아까 그 남자가 이제는 조용해진 보따리를 그대로 메고 집에서 나와 덮개 달린 사륜마차에 실었다. 그러고는 마차를 몰고 가버렸다.

페트로시노는 즉시 웨스트 23번가 끝으로 가 뉴저지행 증기 연락선에 몸을 실었다. 저멀리 행상 수레에 달린 램프들이 황혼 속에서 모닥불처럼 아련히 빛나는 가운데, 멀어져가는 뉴욕 웨스트사이드 부두를 물끄러미 바라보며 난간 너머로 몸을 내밀고 허드슨강 물이 뱃머리에 부딪혀 내는 사악사악 소리에 귀기울였다. 머릿속에 이런저런 시나리오가 떠올랐다. 몇 달 전, 몇 년 전 기억해두었다가 이제 소환해야 할 용의자들의 이름과 얼굴도 한꺼번에 떠올랐다. 어쩌면 가판대에서 버터밀크 한 잔을 사 마셨을 수도 있다. (한 잔에 멸균하지 않은 건 2센트, 멸균한 건 3센트였다.)[22] 편도로 25분쯤 걸리니 잠시 생각할 시간은 있었을 터다.

검은손의 범죄 행각은 나날이 대담하고 가혹해졌다. 뉴욕에서 벌어지는 검은손 범죄는 규모를 파악하기 힘들 정도였다. '이탈리아 식민지'라고도 불리는 이민자 거주지에서는 남자들이 산탄총을 들고 집 앞을 순찰했고,[23] 아이들은 학교도 못 가고 방벽을 둘러친 방에 갇혀 지냈다. 검은손이 설치한 폭탄으로 정문이 날아간 건물들은 그대로 방치되어 비바람을 고스란히 맞았다. 뉴욕은 세계적으로 번영한 국제도시 중 하나였지만 특정 구역들은 마치 어퍼 뉴욕 만에 정박한 드레드노트 전함에서 쉴새없이 폭격을 받는 듯 검은손에 얻어맞고 있었다. "어둠의 무리"[24]가 수십 명을 죽이고 또다른 수십 명을 불구로 만든 걸로 모자라 이제는 시민 수백수천을 공포에 몰아넣고 있었다. 뉴욕 주민들은 공황 상태에 빠진 나머지 귀가했다가 문짝에 숯 검댕으로 찍어놓은 손바닥 자국—검은손이 다녀갔다는 표시—을 발견하면 황망히 짐을 싸서 이탈리아행 배에 허겁지겁 올랐다.

뉴욕에서만 일어나는 일도 아니었다. 페트로시노가 오래전 예측했듯 공포는 한 도시에서 다른 도시로 들불처럼 번졌다. 검은손은 클리블랜드에, 시카고에, 로스앤젤레스에, 디트로이트에, 뉴올리언스에, 샌프란시스코에, 뉴포트에, 보스턴에 출현했고 그 사이사이에 있는 더 작은 도시와 중소 규모의 마을, 탄광촌과 채석장, 주둔지 수백 곳에도 출몰했다. 수많은 지역에서 주민을 살해하고 건물을 폭파하고 군중의 린치를 부추기며 이탈리아계 이웃에 대한 불신을 조장했다. 이탈리아계 이민자만이 아니라 수없이 많은 미국인이 검은손의 손아귀에 붙들려 있었고 앞으로 더 많은 사람이 그들 손에 놀아날 터였다. 백만장자와 판사, 주지사와 시장, 록펠러가 사람들, 변호사, 시카고 컵스 선수단, 보안관, 지방 검사, 사교계를 이끄는 귀부인, 갱단 두목 할 것 없이 누구도 예외가 아니었다. 그해 1월에는 국회의원 몇 명이 검은손에 일련의 협박 편지를 받았는데, 그 결말이 다소 별나고 묘한 건 둘째 치고 몇몇 주 하원의원들은 협박에 시달리다 못해 "신경쇠약"[25]으로 쓰러지기까지 했다.

펜실베이니아주 탄광 지대의 마을들은 무장 쿠데타에 휩쓸린 양 검은손에 점령되기도 했다. 그런 마을에서는 검은손 두목들이 주민의 생사를 결정했다. 버킹엄 카운티 주민들은 검은손이 벌인 충격적인 살인 사건을 겪은 후 펜실베이니아 주지사에게, 아파치족에 포위된 초기 서부 정착민들이 보낸 것과 유사한 전보를 보냈다. "이곳 상황 절망적. 5킬로미터 밖에 암살단이 진을 침. 주민 한 명 등에 총 맞고 다수 위협받음. 카운티 공무원들은 무력함."[26] 이들은 "경찰과 블러드하운드(개의 한 품종으로, 후각이 발달해 범행과 관련된 대상을 추적할 때 이용한다. 탐정이라는 뜻도 있다─옮긴이)"를 보내줄 것을 요구했다. 공포의 물결이 퍼지는 것을 막을 수는 없어 보였지만, 이를 조금이나마 늦추고자 새로운 법안들을 제정하고 통과시켰다. 미국 남부에서는 이탈리아계 이민자에게 반발심을 품은 주민들이 봉기하기도 했다. 주로 검은손의 극악무도한 범죄 행각 때문이었다. 뉴욕 경찰청장 시절부터 페트로시노의 친구였던 시어도어 루스벨트 대통령이 백악관에서 추세를 긴밀히 살피고 있다는 소문이 들려왔다.[27] 체구가 왜소한 이탈리아 국왕 비토리오 에마누엘레 3세도 평소에 집착하는 방대한 주화 컬렉션에서 잠시 눈길을 거두어, 국왕 자신에게도 몹시 중요한 이 문제에 대해 페트로시노에게 상의하는 편지를 써 비싼 금시계까지 동봉해 보냈다.[28] 인도에서 프랑스, 영국에 이르는 국가의 국민들이 문명국가 세력과 무정부주의 세력이 펼치는 이 대결에 눈이 팔렸고, 새파랗게 젊은 신생국이 짙은 색 눈의 이민자들을 상대로 쩔쩔매는 꼴을 관전하며 조금은 고소해했을 것이다.

페트로시노는 이러한 세계의 이목을 충분히 인지하고 있었다. 그럴 법도 했다. 그는 뉴욕 시경의 봉급을 받는 일개 경관이 아니었다. 그는 미국에서 유명한, 아니, 어쩌면 가장 유명한 이탈리아계 미국인이었다. 그런데 명성에는 늘 책임이 따른다. 적어도 페트로시노의 지론으로는 그랬다. 그는 동포들로 구성된 단출한 선봉대―변호사 한 명과 지방 검사 한 명 그리고 이민자보호협회 창립자―와 함께, 미국에 사는 이탈리아인을 위태로운 처지에서 구제할 운동을 점화한 셈이었다. 이탈리아계 이민자들은 미국 시민권을 누릴 자격이 없는 야만적 민족이라고 손가락질 받고 있었다. 페트로시노는 격하게 반박했다. "이탈리아인은 태생적으로 자유를 사랑합니다"[29]라고 뉴욕 타임스와의 인터뷰에서 주장하기도 했다. "그들은 고국에서 계몽을 위해 치열하게 싸웠고, 오늘날의 이탈리아는 바로 이런 영웅적 투쟁으로 이룩되었습니다." 그러나 이탈리아계 이민자를 참다운 미국인으로 정착시키려는 그의 투쟁은 검은손을 상대로 한 전쟁에 밀려 동력을 잃었다. 심지어 타임스마저 이탈리아 남부 이민자를 받지 말라는 외침에 동참한 실정이었다. 검은손 "흡혈귀"[30]들이 여기저기서 폭탄 테러를 하고 사람을 불구로 만들고 살인 행각으로 전국을 초토화하는 마당에 어찌 혼자서 한 민족을 구제할 수 있겠는가?

페트로시노도 그럴 수 없다는 것을 뼈저리게 배웠다. 이 두 갈래의 투쟁은 서로 긴밀히 얽혀 있었다. 작가 H. P. 러브크래프트가 훗날 친구에게 보낸 편지 한 구절이 당시 미국인이 이민자들에게 느낀 적개심을 잘 보여준다. 그는 로어 이스트사이드에 바글거리는 이탈리아 출신 이민자들을 "어떤 기준으로 봐도 인간이라 부를 수 없는"³¹ 존재로 묘사한다. "그들은 피테칸트로푸스(자바섬에서 발견된 직립 원시인—옮긴이)와 아메바가 합쳐진, 괴상하고 모호한 형상을 하고 있다. 썩은 흙내가 나고 물컹거리는 점액질로 흐릿하게 빚어져 더러운 길 위로 흐물흐물 미끄러지듯 나아가면서 땅바닥에 점액질을 줄줄 흘리고 다니거나 우글거리는 벌레 또는 심해의 명명 불가한 생물체만이 보일 수 있는 징그러운 모양새로 출입구를 드나든다."

페트로시노가 검은손과의 싸움에서 이기고 있었다면 그의 성전聖戰도 좀더 순조로이 진행됐을 것이다. 그러나 1906년은 악화일로였다. 수많은 이가 피를 흘렸고 동지들을 잃었을 뿐 아니라 활동 구역까지 빼앗겼다. 검은손의 그림자는 이제 롱아일랜드 석조 맨션에서부터 시애틀의 울퉁불퉁한 작은 만灣까지, 페트로시노가 제2의 조국으로 삼은 나라 전체를 뒤덮었다. 불길한 예감을 떨칠 수 없었다.

하지만 이날 밤만큼은 걱정을 제쳐둘 참이었다. 윌리 라바르베라를 찾아야 했으니까.

건너편 해안에 도착한 페트로시노 형사는 연락선에서 내려 곧장 마차를 대여했다. 형사를 태운 마부는 쉭쉭 소리로 말을 출발시켜 서쪽으로 32킬로미터 떨어진 케닐워스로 달려갔다. 승객들도 어느새 부두를 빠져나갔고 석탄을 그득 실은 마차 한 대가 연락선에 올라 엔진실에 연료를 공급한 뒤 하선했다. 연락선도 맨해튼으로 귀환하러 항구에서 천천히 빠져나갔다. 선창에 고요가 내려앉았다. 몇 시간 후 마차가 다시 모습을 드러냈고 거기서 페트로시노가 내렸다. 그는 연락선이 도착하길 기다렸다가 승선했다. 뉴저지 항만에서 출발한 배는 허드슨강 저편에 낮게 펼쳐진 도시를 점점이 밝힌 가스등을 향해 검은 물결을 가르며 움직였다. 페트로시노는 혼자였다. 아이의 머리카락 한 올도 찾지 못했다.

페트로시노 형사는 유난히 까다로운 사건으로 고민할 때마다 가장 좋아하는 작곡가인 베르디의 오페라에서 안식을 찾곤 했다.[32] 바이올린과 활을 집어들고 주로 〈라 트라비아타〉에 나오는 제르몽의 아리아 〈디 프로벤차 일 마르 일 수올(프로방스의 바다와 육지―옮긴이)〉을 연주했다. 작품 속에서 아버지는 연인을 잃은 아들에게 어릴 적 뛰놀던 고향 프로방스의 눈부신 태양과 달콤한 추억을 상기시키며 위로한다.

오, 이별의 슬픔 속에서도 기억하라
네게 기쁨의 빛이 비추던 것을,
오직 그곳만의 평화가
다시금 네게 빛을 비춰줄 수 있음을.

페트로시노는 원룸아파트에서 이 아리아를 줄기차게 연주하곤 했다. 힘찬 손이 활을 부드럽게 놀려 서정적인 도입부 가락을 쏟아내다가 서서히 까다로운 구간으로 넘어갔다. 아름답지만 구슬픈 곡이다. 지나가버렸고 아마 다시는 돌아오지 않을 대상을 향한 갈망을 노래하고 있다.

그날 밤 페트로시노의 이웃들은 그 곡을 여러 번 들었을 것이다.

1장
세계의 절반을 담은 대도시

1855년 1월 3일,[1] 뉴올리언스에서 그리 멀지 않은 미시시피
강 둑에 남성 시체 한 구가 버려져 있었다. 몸 바깥쪽으로 펼
쳐진 손에서 불과 몇 미터 떨어진 강줄기는 멕시코만을 향해
남쪽으로 흘러갔다. 멀리서 봐도 남자가 순탄치 않은 죽음을
맞았음을 직감할 수 있었다. 셔츠는 피범벅에 여기저기 뚫려
있었다. 십여 차례 칼에 찔린 것이다. 게다가 남자의 목이 한쪽
귀부터 다른 쪽 귀까지 베였고 상처에서 흘러나온 피가 열기
에 응고해 두껍게 엉겨 있었다. 남자의 이름은 프란시스코 도
밍고였다. 그는 미국 최초의 검은손 피해자로 알려졌다.

조지프 페트로시노는 그로부터 5년 뒤에야 태어난다. 검은
손 협회가 페트로시노보다 거의 20년 앞서 미 대륙에 상륙한
것이다.

도밍고와 달리, 그리고 자신이 훗날 마주할 적들 대다수와도 달리 페트로시노는 시칠리아인이 아니었다. 그는 장화 모양 이탈리아반도의 발목 앞부분에 해당하는 캄파니아주 살레르노 지방 출신이었다. 주세페 미카엘 파스콸레 페트로시노는 카르투시오 수도회의 본거지로 유명한 마을 파둘라에서 1860년 8월 30일에 태어났다. 아버지 프로스페로는 재단사,[2] 어머니 마리아는 전업주부였다. 보통 이탈리아 가정에 비하면 구성원이 단출했다. 재단사 가장의 변변찮은 살림에 장남 주세페 밑으로 남동생 하나, 여동생 하나가 다였으니 말이다. 그런데 주세페가 어렸을 때 그의 집에 쌍으로 불행이 닥쳤다. 아직 어린 주세페를 남겨두고 어머니가—정확히 무엇 때문이었는지는 전해지지 않지만—세상을 뜬데다 주세페가 천연두에 걸려버린 것이다. 1860년대에 천연두는 치명적이었다. 주세페는 목숨을 건졌지만 천연두 흉터는 평생 없어지지 않았다.

어린 소년의 마음에 더 깊은 상흔을 남긴 것은 첫번째 위기였을 것이다. 페트로시노는 한 번도 어머니 얘기를 입에 올리지 않았는데, 사실 자신에 대한 이야기는 거의 하지 않았기에 그게 아니어도 지나치게 과묵하다는 뒷말이 많았다. 속을 드러내지 않는 그의 성향을 두고 사람들은 한마디씩 하고 가설을 내놓았다. 가장 그럴듯한 두 가지 가설은 좋은 교육을 못 받아서, 그리고 일이 너무 힘들어서 그렇게 됐다는 것이었다. 페르로시노가 전국적으로 유명해진 1900년대 초반 신문에 실린 인물 소개에도 "웃음기가 전혀 없었다"[3]는 묘사가 고정 문구로 등장했다. 이는 사실이 아니다. 페트로시노는 기쁨과 다정함은 물론이고 이글거리는 분노까지 강한 감정을 표현하는 데 전혀 문제가 없었다. 아주 가까운 지인 몇몇은 잘만 구슬리면 그가 파티에서 남 흉내도 곧잘 냈다고 증언했다. 그렇지만 어머니를 잃은 것이 그의 성정에 깊고도 음울한 상흔을 남겼음은 분명했다.

페트로시노가 청소년기를 보내던 때는 이탈리아가 국가의 기틀을 다지는 시기이기도 했다. 주세페 가리발디가 근대국가 성립을 목표로 양시칠리아왕국과 교황령까지 포함해 이탈리아 반도를 통일하기 위한 전쟁을 진두지휘하고 있었다. 그러나 특히 남부 지방에서 빈곤과 실정이 들끓었고, 페트로시노가 열세 살이 되던 해 1873년 그의 부친은 미국으로 건너가 운을 시험해보기로 결심했다. 프로스페로는 뉴욕행 기범선 표를 가족 수대로 샀다.

메초조르노 사람들은 열세 살을 중요한 나이로 여긴다. 열세 살은 소년이 유치한 관심사를 뒤로하고 세상의 이치와 그 세상을 어떻게 헤쳐나갈지를 배우는 시기를 의미한다. 한마디로 성인기에 접어드는 나이다. 그 무렵 페트로시노도 이탈리아인의 삶과 명예에 관한 규율, 그중에서도 가장 중요한 오르디네 델라 파밀리아, 즉 가문의 질서를 받아들였을 것이다. 이는 이탈리아 남부 마을 사람들의 모든 행위를 결정짓는 핵심 가치이자 관습이었다. 오르디네의 중요한 신조 하나는 절대로 가족보다 자기 자신을 우선시하지 않는 것, 자신의 야망 때문에 가족에 대한 의무를 저버리지 않는 것이었다. 인생이 곧 전투인 자비 없는 메초조르노에서의 삶은 사랑하는 가족에게 무조건 순종할 것을 요구했다.

페트로시노 가족은 출항한 지 25일이 지나 뉴욕에 당도했다. 그들은 대부분 숙련된 기술자와 교양 있는 사람으로 이루어진 초창기 이탈리아계 이민자 물결의 일부였다. 가족은 맨해튼에 자리잡았고 조지프 페트로시노는 공립학교에 들어가 영어를 배웠다. 이탈리아어밖에 할 줄 몰랐을 테니 원래 학년보다 낮춰서 들어갔을 것이다. 아직 대규모 이탈리아인 이민의 시대가 열리기 전이었다. 1875년에는 이탈리아계 이민자가 2만 5천 명 정도에 불과했는데 이들은 뉴욕이나 시카고 같은 대도시 사회 구조에 비교적 쉽게 파고들었다. 1880년대에 들어서야 절망적일만치 가난한 이탈리아인이 미국 동쪽 해안에 밀물처럼 몰려들기 시작했다. 이는 원주민과의 관계에 터질 듯한 긴장을 왕왕 야기했다. 1888년 뉴올리언스 지역 신문에 「이탈리아인 인구 문제에 관하여」라는 제목으로 만화가 연재됐다.[4] 이탈리아인이 빼곡 들어찬 우리가 강물로 내려지는 장면을 묘사한 그림이 다음과 같은 캡션을 달고 올라왔다. "그들을 처치하는 법." 하지만 1873년에 이미 어린 조지프는 로어 맨해튼 길거리에서 증오를 온몸으로 맞닥뜨렸다.

이탈리아계 이민자는 최소 두 세대에 걸쳐 아일랜드 이민자가 장악한 동네에 터를 잡았다. 노랫가락처럼 높낮이 심한 생경한 언어를 쓰고 왁자지껄한 축제를 즐기며 정신이 쏙 빠질 만큼 다채로운 음식을 해 먹는 올리브색 피부의 새 이민자들은 기존 토박이 무리에 비해 머릿수가 턱없이 모자랐고 쓰라릴 만치 혐오받았다. 이탈리아인 가족이 다세대주택에 입주하면 아일랜드계 가족들은 우르르 다른 데로 이사갔다. 분위기가 험악하게 치닫던 시기에는[5] 매일 오후 학교의 마지막 수업이 끝나는 종이 울리면 거리에 경찰이 쫙 깔렸다. 이탈리아계 아이들이 학교 정문에서 모습을 드러내면 주변 다세대주택에서 터져나온 야유 소리가 자갈길에 부딪혀 퍼져나갔고, 아일랜드인 엄마들이 차례차례 내리닫이창의 새시를 올리고는 몸을 창밖으로 내밀고 저 아래 자기 아들에게 "데이고(스페인, 포르투갈, 이탈리아 출신을 경멸적으로 칭하는 말—옮긴이)들 죽여버려!" 하고 소리쳤다. 그러면 피부 하얀 사내아이들은 저마다 돌멩이를 집어들고는 무리 지어 달아나는 이탈리아인 아이들의 머리를 겨냥해 힘껏 던졌다. 이 작은 갱단은 짙은 머리칼의 아이들에게 돌진해 무리에서 뒤처진 몇몇을 고립시키려 했다. 그렇게 한 명을 구석에 몰아넣으면 피를 볼 때까지 그 아이를 두드려 팼다. "만날 그렇게 아수라장이었어요." 어렸을 때 매일 그 난리를 겪은 한 남자가 옛날을 회상하며 말했다.

이가 부러지고 뼈가 으스러질까봐 걱정된 이탈리아계 학생 무리는 옹골차 보이는 전학생에게 접근했다. 어린 조지프 페트로시노는 아일랜드계 아이들과의 대결을 피한 적이 없었다.[6] 오히려 그런 대거리를 반기는 것 같았다. 하교 종이 울리면 조지프는 눈을 부릅뜨고 사방을 살피며 동포 학생들을 학교 밖으로 데리고 나왔다. 아일랜드인 아이가 경찰의 눈을 피해 조지프의 등뒤에 숨은 이탈리아인 아이 한 명에게 돌을 던지면 조지프는 즉시 휙 돌아서 돌팔매질을 한 아이에게 달려들었다. 먼저 상대방의 머리를 집중 강타하고서 자갈길 바닥에 찧어 박살내려고 했다. 조지프는 셔츠가 피투성이가 된 채 집으로 돌아오는 날이 많았다. 시간이 흐르면서 조지프 페트로시노를 주인공으로 한 전설이 생겨났다.

맨해튼에서 험난한 적응기를 보냈음에도 페트로시노는 전형적인 미국 이민자의 특징을 체화했다. 향상심을 품게 된 것이다. 그는 얼마 후 '리틀 이틀리'라고 불리게 될 멀버리가 300번지 코앞에서 앤서니 마리아라는 다른 이탈리아계 소년과 함께 신문을 팔고 구두닦이 좌판을 벌였다. 멀버리가 300번지 건물은 마침 뉴욕 시경이 본부로 쓰는 건물이라 페트로시노는 그

자리에서 뉴욕 월드와 뉴욕 헤럴드를 팔았고 번쩍이는 금장 단추가 달린 군청색 모직 제복을 입은 순경의 구두를 반들반들 윤냈다. 몇몇은 두 소년에게 따뜻하게 대해줬지만 어떤 경관들은 그들을 '데이고'나 신분증명서가 없는 사람without papers이라는 뜻의 '와프' 또는 '기니'라고 불렀다. '기니'는 이탈리아인을 아프리카 서해안 기니에서 납치해온 노예에 빗댄, 유독 차별적인 멸칭이었다.

이런 괴롭힘에도 십대 소년 페트로시노는 조금도 기가 꺾이지 않았다. 친구 앤서니가 기억하는 페트로시노는 "우람하고 건장한 아이였고 포부가 남달랐다".[7] 보통 이탈리아계 이민 가정의 아이들은 일찌감치 공교육을 포기했고 리틀 이틀리 곳곳에 생겨난 저임금 노동착취형 의류 공장에 취직하거나 쓰레기를 주우러 다니거나 그것도 아니면 마약상 또는 행상의 수습생으로 들어갔다. 조지프는 정규직 노동 수준에 준하는 구두닦이 일을 유지하면서 대다수 이민자 아이들보다 오래 학교에 붙어 있었다. 하지만 교육을 받고자 하는 열의는 결국 돈을 벌 필요에 밀리고 말았다. 페트로시노는 바야드가와 멀버리가가 만나는 귀퉁이에 자리한 24호 공립학교를 6학년까지만 다니고 자퇴했다.

페트로시노는 학교에 갈 일이 없어지자 떼 지어 "구두 닦으실래요?"[8]라고 외치고 다니는 이탈리아계 구두닦이 아이 수천 명과 합류했다. 어떤 아이들은 살을 에는 듯 추운 겨울의 뉴욕 거리를 맨발로 누볐다. 페트로시노는 일감을 맡으면 낡은 양탄자 조각을 무릎 받침으로 바닥에 탁 던져놓고 연장 상자에서 브러시를 꺼내 노동자들의 투박한 단화나, 경찰청 앞을 바삐 오가는 변호사들과 기자들의 발목까지 오는 목달이구두에 묻은 흙을 힘차게 털어내고서 헝겊으로 구두 가죽을 반들반들 윤이 나도록 문질렀다.

하루에 잘하면 25센트쯤 벌었을 구두닦이들은 1870년대 맨해튼 경제 사다리에서 맨 밑층을 차지했다. 청년 페트로시노는 이 일을 하면서 뉴욕 자본주의의 민낯을 경험했다. 태머니홀 (19세기 말에서 20세기 초까지 맨해튼 태머니홀을 본거지 삼아 뉴욕 시정市政을 장악한 부정한 정치조직―옮긴이)을 말하는 것이다. 뉴욕을 장악한 아일랜드계 정치가들의 영향력 아래 있던 이탈리아계 구두닦이는 특정 구역에서 일하려면 현금을 상납해야 했고 경찰관의 구두는 공짜로 닦아줘야 했다.[9] 반항하는 아이는 사람 머리 하나쯤 우습게 으깨는 '골웨이(아일랜드 서해안에 위치한, 아일랜드에서 세번째로 큰 도시. '외국인의 도시'라는 뜻이다―옮긴이)의 아들'의 방문을 받았다.

페트로시노의 향상심에는 뭔가에 쫓기는 구석이 있었다. 아버지의 양복 재단 사업이 망했고, 집안의 또다른 남자인 조지프의 남동생 빈첸초는 건달 노릇만 잘해내고 있었다. "무책임한 양반이었어요."[10] 빈첸초의 손자인 빈센트 페트로시노의 증언이다. "이 일 저 일 손대다 금방 그만두시곤 했죠. 미국에서 끝끝내 자리를 잡지 못하셨어요." 사실 가족 중 조지프만큼 강렬한 야망을 품은 사람은 또 없었다. 빈센트 페트로시노의 말에 따르면, 가족들은 곧 책임을 저버리고 십대 소년의 벌이에 생계를 의존한 "한심한 한량들"이었다. 조지프의 부친 프로스페로는 이탈리아로 돌아가 땅 한 뙈기 장만해 캄파니아의 감귤 과수원을 거닐며 여생을 보낼 꿈만 꾸었다. 하지만 조지프는 달랐다. "그 녀석은 뉴욕에서 성공하는 데 모든 것을 걸었죠. 어떻게든 성공할 작정이었고, 성공하게 돼 있었어요."[11] 친구 앤서니 마리아의 회상이다.

결단력과 완력 말고도 십대 시절의 조지프는 이탈리아인이 파치엔차라 칭하는 것의 기미를 보였다. 사전적 의미는 '인내'지만 이탈리아 남부 문화에서 그 단어는 특별한 의미를 띠었다. 가장 깊은 속마음은 남에게 내보이지 않는 것, 최적의 타이밍을 기다렸다가 꺼내 보이는 것을 뜻했다. 메초조르노에서 그것은 남성성 규율의 일부였고, 억압과 미제리아(불행)에 대한 방어기제였다. 리처드 감비노는 이렇게 설명했다. "파치엔차는 삶의 활력을 억누르라는 의미가 아니다. 유보와 인내의 규율, 가장 좋은 때를 기다리고 다가올 일에 대비하며 결정적인 순간에 열정을 다해 행동하라는 규율이며 이는 인생에 큰 도움이 된다.

(…) 절제 없이 취한 성급한 행동은 재난만 불러온다."[12] 파치엔차의 한 예는 행동을 취하기 직전까지 무심할 정도로 냉정한 태도를 유지하는 것이다. 그러다가 적절한 때가 오면 격렬한 열정을 발산한다.

하루는 앤서니와 조지프 페트로시노가 브룸가와 크로즈비가 모퉁이의 술집 앞에서 구두를 닦고 있었다.[13] 페트로시노는 늘 갖고 다니는 낡은 양탄자 조각에 무릎을 대고 앉아 고객의 가죽 부츠를 열심히 문지른 다음 돈을 받으려고 일어섰다. 번 돈의 일부는 가족들 집세로 나가고 일부는 식료품과 석탄, 의복 값으로 나갔다. 페트로시노 자신이 쓸 돈, 이민자 거주지를 벗어나는 꿈을 이루는 데 쓸 돈은 전혀 남지 않거나 기껏해야 몇 푼 남았다.

그날 오후 마음속에서 뭔가가 울컥 터졌다. 앤서니가 옆에서 놀란 얼굴로 지켜보는 가운데 페트로시노는 근육이 불끈거리는 두꺼운 팔로 구두닦이 연장 상자를 바닥에서 집어 머리 위로 번쩍 들어올리더니 보도에 내동댕이쳤다. 상자는 깨져서 산산조각났다. 앤서니는 사업 파트너를 빤히 올려다봤고 행인들은 나무 파편을 피해 가던 길을 갔다. 페트로시노가 침착한 목소리로 말했다. "토니, 난 더이상 구두를 닦지 않겠어. 난 대단한 사람이 될 거야."

너무나 전형적인 아메리칸드림다운 이야기라서 혹 앤서니가 눈빛 반짝반짝한 구두닦이가 자주 등장하는 허레이쇼 앨저(미국 아동문학가. 가난한 소년이 굳센 신념으로 끝내 역경을 딛고 성공한다는 내용의 소설을 주로 썼다—옮긴이)의 소설을 차용한 것이 아닐까 의심되기도 한다. 하지만 앤서니는 정말 있었던 일이라고 하늘에 대고 맹세했다. 어린 조지프 페트로시노는 미국의 이상향에 흠뻑 취해 있었다. 연장 상자가 손쓸 수 없을 정도로 부서졌으니 다른 일거리를 찾을 수밖에 없었다. 그는 그날 이후 뉴욕에서, 그리고 다른 어느 곳에서도 다시는 구두를 닦지 않았다.

그날의 감정 분출을 목격한 앤서니는 한 가지를 깨달았다. 친구의 차분한 겉모습 이면에 강렬한 감정이 소용돌이치고 있었다.

페트로시노는 더 나은 일거리를 찾아 맨해튼 이쪽 끝에서 저쪽 끝까지 상점마다 가게마다 기웃거렸다. 도축업자 보조, 철도 시간기록원, 모자 가게 직원, 증권 중개인 심부름꾼 등 이런저런 일에 연이어 손댔다.[14] 심지어 순회 연주자로 나서 멀게는 미국 최남부까지 전국을 돌며 바이올린을 연주하다가 맨해튼으로 돌아오기도 했다.[15] 하지만 그중 어떤 일도 그를 저 위의 세계로, 눈만 돌리면 보이는 구차한 빈곤의 늪 밖으로 데려가 주지 않았다.

마침내 페트로시노는 열열곱인가 열여덟 살 때 화이트 윙어라는 별칭으로 불리는 뉴욕시 환경미화원 일자리를 얻었다. 거기서 거기인 듯 보일 수 있지만 당시 뉴욕시 위생국은 뉴욕 시경 산하에 있었다. 보통 이민자에게 그 일자리는 계층 상승의 디딤돌이 됐다.

페트로시노는 운좋게 '텐더로인(20세기 초 맨해튼 중심부에 있던 환락가—옮긴이)의 차르'라 불리는 모질고 아주 부도덕한 알렉 '곤봉잡이' 윌리엄스 경위의 비호를 받게 되었다. 뼛속까지 아일랜드인인 윌리엄스는 사람들과 와자지껄 어울리기 좋아할 뿐 아니라 풍채도 위압적이어서, 담당 구역인 7번 애비뉴를 누비고 다닐 때마다 뉴욕 주민들은 그를 즉시 알아봤다. (말 그대로 그의 구역인 게, 어떤 술집도 범죄자도 윌리엄스의 허락 없이는 그곳에서 오래 살아남을 수 없었다.) 윌리엄스가 이렇게 떠벌린 적도 있었다. "뉴욕에서 나를 모르는 자가 없어서 마차 끄는 말도 아침에 나를 보면 고개 숙여 인사한다오."[16] 한번은 자신을 인터뷰하러 온 신문기자들에게 잘난 척하고 싶어서,[17] 황량한 분위기에 범죄의 온상인 '가스 하우스' 지구 3번 애비뉴 35번가의 가로등 기둥에 자신의 회중시계를 걸어놓고는 기자단을 대동하고 느긋하게 그 블록을 한 바퀴 돌았다. 가로등으로 돌아왔을 때 윌리엄스의 시계는 그대로 걸려 있었다. 동네에서 활동하는 조직폭력배 수백 명 중 어느 누구도 감히 그의 귀중품을 건드리려 하지 않았던 것이다.

윌리엄스는 부정부패로 한몫 톡톡히 챙기는 재주로 경찰청에서 부러움을 또 샀다. 그는 코네티컷주 코스콥에 방 17개짜리의 드넓은 저택을 소유하고 선체 16미터짜리 요트도 가지고 있었는데, 전부 표면상으로는 뉴욕 시경 경위의 박봉으로 장만한 것이었다. 어떻게 그만한 재산을 축적했느냐는 질문을 받을 때마다 그는 그럴듯한 동문서답으로 받아쳤다. "일본 부동산 시장 덕이지요."[18]

페트로시노는 새로 맡은 일에 전력을 다했다. 뉴욕은 더러운 도시로 유명했는데, 런던이나 파리보다 그 정도가 훨씬 심했다. 삼륜수레를 밀고 다니면서 간밤에 모인 엄청난 양의 오물을 자갈길에서 싹 쓸어내는 게 페트로시노의 일이었다. 말똥이 유난히 제거하기 어려웠다. 뉴욕과 (1898년까지 자치시였던) 브루클린에서 살거나 일하는 말 15만 마리가 매일같이 하루에 무게 1360톤에서 1814톤의 배설물을 배출했고,[19] 말들은 평균 2년 반을 살다가 과로로 죽었다. 말 사체도 무게가 450킬로그램 넘게 나가서 화이트 윙어들이 들어올리기에 너무 무거웠던 지라 사체 일부가 썩을 때까지 기다렸다가 각 부위를 따로 떠서 수레에 담아야 했다. 페트로시노는 산더미처럼 쌓인 재와 과일 껍질, 신문지, 가구 잔해는 물론이고 돼지와 염소, 말 사체까지 싹싹 쓸어냈다.

얼마 안 가 페트로시노는 승진했다. 그는 뉴욕시 쓰레기를 대서양 저멀리로 운반하는 대형 평저선을 몰게 되었다. 그는 부서지는 하얀 파도에 악취나는 쓰레기를 던져 버리는 일을 했다. 뱃머리에 철썩철썩 부딪혀오며 조타실에 찝찔한 포말을 뿌리는 파도 속으로 매일같이 평저선을 몰고 나갔다. 만약 그가 옆으로 눈길을 돌렸다면 옆으로 쏜살같이 지나가는, 돈 많은 매디슨 애비뉴 거물이 모는 늘씬한 모터보트를 언뜻 봤을 것이다. 어쩌면 악덕 자본가 제이 굴드(19세기 미국 금융업자이자 철도회사 경영자. 주식매매 사기 혐의로 기소되기도 했다—옮긴이)가 태리타운 집에서 통근용으로 몰고 나오는 애틀랜타호가 그를 지나쳐 갔을지도 모른다. 쭉 뻗은 70미터 선체가 시선을 사로잡고 내부 역시 여느 인도 왕궁보다 더 호화롭게 꾸며진 "물위의 최고 걸작 민간선"[20] 요트였다. 자기 확신이 없는 남자라면 그렇게 호화찬란한 선박들 옆에서 썩어가는 말 대가리와 바나나 껍질로 가득찬 배를 모는 자신을 비웃었을 것이다. 캄파니아의 아들에게 딱 어울리는 번지르르한 꿈의 배로군! 하지만 페트로시노는 굴하지 않았다. 다른 건 몰라도 자신감 하나는 충만했으니까.

이탈리아계 청년 페트로시노가 차근차근 위를 향해가는 동안 뉴욕도 더 높이 솟아오르고, 더 환해지고, 더 빠르게 돌아가는 도시가 되었다. 1868년 9번 애비뉴를 따라 최초의 지하철 고가 선로가 개통됐다. 1880년에는 전등이 구식 가스등을 하나둘 대체하기 시작했다.[21] 1882년부터는 지중배관地中配管에서 증기열이 솟구쳐올랐다. 1883년 완공된 브루클린 다리가 이스트강을 가로질러 보고도 믿기지 않는 뼈대를 길게 뻗어 과시했다. 미국은 새로운 노동력에 갈급했다. 산업들이 빠른 속도로 성장하고 있었기에 광물과 암석을 캐고 금속을 벼리고 건물을 올리고 땅을 파낼 튼튼한 몸이 필요했다. 뉴욕은 이러한 변화의 중심에 있었다. 미국 100대 기업 중 80개가 맨해튼에 본사를 두고 있었다. 역사학자 마이크 대시는 이렇게 묘사했다. "이 나라에 월가가 자본을 대고 엘리스섬(1892년부터 1943년까지 미국 이민자들이 입국 수속을 밟은 곳─옮긴이)이 노동력을 공급했다. 5번 애비뉴는 사회의 유행을 결정했다. 브로드웨이는 타임스스퀘어, 코니아일랜드와 함께 놀거리를 제공했다."[22] 뉴욕에 거주하는 주민 수는 4년마다 보스턴 인구만큼씩 늘어났다. 뉴욕은 벌써 세계 최대의 유대계 도시, 세계 최대의 이탈리아계 도시가 되었다. 한 작가는 애정 어린 투로 맨해튼을 "세계의 절반을 담은 대도시"[23]라고 칭했다. 그런데 신규 주민 중 많은 이가 이탈리아 남부에서 건너온 콘타디니, 메초조르노 출신의 가난한 소작농이었다. 뉴욕에 거주하는 이탈리아계 이민자 수는 1850년 833명에서 1910년에는 50만 명으로 폭증했다.

미국인 다수가 이 우글대는 무리를, 어두운색 얼굴과 생경한 언어를 발전이 아닌 무질서의 신호로 받아들였다. 헨리 애덤스도 그중 하나였다.

뉴욕의 윤곽은 뜻풀이가 불가능한 어떤 것을 설명하려 애쓰느라 광기를 띠어갔다. 동력은 점점 커져 섬기는 위치를 탈피하고 자유를 천명한 듯했다. 실린더가 폭발해 하늘을 향해 어마어마한 양의 돌과 증기를 뿜어냈다. 뉴욕에는 히스테리적 분위기와 움직임이 감돌았고 주민들은 갖가지 억양으로 분노와 경악을 표출하면서, 무슨 수를 써서라도 새로운 힘을 통제해야 한다고 외쳤다. 상상도 못했던 번영, 인간이 여태 휘둘러보지 못한 크기의 동력, 유성 말고는 그 어떤 것도 낸 적 없는 속도. 이러한 발전은 세상을 과민하고 초조한 성마른 곳이자 두려움에 찬 비이성적인 곳으로 만들었다. (…)
역사의 고속도로를 지나던 한 여행자는 클럽 회관 창밖으로 5번 애비뉴의 소용돌이를 내다봤다가 언뜻 자신이 디오클레티아누스 치하 로마에서 그 무질서를 고스란히 목도하면서 들끓는 욕구를 의식하고 해법을 갈구하지만 다음 충격이 언제 닥칠지, 어떻게 작동할지 좀처럼 가늠하지 못하는 사람의 기분을 느

껐다.[24]

그러나 어떤 이들에게 이런 변화는 돈을 벌고 권력을 장악할 기회였다. 맨해튼에 새로이 쏟아져 들어오는 부富로부터 수백만 달러를 쓸어가고 있던 태머니홀은 암반을 폭파해 지하철 터널을 뚫고 의류 공장을 굴러가게 하는 이민자들을 눈여겨보았다. 아일랜드계 미국인들은 시칠리아와 칼라브리아 출신 이민자 무리에 파고들어 선거일에 이들을 투표소로 유인할 사람이 필요했다. 그래서 곤봉잡이 윌리엄스는 뉴욕 해안을 따라 우아하게 움직이는 평저선 위에서 위엄 있는 목소리로 지시를 내리는 이탈리아계 청년을 발견했을 때 그를 아주 유심히 봤다. 페트로시노의 행동거지에서 유독 어떤 점—미간에 어린 차분함—이 윌리엄스 경위의 시선을 사로잡았다.

윌리엄스는 너울거리는 바다 건너로 소리쳤다. "경찰에 들어오지 않겠나?"[25] 페트로시노는 경위를 쳐다보더니 배를 접안하고 훌쩍 뛰어내려 경위에게 다가갔다. 경위는 문제를 즉시 알아챘다. 키가 160센티미터밖에 되지 않는 이탈리아계 청년은 신임 경찰이 되기에 너무 작았다. 하한선에서 10센티미터는 족히 모자랐다. 그러나 아일랜드인 경위는 신장 미달보다 몇 배 까다로운 문제를 수두룩하게 해결해봤기에 이번에도 페트로시노를 경찰 조직에 편입시키려 로비 활동을 벌였다. 얼마 후

1883년 10월 19일, 스물세 살의 청년 페트로시노는 경찰 복무 선서를 했다.

구두닦이 출신에게는 대단한 성공이었다. 페트로시노는 1883년에 뉴욕 시경이 고용한 최초의 이탈리아계 경관 중 한 명이 되었다. 그때까지만 해도 아일랜드계 미국인이 경찰력의 압도적 다수를 차지하고 나머지는 드문드문 독일계와 유대계가 메우고 있었다. 그의 임용은 새로 이주한 나라의 권력 구조에 간신히 한발 들이민 이탈리아계 미국인에게 이정표가 된 사건이었다. 하지만 페트로시노가 동포들에게 찬사를 받으리라고, 285번 배지를 보고 멀버리가에 사는 나폴리나 시칠리아 출신 동포들이 환호하리라고 생각했다면 큰 실망을 맛봤을 것이다. 출근 첫날 신참 경관 페트로시노는 군청색 모직 제복을 빼입고 동그랗게 솟은 펠트 모자를 쓰고 아까시나무로 된 곤봉을 옆구리의 가죽 고리에 찬 채, 리틀 이틀리의 아파트 건물에서 나왔다. 새 옷은 미국인으로 탈바꿈했음을 보여주는 징표였다. 그가 집밖에 한발 내딛자마자 이탈리아계 이민자들이 그에게 소리치기 시작했다. 축하 인사가 아니었다. "모욕과 욕설"[26]이었다. 그가 다가오자 행상들은 "여기 신선한 파슬리 있어요!"라고 외치며(시칠리아 방언으로 페트로시노는 파슬리를 뜻한다) 동네 잡범들에게 경찰이 떴다고 경고했다. 얼마 뒤 페트로시노는 첫 살해 협박 편지도 받았다.

작열하는 태양에 모든 것이 희뿌옇게 바래버리는 이탈리아 남부에서는 제복 입은 사람은 무조건 적으로 간주된다는 사실을 페트로시노도 잘 알았다. 1885년 시칠리아 파르티니코라는 마을의 한 공무원은 이런 기록도 남겼다. "정부는 말단 공무원부터 왕을 자처하는 특권의식에 사로잡힌 최고위직 공무원까지, 사람이 하는 짓을 그대로 흉내내는 거대한 괴물이다. 이 괴물은 모든 것을 탐하고 공공연히 강탈하며 소수의 이익을 위해 재산이며 사람이며 할 것 없이 마음껏 취하는데, 하수인들이 휘두르는 총검이 수호해준 덕분이다."[27] 심지어 교회마저 경찰을 경멸했다.[28] 1477년에서 1533년 사이에 발표된 「교황청 조세 및 로마의 보속」 보고서에 따르면 팔레르모 주교는 판사를 매수하는 등 정의 실현을 방해해 법정에서 위증죄를 저지른 이들을, 일단 석방이 되었다면 전부 면죄해주었다. 교회는 범죄자들이 자신이 속한 교구에 기부금만 내면 스스로를 구제할 수 있다고 보았다. 심지어 교회법을 이렇게 특별 적용하면, 훔친 물품을 그대로 갖는 것도 허용했다. 하지만 비로, 즉 경찰관이라면? 비로는 썩은 고깃덩이 취급했다.

아일랜드인 혹은 독일인 이민자 거주지에서 신참 경관이 나오면 보통 축하가 뒤따랐지만 리틀 이틀리에서는 그렇지 않다. 많은 이들이 페트로시노가 미국에 오더니 압제자 편에 붙었다고 생각했다. 어느 시칠리아계 미국인은 훗날 이렇게 이야기했다. "그는 콘타디노 태생이잖아요."[29] 그러니 외국인과 한 패가 되어 동포들을 감시하겠다고 나서는 건 쉽게 잊히지 않을 "극단적이고 의도적인 침 뱉기"라는 것이었다. "페트로시노의 행동은 매우 모욕적인 부도덕의 소치였고, 벌해야 마땅한 인파미아(불명예 행위―옮긴이)와 진배없었습니다. 시칠리아인들이 보기에 페트로시노는 동포에게 등돌리고 대놓고 남의 편에 서서 자신의 입신양명만 추구했죠. 말하자면 넓은 의미의 오르디네 델라 파밀리아를 거스른 거였어요." 일부 이탈리아 남부 출신이 보기에 페트로시노는 백인에게 명예를 판 놈이었다.

비록 이탈리아인이 서유럽인 가운데 미국에 가장 뒤늦게, 가장 가난한 민족으로 들어오긴 했지만 조국에 대한 자부심이나 애정은 누구에게도 뒤지지 않았다. 여러모로 그들은 자기 핏속에 흐르는 조국의 문화가 미국 문화보다 월등하다고 믿었다. 그것을 명예로이 여기는 게 이탈리아인의 의무였다.

그런데 페트로시노는 다른 이탈리아 남부 출신은 저어하는 일을 거리낌없이 해냈다. 새로운 조국의 약속을 두 팔 벌려 끌어안은 것이다. 그는 미국의 가치관을 자신의 가치관으로 받아들였다. 동포들이 보낸 증오의 눈빛이 그에게 꽤나 충격으로 다가왔을 것이다. 리틀 이틀리 거리에서 엔파메, 즉 정보원이자 첩자로 불린 기억은 떠오를 때마다 새록새록 상처가 됐을 터다. "파슬리를 넣었으니 미국 경찰이 더 맛있어졌겠어."[30] 신입 경관 페트로시노를 두고 말재간 섞인 빈정거림도 들려왔다. "그래 봤자 여전히 소화는 안 되겠지만."

이와 다르게 생각하는 동포들, 이민자 거주지에 이탈리아계 경찰관이 절실함을 잘 알며 페트로시노의 성취를 자랑스러워하는 동포들도 많았다. 하지만 일부 이탈리아 이민자들은 그에게 끊임없이 협박 편지를 보냈고, 투서 내용이 갈수록 험악해지자 페트로시노는 하는 수 없이 다른 동네에 셋집을 구해야 했다. 그는 아일랜드계 이민자들이 사는 동네에 조그만 아파트를 얻어 얼마 안 되는 세간을 챙겨 이사갔다. 총각이 이민자 정착지를 떠나 외국인 사이에서 혼자 산다니 이탈리아계 미국인 문화에서는 감히 상상도 못할 일이었다. 그래서 페트로시노에게는 속을 알 수 없는 피부 창백한 아일랜드인과 섞여 사는 스트라니에로, 즉 이방인이라는 딱지가 붙었다. 가족 없이 혼자 사는 건 삶을 포기하는 것과 다름없었고, 시칠리아인은 그런 사람을 운 사쿠 바칸테(텅 빈 자루), 운 누두 미스카토 쿠 니엔티(별것 아닌 것들과 섞인 시원찮은 놈)라고 불렀다. 하지만 페트로시노는 몇 세기 동안 메초조르노에서의 삶을 지배해온 전통과 작별할 의지를 내비쳤다. 날아오르려면 둥지를 떠나야 했으니까.

첫 임무로 페트로시노는 뉴욕에서 가장 말썽 많은 관할구역인 5번 애비뉴에서 7번 애비뉴까지, 23번가와 42번가 사이에 있는 텐더로인으로 파견됐다. 처음으로 뉴욕 타임스에 실린 체포 건은 실력을 갈고닦고자 안달이 나서 일요일 공연 금지법을 위반할 정도로 열정이 지나친 배우를 체포한 사건이었다.[31] 페트로시노는 경험이 쌓이면서 다른 관할구역도 맡게 되었다. 어느 날 밤 그는 선원들이 주로 드나드는 술집과 매음굴이 늘어선 넌더리 나는 시궁창인 커낼가 끄트머리 부두로 순찰을 나갔다. 평소처럼 기운찬 걸음걸이로 활보하는데 어디선가 다급한 비명이 들려왔다.[32] 저만치 앞에서 벌어진 웬 소동이 눈에 들어왔다. 자세히 보니 백인 한 무리가 아스팔트 바닥에 쓰러진 사람에게 달려들어 무자비하게 폭행하고 있었다. 쓰러진 사람은 윌리엄 패러데이라는 흑인이었다.

　뉴욕 시경에서 아프리카계 미국인에 대한 평판은 별로 호의적이지 않았다. 경찰관 다수가 뼛속까지 인종차별주의자였다. 심지어 곧 경찰청장이 될 사람마저 뉴욕에 사는 흑인들을 멸시했다. "텐더로인의 니그로는 주제넘게 잘 차려입고 보석으로 잔뜩 치장한 한량이며 보통은 흔한 범죄자입니다."[33] 윌리엄 매커두의 말이다. 하지만 페트로시노 경관은 패러데이의 비명을 듣고 1초도 주저하지 않았다. 가죽 고리에서 곤봉을 꺼내들면서 그리로 곧장 내달렸고, 한데 엉킨 패거리를 보자마자 처음

손에 잡힌 백인 머리에 아까시나무 곤봉을 내리쳤다. 그렇게 몇 번 곤봉을 휘두르자 폭력배는 달아났다. "네 사람이 저를 죽이려 했어요." 패러데이가 그날을 떠올리며 말했다. "조가 나타나서 저를 죽기 직전에 구해준 거죠." 그날의 사건은 패러데이의 기억 속에 일생 동안 선명하게 남아 있었다.

페트로시노는 타고난 경찰이었다. 가히 언어의 마법사라 불릴 만했는데, 고향 캄파니아의 방언뿐 아니라 아브루치, 나폴리, 시칠리아, 풀리아 방언 등 이탈리아계 뉴욕 주민들이 사용하는 대다수 방언을 거의 완벽하게 구사했다.[34] 그리고 한 번도 뇌물수수 혐의를 받지 않았을 만큼 비리와 거리가 멀었다. 게다가 놀랍도록 강인했다. 긴 경력을 통틀어 단 한 번도 길거리 싸움에 져본 적이 없었고, 있다 해도 그 일을 떠벌리고 다닌 사람은 없었다. 하지만 경력 초반에 그의 뛰어난 자질은 수면 아래 묻혀 있었다. 페트로시노는 아일랜드인 향우회에 합류했는데, 그가 어렸을 때 학교 앞 골목 싸움에서 그의 목을 따려고 핏대 세우고 달려들던 아이들과 같은 부류로 이루어진 모임이었다. 뉴욕 시경 조직에서 이탈리아계가 성공할 가망은 거의 없었다. 아일랜드계와 독일계만 경찰청의 꽃이라는 수사과나 강력계로 뽑히는 것 같았다. 1800년대 후반에 뉴욕 시경을 통틀어 이탈리아계 경사는 단 한 명도 없었다. 아니, 전국을 통틀어 없었다. 아일랜드계 미국인은 태어날 때부터 뉴욕 시경에 자기 자리가 마련돼 있는 양 굴었다. 고참 경관들이 어린 아들에게, 경찰에 합류할 나이가 될 때까지 분위기에 자연스럽게 적응하라고, 생일 선물로 곤봉을 주는 게 전통이었다.[35] 한 아일랜드계 미국인은 이렇게 썼다. "맨해튼을 두 블록만 걸어도 이름이 오브라이언, 설리번, 번스, 오라일리, 머피, 맥더멋인 순경을 수두룩하게 마주쳤다. (…) 내 아버지도 아일랜드인 혈관에 흐르는 욕망에 지배되어 내가 요람에 있을 때부터 나를 경찰로 키우고 싶어했다."

곤봉잡이 윌리엄스 같은 든든한 멘토를 등에 업고도 페트로시노는 여전히 아웃사이더였다. 그 첫해 겨울 페트로시노는 예비경찰대기본부에서 배 볼록한 주전자를 불에 올려놓고 한쪽 벽에 매달린 끈에는 김 풀풀 나는 제복을 걸어놓고서 잠깐씩 눈을 붙이곤 했는데, 아일랜드계 경관들이 그를 대놓고 경멸하고 혐오를 감출 생각도 안 했던 그곳은 페트로시노만이 아니라 다른 이탈리아의 아들들에게도 몹시 냉혹한 곳이었다. 어떤 경관들은 그에게 아예 말도 붙이지 않으려 했고 어쩌다 말을 섞으면 면전에 대고 "기니"라고 불렀다. "경관들은 한 사람도 빠짐없이 그를 적대했다."[36] 한 기자는 페트로시노의 인생에서 이 시기를 다음과 같이 묘사했다. "페트로시노는 타민족 동료들이 퍼붓는 조롱과 비하, 모욕을 묵묵히 견뎌내며 존엄을 지켜갔다." 이탈리아계 이민자 비율이 갈수록 증가하고 거리에서 맞닥뜨리는 편견도 수위가 높아지면서, 어엿한 일원이 되기를 소망하는 이민자들은 그저 침묵하는 게 당연한 일이 되었다. 하지만 그건 치러야 할 대가의 일부였음을 페트로시노는 곧 알게 된다.

2장
인간 사냥꾼

1895년 초, 시어도어 루스벨트가 아내에게 뉴욕 시장 출마를 저지당하고 할일이 없어지자 롱아일랜드 코브넥에 있는 사가모어힐 저택에 틀어박혀 있을 때였다. 그는 "다시는 오지 않을 황금 같은 기회를 놓쳤다"[1]고 생각해 몹시 우울해하고 신경질적으로 굴었다. 어느 날 오후 그는 사회개혁가 제이컵 리스의 사진집을 펼쳤다. 『세상의 절반은 어떻게 사는가』라는 제목의 책은 새로운 맨해튼의 그림자에서 솟아난 절박한 삶을 가감 없이 보여주고 있었다. 리스가 주로 포착한 주제는 빈곤, 절망, 알코올의존증이었다. 플래시 촬영 기법이라는 신기술 덕분에 리스는 멀버리가를 비롯해 로어 맨해튼 여러 구역의 다세대주택에 들어가 난로 위에서 맨발로 자는 아이들, 얼룩덜룩 때낀 토끼 무리처럼 쪽방에 빼곡히 들어차 생활하는 이들의 모습을 담아올 수 있었다.

그 사진을 보고 루스벨트는 큰 충격을 받았다. 뉴욕에서 현대화가 이루어지는 구역과 이민자 거주 구역을 구분하는 경계인 14번가 이남에 거의 발을 들여본 적 없는 수많은 상류층 뉴욕 주민들도 충격을 받은 건 마찬가지였다. 루스벨트는 당장 행동에 나섰다. "그분만큼 열심히 도와준 사람도 없었다."² 리스는 당시를 회상하며 이렇게 썼다. "2년 동안 우리는 형제처럼 사이좋게 멀버리가를 드나들었다." 뉴욕 경찰청장이 된 루스벨트는 부패로 악명 높은 뉴욕 시경을 개혁하는 일에 두 팔 걷어붙이고 뛰어들었다. "노래하라, 천국의 뮤즈여, 우리 경관들의 애처로운 낙담을."³ 조지프 퓰리처가 세운 신문 제국의 플래그십 스토어 격인 뉴욕 월드가 떠들어댔다. "우리에게 진정 경찰청장이라 할 만한 인물이 나타났으니. 그의 이름은 시어도어 루스벨트라. (…) 그의 치아는 새하얗고 수망아지의 이빨만큼 커다랗다. 가만히 보고 있으면 이렇게 말하는 것 같다. '경찰청장에게 다 털어놔. 안 그러면 그가 네 머리를 물어뜯을걸!'" 루스벨트는 당파 관계 대신 순전히 능력을 잣대로 경찰 인력을 고용했고, 관할 부서마다 전화기를 설치했으며, 연례 체력장과 화기 검사를 지시하는가 하면 직접 관할서를 돌며 경관들이 임무를 성실히 이행하는지 확인했다. 형사들은 재배치되거나 해고되기까지 했다. 그러자 결원이 생겼고, 루스벨트는 이민자 거주지에 치안 유지가 절실함을 인지하고 있던 차에 자신의 대의를 실현하기에 적격인 이탈리아인을 물색했다. 그러다가 발견한 사람이 조지프 페트로시노였다. 1895년 7월 20일, 페트로시노는 경찰이 된 지 2년 만에 미국 최초의 이탈리아계 경사가 되었다.

시어도어 루스벨트를 만난 건 왕족의 간택을 받은 것과 같았다. 불독처럼 끈질기다는 면에서 서로 닮은 두 남자는 이내 친구 비슷한 사이가 되었다. "그는 두려움이라는 걸 모르는 사람이었습니다."[4] 루스벨트는 훗날 페트로시노에 대해 이렇게 말했는데, 자기 자신을 묘사한 것으로 봐도 좋을 표현이었다. 페트로시노는 또 페트로시노대로 루스벨트 같은 보호자가 생기는 게 경력에 얼마나 결정적으로 득이 될지 재빨리 감을 잡았다. 그는 기회가 있을 때마다 기자나 동료 경찰에게 루스벨트를 추어올렸다.

형사라는 새 옷을 입은 후 페트로시노는 날개를 달았다. 잠도 거의 자지 않는 것 같았다. 마음놓고 혁신적 기법을 도입했다. 다른 형사들이 코웃음치는 변장도 마다하지 않았다. 원룸 아파트의 옷장이 메트로폴리탄 오페라 무대 뒤를 방불케 한다는 소문까지 돌았다. 눈앞이 팽팽 돌 정도로 다양한 의상 덕분에 그는 하루 1달러 버는 막노동자나 조직폭력배, 정통파 유대교도, 눈먼 거지, 위생국 공무원 혹은 가톨릭 사제로 자유자재로 변신할 수 있었다.⁵ 페트로시노는 형사 모습으로 집에 들어 갔다가 전혀 다른 사람이 되어 나오곤 했다. 누더기를 걸치고 곡괭이를 들고서 길거리 공사판에서 일자리를 얻어 일하고 있으면 여느 시칠리아 출신 막노동자처럼 보였다. 이런 식의 잠복 근무를 몇 주간 하다가 굳은살이 잔뜩 박인 손으로—막노동 자인 척하지 않고 실제로 막노동자가 되었기에—본부에 돌아오면 그의 수첩은 새로운 단서로 빼곡히 채워져 있었다. 심지어 그는 궁극의 이탈리아인 스테레오타입인, 원숭이를 데리고 다니는 풍금 연주자(20세기 초 거리의 풍금 연주자들은 주로 데리고 다니는 원숭이에게 돈을 걸게 했다—옮긴이)로 감쪽같이 분하기도 했다.

학교는 초등학교 6학년까지밖에 다니지 못했지만 젊은 형사 페트로시노는 지식을 끝없이 갈구했다. "지적인 사람들과 마주 앉아 미학을 주제로 토론하는 건 그가 주로 즐기는 일 중 하나였다"⁶고 어느 기자는 썼다. "그는 섬세하고 감정이 풍부했다. 우정을 나누는 것도, 사교적 즐거움을 누리는 것도 좋아했다." 멍청해 보일 때도 있었는데 일에 도움이 될 때만 그렇게 했다. 그는 제노바발 증기선에서 방금 내린 그리뇨노, 그러니까 이제 막 이민 온 풋내기 특유의 모습을 똑같이 흉내낼 줄 알았다. 실제로 연습해서 터득한 것이었다. "주눅든 동시에 해맑은 사람을 그보다 더 잘 흉내내는 사람은 없었다."⁷ 한 이탈리아 작가는 이렇게 말했다. "그런데 그의 머리가 얼마나 비상하고 그의 팔이 얼마나 민첩한지, 그에게 직접 당해봐서 알게 된 강도와 살인자가 수두룩했다." 이는 어찌 보면 미국인이 이탈리아인을 얼마나 얕잡아보는지 말해주는 발언이기도 했다. 멍청해빠진 기니인 척하는 것보다 더 쉽게 남의 눈을 피하는 법이 뭐가 있겠나? 실제로 변장한 페트로시노를 길에서 마주치고도 전혀 알아보지 못한 아일랜드계 경찰이 한둘이 아니었으니 말이다.

페트로시노는 경사로 진급하고서 진가가 발휘되기 시작했다. 다른 형사들처럼 번번이 파일을 들춰보는 대신 그는 담당 사건에 대한 정보를 "모자 안에"[8] 넣어가지고 다녔다. 즉 사건에 관한 온갖 세부사항은 물론이고 이탈리아계 범죄자 수천 명의 이름과 얼굴 생김새, 생년월일 및 신체 치수, 출신지 배경, 습관, 기소된 죄명 따위를 모조리 외우고 다녔다는 얘기다. 하루는 저녁에 1번 애비뉴 2428번지 건물 꼭대기 층에 사는 친구들을 만나러 계단을 오르고 있었다.[9] 오른쪽을 무심코 돌아봤는데 어떤 집 대문이 열려 있고 안에 웬 남자가 부엌 의자에 앉아 있는 게 보였다. 페트로시노는 몇 층 더 올라가다가 갑자기 멈춰 섰고, 잠시 가만히 있다가 도로 내려왔다. 아까 문 열린 집으로 들어가 남자에게 성큼성큼 다가가더니 그를 일으켜세우고는, 당신 이름은 시네니이고 4년 전 시카고에서 오스카 콰른스트롬이라는 자를 면도칼로 살해한 혐의로 고발됐으며 중대 살인 혐의로 수배중임을 줄줄 말했다. 그로부터 48개월 전 페트로시노가 시카고 경찰에서 발행한 회람을 흘끗 본 적이 있는데, 찰나에 스쳐봤는데도 이 남자 얼굴의 어떤 점이 번쩍 그 기억을 소환한 것이었다. 시네니는 자백했고, 시카고로 송환돼 정식 기소되었다.

얼마 안 가 페트로시노는 동기들을 앞질렀다. 그는 보험증권을 사들인 뒤 자신을 사망 처리하여 타낸 보험금을 펑펑 쓰면서 사는 "부활 보험"[10] 사기단을 추적해 해산시켰다. 순진한 이탈리아인을 노려 고향 지인인 척 속여서 피해자 앞으로 보험을 든 뒤 치사량의 독극물을 주입해 살해하는 수법을 쓰는 조직 폭력배를 적발하기도 했다.[11] 페트로시노는 한 해 동안 17건의 살인죄 유죄 판결을 받아냈는데, 이는 뉴욕 시경의 신기록이었다.[12] 경찰 경력이 끝날 때까지 그가 전기의자로 보내거나 싱싱 교도소에 장기 복역시킨 살인범이 백 명에 달한다.

이제 이탈리아계 이민자뿐 아니라 맨해튼 주민 전체가 새로이 등장한 일 중독자 형사에 대해 떠들어대기 시작했다. 페트로시노가 얼마나 유명해졌는지 이탈리아 남부에서 막 건너온 범죄자들이 뉴욕에 사는 지인에게 그를 좀 보여달라고 할 정도였다.[13] 그들은 멀버리가 300번지 맞은편에 서서 제복을 입은 경찰과 오버코트를 걸친 형사들이 건물 밖 계단에 모여 있거나 임무 수행을 하러 출동하는 모습을 조용히 지켜보았다. 몇 시간이고 기다리다가 동료가 몸을 숙이고 "저자야"라고 말해주면 그때서야 자리를 뜨는 이들도 있었다. 고개를 들면 굵은 목덜미와 짙은 색 눈에 옷은 온통 검정색으로 빼입고 특유의 중산모를 쓴 페트로시노가 눈에 들어왔다. 그들은 페트로시노의 이목구비와 키(가끔 그는 더 커 보이려고 신발에 깔창을 넣기도 했다), 시원스러운 걸음걸이를 눈여겨보았다. 이렇게 자세히 관찰하는 데는 실리적 이유가 있었다. 미리 생김새를 익혀둬서 나중에 범죄 행각을 벌일 때 그를 피하려는 속셈이었다. 하지만 분명 동경의 눈빛도 약간 섞여 있었다. 테디 루스벨트와 알고 지내는 이탈리아 태생이라니! 그들이 도둑에 살인자인 건 맞지만, 그들 역시 이민자였다. 범죄사학자 험버트 넬리는 이렇게 썼다. "페트로시노는 이탈리아계 이민자 사회 안팎에서 많은 이들의 마음속에 미국 성공 신화 그 자체로 우뚝 선 듯했다."[14]

이 범죄자 가운데 일부는 검은손 협회 초창기 멤버가 된다. 검은손은 19세기 말엽 본격적으로 멀버리가 다세대주택 복도를 타고 발진티푸스처럼 무섭게 퍼져나가고 있었다.

1800년대 후반 미국에서 가장 유명해진 이탈리아계 미국인이 동포들을 추적하고 수감하는 임무를 권력자에게 위임받은 인물이었다는 점은 실로 의미심장하다. 구舊 유럽에서 건너온 이민자 중에는 예술가와 지식인—고전학 교수, 작가, 오페라 가수, 훌륭한 공공건축물을 만들어낸 석공—도 있었지만 미국은 그들을 대체로 투명 인간 취급했다. 니커보커(네덜란드계 뉴욕 이민자—옮긴이)와 와스프(앵글로색슨계 백인 신교도. 미국 사회의 주류 계층으로 여겨진다—옮긴이)로 이루어진 구태의 미국인 집단을 사로잡은 건 '인간 사냥꾼' 페트로시노였고, 그들은 당대 여느 이탈리아계 미국인보다 그를 열정적으로 반겼다. 마치 미국이 떠올릴 수 있는 이탈리아인의 이미지가 너무나 협소하고 제한적이어서, 엘리스섬 출입국 사무소의 문을 통과하는 수천 명 가운데 오직 두 부류밖에 인식하지 못하는 것 같았다. 하나는 미국인을 공포에 떨게 하는 살인마이고 다른 하나는 그 적수인 보안관, 미국인의 구원자였다.

모트가에서 적어도 페트로시노 형사를 혐오하지는 않는 사람들은 그가 가진 특별한 자질을 토대로 그를 존경하고 우상화했다. 그 자질은 안젤로 카르보네 사건으로 만천하에 각인됐다.

이탈리아인 청년 안젤로 카르보네는 1897년 어느 날 저녁 트라이나르시아라는 간이식당에서 술을 마시다가 마흔두 살의 나탈레 브로뇨라는 남자와 시비가 붙었다.[15] 그런데 둘이 드잡이를 하다가 그만 브로뇨가 등에 칼을 맞고 말았다. 카르보네는 맹세코 자기가 찌른 게 아니라고 항변했지만, 8시간 걸린 재판(그 당시 뉴욕 역사상 최단 시간을 기록한 재판이었다) 후 맨해튼 배심원단은 그에게 살인죄 유죄 판결을 내렸다. 하필 태머니홀 모임의 총재이기도 했던 아일랜드계 담당 판사는 "툭 하면 그런 유의 범죄를 저지르는" 이탈리아인 전체에 경고할 겸 카르보네에게 사형을 선고했다. 심히 당황한 피고인은, 더 할 말이 있느냐는 질문에 이렇게 대답했다. "존경하는 판사님, 죄 없는 제가 왜 본보기로 죽어야 하죠?" 청년 카르보네는 싱 싱 교도소에 수감돼 '올드 스파키'와 만날 날을 기다리게 되었 다. 올드 스파키는 한 치과의사가 송전선을 잘못 건드렸다가 참변을 당한 주정뱅이 이야기에서 아이디어를 얻어 설계한 나 무 전기의자의 별칭이었다.

페트로시노는 원래 이 사건을 맡지 않았는데, 유죄 판결이 나오고 얼마 지나지 않아 사실은 카르보네가 존경받는 성실한 인물이며 종종 칼부림 사건에 관여하는 마르말리아, 즉 쓰레기 같은 인간들과 다르다는 소문이 모트가에 퍼졌다. 증거는 다 른 유력한 용의자를 가리켰다. 페트로시노가 딱히 안젤로 카 르보네에게 마음 쓸 이유는 없었다. 언론에 대서특필된 사건도 아니고 재심 청구가 있던 것도 아니었으며 뉴욕 시경은 범인을 잡았다고 확신했다. 사건을 재조사하면 동료 경찰에게 적대심 만 살 게 뻔했다. 그런데도 카르보네의 사정은 1897년 연말 내 내 페트로시노 형사의 마음 한구석을 불편하게 했다. 결국 그는 진상을 조사해보기로 했다.

형사는 맨해튼 북쪽으로 48킬로미터쯤 가면 나오는, 허드슨 강 동쪽 기슭에 우뚝 선 싱싱('돌 위의 돌'이라는 뜻의 이 지역 원주민 방언 싱크 싱크Sinck Sinck에서 이름을 딴 악명 높은 교도소)행 기차를 탔다. 목적지에 당도한 그는 토종 회색 대리석을 깎아 세운 교도소 안으로 들어갔다. 원뿔 모양의 감시탑에서 무장 저격수가 교도소 내부를 감시하고 있었다. 경비가 죽음을 앞둔 죄수를 수감한 사형수 동으로 페트로시노를 데려갔고, 거기서 다시 카르보네가 수감된 습하고 뼈 시리게 추운, 가로 1미터 세로 2.5미터쯤 되는 감방으로 안내했다. 그곳에서 수감자 카르보네는 형사에게 이탈리아어로 자초지종을 털어놓았다. "이오 논 로 우치조." 대화 끝에 그는 이렇게 덧붙였다. "나는 죽이지 않았어요."[16] 페트로시노는 사건을 조사해보겠다고 했다.

형사는 먼저 피해자 브로뇨의 생을 조사했는데 그 과정에서 그에게 적이 여럿 있었다는 사실을 알게 되었다. 그중 한 명이 유독 눈에 띄었다. 살바토레 세라멜로라는 예순두 살의 폭력 전과자였는데, 브로뇨가 죽은 날 밤 그도 현장에 있었다. 더 솔깃한 단서는 세라멜로가 살인 사건 다음날 종적을 감췄고 그날 이후로 리틀 이틀리에서 그를 본 사람이 아무도 없다는 것이었다.

세라멜로의 행방을 찾아 나선 페트로시노는 단서를 쫓고 쫓아 저지시티와 필라델피아까지 갔다. 거기서 아무것도 발견하지 못하자 더 멀리, 몬트리올의 이탈리아인 이민자 거주지까지 수사망을 넓혔다. 하지만 역시 건진 건 없었다.[17] 이번에는 노바스코샤행 배에 몸을 실었다. 여행 가방에는 그가 막노동자, 위생국 공무원, 사업가로 변장할 때 자주 쓰는 도구들이 들어 있었다. 하지만 노바스코샤 수사도 막다른 골목에 닿으면서 끝났다. 세라멜로는 감쪽같이 사라졌다. 낙담한 페트로시노는 뉴욕으로 돌아와서 엔파미를 닦달해 새로운 정보를 찾기로 했다. 카르보네가 전기의자에 앉을 날, 관행에 따라 목요일 밤 11시에 교도관 일곱 명과 사제 한 명을 대동하고 처형실로 들어갈 순간이 점점 가까워오고 있었다.

뉴욕에 돌아오고 며칠 만에 페트로시노는 세라멜로가 볼티모어 교외의 어느 집에 머물고 있다는 제보를 받았다. 그는 즉시 남행 열차를 타고 세라멜로가 목격된 동네를 찾아갔다. 그리고 근처에 망볼 곳을 마련해 그 집을 밤낮으로 감시했다. 여러 사람이 그 집을 드나들었지만 세라멜로의 인상착의에 들어맞는 자는 코빼기도 내밀지 않았다.

시간이 없었다. 맨해튼에 일감이 쌓여 있는 건 물론이거니와, 카르보네의 사형일이 며칠밖에 남지 않았다. 더 기다릴 여유가 없었다.

페트로시노는 가짜 턱수염을 붙인 채 그 집으로 가 문을 두드렸다. 웬 여자가 문을 열더니 의심 가득한 눈초리로 페트로 시노를 훑어보았다. "위생국에서 나왔습니다." 페트로시노가 말했다. "여기서 천연두 환자가 발생했다는 보고를 받았습니다." 여자는 가만히 듣더니 갑자기 문을 잡고 그의 면전에서 쾅 닫아버리려 했다. 페트로시노는 재빨리 몸을 디밀고 닫히기 전에 문을 힘껏 밀쳤다. 여자가 뒤로 휘청 물러나면서 집안으로 들어오는 페트로시노에게 욕설을 퍼부었다. 안을 휘 둘러보던 페트로시노의 시선이 손에 도끼를 쥔 채 의자에 앉아 있는 한 노인에게 꽂혔다. 노인은 장작을 난로에 들어갈 크기로 쪼개고 있던 참이었다. 페트로시노는 그에게 이름이 뭐냐고 물었다.

"내 이름은 피오니요."

페트로시노는 고개를 저었다. "당신 이름은 세라멜로요."

노인은 처음 보는 이 남자를 빤히 쳐다보다가, 댁은 누구기에 그러느냐고 물었다.

형사가 대답했다. "내 이름은 페트로시노요."

세라멜로는 무기를 들고 있었다. 하지만 형사의 이름을 듣는 순간 온몸에서 힘이 쭉 빠져나간 듯했다. 그는 저항 없이 투항했다. 페트로시노는 그를 밖으로 연행했고 두 사람은 그길로 가까운 전신국으로 갔다. 잠시 후 멀버리 300번지에 급보가 송신됐다. "볼티모어에서 알레산드로 사로멜로 체포. 범행 일체 자백. 나탈리 브로뇨 찌른 칼 소지. 오늘중 복귀. 페트로시노."[18]

그날 저녁, 싱싱의 감방에 앉아 있던 안젤로 카르보네에게 교도관이 다가오더니 창살 사이로 쪽지를 건넸다. 카르보네는 쪽지를 펼쳐봤다. 전보였다. 카르보네는 쪽지를 멍하니 내려다봤다. 전보가 영어로 쓰여 있었기 때문이다. 카르보네는 영어를 읽을 줄 몰랐다. 호출되어 온 통역사는 카르보네에게 그의 형 니콜로가 전보를 보낸 거라고 얘기해줬다. "마음놓아."[19] 통역사가 전보를 읽었다. "세라멜로가 체포됐어." 카르보네는 놀라서 벌떡 일어섰다가 눈물을 터뜨리며 외쳤다. "살았다!"

사형 집행일을 일주일도 채 안 남기고 안젤로 카르보네는 자유인의 몸으로 싱싱에서 나와 가족 품에 안겼다. 세라멜로가 대신 사형수 동에 들어갔고 후일 처형되었다.

카르보네는 기적처럼 되찾은 자유를 온전히 누리지 못했다.[20] 석방된 지 몇 달 후부터 그는 종잡을 수 없이 굴고 극도의 불안 증세를 보였다. 그가 정확히 어떤 행동을 했고 어떤 말을 했는지는 기록으로 남아 있지 않지만, 가족들이 그를 여러 전문의에게 데려가 보일 정도였다. 의사는 결국 정신이상 진단을 내렸다. 카르보네는 언제고 다시 싱싱 교도소로 끌려가 전기의자에 앉힐 거라는 강박에 시달리고 있었다. 그러다가 끝내 정신착란이 일어난 것이다.

이탈리아인들은 카르보네의 공포심에 공감했다. 헤아릴 수

없이 많은 이탈리아계 미국인이 단지 범죄 현장 근처에 있었다는 이유만으로, 혹은 천성이 폭력적인 민족이라는 낙인 때문에 유죄 판결을 받아 뉴욕 곳곳의 교도소에서 힘겹게 버텨내고 있었다. 뉴욕 지검 사무소에서 일한 아서 트레인은 이렇게 말했다. "범죄 유형을 막론하고 모든 사건에서 대중은 이탈리아인이 오로지 약탈밖에 할 줄 모른다고 판단했다."[21]

미국에서 이탈리아인으로 살기란 아직 판결만 받지 않았을 뿐인 죄인으로 사는 것이었다.

이탈리아인 이민자 거주지에서 페트로시노가 사랑받은 비결이 바로 이것이었다. 일선에 이탈리아계 공무원이 한 명도 없는 상황에서 페트로시노는 형제이자 방패였다. 그는 유죄라고 판단한 자는 지구 끝까지라도 쫓아가 붙잡았고 무죄라고 믿은 자는 풀려날 때까지 할 수 있는 일은 다 해주었다.

페트로시노 형사는 검사와 형사변호사, 판사, 기자 등 권력자 가운데 친구를 만들기 시작했다. 이들 집단은 마치 산을 덮은 단단한 석회암 아래로 샘이 졸졸 흐르듯 페트로시노의 냉엄한 외면 안에 사교적 기질이 숨어 있음을 알아챘다. "페트로시노는 신경질적이고 변덕스러운 라틴계 사람이 아니었다."[22]

한 기자는 이브닝 월드에 이렇게 기고했다. "그는 공감 능력 풍부한 친구이자 노래하고 이야기를 풀고 남을 흉내내며 사람들을 즐겁게 해줄 줄도 아는 쾌활한 사람이었다." 하버드대학 출신의 어느 상류층 인사는 이튿날 자신이 기소할 사건에 대해 얘기 좀 하자며 페트로시노를 초대했다. 브롱크스의 밴코틀랜드 공원에서 일어난 살인 사건으로, 페트로시노가 보란듯이 해결한 사건이었다. 원래는 일적인 만남이었지만 종국에는 전혀 다른 자리가 되었다. "내 평생 그렇게 흥미진진한 저녁은 그 전에도 후에도 없었다오."[23] 검사는 그날을 회상하며 이렇게 말했다. 페트로시노는 의자에 등을 꼿꼿이 세우고 앉아 "달처럼 둥근, 커다랗고 못난 얼굴에 아무 표정도 없이 새까만 눈만 때때로 빛내면서" 이야기를 펼쳤고 검사와 그의 아내는 장작이 타닥타닥 타는 벽난로 옆에 앉아 귀를 기울였다. "그 양반이 늘어놓는 무용담이 어쩌나 생생한지, 다음날 모두진술 때 배심원단에 전날 밤 들은 이야기를 그대로 되풀이하는 걸로 충분했다니까요." 검사가 전했다. 물론 유죄 판결도 순조롭게 받아냈다.

기자들은 그가 이탈리아인의 수수께끼 같은 민족성을 낱낱이 밝혀줄 열쇠를 쥐고 있다는 생각에 너도나도 페트로시노를 찾아댔다. 실제 만나본 그는 뜻밖에도 매력적인 저녁식사 동무였다. "숯처럼 새카맣게 반짝이는 눈과 감미로운 목소리를 지닌 크고 건장한 사내로[24] 재치가 넘치고 수완이 몹시 좋았다"
고 한 취재기자는 전했다. 페트로시노가 리틀 이틀리에 순찰
을 하러 나타나면 아이들이 그의 꽁무니에 붙어, "짙은 색 눈
동자를 쉴 틈 없이 굴리며 지나가는 모든 이를 샅샅이 살피
는"[25] 그를 졸졸 따라다녔다. 때때로 뉴욕의 지하 선술집에 들
이닥쳐 용의자를 체포할 때는 배지를 보여주지도, 보급받은 화
기인 0.38구경 스미스 앤드 웨슨 권총을 겨누지도 않았다. 그
냥 "나 페트로시노요"[26] 하면 거의 매번 용의자는 자리에서 일
어나 순순히 따라왔다. "페트로시노"라는 말 한마디가 경찰력
만 명을 보유한 뉴욕 시경 전체의 위세를 능가하는 듯했다.

　페트로시노 형사는 나날이 경찰관과 기자, 판사들과 부대꼈
다. 그가 몸담은 곳은 남성 중심적인 세계였다. 동료들과 달리
그는 여자친구도 아내도 없었는데, 본인 말로는 의식적인 선택
이었다. "나는 경찰국과 결혼했습니다."[27] 이렇게 말한 적도 있
다. "이 바닥에서는 하루아침에 죽어나가는 일이 부지기수입니
다. 어떤 남자도 이런 세계에 여자를 끌어들일 권리가 없습니
다." 하지만 친구라면 뉴욕 곳곳에 있었고, 그들과의 친분은 보
통 그의 첫사랑인 오페라를 매개로 다져진 것이었다. 뉴욕 선
의 기자는 이렇게 썼다. "그가 당신에게 음악 이야기를 꺼낸다
면 우선 가장 좋아하는 곡은 〈루치아〉이고 마음속 2위는 〈리
골레토〉이며 〈에르나니〉와 〈아이다〉도 썩 괜찮은 곡이라고 말

할 것이다. 바그너의 곡은 자기에겐 별로라고 고백할 것이고, 그렇지만 바그너의 〈탄호이저〉만은 꽤 좋아한다고 덧붙일 것이다."[28] 마이클 피아스케티는 일요일마다 페트로시노가 집에 놀러와 수다를 떨었던 것, 아버지가 두 사람 다 좋아하는 곡을 피아노로 연주할 때면 조용히 감상하곤 했던 것을 기억했다. 피아스케티는 당시에도 페트로시노가 누군지 알고 있었다. "그 정도로 뉴욕 전체에 명성이 자자했다."[29] 피아스케티가 당시를 회상했다. "그분이 놀러왔을 때 우연히 마주치게 되면 왕이라도 알현한 것처럼 황송했다." 아리아를 감상하는 짬짬이 어린 피아스케티가 이런저런 체포 건에 대해 캐물으면 페트로시노는 기분을 맞춰주려고 최근 무용담을 솜씨 있게 늘어놓았다. 열여덟 살 청년은 자신에겐 신이나 다름없는 사람과 동석한 게 미치도록 흥분됐지만, 상상했던 것과 다른 모습에 내심 놀라기도 했다. "중년의 과묵한 아저씨였고 (…) 언뜻 봐선 위험천만한 모험과 맨손 격투로 (…) 전설이 된 영웅이라고는 꿈에도 생각 못할 모습이었다." 윤기나는 검은 머리칼을 가진 근육질 청년 피아스케티는 자신을 페트로시노 형사와 비교해보고는 뜻밖에도 "내가 그분보다 더 강인한 형사처럼 보였다"고 했다. 하지만 몇 차례의 여유로운 일요일 오후 페트로시노가 이탈리아에서 열댓 명을 살해한 자들을 추적한 일화, 지원 병력도 없이 혼자 이런저런 폭력배를 때려잡은 일화를 듣다보니 그에 대한 인상이 달라지기 시작했다. "그가 풍기는 서슬 퍼런 차분한 분위기에는 상대방이 감히 큰소리치지 못하게 만드는 힘이 있었다."

페트로시노의 명성이 날로 높아지면서 그에 관한 신화에도 살이 붙기 시작했다.[30] 정확한 출처는 미상이지만 오늘날 전설로 회자되는 이야기가 있다. 이야기에 따르면 페트로시노가 아직 어릴 때 다른 가족보다 앞서 미국으로 건너와 맨해튼에서 할아버지와 함께 살았다고 한다. 그런데 페트로시노의 할아버지가 전차에 치여 사망하고 페트로시노와 사촌동생 안토니오 둘만 남겨진다. 결국 두 소년은 고아재판소(미국 일부 주에 있는, 고아를 위한 유언 검인檢印 재판소—옮긴이)로 보내진다. 마음 따뜻한 아일랜드계 판사가 두 소년을 불쌍히 여겨 고아원에 보내지 않고 자기 집에 데려가 남은 가족이 미국에 올 때까지 보살펴준다. 전설은 이렇게 전한다. "그 결과 조지프 페트로시노와 그의 사촌 앤서니 푸폴로는 정계에 연줄이 있는 아일랜드계 가정에서 한동안 살게 되었고, 덕분에 형제에게 최근의 이민자, 특히 이탈리아계 이민자에게 제공되지 않는 종류의 교육과 취업의 문이 열렸다."

이 이야기는 허구다. 미국에 살고 있던 할아버지는 없었으며 전차 사고도, 아일랜드계 판사도 없었다. 페트로시노는 이탈리아계 가정에서 자랐고 몸에 밴 성실함도 전부 같은 이탈리아계 이민자들에게 배운 것이었다. 조지프 페트로시노라는 인간은 그의 뿌리인 이탈리아의 문화 그리고 미국에서 살아가며 대강 받은 교육이 온전히 빚어낸 산물이었다.

이 이야기는 가난한 이탈리아인에게 일종의 모욕이었다. 이탈리아에서 조지프 페트로시노 같은 인물을 배출할 리 없다고 판단하고 있으니까. 이는 경찰 경력 내내 페트로시노 형사를 기다리고 있던 편견, 19세기 말 20세기 초에 이탈리아계 미국인 대다수가 마주한 편견이자 얼마 후 페트로시노가 벌일 전쟁의 단계마다 그림자를 드리울 편견의 맛보기였다.

페트로시노는 이미 '이탈리아의 셜록 홈스'라는 별명을 얻었지만 홈스의 모리아티에 견줄 만한 적수는 아직 만나지 못했다. 그러다가 1903년 4월 14일 아침에 일어난 사건으로 모든 것이 변했다.

동튼 지 얼마 지나지 않았을 무렵, 청소부 프랜시스 코너스는 애비뉴 D를 향해 11번가를 걷다가 인도 한가운데 놓인 나무통을 맞닥뜨렸다. 통 윗면은 외투로 덮여 있었다.[31] 호기심이 동한 코너스는 모직 코트를 들추고 통 안을 들여다봤다. 그 순간 비명이 터져 나왔다. 코너스가 본 건 무릎 사이로 고개를 숙인 채 죽은 사람의 얼굴이었다. 시체는 전라 상태였고, 목에 깊이 박힌 거친 칼에 머리가 거의 절단되어 있었다. 피해자가 시칠리아인으로 밝혀지자 수사반장은 조력을 구했다. "그 데이고 녀석 불러와." 그는 팀원들에게 지시했다. 페트로시노를 말하는 것이었다.

페트로시노 형사는 이 사건이 화폐 위조단과 관련 있다고 판단한 비밀임무국 요원들과 함께, 용의자 일당 추적에 나섰다. 용의자 일당은 코를레오네 마을 출신의 시칠리아인으로 리틀 이틀리에서는 '움켜쥔 손' 또는 '늙은 여우'라 불리는 주세페 모렐로가 이끄는 범죄 조직이었다. 움켜쥔 손은 가재 집게발을 닮은 기형 오른손 때문에 생긴 별명이었는데, 모렐로는 오른손을 삼각건처럼 목에 멘 흰 끈에 걸치고 다녔다. 새까만 눈동자를 가진 약삭빠른 모렐로는 허리춤에 45구경 권총을, 왼쪽 다리에는 단검을 차고 다녔다. 물론 걸을 때 자기 발을 찌르지 않도록 칼끝을 코르크 조각에 끼웠다. 그는 웬만한 사람은 다 내려다보는 장신의 건달 토마소 '황소' 페토와 함께 검거되었다. "근육과 악의로 똘똘 뭉친 달걀형 얼굴의 야수" 페토는 힘은 어마어마하게 센데 지능은 보잘것없는 인물로 알려져 있었다. 페트로시노는 통 속 시신의 목을 벤 자가 페토일 거라고 의심했다. 모렐로 갱단 멤버들이 하나씩 검거되어 모렐로의 유무죄 인정 절차를 위해 법정에 소환되었다. 딱 한 명만 빼고. 큰 키에 상대를 쏘아보는 듯한 눈빛의 시칠리아인 비토 카시오 페로라는 자였다. 그는 동포들보다 능력 있는 정보원을 뒀는지, 경찰이 들이닥치기 전에 일찌감치 동네를 떴다.

법정에서 판사가 기소 절차를 진행하고 있을 때였다. 토마소 페토라고 조서에 기록된 남자가 피고석에서 성난 목소리로 무어라 외쳤다. 이탈리아어였다. 판사는 무시하고 절차를 진행하려 했지만 피고는 좀처럼 입을 다물지 않았다. 결국 그가 판사에게 뭐라 하는 건지 통역사가 옮겨주었다. "나는 토마소 페토가 아니라니까요."

방청객들은 쑥덕거리고 킬킬 웃기 시작했다. 그 남자는 페토와 생김새가 똑같았다. 무슨 수작을 부리려는 걸까?

"그럼 누구시오?" 판사가 물었다.

"내 이름은 조반니 페코라로입니다."[32] 피고석의 용의자가 외쳤다. "증명할 수 있어요."

그러고서 신분을 증명할 여러 문서를 제시했는데, 전부 같은 이름, 조반니 페코라로로 되어 있었다. 검사는 페코라로의 공소를 취하할 수밖에 없었다. 검찰에게는 재앙이었다. 경찰은 대중의 놀림감이 되었다. 대체 어쩌다가 일이 이렇게 꼬여버린 걸까? 용의자는, 특히나 비非이탈리아인의 눈에 황소 페토와 똑같아 보였다.

행방불명된 용의자 비토 카시오 페로가 기소를 피할 기발한 계략을 짜냈음이 얼마 후 드러났다. 진짜 살인범은 도주시키고 대역을 내세운 것이다. 이 계략은 완벽에 가깝게 실행되었다. 검찰은 살인범을 찾아내지 못했기에 용의자들을 전부 풀어줄 수밖에 없었다. 리틀 이틀리 지하세계로서는 통쾌하게도 페코라로와 그 일당이 자유인으로 풀려났고 나무통 시신 살인범들은 끝내 기소되지 않았다.

페트로시노는 그간 이탈리아계 지하조직보다 늘 한 수 앞섰는데, 처음으로 자신과 대등한 수준으로 머리가 돌아가는 자가 존재한다는 증거가 나온 셈이었다. 닮은 사람으로 바꿔치기한다는 계략은 그야말로 절묘한 아이디어였다. 대담한 건 말할 것도 없고 말이다. "미국 범죄 세계에서 모종의 변화가 일고 있었다."[33] 한 작가는 이렇게 썼다.

1903년만 해도 페트로시노는 비토 카시오 페로가 요주의 인물인지 알아채지 못했다. 이 시칠리아 출신 사내는 조직범죄계의 천재인 건 물론이요 머지않아 팔레르모 지역 마피아의 최종 보스가 될 인물로, 그가 도시화 시대에 걸맞게 범죄를 재창조했다고 평하는 이들도 있었다. 카시오 페로는 평범한 범죄자들이, 심지어 모렐로 같은 범죄 조직 보스조차 "누구보다 존경하는"[34] 전략의 달인이었다. 하지만 맨해튼 법정에 크게 한 방 먹인 후 미국에서 카시오 페로의 모험은 막을 내렸다. 그는 뉴올리언스를 경유해 이탈리아로 도주했고, 페트로시노는 다른 사건과 범죄자를 쫓느라 한창 바쁜 와중에 카시오 페로의 이름을 기억에 묻어두고 일상으로 돌아갔다. 그러나 카시오 페로는 얌전히 있어주지 않았다.

카시오 페로는 이탈리아로 돌아가 건달과 갈취범으로 이루어진 소규모 마피아를 선명한 비전을 갖춘, 수익성 있는 조직으로 개조하는 작업에 착수했다. 그에게는 그런 작업에 어울릴 크나큰 야망과 명석한 두뇌도 있었다. 곧 리틀 이틀리에서 미국 전역으로 퍼질 '보호비 수금' 사업 모델을 고안한 것도 바로 그였다는 얘기가 있다. 하지만 그가 활약할 시기는 아직 도래하기 전이었다. 지금 그는 조지프 페트로시노를 향한, 쉬이 가라앉지 않는 깊은 반감을 품고서 타의로 귀향하는 빈털터리 남자에 불과했다. 뉴올리언스 항구에서 카시오 페로는 옷가지와 변변찮은 소지품만 담은 여행 가방만 달랑 든 채 건널 판자를 딛고 증기선에 올랐다. 중산모를 쓴 스트라니에로, 악명 높은 그 사내가 자신을 붙잡아 홱 돌려세우는 장면이 머릿속에 그려졌다. 카시오 페로의 주머니에는 페트로시노의 사진이 들어 있었다. 그는 이후로도 그 사진을 늘 지니고 다녔다. 이탈리아에 돌아가서도 때때로 사진을 꺼내 들여다보면서 친구들에게 이렇게 내뱉었다는 이야기가 전해진다. "전과로 오명을 남긴 적이 한 번도 없는 내가 말이야, 이 작자만큼은 내 손으로 죽이고 말겠어."[35] 이 일화는 카시오 페로의 사망 후 누군가가 꾸며

낸 지하세계 전설일 수 있지만, 카시오 페로가 페트로시노 형사에게 병적인 수준으로 집착했음에는 의심의 여지가 없다.

페트로시노는 훗날 카시오 페로의 이름을 다시 듣게 된다. 6년 뒤 어느 날, 늘 가지고 다니는 가죽 수첩에 그 이름을 적어 넣는다. 카포(조직의 우두머리—옮긴이)를 이국땅에서 대면한 후였을 것이다. 둘의 만남은 수수께끼로 남아 있지만, 이번에는 마피아 보스 카시오 페로에게 전적으로 유리한 상황이었을 것이다. 하지만 그 만남은 페트로시노가 이제 막 한발 내딛으려는, 강박으로 점철된 기나긴 전쟁의 끝 무렵에 이루어질 터였다. 혹자는 "시칠리아의 늑대들"[36]이라 불렀으며 혹자는 "잡힐 듯 잡히지 않는 비밀스러운 조직"[37]이라고 칭한, 그러나 공식적으로는 검은손 협회로 알려진 조직을 상대로 시작한 전쟁, 다른 누구도 아닌 그의 전쟁이었다.

3장
협박

페트로시노는 검은손을 실제로 만나기 전에 소문으로 먼저 접했다. 정확히 몇 년도인지는 알려지지 않았으나 20세기 초에 이탈리아계 이민자 사회에 도사린 의뭉스러운 집단에 대한 정보가 그의 귀에 들어왔다. 처음에는 쑥덕거리는 소문 수준이었다. 라 마노 네라가 목숨값을 요구하면서 사람들을 공포에 떨게 하고 있다고 했다. 그들이 아이들을 납치하고 집을 폭파하거나 불태운다고 했다. 마지못해 접선 장소에 나온 피해자들은 칼과 총으로 협박당한다고 했다. 이민자 거주지에 사는 그 누구도 검은손의 정체가 뭔지, 어떤 짓을 저지르고 다니는지 쉽사리 이야기하려 들지 않았다. 여자들은 검은손의 '검' 자만 나와도 성호를 그었다. 페트로시노의 친구나 정보원이 내비치는 두려움은 깜짝 놀랄 수준이었다. 그냥 시체도 아니고 머리 없는 시체들, 굴뚝에 처박힌 채 그대로 부패한 어린애들이 발견됐다는 소문이 흉흉히 돌았다. 대체 검은손이 어떤 존재이기에? 어디서 생겨난 조직이기에? 어떤 식으로 작전을 벌이기에? 과연 실재하기는 하는 걸까?

20세기 초반에 페트로시노는 일기장에 검은손에 대한 단상을 처음으로 기록했다. "이탈리아계 살인자 한 무리가 맨해튼 남쪽에 출몰하면서 검은손 갈취 사업을 벌이고 있다. 당장 제지하지 않으면 그들은 사업을 점점 확장해, 나중에는 경찰이 그들을 단속하느라 지독히 고생하게 될 것이다."[1] 무언가—시체? 혹은 편지?—가 페트로시노에게 검은손이 실재함을 분명히 인지시켜준 것이다.

미국은 전국 대도시에 잠복한 위협을 아직 알아채지 못하고 있었다. 세기가 바뀌기 전부터 검은손의 범죄 행각이 산발적으로 보고되기는 했지만, 아직 집단 공황은 발생하기 전이었다. 1903년 8월, 찌는 듯 무더웠던 어느 날 아침을 기점으로 상황이 변했다. 검은손 협회가 대중에 모습을 드러낸 것이 그때였다. 이후 이탈리아계 미국인에게, 그들이 제2의 조국으로 삼은 나라에, 그리고 페트로시노에게도, 삶은 돌이킬 수 없이 달라졌다.

사건은 브루클린에서 시작됐다. 번화했지만 무척 평범한 이탈리아인 이민자 거주지 베이 리지에 사는 건설업자 니콜로 카피엘로의 우편함에 편지 한 통이 도착했다.[2] 편지에는 몇 가지 지시 사항이 적혀 있었다. "내일 오후 브루클린 72번가와 13번 애비뉴 모퉁이로 나올 것. 지시를 따르지 않으면 네 집을 다이너마이트로 날리고 네 가족도 몰살할 것이다. 우리를 배신하고 이 일을 경찰에 알릴 시에도 같은 운명이 기다리고 있다."[3] 편지는 라 마노 네라라는 서명과 함께 검은 십자가와 단검 그림으로 장식되어 있었다.

카피엘로는 나폴리 출신으로, 검은손 협회에 대해 들어본 적이 없었다. '검은손'은 1800년대 말 스페인 지방에서 득세한, 무정부주의자와 시위자로 이루어진 조직에서 따온 이름이었다. 카피엘로는 편지를 무시했다. 이틀 후 또 편지 한 통이 배달됐다. "먼젓번 편지에서 지시한 장소에 나오지 않았더군. 우리가 제시한 조건을 거부하면서도 가족의 안위를 지키고자 한다면 네 목숨을 희생해야 할 거야. 오늘 저녁 4시에서 5시 사이 7번 애비뉴와 가까운 쪽 16번가에서 기다려." 카피엘로는 이번에도 대응하지 않았다. 그런데 며칠 지나자 웬 남자들이 그의 집에 찾아오기 시작했다. 그중 몇몇은 카피엘로의 친구였고 나머지는 자신이 검은손 협회의 대리인이라고 했다. 그들은 카피엘로에게 그의 머리에 만 달러 현상금이 걸렸다고 알렸다. 하지만 당장 천 달러를 내놓으면 문제가 사라지게 해주겠다고 했다. 카피엘로가 10년도 넘게 알고 지낸 친구들을 대동하고 나타난 이들은 "난생처음 보는 수상한 사람들"[4]이었고, 그들이 다녀간 뒤 "형언하기 어려운 공포를 느꼈다"고 카피엘로는 증언했다.

시키는 대로 하지 않으면 검은손이 자신을 죽일 작정이라는 게 이제야 실감났다. 카피엘로는 천 달러를 전달했다.

편지는 더 오지 않았다. 그런데 며칠 후 그자들이 다시 나타나 3천 달러를 추가로 요구했다. 이번 협박은 더 집요하고 더 살벌했다. 카피엘로의 가족들은 암살당할까봐 집밖으로 한 발짝도 나가지 못했다. 한 기자가 카피엘로 집에 찾아갔는데, 문 틈으로 리볼버가 불쑥 나오더니 기자의 머리에 겨누어졌다. 기자가 더듬거리며 이름을 대자 안에 있던 사람이 들어오시라 했다. 안으로 들어간 기자에게 카피엘로의 아내가 사과했다. "살해당할까봐 두려워서 이러고 살아요."[5] 아내가 해명했다. "한 달이 넘도록 우리는 오늘 죽을까 내일 죽을까 벌벌 떨면서 지내고 있어요. 누구를 믿어야 할지도 모르겠고요."

카피엘로는 견디다 못해 경찰을 찾아갔다. 경찰은 다섯 남자를 검거했고, 다섯 명 모두 유죄 판결을 받아 수감됐다.

검은손은 어쩌면 미국 몇몇 도시의 이탈리아인 이민자 거주지에서만 활동한, 한때 기승을 부린 그저 그런 범죄 조직으로 남았을 수도 있었다. 한 가지 요소만 없었다면 말이다. 바로 뉴욕 타블로이드판 신문 간의 극심한 경쟁이다. 범죄를 선정적으로 보도하기로 유명했던 일간지 헤럴드 트리뷴(당시에는 '뉴욕 헤럴드'라는 이름이었다—옮긴이)의 기자가 협박 편지와 갈취 얘기를 주워듣고는 사건을 기사로 썼다. 편집자는 이야기를 아주 그럴듯하게 포장했다. 그러자 곧 다른 신문들도 머리털이 쭈뼛 서는 이 새로운 현상에 대해 너도나도 기사를 쓰기 시작했다. 이브닝 월드는 "검은손의 공포에 움츠러든 도시"라는 요란스러운 헤드라인의 기사를 냈다. 트리뷴은 "여기 검은손이 활개치고 있다"고 경고했다. 이탈리아계 피해자와 그 주변인에게만 익숙한 이름이었던 검은손은 하루아침에 미국 전역 수백만 가정을 벌벌 떨게 만드는 이름이 되었다.

그러더니 어느 날부터인가 아이들이 사라졌다.

8월 2일,[6] 부유한 건설업자의 아들인 여덟 살 난 안토니오 만니노가 브루클린의 애머티가와 에미트가 길모퉁이에 있는 과자점에 들어갔다. 안토니오는 진열된 사탕과 소다수를 둘러보다가 친구들 주려고 자기가 좋아하는 사탕 몇 개를 골랐다. 아이는 "번쩍거리는 50센트 주화"로 값을 치렀다. 상점 밖에서는 아이 아버지가 고용한 18세 청년 안젤로 쿠코자가 인도에서서 대기하고 있었다. 아이가 나오자 쿠코자가 불렀다. "이리 와, 토니. 집에 갈 시간이야." 안토니오와 쿠코자는 "어둠 속 길 저편으로 사라졌고, 그것이 안토니오가 목격된 마지막 순간이었다."

안토니오의 아버지 빈센조가 검은손이 서명한 편지를 받자 이 납치 사건은 전국에서 가장 주목받는 사건이 되었다. 뉴어크과 볼티모어의 지역신문들이 이야기를 덥석 물어 1면 기사로 대문짝만하게 실었고, 이어서 시카고와 로스앤젤레스, 그외 다른 대도시 매체도 따라했다. 세인트루이스 디스패치는 "뉴욕 전체가 최근의 무법 행위로 들썩거리다"라는 헤드라인을 내보냈다. 한 신문사 기자가 빈센조 만니노의 집 근처에서 그의 사진을 찍으려 하자 빈센조는 역정을 냈다. "무슨 일이 있어도 내 사진이 실려선 안 돼요." 그는 사진기자에게 버럭 소리질렀다. "그날로 표적이 될 거 아닙니까. 그놈들이 나를 알아볼 거고, 그중 누구 손에 내가 죽게 될지 누가 압니까." 그길로 만니노는 앓아누웠고 아내의 간호를 받으며 일주일간 자리보전했다. 만니노 가족이 느끼는 두려움과 지역사회에서 점점 커가는 공포는 서로를 증폭시키는 듯했다. 경찰이 용의자 두 명을 추적해 체포 영장을 발부받으러 타이라는 아일랜드계 치안판사를 찾아갔을 때, 판사는 영장을 즉각 발부해준 건 물론이고 경찰에 이렇게 당부했다. "가서 잡아오시오. 가능하면 산 채로, 안 되면 시체라도."[7]

이탈리아인이 연루된 거의 모든 사건에서 그랬듯, 이번에도 지시가 떨어졌다. "데이고를 데려와." 페트로시노가 이 사건에 배정되었다. 그는 뉴저지행 여객선에서 수상한 남자 둘을 봤다는 제보를 받고 즉시 추적에 나섰고, 뉴저지 소도시 몇 군데를 이잡듯 뒤졌지만 아무 수확도 얻지 못했다. 서쪽과 남쪽 지역에서 목격자 제보가 쏟아졌다. 한 기자는 이렇게 보도했다. "듣자 하니 전국 각지에 얼쩡대는 이탈리아인 한 쌍이 수두룩한데다 하필 모두가 토니 만니노와 꼭 닮은 남자애를 데리고 다니는 듯하다."[8] 맨해튼에 웬 수상쩍은 동굴이 있다는 소문이 돌자 형사들이 동굴을 조사하러 파견되기도 했다. 부두란 부두는 다 감시했다. 토니의 인상착의와 비슷한 소년이 퀸스의 애스토리아를 돌아다니고 있다는 목격자 제보가 들어오자 한밤중에 경찰이 그 동네에 출동해 집집마다 문을 두드리고는 "이탈리아계 남자아이가 보이는 족족 잠자리에서"[9] 끌어냈다. 경찰은 끌어낸 아이들 얼굴 옆에 토니의 사진을 나란히 대고 비교하고 아이들 부모도 취조했다. 하지만 토니는 어디에서도 발견되지 않았다.

검은손은 브루클린의 한 경찰서에 투서하는 것으로 경찰의 압박에 대응했다. 수신자는 사건을 맡은 수사반장으로 되어 있었다. "추적을 멈추지 않으면 너희는 죽는다."[10] 편지는 이렇게 경고했다. 전국 각지의 신문들은 수사에 사소한 진전이라도 있으면 요란하게 보도했고, 독자들은 아침마다 잠에서 깨면 신문을 보며 토니가 발견됐는지부터 살폈다. 미국인들은 이웃 이민자에게 새삼스레 불신의 눈길을 보냈다. "만니노 납치 사건은 일반 시민에게 이탈리아계 이민자가 가할 수 있는 위험을 너무나 선명하게 각인시킨 나머지, 협박 편지나 납치 사건 혹은 유사 범죄단체에 관한 소문이 아무리 황당무계해도 전부 그럴듯하게 들렸다."[11] 한 신문은 이렇게 평했다.

맨해튼은 집단 공황에 빠지기 직전이었다. 10월 들어 이스트 할렘에서 검은손이 돈을 내놓지 않으면 172호 공립학교를 폭파하겠다고 협박한다는 소문이 돌았다. 그 학교에 자녀를 보내는 학부모들이 근처 다세대주택에서 쏟아져나와 학교로 몰려갔다. "혼이 반쯤 나간 성인 500명이 학교 정문 앞에 몰려들어 학생들을 당장 내보내라고 요구했다."[12] 한 기자가 보도했다. 군중이 자기 자식 내놓으라고 소리치면서 점점 앞으로 밀고 들어오자 육중한 나무문이 위태롭게 흔들리기 시작했다. 일촉즉발의 순간에 교장이 튀어나와 폭동이 일기 직전에 간신히 학부모 무리를 진정시켰다.

타임스 취재기자가 페트로시노를 찾아와 난데없이 나타난 것처럼 보이는 이 비밀 조직에 대해 물어보았다. "'검은손'이라는 폭력 조직이 이 도시에서 활동하는 건 분명합니다."[13] 페트로시노는 일단 시인하고서 소동을 잠재울 요량으로 덧붙였다. "그런 협박 편지를 네 통이나 받고도 돈을 내주지 않은 남자가 있습니다. 그는 아직 살아 있고 죽을 위험에 처해 있지도 않습니다." 그러면서 그는 검은손 편지를 받은 이탈리아인은 돈을 건네지 말고 경찰에 신고하라고 독려했다. 토니의 아버지와 같은 상황에 처한 이들이 조금만 용기를 내면 검은손이라는 사회악은 제대로 싹을 틔우기 전에 뽑을 수 있다고 페트로시노는 단언했다.

검은손은 기분이 상한 모양이었다. 그들은 도리어 만니노에게 협박 편지를 한 통 더 보냈다. "아이를 죽이지는 않겠다, 얌전히 굴었으니까."[14] 편지에는 이렇게 적혀 있었다. 하지만 그들은 아이를 팔아버릴 생각이라고 알렸다. "자식 없는 어느 가족이 아이를 넘기면 2천 달러를 지불하겠다고 약속했다. 만니노 씨가 우리 조건에 응하지 않으면 우리가 아이를 팔 줄 알아라. 우리는 무지렁이도 시시한 잡범도 아니고 당신 같은 신사이며, 그저 미국이라는 이 거대한 나라가 기대를 저버렸기에 우리의 아름다운, 그림 같은 조국 이탈리아로 돌아갈 돈이 필요해서 이러는 것뿐이다." 그러고는 "깊은 존경을 담아"라는 인사와 함께, 검은손 스케치 옆에 "(검은손의) 카피타노(대장 혹은 두목이라는 뜻—옮긴이) 씀"이라고 서명했다.

그런데 안토니오가 실종되고 일주일이 지난 8월 19일, 수사는 대전환을 맞았다. 만니노의 사촌이 한밤중에 길을 걷다가 맞은편에서 걸어오는 작은 사람의 형체를 봤다. 냅다 그리로 달려가보니 그 아이는 토니였다. 그는 아이를 와락 끌어안고 곧장 집에 데려왔다. 만니노 가족은 아이를 돌려받으려 몸값을 지불했는지 여부에 대해 철저히 함구했고, 이후 페트로시노를 비롯해 경찰측과 일절 연락을 끊었다. 페트로시노가 보기에는 몸값이 오간 게 분명했다. 만니노가 형사의 조언을 따르지 않은 것이다. 검은손이 뉴욕 시경보다 영향력이 세다고 판단했기 때문이었다.

페트로시노가 공개적으로 검은손에 패배한 최초의 사례이자 몹시 기운 빠지는 패배였다. 몸값을 지불할 때마다 검은손은 더욱 힘을 얻었고 그 조직에 얽힌 전설도 한층 빛났으며 조직원 수도 불어났다. 페트로시노는 뉴욕에만 이미 수천 명의 검은손 조직원이 존재하며, 몇 명 또는 몇십 명 단위로 작은 갱단을 만들어 자기들끼리 긴밀히 협조하면서 흔한 수법의 범죄를 저지르고 있다고 봤다.

검은손이 개입한 범죄 건수가 점점 증가했다. 남자들이―늘 찾아가는 건 남자 쪽이었다―멀버리 300번지에 찾아가 페트로시노 형사 손에 편지를 쥐여주었다. 가족의 목숨을 위협하는 편지였다. 어떤 날은 하루에만 서른다섯 통을 받기도 했다.[15] 혼자 조사하기에는 사건 수가 너무 많았다.

여름 내내 긴장감이 극으로 치달았고 신문 기사 헤드라인이 삭막한 분위기를 부추겼다. 검은손이 브루클린의 어느 디저트 상점을 불태우고 안에 있던 점주 에르네스트 쿠르시를 함께 태워 죽이는 사건이 있었다.[16] 151번가에서는 폭탄이 터지면서 날아간 유리와 나무 파편에 행인 스무 명이 중경상을 입었다.[17] 이스트 할렘에서는 여아 다섯 명이 납치됐는데, 가족들이 너무 겁에 질려 경찰에 신고조차 못했다.[18] 그중 한 아이의 시신이 어느 건물 굴뚝에 처박힌 채 발견됐다는, 진위가 확인되지 않은 소문이 돌았다.[19] 다섯 아이의 부모 중 어느 한 명도 경찰에 협조하지 않아서 페트로시노가 사실 여부를 확인할 수 없었다.

하지만 다른 뭔가가 페트로시노를 사로잡고 놔주지 않은 듯하다. 바로 가족 품으로 돌아온 아이들의 증언이었다. 이스트 휴스턴에 있는 집 근처 길거리에서 납치된 여섯 살 남아 니콜로 토모소는 두 달이나 납치범들에게 붙잡혀 있었다. 마침내 몸값이 지불되자 아이는 새하얗게 질린 채 몹시 불안정한 정신 상태로 집에 돌아왔다. 니콜로는 페트로시노에게, 웬 남자가 1페니 주화와 막대사탕을 내밀며 자기랑 같이 가자고 구슬렸다고 했다. 니콜로가 모르는 사람을 따라가지 않으려 하자, 남자는 니콜로를 냅다 자기 차로 끌고 갔다. 차는 브루클린에 있는 어느 집에 도착했고 니콜로는 거기에 줄곧 감금되어 있었다.

갇혀 있는 동안 어린 니콜로는 그럭저럭 괜찮은 대접을 받았다. 납치범들은 아이에게 스테이크와 마카로니를 먹였다. 하지만 잘 때도 신발을 벗지 못하게 했다. 니콜로가 울면 납치범들은 혀를 잘라버리겠다고 위협했다. 가족들이 간신히 돈을 모아 몸값을 지불하자 납치범 일당은 자고 있던 니콜로를 들쳐업고 집 근처 학교로 데려가 계단에 내려놓고 가버렸다.

가장 섬뜩한 점은 그 비좁은 방에 니콜로 혼자 갇혀 있던 게 아니라는 것이다. 무사히 귀가한 후 니콜로가 페트로시노에게 말하길, (토니 만네노 말고) 토니라는 왜소한 남자아이와 여자아이 두 명이 같이 감금돼 있었고, 니콜로가 풀려났을 때도 그 애들은 여전히 거기 남아 있었다고 했다. 여자애들은 몇 날 며칠이 흐르는 동안 대체로 조용히 있었지만 남자애는 "거의 온종일 울면서 집에 가고 싶다고 보챘다".[20]

사방에 정보원을 깔아뒀는데도 페트로시노는 니콜로가 목격한 실종 아동들에 대해 아무런 정보도 입수하지 못했다. 이제 그는 거리를 나다닐 때마다 지나치는 건물의 내부를 자신도 모르게 상상했고, 벽돌과 시멘트 너머에서 어떤 일이 벌어지는지 투시하려 했다. 공기도 안 통하는 다락에서 매 맞아 피부가 찢긴 아이들이 손이 결박당한 채 축 늘어져 있는 건 아닐까? 지하실 구석에 쌓인 쓰레기 더미 속에 아이들 사체가 숨겨져 있지는 않을까? 납치 범죄가 기승을 부린 시기 맨해튼은 페트로시노에게는 유령이 출몰하는 도시였을 것이다.

✦ ✦ ✦

이듬해 내내 검은손 범죄는 뉴욕 북동부의 이탈리아인 게토에서 솔솔 피어올랐고, 페트로시노는 한 사건을 마무리하면 쉴 틈도 없이 곧바로 다음 사건을 맡았다. 그러다가 1904년 여름, 훗날 '검은손 열기'로 불리게 될 현상이 화르르 불타올랐다. 8월 22일,[21] 조셉 그라피라는 자가 뉴로셸의 다세대주택에서 살해당했다. 그는 가슴팍에 꽂힌 칼에 심장이 반으로 갈라진 채 숨겨 있었다. 맨해튼 엘리자베스가에서는 포그로리알레시로의 식료품점에서 폭탄이 터져 그의 아내가 크게 다쳤다.[22] 브롱크스에 사는 부유한 건설업자 안토니오 바론시니는 어느 날 밴뷰런가 81번지에 있는 집에 돌아와보니 아내가 온데간데없었다.[23] 집안을 샅샅이 뒤진 후 바론시니는 밖으로 뛰쳐나가 친척과 친구를 죄다 불러내 도움을 청했다. 그는 엿새 동안 동네 구석구석을 뒤지고 다녔지만 지치고 낙담해서는 밴뷰런가 집으로 돌아와야 했다. 그런데 어느 날 밤 현관문을 두드리는 소리가 들렸다. 황급히 달려가 문을 여니 현관에 이탈리아인 두 명이 서 있었다. 그들은 바론시니에게 당신의 아내를 데리고 있으니 되찾으려면 몸값을 지불하라고 했다. 바론시니는 황급히 돈을 긁어모아 두 사람에게 넘겼다. 아내는 정신적으로 큰 충격을 받고 돌아왔다. 아내가 털어놓기로, 어느 날 오후 검은손 일당이 현관문을 두드렸고 자신이 어떻게 해보기도 전에 막무가내로 집안에 들어왔으며 자신을 결박하고 입에 재갈을 물린 뒤 끌고 갔다고 했다.

이윽고 검은손에서 비롯된 역풍의 첫 조짐이 나타났다. 브루클린 에지와 워싱턴 타임스, 뉴욕 타임스를 비롯한 수많은 언론에서 미국에 유입되는 시칠리아인 수를 억제해야 한다는 의견을 공식적으로 지지하고 나섰다. 한 매체는 이탈리아계 이민자에게 "몇 년 전 뉴올리언스에서 당신네 교포가 당한 일을 잊지 말라"[24]고 경고하기까지 했다. 1891년 뉴올리언스 경찰서장이 살해되고 나서 이탈리아인 11명이 린치를 당한 사건을 두고 하는 말이었다. 수많은 이탈리아계 미국인의 뇌리에 선명히 각인된 사건이었다. 검은손이 허구한 날 신문에 오르내려 이탈리아계 이민자를 향한 분노가 위험수위까지 치솟자 이탈리아 정부 대변인이 공식 성명서를 발표하는 지경이었다. 이탈리아 대사 에드몬도 마요르 데스 플란체스 남작은 이렇게 선언했다. "어린 만니노의 납치가 심각한 일임에는 틀림없습니다만 이탈리아 정부가 관여할 사안은 아닙니다. (…) 이탈리아인이 고국을 떠나 이 나라에 오면 선량한 시민으로 살기를 기대합니다. (…) 이탈리아인이 납치를 비롯한 여러 범죄에 가담했다는 사실을 규탄하는 바이며 (…) 그들이 합당한 처벌을 받기를 바랍니다."[25] 무능한 비토리오 에마누엘레 3세가 이끄는 이탈리아 정부가 검은손 문제에서 사실상 손을 턴 셈이었다.

한편 수많은 미국인이 조국의 새 주민을 두둔하고 나서기도 했다. 뉴욕 메일은 이탈리아계 이민자가 갖춘 덕목을 일일이 열거하면서, 미국인들이 "공평한 대우"라는 "정통 미국 신조"[26]를 실천할 것을 촉구했다. 윌리엄 랜돌프 허스트가 소유한 뉴욕 이브닝 저널은 1904년 10월 14일자에, 끓어오르는 혐오감에 정면으로 맞서는 강한 논조의 사설을 실었다. "이탈리아인이 범죄 성향이 강한 민족이라는 주장은 명백한 거짓이다. 다른 민족들에도 범죄자가 섞여 있듯 이탈리아인 중에도 범죄자가 있을 뿐이다. 이탈리아인 대다수는 (…) 준법정신이 투철하고 정직하고 성실하며 가정에 충실한 시민이다."

이탈리아인을 지지하고 나선 몇 안 되는 미국 남부 지역 신문 중 내슈빌 아메리칸은 자사 매체에 전면적 비하 조의 기사를 싣는 것을 허락한 발행인들을 꾸짖었다. 내슈빌 아메리칸은 "신문들, 특히 이민자 출신이 소유주 겸 편집장으로 있는 매체들은 특정 인종이 범죄 성향이 강하다는 거짓되고 어리석은 비난을 내세워 대중의 생각 없는 인종적 편견을 부추기는 짓을 자제해야 한다"[27]고 주장했다. 도입부의 비꼼은 뉴욕 언론계에서 허스트의 주요 경쟁자인 조지프 퓰리처를 겨냥한 것임이 거의 확실하다. 미국에서 가장 영향력 있는 신문 발행인으로 꼽힌 퓰리처는 그 자신도 1864년에 헝가리에서 이민 온데다 그의 미국행 경비를 남북전쟁 연방군 병력을 모집하던 신병 모집단이 대준 사정이 있었다. 내슈빌 아메리칸은 시칠리아가 손도 못 쓸 만큼 폭력이 난무한 곳이라지만 켄터키는 몇 배 심하다는 사실도 지적했다.

공황에 빠진 시민사회와 날뛰는 신문 헤드라인에도 불구하고 페트로시노는 뜻밖에 실망스럽게도 상관들이 검은손 범죄에 대체로 무심하다는 걸 알게 되었다. 그는 몇 번이고 뉴욕 시경에 검은손 조직을 추적해 제대로 기소하라고 호소했다. "그는 비웃음만 샀다."[28] 워싱턴 포스트가 당시 분위기를 보도했다. "'검은손'은 쓸데없이 소란 피우기 좋아하는, 황색 저널리즘만 좇는 기자가 만들어낸 신조어에 불과하다고 한소리 들었다. 가서 부두 순찰이나 돌라는 조언도 들었다." 오메르타(범죄 사실을 경찰에 신고하지 않는다는 행동 강령—옮긴이) 계율을 신봉하며 스틸레토 단검이나 휘두르는 이탈리아인은 보호해줄 가치가 없다고 말하는 것 같았다.

페트로시노는 이탈리아 남부에서 오는 이민자 수 제한을 골자로 한 정책에 모두 반대했는데, 이탈리아인 가족의 입국을 거절하는 것은 절박한 심정으로 존엄과 식량을 찾으러 온 이들의 생명줄을 끊는 행위임을 누구보다 잘 알았기 때문이다. 그러나 그는 세상을 떠들썩하게 하는 검은손 사건이 터질 때마다 국민 감정의 저울이 노골적인 혐오로 조금씩 기울고 있다는 것도 알았다. 검은손 타도는 그저 살인 사건 몇 건 해결하면 될 문제가 아니었다. 그것은 새 삶을 찾아 미국으로 건너온 동포들의 운명과 긴밀히 엮인 문제였다.

1904년 여름, 페트로시노는 검은손의 질주에 제동을 걸 계획을 짜기 시작했다. 세부 사항까지 꼼꼼히 다듬고서 그는 기자인 친구에게 연락해 인터뷰를 진행했다. 이 인터뷰 기사에서, 검은손에 대한 페트로시노 형사의 견해가 그동안 바뀌었으며 그것도 더 침통한 방향으로 변했음이 분명히 드러났다. "이 무법자 연합의 파장은 지구 끝까지 미치고 있습니다."[29] 페트로시노는 기자에게 이렇게 말했다. 폭력과 납치가 폭증한 것에 상당한 충격을 받았다고 했다. 하지만 자신이 해결책을 도출해낸 것 같다고 했다. 뉴욕 시경에 형사들로 구성된 특별 수사팀 '이탤리언 수사반'을 만들어 검은손에 정면으로 맞서 소탕 작전을 펼치자고 촉구했다는 것이었다. "야심 찬 이탈리아계 현역 경관 스무 명만 보내주시면 형사로 훈련시키겠습니다." 그는 상관에게 이렇게 제안했다. "그럼 길어도 몇 달 내로 그 망할 조직을 최후의 한 놈까지 잡아내 이 자유의 땅에서 쫓아내겠습니다." 페트로시노는 지체 없이 멀버리가 300번지 본부로 가 윌리엄 매커두 경찰청장에게 제안서를 올렸다.

도회적인 이미지의 매커두 청장은 그 자신도 이민자였다. 그는 아일랜드 도니골 지방에서 태어나 열두 살 때 남북전쟁이 한창인 미국으로 건너왔다. 머리가 벗겨지기 시작했지만 선이 굵은 미남에 박력 넘치는 인물이었다. 매커두는 저지시티에서 기자로 뛰며 학비를 마련해 법대를 졸업하고 뉴저지주 민주당 하원의원직까지 꿰찼다. 기자로 일한 경력 때문인지 문장력도 보통이 아니었다. 1900년대 초 허허벌판의 맨해튼에서 경찰청을 이끈 경험을 묘사한 그의 글은 어느 한 군데 고칠 곳 없을 정도로 명문이다. "대양 한복판에 떠 있는 증기선의 함교에 홀로 우뚝 서 있는 선장을 떠올려보라. 그의 배는 허리케인과 대결한다. 매섭고 혹독한 바람이 불어닥치고 산더미 같은 바닷물이 넘실대는데, 천둥은 사정없이 치고 번개가 번쩍 공중을 가른다. 뱃전 현장舷牆은 뜯겨나간 지 오래고, 닻도 죄다 닻걸이에서 떨어져나갔다. 엔진은 요동치면서 전력으로 돌아가고, 선박의 뼈대 전체가 쪼개지며 삐걱거린다."[30] 재직 내내 태머니홀의 비위를 맞추는 동시에, 뉴욕 주민들이 서로를 때려잡는 사태를 막으라는 압력에 시달리던 경찰청장 시절에 대한 소회는 훨씬 침울했다. "경찰청장직은 당대 실세의 노리개에 불과하다. 누구보다도 고난을 묵묵히 인내할 줄 알아야 하며, (…) 독자적이고 급진적이며 열성적인 태도로 정직하게 굴수록 직위를 유지할 가능성은 줄어든다."

매커두는 어느 모로 보나 정직한 사람이었다. 그는 잊을 만

하면 뉴욕 시경을 뒤흔드는 비리 사건에 단 한 번도 휘말린 적 없었다. 그렇지만 그는 이탤리언 수사반 창설을 원치 않았다. 그는 이 문제에서는 '독자적'이거나 '급진적'인 태도로 나가려는 욕심이 전혀 없었다. 독일인 수사반도 아일랜드인 수사반도 없는데 왜 이탤리언 수사반은 있어야 하나? 아일랜드 태생의 매커두는 이 아이디어가 그가 속한 켈트족 사이에서 얼마나 싸늘한 시선을 받을지 잘 알았다. 새 수사반을 창설하면 뉴욕 시경에서 버티는 게 용할 정도로 미운털이 단단히 박힌 집단이 이끄는 부서가 생성될 터였다. 그 영향력 강한 부서에는 이탈리아어를 구사하는 사람만 들어갈 수 있을 테고, 그럼 아일랜드계는 그만큼 일자리와 승진에서 밀려나는 것이었다. 더군다나 이탈리아인 이민자 거주지에 배정받은 형사 수만큼 비非이탈리아계 뉴욕 시민을 보호할 인력은 줄어드는 셈이었다. 이 문제를 곱씹을수록 매커두는 폭력적인 치들로 이루어진 구제불능 집단을 위해 자기 직위를 걸 하등의 이유가 없었다.

뉴욕 시경을 좌지우지하는 이들, 즉 태머니파에 속한 아일랜드계 고관들의 입장에서는 이탈리아계 주민 보호는 무조건 손해보는 장사였다. 뉴욕 경관은 뉴욕 유권자들을 보호하라고 존재하는 집단이었고, 유권자들은 또 그들대로 태머니파가 실권을 유지하도록 밀어주었다. 그런데 이탈리아인은 투표 안 하기로 악명 높았다. 이민 온 나라에 동화될 생각은 않고 고국의 과수원과 마을 광장에 대한 기억만 붙들고 산다는 인상이 강했다. 20세기로 넘어오면서 아일랜드계 이민자 90퍼센트가 미국 시민이 된 반면, 1912년 이탈리아계 이민자 가운데 귀화한 사람은 절반 이하였다.[31] 1900년경 태머니파가 밀어준 주 의회 의원 명단을 훑어봐도 태머니파가 새 이민자 물결을 자기네 무리에 얼마나 성공적으로 흡수했는지 알 수 있다. 물론 '돌런'과 '맥매너스'(아일랜드계 성―옮긴이)도 있지만, 이탈리아계 이민자 정착지에서 '리트하우어'와 '골드스미스' '로즌'(독일계 유대인 성―옮긴이)이 당선되었다. '찬가라'나 '토마시노' '펜디'(이탈리아계 성)는 어디 있는가? 한 명도 없었다. 태머니파 세계에서 이탈리아인이란 머나먼 행성의 거주민이었다.

그렇기에 페트로시노가 매커두 청장에게 이탤리언 수사반에 관한 아이디어를 상신했을 때 언쟁이 벌어졌다. 페트로시노가 이탈리아인들이 몹시 타당한 이유로 아일랜드계 경찰을 신뢰하지 않는다는 빤한 사실을 지적하자, 매커두는 기다렸다는 듯 이렇게 반박했다. 시칠리아 경찰은 자기들을 신뢰하지 않는 자국민을 밤낮 상대하는데도 사건을 잘만 처리하지 않나. 당신은 왜 그렇게 하지 못하나? 그러니 문제는 경찰 조직에 있는 게 아니다. "지금 문제는 이탈리아계 범죄자들이 무조건 인종적, 민족적 동정심이라는 방패 뒤에 숨으려 한다는 겁니다."[32] 매커두는 언론에 이렇게 이야기했다. "이탈리아인을 상대로 한 경찰 수사는 아무리 잘 풀려도 원하는 결과를 얻기 힘듭니다. 이탈리아인 가운데 더 나은 부류에서 도의를 추구하는 운동이 일어나지 않는다면 말입니다." 바꿔 말하면 암세포는 이탈리아 민족의 혼에 자리하고 있다는 얘기였다.

이것이 1904년 '이탈리아인 문제'에 대한 흔한 반응이었다. 이탈리아인을 폭력성과 분리해서 생각하기란 아일랜드인을 보며 어머니에 대한 효심을 떠올리지 않기, 혹은 독일인을 보며 그가 열심히 모았을 재산을 떠올리지 않기만큼 불가능한 일로 여겨졌다. 게다가 이탈리아인이 그렇게 구제불능이라면 그들을 단속해봐야 무슨 소용이겠는가? 실제로 시칠리아인은 경찰이 접근하면 유난히 부정적인 반응을 보였다. 당시 한 기고가는 잡지에 이런 글을 썼다. "그들에게 제복 경찰관의 출현은 세금징수나 강제징병 또는 체포를 뜻하며, 그렇기에 제복이 보이면 남자는 도망치고 여자와 아이는 그 자리에서 굳어버린다."[33]

페트로시노는 이런 논지를 받아들이지 않았다. 그는 매커두에게 이건 타고난 성향이나 문화의 문제가 아니라 예산과 접근법, 관심도의 문제라고 항변했다. 미국인이 검은손 문제를 얼마나 심각하게 여기느냐의 문제라고 말이다. "제 동포들이 미국 얘기를 할 때 뭐라고 하는지 아십니까?"[34] 그는 청장에게 물었다. "미국을 발견한 건 이탈리아인(이탈리아 제노바공화국 출신인 크리스토퍼 콜럼버스를 말한다―옮긴이)인데 운영은 유대인과 아일랜드인이 한다고 합디다. 이탈리아인한테도 권한을 조금만 줘보십쇼. 어떤 변화가 일어날지 누가 압니까."

여기서 잠깐, 페트로시노 전기를 쓴 이탈리아계 작가 아리고 페타코의 책에 실린 이 인용문은 진위가 확인되지 않았다는 점을 짚고 가야겠다. 페타코는 이 멋진 발언의 출처를 제시하지 않았고, 당시 어느 신문에도 게재된 기록이 확인되지 않는다. 동포들이 받는 대우에 분개한 이탈리아계 작가의 사심이 들어간 사례일 수 있다. 그러나 페타코가 유혹을 이기지 못하고 이 한마디를 날조한 게 사실이라 해도 이 일화에서 읽히는 페트로시노의 기백은 거짓이 아니다. 핵심은 뉴욕시의 권력 분배 문제, 누가 그 권력을 행사하고 있는가의 문제였다. 이탈리아계 미국인이 참혹하게 살해당하지 않기 위해서라도 일부 권력을 차지할 자격이 있지 않은가?

매커두는 한 발짝도 양보하지 않았다. 그는 이탤리언 수사반 창설안에 거부권을 행사했다. 뉴욕시 의회가 그의 결정을 지지했다.

페트로시노는 낙담했다. 동포들이 우후죽순 납치되고 살해당하는데 맨해튼의 위정자라는 자들은 조금도 개의치 않았다. 뉴욕 시경만 그런 게 아니었다. 페트로시노가 보기에는 법원도 검은손 범죄를 심각하게 취급하지 않았다. 갈취 시도로 기소된 사람이 받은 최대 형량이 고작 2년 반이었다. 초범은 그보다 훨씬 가벼운 형을 받았다. 뉴저지 프랭클린 파크에서는 "검은손 회장"이라고 서명한 협박 편지로 남의 돈을 잘만 뜯어먹고 산 갈취범이 유죄가 인정됐는데도 고작 8개월 노역형을 받는 데 그쳤다.[35] 뉴욕에서 검은손 범죄 활동을 누구보다 날카로운 눈으로 주시한 기자 프랭크 마셜 화이트는 이렇게 지적했다. "이탈리아인 악당이 저지른 범죄는 살인이 아닌 경우 재판까지 가는 건 물론이고 이민자 거주지 밖에서 사람들 입에 오르내리는 일조차 극히 드물다."[36]

시어도어 루스벨트가 백악관에 들어간 상황에서, 페트로시노는 경찰 조직에서 철저히 혼자였다. 그의 첫번째 멘토인 곤봉잡이 윌리엄스의 경력을 다룬 기록 수백 건을 뒤져봐도 윌리엄스가 이 문제에서 페트로시노 편을 들어줬다는 언급은 어디에도 없다. 뉴욕 정계에는 지원을 요청할 만한 이탈리아계 정치인도 없었다. 이탈리아인은 뉴욕시 인구 중 가장 빠른 속도로 불어나는 집단이었지만 시 의회나 주 정부에서 거의 대표되지 않고 있었다. 페트로시노가 자의로 입을 다물기로 한 건 아니었다. 불평을 한다면 그의 편에 선 대중의 지지마저 잃을 게 뻔했기에 그럴 수밖에 없었던 것이다. 한 기자는 당시 상황을 이렇게 정리했다. "페트로시노는 호의를 기대할 수 없는 처지였고, 그렇기에 요구하지도 않았다."[37]

또다른 그의 편은 언론이었다. '없던 길도 만드는 페트로시노' '부패를 모르는 형사 페트로시노'는 맨해튼 일간지가 가장 즐겨 쓰는 문구가 되었다. 퓰리처 소유의 뉴욕 월드와, 허스트가 소유한 뉴욕 저널, 아돌프 오크스가 창립한 뉴욕 타임스까지 무뚝뚝하고 지적인 페트로시노를 범죄와의 싸움에 앞장세울 최적의 대변자로 점찍었다. 타임스는 이렇게 선언했다. "살인과 협박이 만연한 상황에서 남자들은 얼굴이 하얗게 질리고 여자들은 성모 마리아에게 기도를 올린다. (…) 리틀 이틀리 사람들은 한마음으로 이탈리아인 형사가 자기들을 보호하고 지켜줄 거라고 기대한다."[38] 언론은 이탈리아인을 사랑할 수 없다 해도 페트로시노는 사랑할 수밖에 없었고, 사랑할 작정이었다.

페트로시노는 수사반 창설안을 밀고 나갔다. 이탤리언 수사반이 없으면 검은손은 더욱 막강해지고 잔악해질 것 같았다. 미국 전역에 마수를 뻗어 그의 동포가 진정한 미국인으로 받아들여질 일말의 기회마저 짓밟을 터였다. 이미 브로드웨이와 시카고의 연극무대에서는 단검을 휘두르는 이탈리아계 범죄자가 단골처럼 등장하고 있었다. 검은손이 신문을 장악하는 한 이탈리아인은 언제나 미국 시민과 동떨어진 존재, 괴물 취급을 당할 터였다.

페트로시노는 경찰청 관료를 열심히 설득했다. 한 기자는 이렇게 전했다. "페트로시노는 점점 커지는 위험을 제거하려면 당장 과감한 조치를 취해야 한다는 걸 이해시키려 무진장 에를 썼다."[39] 가끔 높으신 분과 면담할 기회를 얻기도 했다. "하지만 대개는 예의 차린 인사도 없이 면전에서 무시당했다. 고위 간부들도 페트로시노 경사의 인사 기록이 깨끗하며, 그가 쓸데없이 소란 피우는 부류가 결코 아님을 잘 알았는데도 그랬다." 페트로시노는 기자들에게 간곡히 호소하면서 검은손에 대한 경고를 되풀이했다. 이탈리아이민자보호협회 회장인 엘리엇 노턴이라는 막강한 협력자도 동원했다. 노턴은 매커두를 찾아가 이탤리언 수사반 창설을 승인하도록 종용했다. 그러나 매커두는 이번에도 페트로시노의 청을 묵살했고, 페트로시노는 크게 낙담했다.

자신이 보호하고자 하는 이들이 자꾸만 떠올랐다. 피해자 수백 명에게 배신당한 기분이 들었다. 검은손의 범행을 차마 증언하지 못하고 극악무도한 사업에 돈만 대주어 생명을 불어넣으니 말이다. 한 기자에게 이렇게 말하기도 했다. "우리 동포의 문제점은 (…) 소심해서 동향인에 대한 정보를 제공하지 않으려 든다는 겁니다. 그들이 자경단을 결성해서 경찰 손에 이탈리아계 범죄자들을 넘겨주기만 한다면 다른 시민들만큼 안전하게 지낼 수 있을 뿐 아니라 무가치한 게으른 놈들에게 근면과 번영의 대가로 거액을 지불하지 않아도 될 텐데 말입니다."[40] 이것이 페트로시노의 공식적인 입장이었다. 담담한 유감이 엿보이는 발언이었다. 동포들에 대한 인내심이 바닥나 검은손 피해자를 검은손 일당보다 더 미워한 순간도 있었다. 그가 "피해자들을 온순한 양이라고 칭하면서 심한 욕설을 퍼부었다"[41]고 이탈리아인 기자이자 작가인 루이지 바르지니는 전했다. 페트로시노는 절망감에 사로잡혀 바닥까지 내려갔다. 도대체 왜 그의 동포들은 한데 뭉쳐 이 야만인들에게 대항하지 않는 걸까?

그러나 한편으로는 그가 그토록 사랑하게 된 도시, 이탈리아인들이 뼈빠지는 노동으로 건설한 이 도시가 의무를 다하지 않고 있는 것도 사실이었다. 뉴욕은 검은손 조직원들을 풀어줘서 그들이 마음껏 살인과 납치 행각을 이어가게 했다. "자신이 힘겹게 잡아들인 이들을 법정이 곧바로 풀어주는 걸 보면서 끝없이 좌절을 느끼다보니 그는 냉정하고 모진 사람이 되어갔다."[42] 페트로시노의 이탈리아인 전기 작가가 이렇게 회고했다. 페트로시노는 뉴욕의 무관심을 마주하자 대중에 경고했다. 그는 기자들에게, 검은손 조직은 이제 막 활동을 시작했으며 지금 막지 않으면 그 폐해가 점점 퍼져나갈 거라고 했다. "당장은 검은손 무법자들이 교포들만 공격하고 있습니다만 누가 저지하지 않으면 점점 대담해져서 미국인도 공격할 겁니다."[43] 단순히 전략으로 한 경고가 아니었다. 페트로시노는 진심으로 그렇게 될 거라 믿었고, 이 주장을 자주 되풀이했다.

그는 이탈리아계 미국인의 어두워지는 미래를 감지할 수 있었다. 엄청난 재앙의 조짐이 보였다. 수년 전 오후에 구두닦이 상자를 박살낼 때 가졌던, 자신과 조국에 대한 믿음이 사라지고 있었다. "그는 거대한 싸움에 홀로 내던져진 채 버림받은 기분이었다."[44] 바르치니는 이렇게 썼다.

4장
신비의 6인조

검은손과의 싸움은 1904년 여름 내내 계속됐다. 페트로시노는 이탤리언 수사반 창설을 위해 로비를 계속했고 매커두는 번번이 거절했다. 그러던 중 연달아 일어난 잔혹한 검은손 범죄로 수사반 창설 찬반 논쟁의 균형이 한쪽으로 기울었다. 검은손 협회가 사라지기는커녕 기세등등해졌고, 파크 로(시청 인근이라는 이점 때문에 대부분의 뉴욕 언론사 사옥이 모여 있던 거리. '뉴스페이퍼 로'라는 별칭으로도 불렸다―옮긴이)의 기자들도 웬만해선 멈추지 않고 자극적 논조의 범죄 기사를 토해낼 것 같았다. 오히려 신문 헤드라인은 검은손의 부상을 요란하게 떠들어댔다.

9월 14일, 매커두가 페트로시노를 집무실로 호출했다. "자네 요청이 드디어 승인됐네."[1] 그는 마지못한 투로 말했다. "자네한테 이탤리언 수사반을 결성할 권한이 주어졌네. 팀원들도 자네가 직접 뽑는 거야." 예상치 못한 성취였다. 페트로시노의 수사반은 미국 역사상 최초의 특별 수사반이 되는 것이었다. 그러나 매커두도 나름의 꿍꿍이가 있었다. 페트로시노가 이탈리아인에게도 조금만 권한을 달라고 했는데, 매커두가 그에게 딱 조금의 권한을 준 것이다. 페트로시노는 팀원 스무 명을 달라고 했지만 고작 다섯 명이 주어졌고, 수사반 운영 예산은 없다시피 했다.

매커두는 신설 수사반을 언론에 소개하면서, 수사반에 아주 쉬운 임무를 부여했다. "정직한 이탈리아인 시민에게 경찰이 적이 아닌 친구임을 반드시 인지시켜야 합니다."[2] 매커두의 말이다. 하지만 페트로시노는 그것이 주어진 임무의 일부에 불과함을 알았다. 우선은 검은손을 단단히 무릎 꿇려야 했다. 동포의 신뢰를 얻는 건 그다음에나 가능했다.

페트로시노는 팀원 다섯 명을 고르고자 맨해튼 이곳저곳의 경찰서 집합실을 기웃거리기 시작했다. 애초에 팀원을 차출할 인재 풀이 그리 크지 않았다. 1904년 뉴욕 시경은 인력 규모가 만 명쯤 됐는데 이중 이탈리아어를 구사할 수 있는 경관은 스무 명이 채 안 됐고 시칠리아 방언을 할 줄 아는 사람은 잘해야 네다섯 명이었다. 최초로 이탤리언 수사반원으로 발탁된 이들은 페트로시노가 여러 관할 부서에서 취합한 형사들로, 그가 함께 일해본 적이 있거나 평판을 들어 익히 알고 있던 이들이었다.

가장 먼저 차출한 경관은 프랑스계와 아일랜드계 부모를 두고 리틀 이틀리에서 자란 모리스 본누알이었다. 본누알은 외국어를 유창하게 구사하기로 소문나 있었다. 심지어 영어보다 시칠리아 방언을 더 잘했다. 페트로시노와도 몇 년 함께 일해본 그는 벌써 화려한 이력을 쌓아가는 중이었다. 아편굴에 잡혀 들어갈 뻔한 젊은 여성을 구출한 적도 있고, "사각거리는 치마와 챙 넓은 모자 차림으로" 브로드웨이를 산책하기 좋아하는 복장전환자 형제 '예쁜 쌍둥이'를 체포한 것도 그였다. 다음 영입 대상은 피터 돈데로라는 언변 좋은 스물일곱 살 청년으로, 경찰에 합류한 지 3년 된 그는 다소 유미주의 성향이 있는 것으로 알려져 있었다. "여기는 제가 가본 곳 중 가장 예쁘게 꾸며진 도시예요." 죄수를 이송하는 길에 로스앤젤레스 타임스 기자에게 이렇게 말한 적도 있다. "햇살이 반짝이고 산뜻한 바람까지 부니 그야말로 이상적인 도시로군요." 훌륭한 도시계획을 알아보는 세련된 안목과는 별개로, 돈데로는 거친 형사였다. 훗날 '계집애'로 불리는 해리 마이어스라는 부랑자와 몸싸움을 벌이다가 얼굴을 대각선으로 가로지르는 울퉁불퉁한 흉터를 얻기도 했다. 한번은 범인을 체포하는 과정에서 이탈리아인 용의자가 돈데로의 입에 리볼버를 쑤셔박고 공이를 당겼다. 돈데로는 다행히 발사되기 전 권총을 얼굴에서 잽싸게 밀어냈다.

조지 실바, 존 라고마르시니, 우고 캐시디가 수사반의 나머지 자리를 채웠다. 마지막으로 합류한 캐시디는 새 파트너에게, 자신이 가장 좋아하는 서부 총잡이 부치 캐시디에 대한 존경의 뜻으로 자신을 '휴 캐시디'라고 불러달라 했다.[3] 이탤리언 수사반에 합류하기 전 그가 수사에 참여한 가장 유명한 사건은 이스트 113번가 저택 지붕의 석탄 통을 타고 들어온 도둑 일당이, 벨기에 국왕의 총애를 받는 마사지사의 아들이 소유한 시포니어(위에 거울이 달린, 폭이 좁고 높은 서랍장―옮긴이)에서 훔친 6천 달러를 회수한 사건이었다. 캐시디는 무법자 성향이 약간 있었다. 1895년 그는 순경일 때 용의자에게서 거액의 현금을 갈취하려 한 혐의로 고발당한 적이 있었다. 고발자는 전직 측량 기사로, 캐시디가 불법체포로 자신을 협박했고 합의를 거부하자 폭행까지 했다고 주장했다. 캐시디는 무죄를 주장했고 2년 후 공소는 기각되었다. 페트로시노는 기독교 사제 못지않게 고결하고 청렴했지만 수사반 팀원으로 결함 있는 형사를 받아들이는 위험 정도는 감수할 각오가 돼 있었다.

일단 수사반이 꾸려지고 활동을 개시하자 페트로시노가 얼마나 특이한 상관인지 여실히 드러났다. 그는 매우 성실하고 능력도 출중했지만 남을 잘 믿지 않았다. 워낙 뛰어난 기억력을 가진데다 오래도록 혼자 일해왔기에 자급자족형 인간이 되어 있었다. 믿고 의지할 동료 경찰이 곁에 있던 적이 없고 자기들끼리 똘똘 뭉친 아일랜드계 동료 경관들이 던지는 모욕을 늘 듣다보니 편집증적 성향도 생겼다. 근무 첫날을 기운차게 시작하려던 수사반의 한 일원에게 맨해튼의 어느 구역에서 특정 용의자들을 추적하라는 지시를 내리면서도 그들에게 어떤 혐의가 있는지, 심지어 어떤 사건으로 수사하는지조차 알려주지 않았다. 이런 방식이 몇 주 동안 이어졌다. 페트로시노는 이탈리아인들이 길거리에서 그의 이름을 크게 불러 마피아 단원에게 그의 정체를 알리는 씁쓸한 일을 수없이 겪었다. 그러니 이 수사반원들이 그들과 다르다는 걸 어찌 알겠나?

이렇게 배경이 제각각인데도 페트로시노와 형사들—이브닝 월드는 이들에게 '신비의 6인조'라는 별명을 붙여주었다[4]—을 하나로 묶어주는 힘이 존재했다. 바로 동료 경찰의 적대였다. 아일랜드계가 절대다수를 차지하는 형사부는 상관들이 그러듯 신설 수사반을 철저히 냉대했다. 한 신문 기사는 이렇게 전했다. "그들에게는 사무실도 따로 없었고 금박 명패를 단 문도, 반들반들한 책상도, 직통전화도, 담당 속기사나 심부름꾼도 없었다."[5] 사건 기록 파일을 수납할 캐비닛조차 없었다. 초반에 페트로시노는 예전에 혼자 사건을 처리하던 방식대로 수사반 사건 파일을 죄다 머릿속에 넣고 다녔다. 그의 집은 이탤리언 수사반 본부가 되었다. 아침이면 그들은 멀버리 300번지 청사에서 열리는 조례에 참석했다. 그런 다음 살인 사건 전담반과 형사부의 일원들이 각자의 사무실로 돌아가면 이탈리아인 형사 여섯 명은 복작복작한 복도 한구석 벽감에 모여 음성을 낮추고 그날의 업무 회의를 열었다. 아일랜드계 경관들은 이탈리아계 낙오자들의 "처량한"[6] 표정에 고소해하면서 그 모습을 구경했다.

수사반이 받은 지령은 "이탈리아인 거주 구역에서 끊임없이 발생하는 특유의 문제를 해결하라"[7]는 것이었다. 한마디로 매커두는 몇 제곱킬로미터에 달하는 땅에 흩어져 살고 있는 이탈리아계 이민자 50만 인구를 단 여섯 사람에게 떠넘긴 것이었다. 이해를 위해 비교하자면, 1904년 당시 약 50만 명의 로마 시민을 수천 명의 경찰관과 카라비니에리(이탈리아의 준準 군경찰—옮긴이)가 전담했으며, 경찰관과 카라비니에리는 법원과 검사, 경찰리의 전폭적인 지원을 받았다. 이탤리언 수사반은 똑같은 규모의 일을 실소가 나오리만치 적은 자원을 가지고 해내라는 요구를 받은 것이다.

부담은 날로 가중됐다. 수사반 활동 초기 이탈리아인의 뉴욕 이민은 무서운 기세로 지속되었다. 전담반이 창설된 1904년에만 이탈리아인 남녀노소 19만 3296명이 미국에 들어왔다.[8] 1905년에는 총 이민자 수가 22만 1479명으로 늘었고, 뒤이은 두 해에는 더욱 증가해 각각 27만 3120명과 28만 5731명으로 집계됐다. 이들 가운데 범죄자도 있었다. 불가피한 일이었다. "뉴욕과 브루클린에서 검은손 조직에 속한 수천 명의 강도와 암살범이 활동하고 있는데, 이들은 위협적으로 세를 불려가고 있습니다."[9] 페트로시노도 1905년 10월 타임스와의 인터뷰에서 이 점을 시인했다. 후에 그는 맨해튼에서 활동하는 이탈리아계 범죄자 수를 3만 5천 명에서 4만 명 사이로 추산했고, 매일 새로이 유입되는 수도 고려해야 했다.[10]

검은손 협회를 연구한 신문 편집자 알베르토 페코리니도 동의했다. 그는 소상공인, 상점 주인, 거리의 풍금 연주자, 은행원, 그리고 특별한 기술 없이 이민자 거주지에 사는 노동자 중 어림잡아 95퍼센트는 자신의 사업과 가족을 보호받는 대가로 매주 검은손에 돈을 상납한다고 봤다.[11] 이 수치가 정확하다면 뉴욕에만 검은손 피해자가 수십만 명 있다는 얘기였다. 그런데 그마저 온전히 파악된 수치가 아니었다. 목숨에 위협을 느껴 미국을 뜬 이민자는 포함되지 않았다. 기자 프랭크 마셜 화이트는 이렇게 썼다. "검은손은 일이 다르게 풀렸다면 최고로 훌륭한 미국 시민이 됐을, 정직하고 근면한 이탈리아인 수천 명을 파멸시키고 미국에서 내쫓았다."[12]

수치가 과장됐을 가능성은 있다. 검은손 범죄 대부분이 신고되지 않았기에 페트로시노나 페코리니 같은 이들도 실제 수치를 가늠하기가 어려웠다. 하지만 다른 출처에서, 예컨대 검은손 일당에게서 압수한 피해자 명단, 세인트루이스나 시카고, 그 외 다른 대도시의 언론 기사 등에서 피해자 수가 매우 많으며 뉴욕에서만 매년 수천 명에 달한다는 증거는 충분히 확보할 수 있었다. 특히 소상공인들은 미국에서 조금이라도 재산을 모았다 하면 검은손에 협박받는 건 당연지사였다.

이러한 인구통계는 페트로시노에게 몹시 불리했다. 이탤리언 수사반은 동쪽에 면한 대서양 해안에서 물마루에 이르러 꺾이지는 않고 마냥 높아만 가는 파도에 맞서는 아주 가는 인간 띠가 되었다. 당시 상황을 지켜본 많은 이들이 뉴욕 시경이 요식 행위로 전담반을 창설하기만 하고 제도적 지원은 전혀 제공하지 않았다고 평했다. 한 역사가는 이렇게 기록했다. "많은 이들이 보기에 그것은 알맹이 없는 승리, 보여주기식 홍보였다."[13]

페트로시노는 수사반원들에게 검은손의 복잡한 범죄 수법을 철저히 가르치는 한편, 정식 사무실을 마련할 예산을 끈질기게 요구했다. 마침내 매커두도 예산을 승인했다. 페트로시노는 멀버리 300번가에 수사반 사무실을 내는 건 허락받지 못했지만—어쩌면 페트로시노가 아일랜드계 경찰이 있는 곳과 조금 떨어진 곳을 요구했는지도 모른다—오늘날 맨해튼 웨스트 빌리지로 알려진 웨이벌리 플레이스 175번가에서 방 하나를 빌릴 수 있었다. 그는 구할 수 있는 사무용 집기는 다 긁어모으고 낡은 책상도 몇 개 찾아내 사무실로 끌고 올라갔고, 창문에 "부동산"이라고 쓴 팻말을 걸었다. 동네에 좋은 매물이 있는지 물어보려고 문을 두드린 주민들은 조용히 돌려보내졌다. 공인중개사는 이탤리언 수사반의 위장 직업이었다.

이탤리언 수사반이 새 보금자리를 마련하자 뉴욕 타임스는 기자를 보내 이 이색적인 새 수사반 반장과의 심층 인터뷰를 따오게 했다. 기자는 자신을 기다리고 있던 남자를 이렇게 묘사했다.

눈에는 학생처럼 총기가 어려 있다. 전반적으로 온화한 빛이 감돌아서 보고 있으면 마음이 편해진다. 그 눈을 가만히 들여다보면 은밀한 속내를 다 털어놓고픈 충동이 인다. 일자로 다문 입술이 곡선을 그리며 미소 지으면, 부지불식간에 세상에서 나를 가장 아껴주는 다정하고 배려 깊은 사람과 대화하는 기분을 느끼게 된다.[14]

페트로시노는 사무실 구경부터 시켜주었다. 벽이란 벽은 이탈리아인 범죄자들 사진이 가득 메웠고, 원목 탁자에는 단검이며 리볼버, 블랙잭(검은 가죽으로 감싼 곤봉―옮긴이) 등 수사반이 압수한 무기가 진열되어 있었다. 페트로시노가 연필깎이처럼 보이는 것을 집어들고 말했다. "이거 좀 보세요." 자세히 보니 그것도 칼이었다. 갈취범에게서 빼앗은 거라고 했다.

이렇게 사무실을 빠르게 둘러보고 둘은 자리에 앉아 인터뷰를 시작했다. 기자는 페트로시노에게 검은손 협회를 어떻게 소탕할 계획이냐고 물었다. 냉정하기로 소문난 형사에게서 나온 것치고 다소 뜻밖의 대답이 돌아왔다. "계몽으로요." 페트로시노는 이런 설명을 덧붙였다.

뉴욕의 이탈리아계 이민자 거주지에는 형사보다 전도사가 필요합니다. 새로 이민 온 주민들과 어울리면서 우리 정부에 대한 충분한 지식을 전파할 전도사요. 전도사는 이 나라에서 태평하게 무지라는 축복을 누릴지 모르나, 그 무지는 바로 이탈리아계 시민의 발목을 붙잡는 장본입니다. 그들은 자신이 누릴 수 있는 헌법상 권리를 알지 못합니다. 미국의 찬란한 역사조차 알지 못한다고요.

수사반을 신설하는 실험까지 강행하면서도 페트로시노는 치안 활동만으로는 문제 해결에 역부족임을 주장했다. 이탈리아인들은 자신이 미국의 일부라고 느끼지 못했다. 그들에게는 교사와 주미 대사, 사회복지사가 필요했다. 페트로시노는 동포들이 여느 미국인처럼 자유를 사랑하지만, 미국이 어떤 식으로 돌아가는지 알지 못하며 미국의 체계가 신뢰할 만한 것인지조차 확신하지 못한다고 힘주어 말했다. 그는 국민들에게 인내심을 갖고 동포들을 지켜봐달라고 촉구했다. 보통의 이탈리아인은 "성실히 일하고, 소소한 즐거움을 누릴 줄 알며, 아름다운 것을 좋아하고, 자식들을 공립학교에 보냅니다. 계몽할 가치가 있는 사람들입니다".

기자는 이 인터뷰 기사를 발송했고 편집자는 기사에 그럴듯한 제목을 붙였다. "형사이자 사회학자, 페트로시노."

매일 아침 이탤리언 수사반 대원들은 노동자 복장에 당시 콘타디니 사이에 유행한 챙 넓은 펠트 모자를 쓰고 웨이벌리 175번지 사무실에 출근했다. 반장은 엔파미에게서 입수한 수백 가지 단서를 검토하고 대원들에게 사건을 배정했다. 그러면 대원들은 혼자서 혹은 파트너와 함께, 각자 맡은 임무를 수행하러 밖으로 나와 임대 건물을 수리하러 파견된 일꾼 복장으로 웨이벌리 거리를 휘젓고 다녔다.

검은손의 범죄가 급속도로 악랄해져가고 있었다. 리틀 이틀리와 브루클린, 이스트사이드 곳곳에서 수시로 폭탄이 터졌다. 경관 세 명이 지키고 있던 윌리엄스버그에서 벽돌로 된 상점의 전면이, 땅을 뒤흔드는 굉음과 함께 길 쪽으로 터져나갔다.[15] 경관들이 모르는 새 다이너마이트가 설치되었던 것이다.

상점은 완파되었다. 아무도 폭탄 테러범을 보지 못했고 경찰은 범인이 어떻게 폭발물을 가게 안에 들여왔는지 짐작조차 못하고 머리만 긁었다. 다른 사업주들이 받은 편지도 전부 같은 결과를 약속하고 있었다. "천하의 겁쟁이에게 이르건대, 돈을 내놓지 않으면 고통받을 것이다. 저항은 무의미하다. 벌써 죽음이 너를 응시하고 있다."[16]

세리노 니자리는 현재 차이나타운인 바야드가 98번지에서 빵집을 운영하고 있었는데, 앤서니 파지아라는 검은손 조직원이 그를 죽이려고 시도한 적이 있었다. 이발을 받고 있던 니자리를 바깥으로 불러내 그의 가슴팍을 단검으로 찌르려 했으나 니자리가 간신히 칼날을 피해 도망쳤다. 니자리에게 온 협박 편지는 그의 상대가 누구인지 똑똑히 알려주었다. "우리 조직은 이탈리아인으로 이루어진 건 당연하고 개중에 경찰과 변호사도 많으니, 네가 이 얘기를 바깥에서 떠드는 즉시 우리에게 전달될 것이다."[17] 돈을 지불할 준비가 되면 창문에 빨간 손수건을 걸어두라고 했다. 그러나 빨간 손수건은 걸리지 않았다. 니자리는 저항하기로 마음먹었다.

어느 날 밤 니자리는 지하 작업장에서 빵을 굽고 있었다.[18] 가까이에 그의 딸과 손녀도 있었다. 순간 다른 사람의 기척이 느껴져 고개를 드니 한 남자가 작업장으로 이어진 계단을 살금살금 내려오고 있었다. 파지아였다. 그는 니자리를 보더니 총을 꺼내 그의 가슴팍에 겨눴다. 총성 두 발이 작업장을 울렸다. 총알은 니자리를 빗나갔지만 그의 딸이 몹시 당황한 나머지 그만 끓는 물이 담긴 주전자를 툭 쳤고 아기에게 물이 쏟아졌다. 자지러지는 울음이 지하실을 메웠다. 아기는 큰 화상을 입고 끝내 숨을 거두었다.

이탤리언 수사반은 파지아를 추적해 '무덤'이라고 불리는, 시내 유치장에 처넣었다. 파지아는 변호사 선임을 거부했고 재판에 임해서도 피고석에서 반항적 태도로 대뜸 내뱉었다. "나는 감옥에 가지만, 저 치는," 니자리를 말하는 것이었다. "대가를 톡톡히 치를 거요. 내 친구들이 저 치를 지켜볼 테니까. 편지를 잘 읽어보쇼. 거기 다 나와 있으니."[19] 파지아는 거들먹거렸지만, 이탤리언 수사반은 작은 승리에 기뻐했다. 니자리가 자신을 괴롭히던 자들과 당당히 맞서 증언했으며, 범인이 인생의 한창 때를 싱싱 교도소에서 보내게 될 터였다. 이런 식으로 마무리되는 사건이 누적될수록 검은손은 타격을 입을 게 분명했다.

검은손과 이탤리언 수사반의 대결은 뉴욕에서 가장 뜨거운 이슈가 되었다. 심지어 장신구 디자이너들도 주목하기 시작했다. 열풍 초기에 한 신문은 "검은손이 대세"[20]라고 선언하면서 "뉴욕 시경 소속 페트로시노 형사가 검은손이라는 건 존재하지 않는다고 선언한 이래로―이는 잘못된 인용이고, 페트로시노는 전국 단위로 활동하는 범죄 조직은 없다고 했다―모든 게

우스갯거리로 전락했다"고 보도했다. 길거리 가판대에서는 시계 장식이나 단추로 쓸 수 있도록 제작한 조그마한 검은손 모양 금속 액세서리를 팔기 시작했다. 신문 기사에 따르면, 수요가 공급을 한참 앞섰다. 맨해튼 상점에서는 누구나 여자친구에게, 혹은 로체스터에 사는 증조할머니께 검은손 편지를 보낼 수 있게, 종이 맨 위에 검은손 휘장 모양을 인쇄해 특별 제작한 편지지와 봉투 세트를 팔았다. 죽음과 공포의 상징이 상류층에게 먹혀 "제대로 유행이 되었다".

하지만 끔찍한 범죄는 여전히 들끓었다. 가까운 뉴저지주 웨스트필드에서는 레스토랑의 '백인', 즉 비이탈리아인 소유주인 존 클리어워터가 새벽 1시에 걸어서 집에 가던 중 한동안 자신을 협박해온 검은손 갱단에 급습당했다.[21] 그들은 클리어워터에게 리볼버를 겨눴고, 클리어워터도 자기 총을 급히 꺼냈다. 클리어워터가 몸에 탄환 두 발이 박힌 채 땅에 푹 거꾸러졌다. 그러자 검은손 일당이 단검을 들고 달려들어 그의 목과 얼굴을 마구 찔러댔다. 클리어워터는 길바닥에서 피를 흘리다 숨졌다.

어떤 업종도 예외가 아니었다. 증기선 사이비리아호가 서인도제도에서 과일을 잔뜩 싣고 뉴욕 항에 도착해 1번 부두에 정박했을 때 우편물 한 묶음이 시칠리아인 선원들을 기다리고 있었다.[22] 한 선원이 봉투를 뜯자 검은손이 보낸 쪽지가 나왔다. 두당 50달러를 검은손에 바치지 않으면 선원들이 한 명씩 죽어나갈 거라는 협박문이 적혀 있었다. 선장은 편지를 이탈리언 수사반에 가져가 보여주라고 했다. "안 됩니다!" 선원들이 대답했다. "안 될 말씀입니다! 절대 그러면 안 됩니다. 놈들이 당장 우릴 죽여버릴 거예요." 시칠리아인 선원들은 배에서 한 발짝도 나가지 않으려 했고, 선실에 틀어박혀 "양떼처럼 꼭 붙어서는 각자 빌려온 리볼버를, 그게 없으면 곤봉이라도 손에 꼭 쥔 채" 기다렸다. 선원들은 배에 올라타, 과일을 내리는 부두 인부 하나하나를 유심히 살폈다. 그렇게 배가 뉴욕을 떠날 때까지 긴장을 늦추지 않았다.

이탈리아인은 두말할 것 없이 공포에 질려 있었다. 어느 날 대낮에 브루클린 길거리에서 건설업자의 어린 아들 토니 마렌디노가 감쪽같이 사라졌다. 이탈리언 수사반이 아이의 아버지를 찾아갔지만 아버지는 입을 꾹 다물었다. 피해자 가족의 협조 없이도 수사반은 납치범들인 살바토레 페코니와 비토 라두카라는 자를 추적해냈다. 페코니는 전에도 아동 납치로 체포된 적 있는, 검은손과 한패로 알려진 범죄자였다. 두 용의자는 체포된 후 기소배심이 열릴 때까지 구치소에 수감되었다. 그런데 피해자의 아버지가 소식을 듣고 당장 법원 청사로 달려가 납치범들의 보석금을 내주려 했고, 심지어 페코니가 자신의 가장 절친한 친구이니 그를 당장 풀어주라고 우기기까지 했다. 아버지는 페코니가 자기 아들을 납치한 죄로 감옥에 가면 아들은 죽은 목숨이 될까봐 걱정한 것이었다. 그는 납치범들에게 불리한 증언을 하기를 거부했고, 이탈리언 수사반은 기소를 취하할 수밖에 없었다.

협박이 만연했다. 검은손이 연루된 사건에서 한 결정적 증인이 증언하려고 법정에 섰을 때 형사들은 증인에게 '죽음 신호'를 보내는 자가 있으면 즉시 잡아내려고 눈을 부릅뜨고 방청객을 감시했다. 그런데 증인이 검은손 갱단 두목을 지목하려는 찰나 방청객 한가운데서 뭔가를 발견하고 얼어붙었다. 증인은 거의 실신 직전이었지만 간신히 정신을 붙들었다. 또다른 신호를 본 뒤에야 그녀는 일어서서 소리쳤다. "하느님께 맹세해요! 독실한 신자셨던 우리 엄마 무덤에 대고 맹세해요! 전 아무것도 몰라요! 아무것도 할 얘기 없어요! 더는 한마디도 안 하겠어요!"[23] 볼티모어의 한 판사는 방청객이 증인의 얼굴을 보지 못하게 하려고 배심원석과 증인석 좌석을 반대로 돌려놓기도 했다.[24]

웨이벌리 175번지의 수사반 본부로 제보가 쏟아졌다. 사람들은 협박 편지를 손에 꼭 쥐고 찾아와서 사라진 아이들, 원인 모를 화재, 한밤중의 폭발에 관한 이야기를 토해냈다. 페트로시노는 자신이 마주한 문제가 얼마나 거대한지 이제야 감을 잡았다. 그는 자신을 찾아오는 이탈리아인 한 명당 침묵하고 있는 피해자가 250명쯤은 숨어 있을 거라고 가늠했다. 검은손의 패악은 이미 유행병 수준으로 커져 있었다.

5장

투지

1905년 여름부터 가을까지 맨해튼 곳곳에서 강도 높은 첩보 작전이 펼쳐졌다. 큰길에서, 다세대주택 복도에서, 가스등이 희미하게 비추는 악취나는 골목에서, 그리고 검은손 일당이 범죄를 모의하는 곳이라는 소문이 도는 키안티(이탈리아 토스카나 지방산 적포도주—옮긴이) 저장실에서 검은손 조직과 경찰은 몇 번이고 충돌했다. 미국에서 검은손이 가진 힘을 시험하는 무대였다. 사실상 공권력이 검은손을 저지할 수 있는지 알아보려는 것이었다.

이탤리언 수사반이 맡은 사건 일부는 쉽게 해결되는 사건이었다. 블리커가 211번지의 정육점 주인이 갈취범들의 타깃이 되자, 수사반은 블리커가가 손님들로 활기를 띠기 전에 새벽같이 출동했다.[1] 그들은 정육점 냉동고에 잠복하고는 체온을 유지하려 뜨거운 코코아를 마시고 폴짝폴짝 뛰어가며 몇 시간을 기다렸다. 얼음덩어리 위에 앉아 각자의 어린 시절 이야기를 늘어놓고 텐더로인에서 약삭빠른 건달들과 마주친 일화를 주고받았다. 마침내 오후 느지막이, 조아키모 나폴리라는 이름으로 워싱턴 포스트에 실린 적 있는 남자가 가게로 들어오더니 추적용 표시가 된 지폐 50달러를 건네받았다. 그 순간 냉동고에서 몸이 반쯤 언 형사들이 휘청대며 몸을 일으키고 우르르 달려나와 나폴리의 손에 수갑을 채웠다. 얼마 후 다른 사건에서는 2번 애비뉴 12번가에 있는 드러그스토어에서 형사들이 점원 복장으로 잠복근무를 했다.[2] 이들은 아편팅크와 신경안정제를 파는 간간이, 상점 밖에서 초조하게 서성대며 수금원을 기다리는 검은손 피해자의 사촌을 흘끔거렸다. 이윽고 한 이탈리아인 청년과 동행 두 명이 나타나 사촌과 이야기를 나눴다. 사촌은 청년에게 뭔가를 건네고서 손수건을 꺼내 재빨리 자기 입술을 훔쳤다. 약속한 신호였다. 형사들은 냉큼 드러그스토어에서 뛰쳐나갔지만 이미 검은손 일당 셋은 막 출발한 시내 전차를 향해 전력으로 달려가고 있었다. 전차는 거의 시속 32킬로미터로 2번 애비뉴를 내달렸다. 세 조직원은 간신히 전차에 올라탔다. 수사반 형사 한 명이 전차 문을 붙잡고 기어이 차량에 올라탔지만, 세 조직원 중 파올로 카스텔라노라는 자가 자신이 탄 전차 칸에 형사가 들어오는 것을 보고 창밖으로 몸을 던졌다. 그는 돌바닥에 머리부터 떨어졌는데도 금세 몸을 일으켜 달아났다.

수사반 형사와, 마침 그 전차에 타고 있던 순경이 카스텔라노를 향해 총을 겨누고 발사했다. "전차 안은 아수라장이 되었다." 타임스가 그날의 사건을 전했다. "남녀노소 할 것 없이 비명을 질러대며 리볼버의 사정권 밖으로 황급히 피신했다." 그러다 총알이 협박범 카스텔라노의 두부를 명중했고 카스텔라노는 그 반동에 몸이 홱 돌아가면서 길바닥에 고꾸라졌다. 형사들은 전차에서 뛰어내려 카스텔라노와 나머지 두 공범을 붙잡아 가까운 서로 연행했다.

페트로시노는 수사반원들에게 검은손 편지를 분석하는 법, 편지 쓴 이의 정체에 대한 단서가 담긴, 특정 표현이나 방언 몇 가지를 식별하는 법을 훈련시켰다. 전부 똑같이 엄중히 다루기에는 협박 편지가 너무 많았기에 형사들은 가짜와 진짜를 가려내는 법을 배워야 했다. 어떤 협박은 너무 어설퍼서 금방 티가 났다. 예를 들면 1905년 가을 맨해튼에 사는 누스바움 씨가 받은 편지가 그랬다. "이보시오, 우린 더이상 당신에게 놀아나지 않겠수다. 9월 30일 오전 11시까지 50달러를 내놓지 않으면 댁과 댁의 여자를 죽이겠소. 나는 '클릭'의 회장이고 내 편지는 다른 놈들 것보다 알아먹기 더 쉬울 것이외다."[3] 서명은 검은손으로 되어 있었지만 진범은 누스바움 씨의 열다섯 살 난 딸 넬리였다. 넬리는 '그냥 장난으로' 그 편지를 썼다고 했다.

폭탄 테러로 가게를 잃은 맨해튼의 한 이발사가 받은 편지에서는 훨씬 심각한 수준의 위험이 감지됐다. "이제 어떤 일이 일어날지 잘 알겠지."[4] 편지에는 이렇게 쓰여 있었다. "이건 시작에 불과해. (…) 너는 순종하지 않아서 죽음을 자초한 거야. (…) 우리는 116번가의 팔리비노와 엘리자베스가의 식료품상 키로를 방문한 장본인이다." 이런 유의 편지가 즉각적인 수사를 요하는 편지였다. 검은손 활동기 후반에 일어난 사건에서, 한 시카고 주민이 아들의 납치범에게서 받은 편지는 아들의 필체로 이렇게 쓰여 있었다. "제발요, 아빠. 돈을 주지 않으면 다시는 나를 보지 못할 거래요."[5] 검은손 조직원이 그 밑에 추신을 달았다. "네 아들 머리통을 보면 알아볼 수 있겠나?"

페트로시노는 검은손에 착취당하는 뉴욕 주민이 수만 명에 이른다고 추산했다. 그들은 지하철 터널을 뚫고, 저수장을 짓고, 고층 건물을 올리는 데 노동력을 보태는 성실한 시민들이었다. 도대체 검은손은 얼마나 많은 시민의 고혈을 쥐어짠 걸까? 그도 그렇지만, 검은손은 이런 대규모 사업에 참여하는 노동자의 명단을 대체 무슨 수로 손에 넣는 걸까?

몇 달에 걸쳐 발품을 판 끝에 페트로시노와 수사반 형사들은 마침내 검은손의 수법을 알아냈다.[6] 철로 공사이건 수로 공사이건 새로운 건설 사업 계획이 발표되면, 검은손 조직원이 현장 일감을 따내는 임무를 맡는다. 페트로시노가 수사할 때 그렇듯, 그 조직원도 평범한 일꾼처럼 꾸미고 현장에 나타나 아무 자리에나 지원한다. 일감을 따내면 현장 막사로 가 다른 일꾼들과 어울린다. 그런 식으로 일단 얼굴도장을 찍고 검은손 에게서 협박 편지를 받은 척하는데, 다른 이들을 속일 용도로 미리 준비해둔 편지다. "한두 명에게 털어놓으면서 협박 때문에 겁에 질린 척하는 겁니다." 페트로시노가 설명했다. "그러면 소 문이 삽시간에 퍼져 일꾼 전부가 서로를 두려워하는 지경에 이 릅니다. 자기들 중 누가, 몇 명이나 마노 네라의 일원인지 모르니 그렇게 되는 거죠." 일꾼들은 옆 사람이 검은손 조직원일까 두 려워 서로 대화하기를 꺼리게 되었다. 이렇게 일꾼들이 사기가 꺾이고 고립되면, 또다른 검은손 조직원이 지시를 받고 급여 지급일에 현장에 나타나 일꾼들에게서 상납금을 걷어갔다.

이러한 계책쯤은 하찮은 행각으로 보이게 만드는 검은손 수 법도 있었다. 얼마 후 페트로시노는 검은손 갱단이 전국의 이 탈리아인 이민자 거주지에서 저축은행 창구 직원으로 근무하 면서 소상인들의 예금액을 일일이 추적하고 있음을 알게 되었 다.7 한마디로 갱단은 첩자 노릇을 하면서 잠재적 갈취 대상의 금융자산 상태를 상부에 보고하고 있었던 것이다. 다 합치면 실로 어마어마한 규모의 자산이었다. 1910년으로 넘어갈 무렵 뉴욕의 이탈리아인은 이런저런 사업에 투자한 자본금 1억 달러와 은행에 예치한 2천만 달러를 합쳐 약 1억 2천만 달러의 재산을 보유하고 있었다.[8] 검은손은 협박 상대를 고르기 위해, 누가 얼마나 성공했는지 훤히 파악하고 있었다. 검은손 조직원은 이발소나 식당, 술집 등 이민자들이 주로 드나들며 어울리는 곳에 은근슬쩍 섞여들어 최근 누가 결혼했는지(결혼 선물도 검은손의 탐욕 대상에서 예외가 아니었다), 누구의 삼촌 또는 아버지가 최근 세상을 떴는지(유산도 마찬가지였다), 누가 고향 칼라브리아 혹은 시칠리아에 있는 가족 농장을 팔아치웠는지 따위의 소문에 귀기울였다.

상점들은 검은손의 주요 먹잇감이었다. 페트로시노는 검은손 범죄의 피해자들을 인터뷰하다가 어떤 패턴을 발견했다. 피해자 다수가 특정 무역상이 소유한 상점과 거래를 했다. 얼마 안 가 한 이름이 레이더망에 올랐다. 주세페 모렐로. 나무통 살인 사건에서 페트로시노의 적수였던 인물이었다. 모렐로와 그의 동업자 이냐지오 '늑대' 루포는 엘리자베스가에 대규모 식료품상을 차렸는데, 얼마 안 가 뉴욕시 곳곳에 지점이 생겼다. 그 지점들과 거래하는 상인에게서 돈을 뜯어내는 게 검은손 갈취 사업에서 큰 비중을 차지했다. 예를 들어 한 상인이 대량 주문을 넣으면 얼마 후 그의 사업장에 검은손의 협박 편지가 날아들었다. 돈을 내놓지 않으면 그의 상점은 폭탄 테러를 당하고 자녀들도 목숨을 위협받았다.

모렐로와 루포, 이들 두 조직원은 극과 극이었다. 모렐로는 트롤을 닮았고, 세련된 스타일에 도회적인 루포는 맞춤 정장 차림에 모자는 "난봉꾼처럼 삐딱하게 걸치고"[9] 반들반들한 백마가 끄는 1인용 마차를 타고서 모트가를 왕래했다. 팔레르모의 부유한 가정에서 태어난 루포는 사업상 분쟁으로 경쟁자를 살해한 후 이탈리아를 떴다. 루포는 달처럼 둥근 얼굴에 상대를 꿰뚫어보는 듯한 큼지막한 눈을 가지고 있었고 플루트 음색처럼 특유의 고음으로 이야기하면 그 소리가 단조롭고 기괴하게 들렸다. 보통은 남성호르몬 과다로 거칠디거친 이탈리아 지하세계에서 그는 변종이었다. "내 말 진짜라니까." 미 비밀임무국 뉴욕지부장 윌리엄 플린은 이렇게 말했다. "루포는 나를 살짝 건드리기만 해도 저자가 나한테 독을 주입했나 의심하게 되는 사람이었어."

이 2인조는 멀버리가의 선량한 사업자들을 먹잇감으로 삼았다. 그런 상인 중에 와인과 이탈리아 식재료를 수입해 엘리자베스가의 자기 상점에서 파는 살바토레 만젤라라는 무역상이 있었다.[10] 루포는 만젤라의 사무실에 들이닥쳐 그를 위협했고, 목숨을 부지하게 해주는 대가로 만 달러를 뜯어냈다. 만젤라가 보유하고 있던 자금은 서서히 바닥났고, 한때 잘나가던 그의 회사도 파산하고 말았다. 수많은 검은손 피해자처럼 만젤라도 인생이 바닥에 곤두박질치고서야 그의 사정이 세상에 알려졌다.

검은손이 벌이는 사업의 정교함, 그리고 그 사업에 투입되는 엄청난 돈은 페트로시노와 그의 수사반이 아무리 발버둥쳐도 못 따라갈 수준이었다. "상대편 첩보부는 (…) 역사상 유례없이 완전하고 정밀한 정보를 가지고 있습니다."[11] 페트로시노가 기자에게 이렇게 말할 정도였다. "이탈리아인 이민자 거주지마다 주민 전체의 정확한 사회적 지위까지 (…) 그들을 노리는 세력이 다 파악하고 있어요." 검은손은 뉴욕에서 어느 정도 성공한 모든 상인에 대한 자료를 축적해두고 있었다. 그들의 순자산, 집주소, 사돈 친척을 포함한 가족 구성원 등을 뒷조사한 것이었다. 페트로시노의 눈앞에서 점점 형체를 갖춰가는 검은손 협회는 범죄 조직보다는 그림자 정부(세계 정치 경제를 움직이는 비밀 조직을 일컫는 말. 음모론에서 나온 개념이다—옮긴이)에 가까웠다. 피지배자에게 세금을 걷고, 그들을 감시하고, 적을 제거하고 있었으니 말이다.

몇 달 뒤 페트로시노는 검은손이 진화하고 있음을 눈치챘다. 현장에 수사반이 나와 있으면 알아채고 페트로시노의 생각을 한발 앞서 예측하는 것 같았다.

페트로시노가 수금원들을 잡아들이자 검은손은, 이제 막 배에서 내린 시칠리아 출신 이민자들만 골라 그들에게 돈을 걷어오는 일을 시켰다. 수사반이 변장을 하면 검은손 일당도 똑같이 변장으로 대응했다. 한번은 신비의 6인조가, 맨해튼의 지정 장소에 심어놓은 가짜 꾸러미를 감시하려고 잠복 수사를 했다.[12] 형사 여섯 명은 최대한 자연스럽게 굴면서, 꾸러미를 지나쳐가는 행인 물결을 살폈다. 몇 시간이 흘렀다. 회사원, 행상, 가정주부, 직물공…… 그 누구도 꾸러미에 눈길조차 주지 않았다. 하늘이 황혼의 어스름으로 물들어갈 무렵 웬 등이 굽은 남자가 길가에 나타났다. 멀리서도 코가 부러진 흔적이 뚜렷이 보였고, 특이하게 기우뚱거리는 걸음걸이도 눈에 띄었다. 형사들은 그 남자가 꾸러미 쪽으로 다가오는 걸 주시하고 있었는데, 그가 갑자기 달려들어 몸을 숙이고 꾸러미를 낚아채자 화들짝 놀랐다. 그는 기가 막히게 민첩한 몸놀림으로 달아나 쌩하니 모퉁이를 돌았다. 형사들은 잠복 장소에서 뛰쳐나와 고작 몇 초 늦게 모퉁이를 돌았다. 하지만 등이 굽은 사람은 보이지 않았다. 지나가는 사람 모두 등이 꼿꼿한 행인이었다. 형사들은 바닥을 살피다가 조그만 접착제 덩어리를 발견했다. '곱사등이'의 비뚤어진 코였다. 정체 모를 수금원은 외투 안에 돈뭉치를 넣고 등을 꼿꼿이 세운 채 사라졌다. 아무도 그를 다시 보지 못했다.

페트로시노가 검은손에 흘러들어갈 지폐에 추적용 표시를 하자 몇몇 갱은 갈취 대상에게 금화와 은화로 보호비를 지불하라고 강요했다. 페트로시노가 특정 문구 또는 필체로 어느 검은손 지부의 범행인지 식별해내자, 검은손 협회는 편지에 정형화된 양식을 도입해 똑같은 편지를 수백, 어쩌면 수천 명의 피해자에게 보내 수사반이 문체만으로 검은손을 식별하지 못하게 했다. 페트로시노가 수금원의 주거지까지 추적하는 일이 잦아지자 한 갱단은 남의 우편함을 빌려 사용했다.[13]

이탈리언 수사반 대원들은 아마추어급 필체 감식 전문가가 되어, 편지를 보고 검은손을 식별할 수 있게 되었다. 한번은 터진 폭탄에서 나온 종이 충전재에 누군가 끼적인 단어 몇 개를 발견하고는, 뉴욕에서 활동하는 검은손 용의자들―이 무렵 용의자 명단에 오른 이는 수천 명에 달했다―을 전부 가까운 서로 소환해 조서에 서명하게 했다.[14] 그중 한 사람의 필체가 충전재에 적힌 단어의 필체와 일치했고 그자는 체포됐다.

그러자 검은손은 타자기를 사용하기로 했다. 다른 방법도 동원했다. 브루클린 리버티 애비뉴 경찰서에 근무하는 컬런 경감에게 경찰 간부들의 목숨을 위협하는 편지가 배달됐는데, 그 편지는 신문에서 오려낸 글자들로 작성되어 있었다.[15]

때로 협박 편지로 인해 전혀 다른 운명이 펼쳐지기도 했다. 검은손의 협박에 한동안 시달리던 피해자가 그간 받은 편지들을 들고 이탤리언 수사반을 찾아갔다. 페트로시노는 시간이 나는 대로 수사에 착수하겠다고 약속했다. 팀원들이 이미 사무실 책상에 엎드려 쪽잠을 자는 처지라 모든 사건을 그때그때 수사할 수 있는 게 아니었다. 몇 시간 후 피해자의 가게 바로 앞에서 폭탄이 터졌다. 그는 감히 페트로시노를 찾아간 죄로 인생을 망친 것이다.

뉴욕의 일상에는 초조한 긴장이 어려 있었다. 1905년 9월 말, 무게가 45킬로그램은 나가는 돌덩이가 웨스트 30번가 230번지의 담뱃가게에 날아와 문을 덮치면서 안에 있던 손님을 아슬아슬하게 비껴 떨어졌고, 채광창과 내부 목조 구조를 부쉈다. "사방에서 '검은손의 짓이다!'라고 울부짖는 소리가 들려왔다"[16]고 타임스는 보도했고, 검은손이 뉴욕 어디든 명중 가능한 장거리 거대 투석기를 손에 넣었다는 소문이 금세 퍼졌다. 진실은 훨씬 시시했다. 알고 보니 북쪽으로 세 블록 떨어진 펜실베이니아역 신설 공사 현장에서 지하 굴삭 작업 중 폭발로 솟구친 돌덩이가 7번 애비뉴를 따라 굴러와 담뱃가게를 덮친 것이었다. 뉴욕 주민은 안도감에 가슴을 쓸어내렸다. 적어도 검은손이 초대형 무기를 입수한 건 아니었다.

간간이 모골이 송연해지는 블랙 유머로 숨통이 트이곤 했다. 검은손이 저지르는 범죄 건수가 워낙 많다보니 그들도 때때로 실수를 저지를 수밖에 없었다. 맨해튼의 미국 프레이밍 앤드

픽처사 사장인 아돌프 호로위츠도 죽기 싫으면 검은손에 보호비를 바치라는 협박을 받고 있었다.[17] 어느 날 아침 그는 출근길에서 간밤에 바로 옆 사업장이 폭탄 테러로 폐허가 된 것을 발견했다. 그날 호로위츠의 우편함에 편지 한 통이 도착했다. "우리 조직원이 협박을 이행하러 파견됐는데 실수로 옆 상점을 날려버렸다." 편지를 쓴 자는 이렇게 해명했다. 그는 호로위츠에게, 그렇다고 당신이 보호비를 상납할 의무가 사라진 건 아님을 확인시키려 편지를 보낸 것이었다.

신문은 흥분해서 떠들어댔다. 워싱턴 포스트는 최근 검은손의 공격이 증가 추세인, 초목 무성한 뉴욕주 북부 전원 지역에 기자를 파견했다. "저 북쪽의 웨스트체스터 카운티에서는 허구한 날 주민들이 총에 맞는다."[18] 취재를 마치고 돌아온 기자는 이렇게 썼다. "만약 당신이 (…) 신선한 경험을 찾고 있다면 뉴욕에서 기차를 타고 커토나로, 아니면 툼스톤 벨트(광물이 풍부히 매장된 지대. 1800년대 후반 주로 애리조나주 툼스톤에서 광물, 특히 납과 은이 채굴되었던 데서 유래한 말이다—옮긴이)의 초목 푸르른 동네로 가보라. 곧바로 검은손이 짜릿한 흥분을 안겨주며 여러분을 반길 것이다." 기자는 이 삼림 지역에서 "전반적 저항"이 일어나고 있으며 그 때문에 상류층 가정과 그에 딸린 하인이 색다른 경험을 하게 되었음을 알게 되었다. 고급 저택의 집사가 "이제는 의용 기병대원 겸 경찰 겸 레슬링 선수 역할을 다 맡는 동시에, 앞뜰에서 몸싸움하는 가족들을 피해 오로지 검은손 일당만 정확히 명중시키고 새 사냥용 산탄이 귀족 혈통의 그 집 식구와 귀한 자제들 몸에는 닿지 않게 집안 소유의 산탄총을 능숙히 조작할 실력까지 갖추기를 기대받았다". 아이들은 바로 저희들을 보호하기 위해 저택 앞뜰에 깊숙이 박은 기둥에 몸이 꽁꽁 묶였고, 동네 상점에서는 '납치 경보기'가 날개 돋친 듯 팔렸다고 기자는 전했다. (물론 그런 경보기는 존재하지 않았다.) 그래도 기자는 사실도 한마디 덧붙였다. 이 지역 소도시들의 보안관 50명이 검은손에 대항하는 동맹을 결성해 완전무장하고 웨스트체스터의 그늘진 도로를 순찰하고 있다는 뉴스였다. 기자는 과장된 표현으로 저급하게 기사를 끝맺었다. "웨스트체스터는 이탈리아인들이 깜둥이를 전부 죽이고 깜둥이들이 이탈리아인을 전부 죽여 문제가 저절로 해결될 날을 염원하고 있다."

이런 촌극은 이미 팽팽히 당겨진 뉴욕 시민의 신경줄을 자극했다. 그러나 범죄에 시달리는 다른 도시의 주민과 다르게 맨해튼 주민은 적어도 그들에게 페트로시노와 그의 충직한 다섯 대원이 있다는 생각에 위안받았다. 실제로 이탤리언 수사반은 늘 과로에 시달리고 예산이 모자란데도 펄펄 날아다니면서 창설 첫 해에 가장 악질적인 검은손 조직원 수백 명을 검거했다. 검은손 범죄 건수는 절반으로 뚝 떨어졌다.[19] 타임스는 "암

만 봐도 희한하고 설명 불가한 평온함"[20]이 내려앉았다고 보도
했다. 그러나 이 현상은 사실 설명하고 자시고 할 것도 없었다.
페트로시노가 검은손의 테러 행위에 치러야 할 값을 매겼으며
그 값을 치를 각오가 된 범죄자가 줄어들었을 뿐이었다.

이탤리언 수사반은 "집도 절도 없이 떠도는 보잘것없는 외
인부대"[21]에서 알아서 잘 굴러가는, 존경받는 부대로 진화했
다. 이들 신비의 6인조는 미국 대도시에 새로이 등장한 집단이
었다. 암울하게 밀려오는 공포의 방향을 틀고자 법 앞에 선서
하고 목숨을 바치는 경관들이라니. 게다가 이탈리아인이라서
신선함이 더했다. 뉴욕 사람에게 페트로시노와 그의 수사팀은
이민자 가운데 최초로 미국인으로 인식되었다. 훗날 워싱턴
포스트는 수사반을 "열성분자 무리"[22]라고 감탄조로 이르기도
했다.

이탤리언 수사반은 실력을 증명해 보였다. 수사반 창설을 거
부했던 매커두 청장도 페트로시노에게 팀원 증원을 승인해주
었다. 페트로시노는 신규 팀원을 물색하러 다녔다. 그는 리틀
이틀리에서 발이 넓었다. 음악가와 상점 주인, 검은손에 위협
받았을 때 그가 도와준 평범한 엄마 아빠들과 친분이 있었다.

개중에는 몇 년 전 이탈리아에서 아들 로코를 데리고 이민 온 카보네 가족도 있었다. 로코는 영리한 아이였다. "학습력과 관리 능력 그리고 인간에 대한, 특히 특유의 기질과 관습에 젖어 있는 이탈리아인에 대한 이해력이 뛰어났다"[23]고 한 기자는 평했다. 또한 청년 시절의 페트로시노처럼 야망이 컸다. 로코는 열 살 때 과일 도매상의 심부름꾼으로 일하기 시작했다. (여타 이탈리아인 아동처럼 로코도 일찍 학교를 관두고 부모님 일을 도왔다.) 열여섯 살에는 이미 상점의 관리 직원이 되었고, 얼마 후에는 맨해튼 공장의 생산관리 책임자 자리까지 올라갔다. 이민자 가정 출신의 십대 청년으로서는 어깨가 한없이 으쓱해지는 지위였다.

그러던 어느 날 페트로시노가 로코의 일터로 찾아갔다.

"우리 경찰에는 자네 같은 인재가 필요하네." 페트로시노는 대뜸 말했다. "자네가 필요해."

가볍게 여길 요청은 아니었다. 로코 카보네는 실업계에서 승승장구하고 있었고, 이는 그렇게 어린 나이에, 그것도 성이 모음으로 끝나는(이탈리아인을 뜻함—옮긴이) 청년에게는 참으로 드문 행운이었다. 물론 이탤리언 수사반은 유혹적인 제안이었다. 이탈리아계 이민자 세계에서 우상이나 다름없었으니까. 하지만 수사반에 합류하면 동포의 증오 역시 한몸에 받게 될 터였다. 등에 과녁을 달고 사는 꼴이었다.

다른 한편으로는 조지프 페트로시노가 직접 찾아온 것 자체가 큰 영광이었다. 경찰관 봉급이 아무리 짜도 지금 공장주가 카보네에게 지급하는 임금보다는 나았다. 이탈리아인은 생산관리 책임자가 되어도 같은 직급의 동료보다 적게 받는 일이 비일비재했다. 카보네는 제안을 수락했다.

카보네는 하던 일을 그만두고 정규직 순경이 되었다. 그리고 열흘 후 그는 느닷없이, 심히 수상쩍은 모양새로, 조직에서 사라졌다. 아무도 영문을 몰랐다. 그만뒀나? 좌절했나? 그런데 며칠 후 웬 누더기를 걸친 젊은이가 리틀 이틀리의 선술집에 드나들기 시작했다. 그는 로코 카보네를 많이 닮았지만 다른 이름을 댔다. 갑자기 등장한 이 이탈리아인은 얼마 안 가 이민자 거주지에 포진한 온갖 비행의 소굴에 착실히 얼굴을 들이밀었다. 이브닝 월드 기사에 따르면 "그는 지하 불법 업소에서 어슬렁거리는 건달이자 도박꾼이었다. 협박범과 납치범 밑에서 훈련받고 있지만 늘 겁에 질려 있는 영 미덥지 못한 수습생이었다". 로코 카보네는 범죄자로 위장한 채 범죄 조직에 숨어들어 정보를 얻는, 훗날 '심층 잠입 수사'라고 불리게 될 형태의 근무를 하는 중이었다.

카보네는 더이상 부모님이 계신 집으로 귀가하지 않았다. 대신 멀버리 벤드의 쪽방에서 벼룩 끓는 더러운 베개에 머리를 대고 잠을 청했다. 지저분한 군 막사 비슷한 시설이었다. 막노동자가 온종일 지하철 터널 공사장에서 힘쓰다가 지친 몸을 끌고 돌아와, 검은손 조직에서 어떻게 출세할까 궁리하는 범죄자와 나란히 잠을 청하는 그런 곳이었다. 카보네는 바텐더, 건달, 살인범과 친구가 됐다. 그는 사업할 때 전문용어를 쓰던 습관을 버리고 그 대신 지하세계의 은어를 재빨리 습득했다. 그래서 "브로드웨이에서 빠진 다음 한동안 짜져 있어" 따위의 말을 아무렇지 않게 내뱉었다.

카보네는 이런 생활을 몇 달 이어오면서 페트로시노에게 요새 떠오르는 검은손 갱에 대해, 누가 어느 갱을 이끌고 있으며 누구를 타깃으로 삼는지 등의 정보를 제공했다. 페트로시노는 그 정보를 가지고 곧장 정식 수사를 개시하지 않았다. 각 패거리의 활동을 완전히 파악한 후 행동에 나서고자 한 것이다. 몇 달 동안 로코 카보네는 이민자 동네의 밑바닥 생활에 푹 절어 지냈다.

카보네가 전달한 정보로 사건 파일이 꽉 차고 나서야 페트로시노는 공격에 나섰다. 카보네가 잠입해 있는 동안 사건 범죄자들이 무더기로 검거됐다. 나머지는 급히 동네를 떴다. "남은 소수는 '페트로시노의 부하들'과 전쟁을 선포했다"고 이브닝 월드는 전했다.

카보네 같은 인재가 활약하는 페트로시노호 이탤리언 수사반은 검은손을 상대로 충분히 승산이 있는 것처럼 보였다. 초반에 한바탕 몰아친 대결을 보면, 법과 질서가 정말로 이길 수 있을 것 같았다.

✦ ✦ ✦

점점 높아져가는 명성과 이탈리언 수사반의 성공에도 불구하고 페트로시노 형사가 우상 취급을 받지 않는 곳이 한 군데 있었다. 바로 뉴욕 시경이었다. 동료 경관들은 허구한 날 페트로시노의 수사반이 하는 일을 훼방 놓았다. 워싱턴 포스트에 따르면, "그들은 온갖 장애물을 동원해 페트로시노의 앞길을 가로막았고, 그는 상하를 막론하고 어느 때나 협조를 기대할 수 없었다. 그들은 하나같이 이탈리언 수사반을 증오 어린 태도로 대했고, 기회만 있으면 기를 쓰고 수사를 지체시키려고 했다."[24] 이탈리언 수사반이 창설되고 얼마 지나지 않아 페트로시노는 그가 속한 부서 동료들이 자신을 감시하고 있다고 확신하게 되었다. "뉴욕 정치인 중에 이탈리언 수사반 창설에 극렬히 반대한 사람이 몇 있었는데, 그들은 일부 경찰이 자신에게 직통으로 보고하도록 조종할 영향력이 충분히 있었다." 워싱턴 포스트는 이렇게 전했다. 페트로시노는 내부 정보 제공자들을 너무나 경계한 나머지, 사건 수사에 들어갈 때마다 이탈리언 수사반 형사들에게 자신과 접선할 장소를 전보로 알려주었다. 팀원들이 멀버리가 300번지부터 수사반 본부까지 미행당하는 것을 원치 않은데다 전화로 말하는 것도 믿지 않았기 때문이다.

뉴욕처럼 매년 수천수만 명의 이민자가 거리를 메우는 대도시에서 강력계 형사가 활용할 필수 도구 하나는 머그 샷(범인 식별용 얼굴 사진―옮긴이)이었다. 멀버리가 300번지에 용의자가 끌려와 '머그'를 당하면, 그러니까 얼굴 사진이 찍히면, 그 사진은 경찰이 구축한 대규모 자료 시스템에 취합됐다. 그런데 페트로시노가 용의자를 연행해오면 담당 경관은 사진을 찍어주지 않았다.[25] 그래서 페트로시노는 이탤리언 수사반 형사가 길에서 용의자에게 말을 거는 동안, 부디 쓸 만한 사진을 건지기를 빌며 본인이 직접 카메라로 범죄자의 모습을 찍었다. 그렇게 찍은 사진은 쓸모없을 때가 많았다. 페트로시노가 사진가로서는 형편없었기 때문이다. 이 수법은 수사반원들이 은밀히 감시해야 할 용의자들에게 노출되는 부작용도 있었다.

한편 웨이벌리 플레이스의 수사본부를 드나드는, 챙 넓은 모자를 쓴 이탈리아인 사내들의 행태가 주민들의 이목을 끌기 시작했다. 한밤중에 거침없이 건물을 드나드는 짙은 색 머리의 낯선 사내들은 대체 누구인가? 그 구역의 순찰을 담당한 "젊고 야심만만한"[26] 경관이 "그가 보기에 심히 수상쩍은" 그 가무잡잡한 사내들을 유심히 관찰했다. 그러더니 경관은 본부로 달려가 검은손 일당일지도 모르는 무리가 웨이벌리 플레이스 175번지로 이사했다고 보고했다.

'빨강 머리 잭'이라는 별명으로 불리는 존 오브라이언 경감이 이 사건을 맡게 되었다. 얄궂게도 페트로시노는 경력 초반에 오브라이언의 팀에서 일한 적이 있었다. 경감은 일단의 부하들을 집합시켜 웨이벌리로 달려갔다. 가보니 '부동산 중개 사무소' 문은 굳게 잠겨 있었다. 오브라이언은 대원 한 명에게 그 집 문을 부수라고 명령했다. 부하 대원이 몸에 힘껏 체중을 실어 문에 부딪치자 문이 부르르 떨리며 열렸다. 대원들은 살그머니 안으로 들어가 테이블에 진열된 각종 무기와, 벽마다 붙어 있는 흉악한 인상의 이탈리아계 남자들 사진을 찬찬히 살펴보았다. 그런 다음 위조지폐 같은 범죄 증거를 찾아내려 사무실을 발칵 뒤집었다. (검은손 협회가 납치와 살인으로 모자라 화폐 위조 사업에도 손을 댔다는 의심이 일고 있었다.) 그들은 서랍을 죄다 빼내 내용물을 바닥에 쏟았고, 바닥 널을 들춰 보느라 양탄자도 다 뜯어냈다.

바로 그때, 한창 조사중인 사건의 단서를 추적하다가 이탈리아인 막노동자 복장 그대로 돌아온 페트로시노가 아무것도 모른 채 수사반 본부로 복귀했다. 크게 당황한 건물 주인이 현관에서 그를 맞아 "경찰이 당신을 쫓고 있으니 당장 도망가라고 사정"했다. 페트로시노가 주인아주머니를 진정시키려 애쓰고

있는데 한 경관이 그를 발견하고는 빨강 머리 잭에게 갱단 두
목이 도착했다고 알렸다. 오브라이언은 단숨에 로비로 내려갔
고, 페트로시노를 미처 못 알아봐 그를 바닥에 넘어뜨려 제압
하려고 했다. 하지만 페트로시노는 호락호락 넘어가기엔 너무
힘이 셌다. 그는 오브라이언에게 힙록(상대편에게 헤드록을 건 후
엉덩이 너머로 넘기는 레슬링 기술―옮긴이) 백힐(상대편 뒤꿈치 뒤
에 발을 놓고 밀어 넘어뜨리는 레슬링 기술―옮긴이) 기술을 걸었
고, 오브라이언은 공중에 떠올라 한 바퀴 붕 돌아 벽에 내동댕
이쳐진 후 바닥에 널브러졌다. 오브라이언이 비척대며 몸을 일
으키고서 경찰 보급용 권총을 꺼내 들고 천천히 다가와 페트
로시노의 얼굴에 총구를 들이댔다. "영구차 타고 경찰서 갈래,
아니면 순순히 걸어갈래?"

페트로시노는 얼어붙었다. 그는 명령을 순순히 따르지 않았
다는 이유로 경찰에 살해된 이탈리아인을 너무 많이 알고 있
었다. 그래서 천천히 손을 재킷의 깃으로 가져가 아주 조금씩
깃을 젖혔다. 그러자 셔츠에 달린 형사 배지가 드러났다.

오브라이언은 총을 든 손을 축 내렸다.

이튿날 사건은 신문에 실렸고 오브라이언 경감은 서에서 자
취를 감췄다. 나중에 들려온 소문으로는 "그린포인트에 처박혀
있다"[27]고 했다. 브루클린 저 구석의 순경으로 좌천됐다는 뜻이
었다. 그러나 페트로시노는 동료 경관들에게 앙심을 품지 않았

다. 그의 '갱단'을 알아본 순경을 경사로 진급시켜달라고 추천까지 했다. 늘 똑똑한 경관을 높이 샀던 그였다.

그렇다 해도 이는 오래도록 기억할 순간임은 분명했다. 1905년에 뉴욕 시경에서 오브라이언이라는 성을 가진 빨강 머리 경감을 상대로 이탈리아계 형사가 승리하다니. "'데이고'는 슈퍼스타가 되었다"[28]고 당대의 한 역사가는 기록했다. "페트로시노의 상관들은 사건을 해결하는 데 그의 수완이 너무도 절실했기에 감히 그의 입을 막지 못했다."

페트로시노가 제대로 인정받은 순간이었다.

6장
폭발

1905년 10월 16일 오후, 조지프 페트로시노는 스탠턴가 13번지에 있는 조그만 이탈리아 식료품점 복도에 서서 입구를 감시하고 있었다. 이 상점의 소유주는 지마발보 형제였다.[1] 형제 중 한 명이 시칠리아에서 먼저 건너와 열심히 일해서 모은 뱃삯으로 남은 형제를 불러왔다. 이 과정을 반복해 결국에는 온 가족이 맨해튼에서 다시 뭉쳤다. 조그만 상점에서 나오는 수입이 있었기에 가능한 일이었다.

그런데 어느 날 검은손의 협박 편지가 날아들기 시작했다. 지마발보 가족은 즉시 페트로시노에게 연락을 취했다. 미국에서 이들 가족의 삶의 기반은 위태위태했다. 과연 페트로시노가 지마발보가 문간에서 이 짐승들을 몰아내 이들 가족이 미국에서 정착할 기회를 놓치지 않게 해줄 수 있을까?

뉴욕 타임스에 실린 또다른 검은손 협박 피해자의 투서가 당시 지마발보 가족이 느꼈을 공포를 고스란히 보여준다. 이 피해자의 목소리는 검은손에 당한 모든 피해자를 대변하는 듯했다. "저는 살바토레 스피넬라라고 합니다."[2] 편지는 이렇게 시작했다. "저의 부모님은 이탈리아에서 정직하게 살아온 분들입니다. 저는 18년 전 미국에 건너왔고, 아버지를 따라 페인트공이 되었습니다. 그러다 결혼을 하고 가정을 이루었습니다. 저는 15년째 떳떳한 미국 시민입니다."

스피넬라는 가정집 전문 페인트공으로 성공해 이스트 11번가 314번지와 316번지에 건물 두 채를 사들였다. "가족 모두 행복하게 지내고 있었습니다." 그러던 어느 날, 7천 달러를 요구하는 검은손의 편지가 도착했다.

지옥에나 가라고 했습니다. 그랬더니 우리집을 날려버리려고 합디다. 경찰에 신고해 힘껏 맞서려 하니, 폭탄을 하나 더 터뜨립디다. 두 개, 세 개, 네 개, 다섯 개나 더요. 제 사업은 망했습니다. 제 건물의 세입자는 총 서른여섯 가구 중 여섯 가구만 남고 모두 떠났습니다. (…) 제 인생은 완전히 망가졌습니다. 저희 가족은 밤낮없이 공포에 떨며 지냅니다. 집 앞에 경찰관이 배치되어 있지만 대체 그 양반이 뭘 한단 말입니까? 무서워서 바깥에는 한 발짝도 못 나가는 제 아내와 아이들을 지켜보는 사람은 제 동생 프란시스코와 저뿐입니다. 언제까지 이런 생활을 참고 견뎌야 합니까?

스피넬라 형제는 엽총을 사서 자기네 건물들을 24시간 감시했다. 스피넬라의 머리는 며칠 새 하얗게 셌고, 어느새 리틀 이틀리에서 **루오모 케 논 도르메**, 즉 "잠을 자지 않는 남자"로 불리게 되었다. 그가 받은 협박 편지 중 수신자란에 "썩은 고깃덩어리"와 "첩자이자 배신자"라고 쓰여 있던 것에는 "뉴욕 시경 전체가 나선다 해도 너를 구해주지 못할 것"이라고 으름장 놓는 말이 적혀 있었다. 그 협박이 맞았다. 스피넬라는 몇 달 동안 시달린 끝에 집 두 채를 다 잃고 막노동으로 먹고사는 처지로 전락했다. 뉴욕에 스피넬라와 비슷한 일을 당한 사람이 수두룩해서 페트로시노가 집계를 포기할 정도였다.

페트로시노는 머릿속에 저장해둔 수천 사람의 얼굴 중 하나를 알아보기를 빌며, 스탠턴가를 지나가는 행인들을 유심히 살폈다. 그러면서도 다음 목적지를 고민했다. 목숨을 위협받고 있는 브루클린브리지의 과일 행상을 찾아갈까, 아니면 "이 세상에서 악당이 되기를 택했으니 지옥 따위 두렵지 않다"면서[3] 저마다 이탈리아인 가족을 겁주고 있는 검은손 조직원들과 접선할까? 아니면 웨스트 3번가에 있는 카르멜로 데지아코노의 상점에 방문해야 하나? 최근 웬 낯선 사내가 데지아코노를 찾아오더니 대뜸, "검은손 동료들과 함께 당신 데지아코노의 운명을 놓고 투표했는데 만장일치로 '죽여버린다'가 나왔다"[4]고 협박했다던데? 조직원 한 명은 심지어 데지아코노에게 이렇게 말했더란다. "댁을 어떻게 죽일지를 놓고 한참 입씨름을 벌였지. 어떤 놈들은 찔러 죽이자 하고 어떤 놈들은 쏴 죽이자 하는데, 대체로 댁과 댁네 상점을 다이너마이트로 날려버리자는 데 동의하더군."

절박한 사람 모두에게 골고루 할애하기에는 페트로시노에게 주어진 자원이 많지 않았다. 리틀 이틀리는 만성적으로 치안이 취약했다. 대부호 윌리엄 랜돌프 허스트가 소유한 뉴욕 저널의 편집자들은 이 주장이 사실임을 확인시켜주는 사설을 썼다. "이탈리아인은 꼬박꼬박 세금을 바치고 임대료도 성실히 내며, 이 도시의 고역 대부분을 도맡아 한다. 그들은 똑같이 경찰의 보호를 받을 자격이 있는데도 여태껏 못 받아왔다."[5] 순찰을 강화해달라, 기소 건수를 늘려달라는 그들의 요구를 경찰은 줄기차게 무시했을 뿐 아니라 법을 준수하는 이탈리아인이 총기를 소지하는 것을 금지하기까지 했다. 기자 시드니 리드는 "경찰이 일을 하지 않는 대가로 급여를 받는 거라면, 받은 만큼 임무를 아주 성실히 수행하고 있는 셈"[6]이라고 꼬집었다.

이런 상황은 페트로시노에게 딜레마를 안겼다. 살릴 사람과 죽게 놔둘 사람을 어떻게 정할 것인가?

그날 오후 페트로시노는 지마발보네 상점 입구를 감시하면서 손님들이 빈손으로 들어와 가지, 레몬 따위를 장바구니에 그득 담아 돌아가는 손님들을 지켜보다가 마침내 결정을 내렸다. 과일 행상 사건이 가장 시급했다. 나머지는 전부 미루는 수밖에 없었다. 약속 시간이 가까워왔을 때 펀스턴 경사가 눈에 들어왔다. 마침 스탠턴가 13번지는 그가 속한 지서의 관할구역이었다. 페트로시노는 그를 불러 세웠다. 그러고는 이 상점을 자신이 돌아올 때까지 24시간 감시하라고 단단히 일렀다. 펀스턴은 아일랜드계인 머사 경감에게 이 상점에 최소 한 명의 경찰관을 배치해야 한다는 메모를 써 보내놓고, 페트로시노에게는 밤낮없이 감시할 테니 걱정 붙들어 매라고 장담했다.

페트로시노는 만족해하며 브루클린브리지를 향해 걸었다. 거기서 과일 행상을 만난 페트로시노는 행상의 조수인 척하면서 그를 도와 다리 한가운데에 초라한 손수레 매대를 차렸다. 과일을 담은 상자들을 진열한 후 두 사람은 앉아서 행인을 구경하며 갈취범이 나타나기를 기다렸다.

그런데 곧바로 돌발 상황이 발생했다. 한 경관이 손수레 앞에 나타나 페트로시노와 행상에게 자리를 옮기라고 난리 친 것이다. 페트로시노가 자신의 정체를 밝혔지만—형사인 그는 경관보다 직급이 높았다—경관이 길 한복판에서 하도 난리법석을 떠는 바람에 우연을 가장한 갈취범과의 조우는 물건너가고 말았다. 페트로시노는 머리끝까지 화가 났다. 경관은 그냥 까무잡잡한 이탈리아놈 둘이 길에서 민폐를 끼친다고 생각한 것이었다. 페트로시노는 포기하고 과일 행상과 몇 마디 나눈 뒤 집으로 돌아와 잠을 청했다.

그날 밤, 정확히는 새벽 3시경, "끔찍한 폭발"[7]이 지마발보 가족이 사는 아파트 건물을 뒤흔들었다. 벽돌 벽이 무너지고 오크나무로 된 현관문이 경첩에서 떨어져나갔다. 충격파에 침대에서 떨어진 지마발보 가족들에게 유리 파편과 나무 파편이 우수수 쏟아져내렸다. 근처 다른 건물들의 창문도 깨져나 갔다. 경찰이 출동하자 다세대주택에 사는 이탈리아인 주민들은 그 앞에 무릎을 꿇고서 제발 자기들 좀 보호해달라고 빌었다. "13인치 포탄이 떨어졌다 해도 그 정도의 파괴력은 행사하지 못했을 것"이라고 타임스는 보도했다. 지나가던 행인 한 명은 날아온 유리 파편에 얼굴이 심하게 베였다. 기적적으로, 사망자는 한 명도 없었다.

페트로시노는 폭발 소식을 전해듣고 언뜻 이해할 수가 없었다. 머사가 배치한 경찰은 어디에 있나? 뉴욕 시경은 어디에 있나? 페트로시노는 씩씩대며 머사의 관할 부서로 달려가 비로소 자초지종을 알아냈다. 폭탄 테러범이 한밤중에 스탠턴가에 나타났을 때 그곳에는 경관이단 한 명도 없었다. 머사 경감이 지마발보 가족을 보호해주겠다고 거짓말한 것이었다.

그러자 그 유명한 페트로시노의 파치엔차가 마침내 증발했다. 몇 달, 어쩌면 몇 년간 차곡차곡 쌓인 분노가, 그의 민족과 가족에 대한 모욕과 조롱과 비방의 기억이 마침내 폭발했다. 페트로시노의 머리 뚜껑이 열렸다. 그는 타임스지 기자를 불러내 자기가 하는 말을 받아 적으라고 했다. "제가 스탠턴가에서 일어난 폭발 소식을 들었을 때 제 머리를 양손으로 쳤습니다. 그런 다음 머사 경감에 대해, 지금은 후회하지만, 험한 말 몇 마디를 뱉었습니다." 말은 그렇게 했지만 별로 후회하지 않는 기색이었다. 이탤리언 수사반은 목숨걸고 지마발보 가족을 보호했건만 아일랜드인 경관에게 임무가 넘어가자마자 그들 가족은 테러를 당했다. 페트로시노는 분노도 무력감도 감추지 못했다. "우리는 이런 약탈 행위를 막으려고 죽을힘을 다해 성실히 노력해왔습니다. 잠도 안 자고 밥도 안 먹으면서, 모욕적인 대우도 참아가면서요." 페트로시노가 이렇게 공개적으로 감정을 드러내고 이야기하는 경우는 극히 드물었다. 하지만 그는 이탈리아인이 폭탄 테러를 당해도 뒷짐지고 방관하는 뉴욕 시경을 더는 묵묵히 옹호해줄 생각이 없었다.

　　페트로시노 형사가 타임스 독자에게 전달하려 한 메시지는, 검은손을 상대로 한 싸움 한 건 한 건이 중요하다는 것이었다. 검은손의 테러가 신병 모집의 방편이 될 수도 있음을 그는 인식하고 있었다. 인터뷰하는 그 순간에도 리틀 이틀리 전역에서 성공적 폭탄 테러 소식이 퍼져나가 "열성적인 시칠리아 출신 소년들의 귀에 들어가고" 있을 가능성이 컸다. 용감한 이탈리아인은 목소리를 잃고 겁박당했다. 반면에 살인범은 "우리의 패배를 실컷 고소해하고 있을" 터였다. 그러고는 새로운 범행 상대를 찾아 나서면 그만이었다.

뉴욕 시경은 이탈리아계 주민의 신뢰를 잃어가고 있었다. "이 비밀 조직을 해체할 희망은, 적어도 제가 보기에는, 거의 없습니다." 한 경찰서장은 이렇게 고백했다. 이탈리아인이 피해를 입었는데 아무도 처벌받지 않을 때마다 페트로시노는 엔파미 혹은 스피아, 즉 압제자의 편에서 일하는 정보원처럼 비쳤다.

전에는 단 한 번도 뉴욕 시경이나 경찰 내 아일랜드계 고위 간부를 향한 분노를 공개적으로 표출한 적이 없었다. 하지만 이제는 참을 만큼 참았다. 페트로시노는 뉴욕 시민이, 아니, 전 국민이 다음 범행 대상은 자신이 될 수도 있음을 깨닫기를 바랐다. "놈들은 갈수록 대담해지고 있습니다."[8] 페트로시노는 기자들에게 검은손의 하수인에 대해 이렇게 설명했다. "시간이 지나면 일반 대중을 상대로 범행을 저지를 겁니다. 그럴 방도는 얼마든지 생각해낼 만큼 영리하니까요." 여기까지는 그가 몇 달째 되풀이하고 있는 말이었지만, 이번에는 새로운 변주를 붙였다. "검은손은 일종의 집행위원회가 지휘하는 조직이고, 미국 각 도시에 본부를 두고 있습니다. 위원회 의원들은 보스라고 불리며 조직원들은 그들에게 절대적으로 복종합니다."

말도 안 되는 소리였고, 페트로시노도 그걸 알고 있었다. 지금까지의 수사로는 전국에 걸친 검은손 조직망은 발견되지 않았으며, '집행위원회'도 본부도, 또는 그 비슷한 것도 없었다. 그런데 지금 페트로시노는 그런 게 존재한다고 말하고 있었다. 어쩌면 그는 미국이 최악의 악몽으로 여기는 시나리오, 검은손 조직원이 미국의 심장부까지 퍼져 있다는 음모를 건드려야만 겨우 미국인들이 무관심에서 깨어날 거라고 믿었는지도 모른다.

페트로시노는 감정을 터뜨리는 와중에도 목적은 잊지 않았다. 이탈리언 수사반은 인원이 턱없이 부족했다. 검은손을 상대로 이기려면 막강한 동맹이 필요했고, 페트로시노는 이미 특정 대상을 염두에 두고 있었다. "언젠가는 놈들을 무너뜨릴 수 있을지 모릅니다. 하지만 검은손의 테러를 멈출 방법은 오직 하나뿐이며, 그건 바로 연방 정부의 힘을 빌리는 것입니다."

페트로시노가 요구한 게 구체적으로 무엇이었을까? 다음 세 가지였다. 연방 정부는 범죄자로 확인된 자의 여권 발급을 승인한 공무원에게 벌금을 부과하라고 이탈리아 정부에 요구할 것. 전과 기록이 있는 자를 이탈리아로 추방할 수 있도록 하는 법안을 의회가 통과시킬 것. (뉴욕에서 체포된 검은손 조직원 대다수가 본국에서 전과가 있는 것으로 드러났다.) 마지막으로, 미 비밀임무국도 검은손과의 전쟁에 합류할 것.

미국 정부에 검은손과의 전쟁에 뛰어들라고 제안한 사람은 여태껏 아무도 없었다. 그러나 페트로시노는 미 정부가 합류하지 않으면 모든 노력이 수포로 돌아갈 거라고 내다본 게 분명했다. 이 요구는 페트로시노 개인에게도 의미가 있었다. 그는 비밀임무국과 비극적으로 조우한 전적이 있었다. 현 상황에도 어느 정도 영향을 미친 만남이었다. 페트로시노와 비밀임무국이 공유하는 역사를 제대로 이해하려면 5년 전으로 거슬러올라가야 한다.

1900년 여름, 비쩍 마른 체격에 콧수염을 기른 가에타노 브레시라는 방직공이 뉴저지주 패터슨의 공장 일과 자신이 창설한 무정부주의 신문의 편집 일을 그만두고 프랑스 르아브르 항구로 향하는 배에 올랐다. 르아브르에 도착한 그는 파리로 이동해 몇 시간 동안 만국박람회를 두루 구경했다. 아내에게 주려고, 한 귀퉁이에 새빨간 실로 자기 이름을 수놓은 실크 스카프를 샀다. 다른 사람들 눈에 그는 그저 휘황찬란한 박람회를 구경하는 평범한 관광객으로 보였을 것이다. 브레시는 거기서 기차를 타고 이탈리아 볼로냐에서 멀지 않은 카스텔 산 피에트로라는 마을로 갔고, 거기서 친척 한 명과 같은 방에 투숙했다. 그는 실탄 다섯 발이 장전되는 0.32구경 리볼버를 구입해 숙소 뒤뜰에서 사격 연습을 했다. 일생의 소명이라고 믿게 된 어떤 임무를 수행하기 위해 훈련하는 중이었다. 2년 전 밀라노에서 일어난 반란에서 이탈리아인 급진주의자 90명을 냉혹히 학살한 데 대한 복수로 국왕 움베르토 1세를 암살하려는 것이었다. 7월 29일, 젊고 매력적인 왕 움베르토 1세가 운동선수 몇 명에게 훈장을 수여한 후 몬차(이탈리아 북부 롬바르디아주의 도시―옮긴이)를 막 떠나려는 순간 브레시가 왕실 마차를 향해 뛰어들었고 총탄 네 발을 발사해 왕을 사살했다.

이탈리아 정부는 브레시가 혼자 움직였을 리 없다고 봤고, 움베르토 1세를 살해한 진짜 동기를 알아낼 열쇠는 패터슨에 있다고 판단했다. 뉴저지주 패터슨은 모두가 인정하는 무정부주의자 소굴이었다. 주간지 뉴 아웃룩의 한 기고가는 "이 나라가 현재 이탈리아 무정부주의 운동의 중심지이자 본부임은 의심의 여지가 없으며, 이 집단은 단연코 앞서 출현했던 그 어떤 전신보다 더 위험하다"[9]고 지적했다. 이탈리아 정부는 매킨리 미 대통령에게 브레시와 그의 일당에 대한 수사를 지시해달라고 요청했지만, 미 비밀임무국은 최소한의 탐문만 실시하고 수사를 종료해버렸다. 그 이유도 참 부끄러운 것이었다. 포스트의 보도에 의하면, "정부 첩보 요원 중에 이 나라 무정부주의자

단체에 잠입해 생활하면서 그들 무리의 가장 내밀한 사정을 캐낼 자격이 되는 사람이 단 한 명도 없다는 사실이 알려지자, 한동안 워싱턴 정가는 패닉 상태에 빠졌다".[10] 미 비밀임무국에는 이탈리아어를 구사하는 요원이 아예 한 명도 없었다. 이탈리아 정부는 계속해서 매킨리 대통령에게 대응을 촉구했다. 마침내 매킨리가 부통령 시어도어 루스벨트에게 이 문제를 거론했을 때, 루스벨트는 즉시 자신이 뉴욕 경찰청장으로 기세등등하게 활동했던 시절을 떠올렸다. "이 일의 적임자를 제가 알고 있지요."[11] 루스벨트가 매킨리에게 말했다. "조 페트로시노라는 자인데, 뉴욕에서 가장 뛰어난 형사 중 한 명입니다." 멀버리가 300번지로 전화가 갔고, 페트로시노는 패터슨으로 가서 브레시가 몸담았던 무정부주의자 단체에 침투해 그들 무리와 향후 계획에 대해 최대한 캐내보겠다고 했다. 임무는 극비리에 진행하며, 입수한 정보는 대통령에게 직접 보고하기로 했다.

페트로시노가 언감생심 꿈도 꾸지 못한 순간이었다. 그의 애국심, 형사로서의 능력, 루스벨트와의 우정까지 단번에 증명해 보일 기회였다.

페트로시노는 집으로 돌아가 곧장 예의 그 옷장을 열어젖혔다.[12] 패터슨 잠입 임무를 위해 그는 그리노니들이 전형적으로 입는 유행 지난 슈트, 그러니까 누가 봐도 미국에 갓 도착한 이민자 티가 나는 촌스러운 옷을 골랐다. 여기에 추가로 막노동자가 입는 셔츠와 바지 몇 벌, 그리고 여벌의 속옷을 여행 가방에 넣었다. 페트로시노는 브레시가 속했던 패거리의 주 구성원인 방직공과 블루칼라 이상주의자 무리에 쉽게 섞여들도록 막 이탈리아에서 건너온, 배운 것 없는 중년의 노동자 피에트로 모레티로 분한 채 집을 떠나 패터슨으로 향하는 기차에 몸을 실었다.

목적지에 도착한 그는 버톨디스 호텔에 체크인했다. 이 지역 무정부주의 단체들이 모임을 갖는 장소로 알려진 곳이었다. 암살범 브레시도 그 호텔에 묵은 적이 있었고 심지어 아내도 거기서 만났다고 했다. 평소 수사 방식대로 페트로시노는 일자리를 찾아 나섰고 결국 건설 현장에서 일감을 얻었다. 그는 낮에는 작열하는 태양 아래 노동하고 밤에는 각성한 혁명가를 연기하며 보냈다.

그는 패터슨에 몇 주간 머무르면서 방직공장에서 일하는 무정부주의자와 함께 이야기하고 먹고 토론했다. 세계를 지배한 자본주의를 비판하는 격렬한 독백에 귀기울였고, 뉴저지에서 발행되는 무정부주의 잡지 『라 퀘스티오네 소찰레』의 기사도 함께 강독했다. 기사는 주로 유럽과 아메리카 전역의 궁정과 의회에 포진한 지배 계층과 그들의 꼭두각시들이 벌이는 탐욕적 행각을 규탄하는 내용이었다. 숙소에 돌아오면 그날 알아낸 사실을 꼼꼼히 기록한 후 낡아빠진 이불 위에 쓰러져 죽은듯 잤다. 그렇게 세 달을 보내고 나서 알아낼 건 다 알아냈다고 판단했고, 어느 날 밤 피에트로 모레티는 패터슨에서 갑자기 자취를 감췄다. 몇 시간 후 조지프 페트로시노가 예의 중산모와 검은색 정장 차림으로 뉴욕에 다시 나타났고, 신속히 백악관에서 루스벨트와 매킨리를 접견할 약속을 잡았다.

대통령과 부통령을 마주하고 앉은 페트로시노는 알아낸 바를 열심히 전달했다. 뉴저지에서 알아낸 정보는 실로 충격적이었다. 브레시를 배출한 집단은 광적인 혁명주의자로 이루어진 패거리였는데, 움베르토왕 암살 임무를 실행할 사람은 이름을 적은 쪽지를 통에 넣고 제비뽑기를 해서 정했다고 했다. 그런데 더 걱정되는 소식이 있었다. 이들의 계획이 아직 마무리되지 않았다는 것이었다. 다른 세계 지도자들의 암살도 계획되어 있었다. 그리고 이들 조직의 암살 대상자 명단 최상단에는 다름 아닌 매킨리 대통령의 이름이 올라 있었다.

페트로시노는 자신이 전한 소식이, 그와 마주앉은 영향력 막강한 두 남자에게 적어도 경각심을 불러일으킬 거라고 기대했을 것이다. 그러나 매킨리는 그저 온화하게 미소 지을 뿐 아무 말이 없었다. 상냥하고 남을 잘 믿는 성격의 매킨리 대통령은 세상에 자신의 적은 없다고 굳게 믿었다. 그런 그에게 암살 위험을 알리는 건 근거 없는 가십을 전달하는 것과 마찬가지였다. 루스벨트도 별 감흥이 없어 보였다. 그는 웬 무정부주의자 때문에 자신이 대통령직에 오르긴 싫다는 둥 가벼운 대꾸로 얼버무렸고, 두 사람은 페트로시노에게 애써줘서 고맙다며 인사치레한 후 그를 돌려보냈다.

페트로시노는 씁쓸한 실망감을 안고 기차로 뉴욕에 돌아왔다. 세 달 동안이나 극도로 위험한 임무에 몸을 던진 끝에 여러 중요한 정보와 함께 미국 대통령 암살 음모까지 밝혀냈건만, 매킨리는 물론이고 페트로시노의 친구 루스벨트마저 그를 사소한 일에 흥분하는 아마추어, 감당 못할 임무를 맡은 초짜 취급했다. 매킨리도, 대통령 보호를 맡은 비밀임무국 요원들도 페트로시노의 보고를 진지하게 받아들일 생각이 전혀 없어 보였다. 어쩌면 그저 이탈리아 정부에, 우리도 철저히 조사를 진행했으나 위험한 정황은 발견되지 않았다고 당당히 말해주기 위해 그런 건지도 몰랐다.

몇 달 후인 1901년 9월 6일, 매킨리 대통령이 뉴욕주 버펄로의 드넓은 범아메리카 박람회 행사장 부지에 있는 음악의 전당에서 게스트와 악수하는데, 오른팔을 붕대로 두껍게 감고 눈에 광기를 띤 한 남자가 다가와 아주 가까운 거리에서 대통령의 복부에 총알 두 발을 쐈다. 8일 후 매킨리는 괴저로 사망했다. 암살범 리언 촐고스는 무정부주의자였다.

총이 발사된 직후 로어 맨해튼의 파크 로에서 전화벨이 울려대기 시작했다. 편집장들은 암살 소식을 듣고 즉시 경찰청 본부 맞은편인 멀버리 301번지에서 대기하던 취재원에게 연락했다. 기자들은 뉴욕 시경의 반응을 취재하려고 서둘러 길을 건넜다. 그중 몇 명이 페트로시노와 마주쳤고 비보를 전했다. 페트로시노 형사는 충격받은 얼굴로 소식을 듣더니, 자못 놀랍게도 흐느껴 울기 시작했다. 그것도 "여자처럼 격하고 히스테릭하게"[13] 울었다고 한 기자는 전했다. 페트로시노가 사람들 앞에서 비통함을 드러낸 건 "그의 동료들에게 전혀 뜻밖의 일이었고" 그 자리에 있던 기자들에게도 마찬가지였다. 기자들은 전설적인 인간 사냥꾼이 그렇게 깊은 감정을 내보일 수 있다는 걸 믿기 어려워했다. 사회에서 멸시받는 소수민족이 미국 대통령 암살 소식에 그토록 강렬한 감정을 느낀다는 사실에 충격을 받은 이들도 있었을 것이다.

하지만 페트로시노는 이민자 특유의 물색없는 애정으로 미국을 사랑했다. "토박이 미국인 중에도 그보다 더 열렬한 애국주의자는 없었다"[14]고 프랭크 마셜 화이트도 이야기했다. "그는 자신과 수많은 동포에게 기회를 준 제2의 조국에게 영원하고 무한한 은덕을 입었다고 생각했다." 그렇게 페트로시노가 조국의 지도자를 보호하는 임무를 진지하게 받아들였는데도 매킨리는 죽고 말았다.

잠시 후 감정을 추스른 페트로시노가 앞에 모인 기자들에게 열변을 토했다. "내가 그렇게 경고했는데! 무정부주의자 패거리가 암살을 꾀하고 있다고 분명 말씀드렸단 말입니다. 한데 대통령 각하께서 마음이 너무 너그러워 사람들의 선함을 철석같이 믿으셨던 게지요."[15] 기자들은 사무실로 달려가 "페트로시노가 경고했다!" "이탈리아인 형사가 매킨리를 구하려 했다" 같은 헤드라인으로 장문의 기사를 발송했다.

매킨리 암살 후 몇 년간 페트로시노는 나무통 살인을 포함해 다수의 사건을 비밀임무국과 공조해 수사했다. 이탈리아계 범죄자들이 화폐 위조에 손을 대는 경우가 많았고 때로 검은손 갱단도 이 사업을 건드렸다. 몇 년에 걸쳐 공조하는 과정에서 페트로시노는 뉴욕에서 활동하는 비밀임무국 고위 요원들이 검은손 사업에 가담한 거의 모든 자들의 이름을 알고 있다고 믿게 되었다. 이는 언뜻 터무니없는 주장처럼 들린다. 비밀임무국이 왜 검은손 조직원의 신원을 다 파악해놓고 아무 조치도 취하지 않겠는가? 하지만 페트로시노에겐 그런 믿음의 근거가 되는, 의심할 여지가 없는 정보의 출처가 있었다. 다름 아닌 비밀임무국이었다.

1904년 8월의 어느 무더운 날,[16] 뉴욕시 지방 검사보 조엘 M. 마르크스의 사무실에 속달 편지 한 통이 배달됐다. 마르크스는 위조 시민권 증서를 판매한 이탈리아인들을 추적해 잡아들인 열혈 검사였다. 그의 활약 덕분에 감옥에서 썩고 있는 사기꾼이 한 무더기였다. 문법에 맞지 않는 문장으로 쓰인 편지는 이렇게 전했다. "마르크스 씨, 나는 어제저녁 당신 집 문 앞에서 기다립니다. 당신을 보지만 한 번만 더 기회를 주자고 합니다. 이 일을 당장 멈추지 않으면 우리는 당신을 죽일 거요…… 이탈리아인 형사들도 함께. 불쌍한 사람들을 풀어주시오…… 그만두지 않으면 당신과 당신 자녀들을 죽이겠소. 복수요." 화살이 관통한 심장과 그 양옆에 십자 두 개로 서명이 돼 있었다. 그 유명한 검은손의 표식이었다.

비밀임무국 요원들이 마르크스의 사무실에 배치됐고 마르크스는 즉시 그들에게 사건을 맡겼다. "이는 검은손 범죄가 비밀임무국 관할권에 넘어온 최초의 사건입니다." 마르크스는 트리뷴지 1면에 실린 인터뷰에서 이렇게 말했다. "제 휘하 검사들이 지금 이 갱을 바짝 쫓고 있으며, 사건 조사를 마칠 때쯤에는 조직을 와해시킬 수 있을 것으로 예상합니다."

그러나 그는 관할권 문제에 대해 얼버무리고 있었다. 비밀임무국은 공무원 협박범을 추적할 권한이 없었다. 실상은 마르크스가 중요 선거구민, 즉 자기 자신에 대한 협박 사건을 조사하도록 부하들을 동원한 것에 불과했다.

페트로시노는 이 소식에 적잖이 놀랐을 것이다. 그 자신과 수사반 팀원들도 검은손에 수백 번은 족히 살해 협박을 받았는데 단 한 번도 비밀임무국이 범인을 잡겠다고 나선 적이 없었으니 말이다. 그런데 더 흥미로운 정보는 따로 있었다. 마르크스가 이어 말하기를, 비밀임무국이 검은손 협회에 대해 심층 조사한 파일을 보유하고 있다는 것이었다. 마르크스는 기자들에게 이렇게 똑똑히 말했다. "우리는 사실상 모든 검은손 조직원의 인적 사항을 파악하고 있습니다."

이는 허세에 불과했다. 뉴욕에서 활동하는 검은손 조직원이 수천 명은 되고 매일 신규 조직원이 가세했으니, 아무리 비밀임무국이라 해도 그들 모두를 추적하는 것은 불가능했다. 오직 페트로시노의 머릿속에만 검은손 조직원에 대한 문서가 거의 완성되었고 그나마도 시시각각 보완중이었다. 그러나 분명한 건 비밀임무국도 검은손의 활동을 주시했다는 점이고, 비밀임무국이 주요 조직원들의 움직임을 예민하게 파악하고 있었을 가능성도 있다. 그 정보를 공유했더라면 이탈리언 수사반에 크게 도움이 됐을 것이다.

1905년 10월로 돌아와서, 지마발보 가족 살인미수 사건 후 페트로시노는 과거에 자기들이 아쉬울 때 연락을 해온 적 있는 비밀임무국에 이 싸움에 동참해줄 것을 공개적으로 요청했다. 페트로시노는 비밀임무국을 도와 대통령을 보호하는 데 목숨까지 걸지 않았던가. 하지만 이번 건은 그보다 훨씬 복잡한 문제였다. 이탈리아계 이주민들이 미국의 사회기반시설을 구축하는 데 동원되었다. 그들은 매해 미국 경제에 수백만 달러의 부를 창출했다. 대부분 성실히 일하는 점잖고 신앙심 깊은 시민이었다. 그런 이탈리아인들이 유독 잔악한 범죄자 집단에 먹잇감으로 찍혀 시달리고 있는데도 정부는 도움을 거의 혹은 전혀 제공하지 않았다. 이탈리아계 미국인은 다른 시민과 동등하게 법의 보호를 받을 자격이 되는가? 페트로시노는 그렇다고 봤다. 뉴욕 타임스와 인터뷰한 다음날 그는 다른 매체와의 인터뷰에서 한층 수위를 높인 발언을 했다. "제가 어리석다고 생각할지 모르지만, 연방 정부가 한시라도 빨리 우리를 돕지 않으면 곧 뉴욕은 이제껏 경험해보지 못한 거대한 재앙을 맞게 될 겁니다."[17]

그의 호소가 지면에 실린 후 페트로시노는 조용히 반응을 기다렸다. 응답은 10월 21일자 타임스 기사로 왔다. 비밀임무국을 감독하는 재무부에 속한 신원 미상의 공무원이 페트로시노의 요청에 공식적으로 답변했다. "프로시니 형사가,"[18] 그는 형사의 이름부터 틀리게 부르며 이렇게 전했다. "검은손 혹은 마피아와의 싸움에서 비밀임무국의 조력을 얻고자 한다면, 우리 요원들에게 민간 탐정사무소 직원 수준의 급여를 지급하면 됩니다." 검은손이 여태까지는 "범죄 활동을 개인 대상으로 제한하고 있으며" 그들이 미국 정부를 상대로 움직이기 전까지는 비밀임무국도 "임의로 개입할 처지가 안 된다"는 것이었다.

이런 반응을 보인 데는 타당한 이유가 있었다. 비밀임무국 뉴욕 지부에는 요원이 스무 명밖에 없었는데, 전부 화폐 위조범을 쫓는 데 전력을 쏟고 있었다. 화폐 위조범 추적은 중대한 임무였고 상당한 시간과 예산이 들어갔다. 여기에 검은손까지 상대하려면 부서에 엄청난 부담이 더해질 게 뻔했다. 게다가 비밀임무국은 엄밀히 따지면 검은손 조직범죄 같은 사건에 대한 수사권이 없었다. 1905년 들어서야 루스벨트 정부가 그런 제한 조치를 무력화했다. 루스벨트 정부는 비밀임무국의 관할 범위를, 요원들이 합법적으로 수사할 권한이 없었던 유의 범죄, 이를테면 부정부패와 부동산 사기까지 확장했다. 사실 비밀임무국은 검은손 범죄에 조치를 취한 전적이 있었다. 바로 검사보 마르크스의 사건이다. 비밀임무국이 페트로시노와 이탈리아인들을 돕고자 했다면 얼마든지 그럴 수 있었다는 얘기다.

그런데 그러지 않았다. 익명 뒤에 숨은 한 공무원의 성명은 단순한 거절이 아니었다. 모욕이었다. 미 비밀임무국이 페트로시노에게 전한 말의 골자는 이탈리아계 미국인들이 살해와 갈취로부터 보호받기를 원한다면 대가를 지불해야 한다는 것이었다.

도대체 왜 정부 기관 대변인이, 미국 시민이 살해당하는 것을 막으려고 동분서주하는 형사를, 그것도 뉴욕 타임스 지면을 빌려 대대적으로 망신 준 걸까? 우리로서는 비밀임무국 답변에 사용된 날 선 어휘를 단서로 그 심리를 추정할 뿐, 다른 증거가 없다. 비밀임무국에 보관된 기록을 살펴봐도 아무 언급이 없다. 어쩌면 이탈리아인에 대한 단순한 편견이 작용했을 수 있다. 아니면 감히 데이고가 공개적으로 정부 기관에 조력을 구한 데 대한 불쾌감의 표명이었는지도 모른다. 무엇 때문에 그런 날카로운 성명을 발표했건, 성명서가 말하는 바는 분명했다. 이탈리아계 이민자들은 검은손을 상대로 한 생사가 걸린 싸움에서 도움을 기대하지 말 것. 미국 시민권자이건 아니건, 그들은 늑대 소굴에 맨몸으로 내던져졌다.

7장
밀물

전형적인 뉴욕의 어느 여름날 아침, 페트로시노는 리틀 이틀리의 인파를 헤치며 나아가고 있었다. 길거리에는 활기가 넘쳤다. 행상들은 프로슈토와 신선한 바나나, 화사한 물감으로 직접 그린 이탈리아 국왕 부부의 초상화 따위를 팔며 호객을 해댔다.[1] 배달 마차는 덜그럭덜그럭 지나가며 행인들을 골목길 양옆으로 흩어버렸고, 뒤쫓던 꼬마들은 거기서 뭐라도 떨어지면 얼른 주워 집에 있는 엄마에게 갖다주었다.[2] 페트로시노는 이탈리아 전통 인형극을 상연하는 극장과, 동물원 대형 우리처럼 원숭이들이 끽끽 내는 울음소리와 후후 하는 콧소리가 열린 창으로 들려오는 다세대주택을 지나쳐갔다. 다세대주택 중에는 이 도시를 누비는 풍금 연주자에게, 동물 사육 용도로 건물이 통째로 넘어간 경우가 많았다. 페트로시노는 유럽 대륙에서 데려온 숫처녀를 보장하는 결혼 중매 사무소와, 시신을 고국에 묻을 수 있도록 저렴한 비용에 이탈리아로 수송해주겠다고 광고하는 팻말을 내건 장의사 사무소도 지나쳐갔다. 골목마다 크랩스(주사위 두 개를 던져 나오는 숫자 조합에 따라 돈을 얻거나 잃는 게임―옮긴이)판이 한창이었고, 종교 집단이 중병을 앓는 친척이나 친구를 위해 신도들이 바친 달러화를 꽂은 성인상을 들쳐 멘 채 행진 대열을 갖추었다. 군중을 비집고 성큼성큼 걷는 페트로시노의 까만 중산모 위로는 빨랫줄이 비상계단에서 얼기설기 교차해 뻗어 있었고, 옥상마다 쫙 펼쳐놓은 침대 시트에는 저녁때 가족이 먹을 파스타 소스용 으깬 토마토가 끝없이 널린 채 바싹 말라갔다. 꼬마들이 슬쩍한 남성용 밀짚모자들이, 길 한쪽 끝에서부터 다른 쪽 끝까지 연결한 빨랫줄에 옷핀으로 매달린 채 산들바람에 너풀거렸다.

제노바에서 출발한 증기선을 타고 며칠 전, 혹은 겨우 몇 시간 전에 도착한 사람들이 페트로시노 형사를 지나쳐갔다. 뉴욕에서 하선한 이탈리아 출신 이민자들은 보통 켄터키나 미시간, 펜실베이니아에서 일감을 찾도록, 중서부 지역으로 곧장 이동하기를 재촉받았다. 이들은 미국을 탈바꿈시키고 있는 산업혁명에 어서 뛰어들어 노동력을 제공하라고 등 떠밀렸다. 페트로시노는 슬쩍 보고도 그들이 살아온 삶을 줄줄 읊을 수 있었다. 하나같이 마이다 아니면 파두아, 아니면 나폴리에서 "부오니라보리!"(좋은 일자리!)와 높은 임금,[3] 싼 뱃삯을 약속하는 마을 광장 게시판의 광고를 보고 온 이들이었다. 심지어 이탈리아 어느 마을에는, 방직공장에서 나온 노동자들이 마침 맞은편에 있는 은행으로 각각 돈 자루를 손에 쥔 채 줄줄이 들어가는 광경을 그린 포스터도 걸려 있었다.[4] 남자들은 집을 떠나 배에 몸을 실었을 것이고, 개중 몇몇은 짐 속에 넣은 털실의 한쪽 끝을 꼭 쥔 사촌 아니면 여자친구를 부두에 남겨두고 왔을 것이다.[5] 뱃고동이 울리고 배가 부두에서 멀어지기 시작하면 털실이 천천히 패에서 풀리면서 가느다란 양모 가닥이 공기중에 날리다가, 실타래가 마지막으로 한 바퀴 돌면 그 가닥은 허공에 둥실 뜬 채 해안의 바람을 타고 이리저리 흩날렸을 것이다.

이민자들은 일단 뉴욕에 닿으면 엘리스섬에서 이민 심사를 받은 다음 전국을 돌며 일거리를 찾아다녔다. 시카고로 간 이탈리아인은 주조소와 공장에서 허리가 휘도록 일했다. 대륙 중서부로 쭉 뻗은 철도 부지에서 철로를 놓는 사람도 이탈리아인이었다. 웨스트버지니아로 가면 석탄을 캤다. 뉴욕에 남을 경우 남자들은 지하철용 터널을 폭파하고 굴을 팠고 여자들은 의류 제조 업장에서 바느질을 했다. 브루클린에 가면 배를 건조했다. 뉴욕주 북부로 간 이민자들은 저수지를 파고 대수층 제방을 콘크리트로 발랐다. 미시간에서는 철광석을, 뉴잉글랜드에서는 각종 석재와 화강암을 캤다. 캔자스시티에서는 가축 사육장에서 소를 도축했다. 벽돌 공장 수백 개가 몰려 있는 도시 세인트 루이스에서는 벽돌을 구웠다. 델라웨어로 간 이탈리아인 노동자들은 복숭아를 땄다. 플로리다에서는 목화를 땄다. 루이지애나로 간 이들에게는 쌀과 사탕수수가 기다리고 있었다. 어디로 가든 그들은 태양 아래 땀을 뻘뻘 흘리며 길과 운하를 닦았다. 미국에서 발생하는 산업재해 중 25퍼센트는 가장 위험한 일에 주로 고용되는 이탈리아인이 당했고, 미국에 오는 이탈리아인 다섯 명 중 한 명은 일터에서 신체 일부가 절단되거나 목숨을 잃었다. "당신이 이용하는 철도, 당신이 드나드는 공공건물, 당신이 태우는 석탄은 전부 이탈리아인의 땀과 피에 젖어 있다."[6] 작가 엔리코 사르토리오는 이렇게 말했다.

이탈리아계 이민자들은 두들겨맞거나 노예가 되기도 했다. 이주 노동자 합숙소에서 지내던 칼라브리아 출신의 한 남자는 동료 이탈리아인 노동자가 도망가도록 도와주려 한 경험을 증언했다.

문득 샛강 건너편으로 눈길이 갔어요.[7] 거기서 웬 이탈리아인 남자가 살려달라고, 같은 동포로서 자기를 좀 도와달라고 외치고 있었어요. 경비가 휘두른 묵직한 몽둥이에 맞고 쓰러진 거였어요. 친구 체르비와 나는 샛강을 건너가 도와주려고 했지만 우리 작업반장이 저지했어요. 반장은 우리를 차에 태워 숙소로 데려갔는데, 이동하는 내내 우리에게 겨눈 총구를 거두지 않았어요. 내가 할 수 있는 일이라고는 그 사람에게 저항하지 말라고, 안 그러면 죽을 거라고, 돌아가라고 소리치는 것뿐이었어요. 그를 가격한 사내는 그의 외투 자락을 쥐고 쓰러진 그를 일으켜세우더니 등 떠밀어 걷게 했고, 그가 휘청대거나 힘이 빠져 넘어질 때마다 그를 마구 팼어요.

"나는 십자가에 못박혔다." 미국 내륙지역 어딘가로 간 어느 이민자는 이런 글을 남겼다. "이곳에 온 파에자니(촌사람) 백 명의 중 마흔 명만 살아남았다. 여기서 누가 우리를 보호해줄까? 우리 안위를 지켜줄 신부도 카라비니에리도 없다." 죽어서도 시칠리아인과 칼라브리아인은 타민족 사람보다 가치가 없었다. 1910년 캘리포니아주 블랙 다이아몬드의 로슨 광산에서 폭발 사고가 일어났다. 광산 입구로 뿜어져 나온 화염이 2.4미터짜리 통나무 목재들을 갱도에서 1킬로미터 떨어진 지점까지 날려버린 대형 사고였고, 여기서 목숨을 잃은 광부 12명은 전부 외국인 노동자였다. 아일랜드를 비롯한 타국 출신 희생자의 유가족들은 보상금으로 각각 1200달러를 받았으나 이탈리아인의 유가족들은 150달러를 받았다.[8]

그런데도 그들은 약속의 땅 미국에 홀려 계속 건너왔다. 마차와 기차 몇 대에, 검은손이라는 병균을 묻힌 이들이 한두 명씩 섞여 들어왔다. 1906년에 이르러서는 검은손 협회가 미국 곳곳에 포진해 있는 듯했다.

세인트루이스에서 가정집 여러 채가 폭탄에 날아갔다. 애팔래치아 석탄 지대의 산등성이에서는 수십 군데 자상을 입은 이탈리아인들의 사체가 발견되었다. 디트로이트에서는 아동이 줄줄이 실종됐고 다시는 돌아오지 않았다. 로스앤젤레스에 뿌리내리고자 했던 이탈리아인 가족들은 사업을 접고 서둘러 고향으로 가는 배에 몸을 실었다. 1906년 10월에는 코네티컷주에서 한 검은손 조직원이 주세페 바자니니라는 사람의 집에 쳐들어가 저녁식사중이던 주세페의 가슴에 총을 겨누고 방아쇠를 당긴 사건이 있었다.[9] 펜실베이니아의 탄광촌 윌스턴에서 검은손의 편에 선 무리와 그곳 이탈리아 이민자 주민들 사이에 격렬한 총격전이 벌어져 세 명이 숨지고 십여 명이 중상을 입었다.[10] 또다른 마을에서는 검은손 조직원이, 자기네 조직에 대한 정보를 흘린 자가 살고 있는 것으로 추정되는 광부 숙소용 막사에 다이너마이트를 투척해 세 사람을 형체도 남기지 않고 날려버렸다.[11]

펜실베이니아 주지사 새뮤얼 W. 페니패커는 이 같은 혼란에 대경실색해 주 경찰군을 소환했다.[12] 일주일 새 벌써 세번째 소환이었다. 모 지역신문은 이런 기사를 냈다. "피에 굶주린 검은손의 살인 행각이 미국 전역에 퍼질 조짐이 슬슬 보이고 있다."[13] 한 소도시에서 체포된 검은손 일당은 "경찰을 한껏 조롱"[14]하면서 "우리 조직은 너무 막강해서 와해시키는 것이 불가능할뿐더러 언젠가는 미국 전체를 정복하고 말 거라고 장담"했다. 뉴욕주 웨스트체스터 카운티에서는 노동자들이 하루가 멀다 하고 총에 맞거나 칼에 찔리거나 구타당해 죽었다. 이에 대응해 지역 보안관들이 민간 치안대를 황급히 꾸리고 무장시켜 교외로 보냈고, 일꾼들을 괴롭히는 '무법자'를 눈에 띄는 대로 사살하게 했다. 타임스는 그해 8월 "중대 지역에 대규모 살상"이 벌어져, "검은손에게서 도망치는 이탈리아인으로 기차마다 가득찼다"는 내용의 기사를 내보냈다.[15]

미국인들은 겁을 먹었다. 시카고에서 한 여성이 검은손 조직원의 접선 장소를 감시하던 이탈리아인 형사를 수금원으로 착각하고 칼로 찌른 일이 발생했다. 펜실베이니아에서는 한 남성이 하필 검은손 조직원이 나타날 거라고 예상한 타이밍에 자기 옆으로 달려든 남자를 총으로 쏴 중상을 입혔다. 알고 보니 피해자는 전차를 잡으려고 뛰어가던 죄 없는 시민이었다.

1906년 봄에는 이탈리아인이 아닌 사람도 곧 검은손의 타깃이 될 거라는 페트로시노의 경고가 급격히 현실화하고 있음이 누가 봐도 분명해졌다. 여태껏 검은손의 존재를 지역신문 기사로만 접했던 외떨어진 도시와 마을에서도 협박 편지가 날아들기 시작했다. 그중 일부는 이탈리아어나 영어 말고 다른 언어로 쓰여 있었다. 독일어로 쓴 편지, '검은 손'이라는 뜻의 모우파 세피Maupa Xepi라고 서명한 그리스어 편지, 이디시어와 히브리어로 쓴 편지도 있었고, 검은손 활동 후반기에는 라틴어 서한도 나왔다.[16] 게다가 날품팔이나 평범한 노동자만 이런 편지를 받는 것도 아니었다. 필연적으로 검은손이 활동 영역을 확장하면서 그들의 탐욕도 점점 커졌고, 부자와 권세가도 검은손의 그물망에 걸려들었다. 실제로 1906년 초 몇 개월 동안 검은손은 미국 하원에까지 뻗쳤다.

사건은 하원의원 여러 명에게 우편엽서가 날아들면서 시작됐다.[17] 엽서 한 면에 검은손 그림이 그려져 있고 그 밑에 "이제 나흘 남았다"는 메시지가 쓰여 있었다. 엽서의 등장으로 하원은 발칵 뒤집어졌다. "의원들은 자신이 무슨 짓을 했기에 검은손의 미움을 샀는지 각자 기억을 더듬기 시작했다"고 클리블랜드 플레인 딜러는 보도했다.

이틀 뒤 또 한 차례 엽서 묶음이 도착했다. 이번에도 검은손 바닥이 찍혀 있고 "이제 이틀 남았다"라는 문장이 곁들여져 있었다. 이 카운트다운으로 "신경이 극도로 쇠약해져 드러눕는" 의원까지 나왔고, 의사당 안팎으로 경비가 강화됐다. 이튿날 또 엽서가 도착했다. 이번에는 "이제 하루 남았다"고 적혀 있었다.

다음날 아침 주 의회가 초조함에 마비된 채 기다리는데 마지막 엽서 묶음이 의사당 우편함에 도착했다. 그리고 미스터리가 풀렸다. "블랙 핸드는 이제 그만." 엽서에는 이렇게 쓰여 있었다. "이제부터는 블랭크 비누를 쓰세요." 전부 제품 홍보 캠페인이었던 것이다.

하원 사건은 해프닝으로 끝났지만, 북쪽으로 더 멀리 매사추세츠주의 조용한 소도시 스프링필드에서는 훨씬 의미심장한 사건이 벌어지고 있었다. 그해 겨울 스미스 앤드 웨슨 사의 '리볼버 왕' 대니얼 B. 웨슨의 집에 검은손의 편지가 배달됐다.[18] 웨슨이 제작한 총은 남북전쟁의 흐름을 돌려 북군이 서부에서 승기를 잡는 데 크게 일조한 바 있다. 덕분에 여든하나라는 지긋한 나이에 웨슨은 그간 축재한 부를 최고급 라이프스타일을 누리는 데 탕진하고 있었다. 이 총기류 제조업계 거물이 보유한 자산은 3천만 달러 후반에 가까웠는데, 재산의 상당 부분이 거대한 저택을 짓는 데 들어갔다. 저택은 많은 이들이 대형 호텔로 착각할 정도로 "웅장한 석조 건축물"이었다.

검은손의 협박에 이 나이든 거물은 공포에 질렸다. 경찰이며 사립 탐정들이 저택에 모여들었고, 누구든 정문에 접근하면 모조리 검문했다. "경찰에서도 손꼽히는 베테랑 대여섯 명이 그 집 관목 뒤에 잠복해 있었다"[19]고 워싱턴 포스트가 보도했다. 순경 사이먼 J. 코너리가 이 사건에서 특히 인상적인 역할을 수행했다. 어느 날 저녁 그는 저택으로 가 가짜 턱수염을 붙이고 웨슨의 정장까지 빌려 입은 다음, 몇 분 동안 웨슨의 거만한 말투 모사를 연습했다. 그러다 말 두 마리가 끄는 집주인네 고급 사륜마차가 현관 앞에 대령했을 때 코너리가 집에서 나오더니 배우처럼 과장된 말투로 "라이브러리가와 커루가가 만나는 지점으로 가주게!"라고 쩌렁쩌렁 외쳤다. 그러나 아쉽게도 그 자리에 갈취범이나 암살범은 나타나지 않았다.

늙은 기업가는 공포에 사로잡혀 집밖으로 한 발짝도 나가지 않으려 했다. 몇 주가 흐르는 새 "그의 신경계는 스트레스를 못 이기고 서서히 무너져갔다." 결국 웨슨은 8월 4일 숨을 거뒀다. 검시관은 "노이로제로 인한" 심장마비가 사인이라고 보고했지만 이웃들은 검은손의 협박으로 인한 스트레스가 적잖은 영향을 미쳤다고 믿었다. 검은손 일당이 유골을 더럽히지 못하도록, 웨슨의 시신은 강철로 만든 관에 안치되어 스프링필드에 묻혔다.[20]

그런데 웨슨 사건에서 가장 흥미로운 점은 따로 있다. 웨슨의 경호를 맡아 투입된 정부 기관의 정체가 미 비밀임무국이었다는 것이다.

나중에 드러난 바, 검은손 범죄가 자기네 수사 관할이 아니라는 단언에도 불구하고 비밀임무국 요원들은 협박 편지가 웨슨의 우편함에 배달된 지 얼마 안 돼 스프링필드에 나타났다. 페트로시노가 정확히 그런 식의 개입을 긴급 요청했을 때는 거부하더니, 도대체 왜 그랬을까? 보스턴 데일리 글로브는 "검은손 편지 작성자가 우편 서비스를 통해 웨슨 씨에게 편지를 전달했기에 정부 기관의 사법 관할권에 들어온 것"[21]이라고 설명했다. 그렇지만 가난한 이탈리아인을 협박한 검은손 편지 전부가 그렇게 배달됐잖습니까! 페트로시노에게서 충분히 이런 항의가 터져나올 법했다. 웨슨 사건은 페트로시노가 1906년 무렵 이미 간파한 사실을 재확인해주었다. 미 비밀임무국은 검은손에 위협받는 미국인을 보호하기 위해 행동에 나설 용의가 있지만, 피해자가 부자일 경우에만 그리한다는 것이었다.

어느 날 델라웨어에 사는 저명한 의사의 네 살배기 아들인, 금발에 새파란 눈을 가진 호러스 마빈이 실종됐다. 가족이 델라웨어 베이 근방에 소유한 537에이커(약 65만 7000평)에 이르는 드넓은 땅에 쌓아놓은 건초더미 위에서 놀다가 납치됐다고 했다. 그러자 루스벨트 대통령이 납치된 아동의 아버지에게 친히 위로 편지를 써 보냈다.

친애하는 마빈 박사님께[22]

22일자 전보를 막 받았습니다. 정부가 드릴 수 있는 도움은 응당 기꺼이 제공하겠습니다. 이토록 가슴 저미는 아픔을 안겨준 박사님 댁의 일보다 더 참혹한 유의 범죄는 여성을 대상으로 한 강력 범죄를 제외하고는 없을 것입니다. 즉시 우정성에 연락을 취해 수단과 방법을 총동원해 박사님이 요청하신 대로, 아니, 모든 방면에 걸쳐 원조를 제공하도록 조처해두었습니다.

존경을 담아,
테오 루스벨트.

총감이 이끄는 비밀임무국 요원 한 무리가 곧 델라웨어로 급파되어 목격자들을 인터뷰하기 시작했다.

파란 눈 소년의 실종이 불러일으킨 반응은 검은손이 가족 품에서 낚아채간 까만 눈의 소년 소녀 수십 명에게 대중이 보인 반응과 그렇게 다를 수가 없었다. 루스벨트는 이탈리아계 아이를 찾도록 비밀임무국 요원을 파견한 적이 단 한 번도 없었고 아이 부모에게 위로 편지를 쓰거나 공개적으로 위로의 뜻을 밝힌 적도, 특단의 조치를 취한 적도 없었다. 두 집단의 아이들은 같은 미국에서 전혀 다른 삶을 살아가고 있었다.

그런 순간에 페트로시노에게 대통령이 내세운 '보통 사람' 수사가 얼마나 공허하게 들렸을지 짐작이 간다.

검은손의 마수는 누구에게도 예외 없이 뻗쳤다. 주지사, 시장, 판사, 심지어 코카콜라사 상속자 에이사 G. 캔들러[23]마저 검은손의 분노를 샀다. (캔들러를 괴롭힌 범인은 그가 다니던 감리교회의 동료 신도로 밝혀졌고, 범인은 즉시 비밀임무국에 체포됐다.) 경찰의 검은손 추적을 도운 적이 있는 뉴저지주 패터슨의 한 치안판사는 우편으로 "위장 폭파 장치"를 받았다.[24] 그가 포장을 뜯는 순간 장치가 폭발했고 판사의 몸은 산산이 조각났다. 검은손의 만행은 대서양을 건너서도 일어났다. 오스트리아 헝가리제국의 전 총리 이슈트반 티서 백작도 2천 달러를 내놓지 않으면 당신의 친척 일가는 죽은 목숨이 될 거라고 협박하는 내용의, 미국에서부터 건너온 편지를 여러 통 받았다.[25] 그 대담무쌍함에 전 세계 언론이 혀를 내둘렀다. 비밀임무국은 편지 발신지를 펜실베이니아주 레버넌으로 밝혀냈고, 곧 그 지역 제강공장에서 일하는 제철공 이냐스 웬즐러로 용의자가 추려졌다. 비밀임무국 요원이 웬즐러에게 접근해 친해진 다음, 친구에게 보낼 편지를 독일어로 옮겨달라고 부탁했다. 웬즐러는 흔쾌히 그렇게 해주었다. 요원은 편지를 받아든 뒤 웬즐러에게 고맙다고 하고 얼른 비밀임무국 임시 수사본부로 달려가 새 편지를 검은손의 편지 두 통과 비교해보았다. 필체가 일치했다. 웬즐러는 체포됐다.

몇 소대 규모의 핑커턴 탐정 사무소(1850년대에 앨런 핑커턴이 창설한 사설 경비 및 탐정 회사. 대통령 전속 경호를 도맡을 정도로 명성을 날렸지만 불법적인 노조 와해 활동으로 부정적 이미지를 얻었다―옮긴이) 경비와 경찰서장, 우정국장, 비밀임무국 요원들이 부유한 시민을 보호하는 데 동원된 것이 무색하게도, 단 한 명의 백만장자도 총격을 받거나 폭탄 테러를 당하거나 스틸레토 검에 찔리거나 혹은 어떤 형태로든 검은손에 물리적 공격을 받지 않았다. 상당수가 혼이 쏙 빠지도록 겁에 질렸을 뿐이었다. 부자들을 괴롭힌 범인이 검은손 사칭범으로 밝혀질 때도 많았다. 단기간에 돈을 뜯어낼 기회를 노린, 폭력과는 거리가 먼 (게다가 이탈리아인도 아닌) 기회주의자였던 것이다. 목숨을 잃거나 폭탄 테러에 집을 잃은 이탈리아계 미국인들이, 가해자가 아무 대가도 치르지 않고 빠져나가는 꼴을 눈 시퍼렇게 뜨고 지켜보는 동안 부자들은 자신을 노린 자가 검거되어 유죄 판결을 받고 감옥에 갇히는 것을 훨씬 더 자주 지켜봤다.

1906년 말에는 검은손이 전국의 거의 모든 도시를 장악하기에 이르렀고, 시민들은 앞으로 더 암울한 나날이 닥칠까봐 염려했다. "살인과 테러의 시대가 펼쳐지고 있었고, 나날이 수위가 심해져갔다."[26] 뉴욕 트리뷴이 논평했다. 아무도 신속한 해결책을 내놓지 못했다. 검은손을 추적할 용의가 있는, 혹은 그럴 능력이 되는 전국적인 수사기관 자체가 없었다. 연방수사국도 그로부터 2년 후에야 생겨났다.

전염병이나 국가재난과 마찬가지로 검은손은 미국에서 새로운 난민 계층, 즉 검은손으로부터 도피하는 피해자 집단까지 만들어냈다. 신시내티 인콰이어러가 그런 난민을 다룬 기사를 실었다. "그는 미국 해안에 발을 디딘 순간부터 줄곧 어느 도시로 가건, 어느 집에 살건, 보복을 가할 기회만 엿보는 자들에게 망령에 시달리듯 쫓겨왔다. 그는 이 마을 저 마을로 옮겨다녔지만, 어디를 가든 처음 보는 정체불명의 험악한 자들이 어두컴컴한 귀퉁이와 골목에 얼쩡대며 그를 기다리고 있었다."[27] 어제 막 새로운 도시에 도착한 피해자 난민이 바로 다음날 다른 도시로 옮겨가기도 했다. 같은 얼굴을 너무 여러 곳에서, 여러 번 목격하면 허겁지겁 짐을 싸 또다른 도시로 가는 기차를 타러 갔다.

펜실베이니아주 힐스빌이라는 소도시에서는 6개월 동안 이탈리아인 200명이 고국으로 돌아갔다.[28] 조금 더 큰 도시인 뉴캐슬에서는 "훨씬 많은 사람"이 아무런 해명도 없이 새 주소도 남겨놓지 않고 홀연히 떠났다. 누구든 이런 악몽에 빠질 수 있었다. 우연히 대화를 엿들었다는 이유만으로도 희생양이 될 수 있었다. 벤저민 데길다는 필라델피아에 이민 와 성실히 일하고 열심히 돈을 모아 제화 회사를 일구었다.[29] 그런데 하필 같은 집 하숙인 모렐리라는 자가 검은손 비밀조직원이었고, 그는 살인을 모의하는 대화를 데길다가 엿들었다고 확신하게 되었다. 검은손은 데길다에게 조직에 가입하든가 죽든가 둘 중 하나를 택하라고 했다. 데길다는 거절했다. "회유도 머리칼 쭈뼛 서는 협박도 이 구두장이의 마음을 흔들지 못했다"고 한 지역신문은 전했다.

데길다는 다른 동네로 이사가서 가능한 한 숨어 지냈다. 그런데 어느 날 오후, 고객의 구두를 수선하다가 문득 작업대에서 고개를 드니 모렐리가 상점 창 너머에서 그를 빤히 보고 있었다. 데길다는 심장이 철렁 내려앉았다. 모렐리가 씩 웃으며 이리 오라고 손짓했다. 데길다는 연장을 내려놓고 조심스레 창가로 다가갔다. 모렐리는 상냥한 어조로 그에게 이리 나와서 자기랑 같이 좀 걷자고, 아무 짓도 안 할 테니 걱정 말라고 구슬렸다. 데길다는 한참을 망설이다가 문을 열고 나갔고, 두 사람은 천천히 걸었다. 후미진 곳에 이르렀을 때 모렐리가 갑자기 면도날을 꺼내 잽싸게 데길다의 목을 노리고 휘둘렀다. 데길다가 마지막 순간에 몸을 움찔하는 바람에 칼날이 목표 부위를 살짝 빗나간 대신 그의 얼굴을 대각선으로 깊게 그었다. 데길다는 피를 철철 흘리면서 사력을 다해 도망쳤다. 경찰에 붙잡힌 모렐리는 자신이 검은손 단원이며, 두목인 데펠릭스라는 자가 75달러를 주면서 데길다를 영원히 잠재우도록 사주했다고 고백했다.

경찰은 데길다에게 갱단 두목을 검거해 기소할 계획이라고 말했지만, 젊은 구두장이는 이미 집 주소가 노출됐고 얼굴은 흉이 져 쉽게 알아볼 수 있게 됐으니 자기 인생은 끝난 것과 다름없음을 알았다. 그래서 그는 총 한 자루를 샀다. 그리고 어느 날 가게문을 닫고 필라델피아로 가는 전차를 탔다. 거기 도착해서는 거리를 배회하며 데펠릭스가 단골로 드나드는 곳을 한 군데씩 들렀다. 그러다가 제 아버지와 나란히 걷고 있는 검은손 갱단 두목 데펠릭스를 발견한 순간 데길다는 곧장 총을 겨누고 발사했다. 데펠릭스는 피를 쏟으며 바닥에 고꾸라졌다. 데길다는 눈앞이 하얘지는 극렬한 분노에 사로잡혔다. 그는 데펠릭스의 아버지를 향해서도 총을 발사했지만 탄환은 크게 빗나갔다. 그래서 대신 칼을 빼 들어 노인네의 가슴팍을 마구 찔렀고 노인은 숨을 거두었다. 데길다는 총을 도로 집어들고 자기 관자놀이에 대고 발사했다. 그리고 그대로 몇백 미터를 휘청휘청 걸어가 어느 들판에 이르러서야 푹 쓰러져 숨을 거뒀다.

어떤 피해자들은 도망가느니 스스로 목숨을 끊는 편을 택했다. 1906년 6월 23일,[30] 한 펜실베이니아 주민이 검은손으로부터 협박 편지를 여러 통 받은 끝에 자기 머리에 총을 대고 방아쇠를 당겼다. 뒷일은 아내와 여섯 자녀가 감당해야 했다. 뉴욕주 웨스트 마운트 버논에서는 술집을 운영하는 맥스 보나벤처라는 사람이 크리스마스 7일 전 가게를 닫고 문에 이런 표지를 내걸었다. "이 가게는 주인이 가족 상을 당해 문을 닫습니다."[31] 그러고는 술집 안쪽으로 들어가 들보에 밧줄을 걸고 목을 매 자살했다. 검은손 일당이 그에게 5백 달러를 내놓지 않으면 크리스마스 날 아침이 오기 전에 죽게 될 거라고 협박한 것이었다. 보나벤처는 그만한 돈이 없었다. 서까래에 매달려 흔들리는 시체를 발견한 그의 아들은 그 옆에서 이런 쪽지도 발견했다. "사랑하는 리나, 잘 있어. 찰리와 리나, 애나, 프랭크, 목숨을 다해 진심으로 사랑한다. 잘 있거라."

그 밖에도 수많은 이들이 겁에 질려 입을 다물었다. 몇 달 뒤 뉴욕에서는 페트로시노가 수사한 검은손 관련 사건이 진흙탕에 처박힐 위기에 처했다. 남편이 검은손에 살해당한 피안디니 부인이 맨해튼 법정에 서서 남편은 살해당하지 않았다고 선언했기 때문이었다.[32] 부인은 남편이 뉴욕 시체보관소에 차갑게 식은 채 누워 있는데도 아예 사망했다는 사실조차 부인했다. 법정에는 정적이 무겁게 내려앉았다. 역사상 검사가 자기 가족이 사실은 죽지 않았다고 우기는 핵심 증인을 상대해야 했던 경우는 없었다. 사건 기록에 검사가 시체를 가져와 배심원단에 직접 보여주는 것을 고려했는지에 대한 언급은 없으나, 어쨌든 기소는 결국 각하되었다. 피안디니 부인은 검은손을 건드리는 대가가 얼마나 혹독할지 분명 알았고 그 대가를 치르기를 거부한 것이었다.

미국에서는, 이탈리아에서와 달리, 워낙 땅이 넓어 검은손 피해자들이 종적을 감추는 게 비교적 용이했다. 아니, 그렇다고 사람들은 믿었다. 뉴욕에서 이발사로 일하던 존 벤테레냐는 어쩌다보니 검은손 갱단과 어울리게 됐지만, 불화가 일었던 건지 그들의 범죄 수법에 학을 뗐던 건지 갱단을 떠나기로 결심했다.[33] 함께 어울리던 조직원이 길거리에서 그를 제거하려 하자 시카고로 도피했지만, "거기서도 검은손은 그의 삶을 지옥으로 만들어버렸다". 그는 세인트루이스로, 다시 오마하로, 거기서 다시 덴버로 도망갔다가 도시에서 사는 걸 아예 포기하고 서쪽으로 더 멀리 외딴 농장으로 갔다. 거기 숨어 농장 일꾼으로 일하면서 상황이 잠잠해지기를 기다릴 작정이었다. 하지만 옮겨가는 곳마다 발각됐고 목숨을 위협받았다. 마침내 그는 대륙의 반대편 끝, 로스앤젤레스에 다다랐다. 로스앤젤레스는 햇볕 따사롭고 사방이 훤히 트인데다 이탈리아인 이민자 거주지도 없어 그에게는 오아시스 같았을 것이다.

그런데 캘리포니아에 도착하고 얼마 지나지 않아 누군가 맨해튼 소인이 찍힌 편지를 현관문 밑에 밀어넣고 가기 시작했다. "이곳을 떠나라." 해골과 크로스본으로 장식된 편지에는 이런 위협적인 말이 적혀 있었다. "이번이 마지막 기회다." 벤테레냐는 편지를 찢어버렸다. 또 한 통이 도착했고, 이번 편지는 벤테레냐가 경찰에 가져갔지만 경찰은 아무 조치도 취하지 않았다.

어느 날 그가 길을 걷고 있는데 누군가 그를 향해 총을 난사했다. 벤테레냐는 총탄 다섯 발을 간신히 피했고 그 길로 다시 잠적했다. 거의 파산한 그는 남은 돈의 일부로 이발소 의자를 빌렸고 다시 일을 시작했다.

이후 일어난 일은 로스앤젤레스 타임에 보도되었다. 어느 날 벤테레냐가 일하는 이발소 앞에 웬 남자가 나타났다. "암살범은 이발소 전면의 창을 톡톡 두드려 그의 주의를 끌었다. 벤테레냐가 돌아본 순간 창으로 총탄이 날아들었고, 탄환은 벤테레냐의 왼쪽 옆구리로 들어가 내장을 관통했다." 의식의 끈을 붙들고 있던 순간에도 벤테레냐는 범인을 특정하기를 거부했지만, 전국을 돌며 끈질기게 자신을 따라다닌 검은손 조직원이라는 것은 인정했다.

피해자에게 정확히 몇 시 몇 초에 죽을지 통보가 날아들고 실제 암살이 예정 시각에서 한 치의 오차도 없이 이행된 경우도 있었다.[34] 한 남자는 자신이 연루된 검은손 범죄 몇 건에 대해 법정에서 증언하고 판사에게 20년 징역형을 내려달라고 간청하기도 했다. 그러면 "20년은 더 살 수 있기 때문"이라고 했다. 뉴어크의 한 제빵사는 목을 따버리겠다는 협박을 받은 후, 앞서 수많은 사람이 그랬던 것처럼, 빵집을 헐값에 팔고 도망쳐 그 옛날 거의 무일푼으로 떠나온 이탈리아 고향 마을로 돌아갔다.[35] 사흘 후 그의 집 앞 길바닥에서 그의 시체가 발견되었다. 총상을 입은 데다가, 협박이 엄밀히 실행되어 한쪽 귀에서 다른 쪽 귀까지 목이 잘려 있었다.

1900년대의 미국인들은, 적어도 도시 거주자들은, 그렇게 순진하지 않았다. 그들은 부패한 정부, 지저분한 거리, 끔찍한 산업재해 소식, 범지구적 전염병, 크고 작은 스캔들을 삶의 일부로 받아들이며 살아갔다. 그들은 이미 여러 차례 범죄의 파도를 넘은 적이 있었다. 몰리 매과이어스(1862~1876년 펜실베이니아주 탄광 지대에서 일하던 아일랜드계 노동자들이 결사한 비밀 조직. 열악한 노동환경과 차별에 반기를 들어 태업과 테러 행위를 벌였지만, 탄광 회사가 핑커턴 탐정 사무소에 해결을 의뢰하자 제임스 맥팔런이 조직에 침투해 테러 행위의 증거를 확보했고 조직 지도부 19명이 처형되었다 ─ 옮긴이) 사건도 겪었고, 정신 나간 아일랜드계 갱단이 더 정신 나간 아일랜드계 갱단에 당해 단체로 두개골이 으깨지는 일대 사건도 있었다. 하지만 검은손은 달랐다. 어딘지 오컬트적이라 할 만한 요소가 있었다. 건국의 아버지들이 그렸던 인생관보다 한층 어둡고 부도덕한 관점이 있다고나 할까. 검은손은 젊은 나라에 깃든 구태의 질병이었다.

끈질긴 추적 끝에 살인으로 마무리되는 이야기에 미국인들은 매혹되었으면서도 당황했다. "마노 네라의 광범위한 영향력과 무자비한 보복은 범죄 역사상 비교 대상이 없을 정도다."[36] 워싱턴 포스트 기사는 이렇게 평했다. "검은손의 긴 팔은 사막

과 강, 바다를 가로질러 미치지 않는 곳이 없다. 미국 어느 주
로 도망가든 그들의 손아귀가 조여오는 것을 느낄 수 있고, 심
지어 유럽에서도 그들은 활개를 치며 적들에게 죽음을 선사한
다."[37]

이런 당혹스러운 행태를 갓 태어난 국가가 어떻게 이해하고
받아들일 수 있었을까? 미국이 시도한 방법은 당시 존재감이
점점 커져가던 대중문화를 거쳐 소화하는 것이었다. 1905년경
검은손은 더 많은 영화와 소설, 싸구려 잡지, 시, 연극에 등장
했다. 신파극 〈뉴욕의 납치 사건〉[38]이 맨해튼의 비주 극장에서
상연됐을 때 관객들은 아일랜드계 신문기자이자 아마추어 형
사인 잭 둘리가 피부가 백옥같이 하얀 가정교사 메리에게 납
치된 소녀를 추적하는 모습을 홀린 듯 감상했다. 몇 차례의 반
전 끝에 잭은 검은손 갱단의 음모를 밝혀내고 소녀를 구출하
고서 가정교사와 결혼한다. 코네티컷주 하트퍼드까지 진출한
연극 〈한밤중의 탈출〉[39]의 플롯도 똑같은 전개를 따르는데, 주
인공과 그의 약혼녀는 "검은손 소굴의 캄캄한 방에 갇히"며 곧
소총으로 무장한 처형단 여덟 명과 맞서야 한다는 걸 깨닫는
다. 하트퍼드 코런트는 "어제 규모가 제법 되는 관객이 2회 들
었고, 두 번 다 잔뜩 긴장한 여성 관객들이 비명을 질렀다"고
보도했다. 극 전개는 매끄럽지 않았지만, 두 작품 모두에서 검
은손은 통쾌하게 처단되었다.

이름난 서부 보안관이자 총잡이 와이엇 어프의 친구인 실존 인물 배트 매스터슨은 1900년대 미국에서 유명 인사였다.[40] 인기가 얼마나 대단했는지 1905년 3월부터 몇몇 주요 신문에 연재된 "배트 매스터슨 라이브러리"에 허구의 주인공으로 등장하기까지 했다. 첫 화 "뉴욕의 배트 매스터슨, 혹은 검은손 추적자"는 연방 보안관이 "이 개자식. 나를 찔렀어!"라고 외치는 장면으로 시작한다. 사무실에 혼자 있던 보안관이 "검은손의 무시무시한 방벽" 비토 라두카의 방문을 받은 것이다. 라두카는 보안관에게 큰소리친다. "이번에는 도망치지 못할걸." 그러더니 단검으로 보안관의 가슴팍을 세 번 찌르고 마지막으로 치명적인 일격을 가하려던 찰나 웬 낯선 사내가, 배경이 맨해튼 도심인데도 박차를 찰그랑거리며 나타나 외친다. "물러서. 그러지 않으면 메리 제인이,"—여기서 메리 제인은 결코 목표물을 놓친 적 없는 믿음직한 그의 리볼버를 칭하는 것이다—"네 급소를 파고들 것이다." 낯선 사내와 검은손 건달은 한판 싸움을 벌이고, 낯선 사내가 주짓수 기술 비슷한 것을 걸어 악당을 어깨 뒤로 넘어뜨린다. "당신 누구요?" 보안관이 낯선 남자에게 묻는다. "'배트 매스터슨, 뷰트에서 온 피의 복수자요.' 남자는 이렇게 대답하면서—정말로 배트 매스터슨이었으니까—잘생긴 얼굴을 가리고 있던 긴 구레나룻을 떼어낸다." 검은손 문제에 대한 실제적 해법이 부재한 상황에서 연재소설 작가가 오래된 전설적인 인물을 내세워 소설 속에서나마 대신 무찌른 것이다.

✦ ✦ ✦

공포의 물결이 끊임없이 밀어닥치는 가운데, 미국은 검은손이 개인을 공격하는 데 그치지 않고 정부 기관에 침투해 실권을 장악하면 어쩌나 걱정하기 시작했다. 검은손의 궁극적 목표가 돈이 아니라 권력이라면? 잡지 『콜리어스』의 한 기고가가 가정하길, 어쩌면 개별 갱들이 서로 연결돼 조직적으로 공격을 이행하는 수준에서 나아가 이제는 "알타(고위) 마피아의 화끈한 개입을 기다리고 있는지도 모르며, 만약 그렇다면 다음 순서는 지옥이 닥치는 것이었다".[41] 이러한 두려움은 좀처럼 가시지 않았다. 심지어 경찰청장마저 그렇게 될 가능성을 인정했다. 어느 "명장"[42]이 각 갱을 하나의 조직으로 결합한다면 "우리는 얼마나 거대한 괴물과 맞서게 되겠는가! 그 괴물과 싸워 이기기란 불가능할 것"이라고 청장은 우려를 표했다.

실제로 검은손은 미 정부 기관을 이미 장악했다. 1906년에 펜실베이니아 힐스빌에 방문한 사람은 마을 하나가 통째로 검은손에 의해, 검은손의 이익을 위해 운영되는 현실을 마주했을 것이다. 힐스빌에 온 이민자들은 카본 라임스톤 컴퍼니가 소유한 거대한 채석장에서 일했는데, 카본 라임스톤이 소유한 채석장은 당시 세계 최대 규모로 꼽혔다. 힐스빌은 미국의 여느 마을과 마찬가지로 시장, (이웃한 클린턴 카운티에서 차출되는) 경찰력, 법률, 법규 등 통상 갖춰야 할 제도는 다 갖추고 있었다. 하지만 힐스빌—그곳 주민들은 '헬타운'이라고 불렀다—은 실질적으로 조 바냐토라는 그 지역 검은손 갱단 두목의 지배를 받았다. 급여일마다 바냐토는 광부들이 급여 봉투를 수령하는 건물의 창문에서 몇 미터 떨어진 곳에 진을 치고 기다렸다.[43] 일꾼들은 봉투를 열어 바냐토에게 일정액의 상납금을 떼어 줬다. "그렇게 모인 돈은 다음 급여일까지의 목숨값이자 자유의 대가로 받아들여졌다"고 뉴욕 타임스는 보도했다. 지역 은행에 가까스로 돈을 어느 정도 저축한 노동자들은 주기적으로 종적을 감췄다. 그렇게 사라지고 며칠 지나면 그들의 저축 계좌에 남아 있던 액수만큼, 더도 덜도 말고 딱 그 액수만큼의 은행 환어음이 도착하곤 했다.

헬타운의 아이들은 광산 근처 낮은 언덕으로 산딸기를 따러 갈 때 등성이를 점점이 수놓은 돌무더기는 피해 다녀야 한다는 걸 누구보다 잘 알았다.[44] 그 두덩들은 검은손에 상납금을 내지 못한 이들의 무덤을 표시한 것이었다. "여기에 사람들이 묻혀 있는데, 정확히 어딘지 아무도 몰라요."[45] 한 광부가 말했다. "모든 것을 검은손이 운영했거든요." 경찰은 검은손을 감당하지 못해 허둥댔고, 수적으로도 열세였다. "데이고 살인" 피해자를 발견해도 노변에 시체를 방치하고 가족이나 친구들이 찾아가게 했다. 아예 수사가 이루어지지 않는 건이 부지기수였다. 수백수천 명의 이주자들이 두려움에 질려 마을을 떠나 이탈리아로 돌아갔다. "저는 두려움 속에 살았어요."[46] 한 주민이 털어놓았다. "우리 모두 죽도록 겁에 질려 있었어요."

헬타운의 갱단원 몇몇이[47] 알고 보니 검은손을 위해 세워진 학교의 졸업생이었더라는 얘기도 있었다. 해당 학교는 언젠가 "전국 각지에서 온" 형사 50명이 한밤중에 펜실베이니아의 시골 모처에서 기습 작전을 벌이던 중 발각되었다. 어느 외딴집을 급습한 경관들은 이탈리아인 17명이 교사와 고무 마네킹과 마주앉아 있는 광경을 발견하고 경악했다. 이탈리아인 학생들은 "스틸레토 단검으로 찔렀을 때 즉사를 보장하는 정확한 신체 부위를 설명하는 수업에 푹 빠져 있었다". 이 학교는 명목상으로는 "펜싱" 교습소였는데, 페트로시노의 고향인 캄파니아 지방의 산토 스테파노 다스프로몬테라는 마을에서 오래도록 활동해온 범죄자 존 요티가 운영하고 있었다. 칼날에 맞을 시 가장 치명적인 부위를 표시해둔 고무 마네킹 외에도 검은손의 협박 편지 양식과 단검, 리볼버 따위가 들어 있는 트렁크도 발견됐다. 볼티모어 형사들을 상대로 한 범행 계획이 담긴 편지도 있었다. "이 경관들을 만나면 곤봉을 사용하지 말고 그냥 죽이도록"[48]이라고 메모되어 있었다. 한마디로 그곳은 검은손 조직원을 키워내는 직업훈련 학교였다.

펜실베이니아 당국은 헬타운이 검은손이 지배하는 여러 마을 가운데 가장 악명 높은 사례에 불과하다는 것을 알고 있었다. 1907년 5월 당국은, 미국에서의 생활을 증언할 만큼 "충분히 용기를 낸"[49] 전국의 이탈리아인을 상대로 조사를 실시했다. 그 결과 석탄 매장 지대의 거의 모든 탄광촌과 마을에 검은손 갱이 도사리고 있음이 드러났다. 말인즉, 헬타운은 검은손 펜실베이니아 지부의 중심지였으며 그런 마을이 한둘이 아니었던 것이다.

정부 당국과 경찰 관계자들은 만일 검은손 조직이 힐스빌 같은 곳을 장악한다면 언젠가는 스크랜턴이나 신시내티, 혹은 뉴욕과 같은 대도시도 얼마든지 장악할 수 있다고 우려했다. 이미 경찰은 검은손과, 미 정부를 전복시킬 욕망을 감추지 않는 이탈리아계 무정부주의자 무리가 연계되어 있음을 인지했다. '검은손 단원'과 '무정부주의자'가 서로의 대체어로 사용되기도 했다. 펜실베이니아주 당국은 저명한 이탈리아계 지역 인사를 살해한 검은손 갱단 용의자를 쫓다가 우연히 베어드라는 마을 근처의 오두막에서 정기 모임을 갖던 무정부주의자 단체를 덮치기도 했다. 그 오두막에서 급진주의자들이 조직원 31명에게 보내는 편지 몇 통이 발견됐는데, 펜실베이니아 주지사 페니패커와 오하이오 주지사 존 M. 패터슨을 암살하라고 부추기는 내용이었다.[50] 체포 후 살펴보니 이 조직원들은 움베르토 1세의 암살범인 가에타노 브레시의 얼굴이 프린트된 배지도 달고 있었다.

신문 편집장과 경찰서장, 정치인들은 검은손이 현재 자행하는 테러가 더욱 심각하고 영구불변한 어떤 것의 전초전에 불과하다는 믿음을 점점 굳혀갔다. 사람들이 이탈리아계 이민자라는 인물형에 보이는 집단 히스테리는 심해져만 갔다. 광기를 띤 범죄 행각을 지켜보는 일부 미국인의 머릿속에서 검은손은 극악무도한 갱단에서 국가의 미래를 위협하는 한층 더 위험한 존재로 부상했다.

8장
장군

다시 뉴욕으로 눈을 돌려, 페트로시노는 이탤리언 수사반 창설 2주년을 기념해 수사반을 증원했다. 1906년에는 팀원이 40명에 이르렀고, 브루클린 지부가 창설돼 훗날 페트로시노의 가장 절친한 친구가 되는 앤서니 바크리스 경사가 반장을 맡았다. 검은손 범죄가 매일 헤드라인을 장식하면서 조직의 메시지를 퍼뜨리고 대중을 겁박하자, 몸집을 불린 이탤리언 수사반도 더 강력히 맞서 굵직한 사건들에서 대대적 승리를 거두었다. 길에서 친구들과 놀다가 납치된 소년 윌리 라바르베라의 사건도 해피엔딩으로 마무리됐다.

윌리가 종적을 감춘 지 몇 주가 흐른 어느 월요일,[1] 페트로시노는 그날도 야근을 하고 있었다. 윌리의 행방에 대한 단서를 찾으려 뉴욕시 전체의 경찰 공보를 훑다가 수백 건의 게시물

가운데 브루클린에서 배포한 자료에 눈길이 갔다. 울면서 "바르바라" 비슷한 말을 중얼거리며 길을 헤매는 소년이 목격됐다는 내용이었다. 아이는 가까운 파출서로 인도됐다가 다시 아동학대방지협회 브루클린 지부로 인계되었다.

페트로시노는 아이의 인상착의 묘사를 다시 찬찬히 읽은 후 브루클린으로 냉큼 달려갔다. 도착해서는 해당 기관 사감에게 자기 이름조차 대지 못한 그 아이를 데려와달라고 부탁했고, 잠시 후 직원들이 졸음에 겨운 아이를 데리고 나왔다. 윌리가 맞았다. 그때가 새벽 3시였다. 페트로시노는 윌리에게 요기를 시킨 후 멀버리가 300번지 본부로 아이를 데려왔다. 전차에서 윌리는 그의 어깨에 머리를 대고 잠들었다. 페트로시노 형사는 일단 아이를 본부에 데려다주고 곧장 라바르베라 가족의 집으로 향했다.

현관문이 열리자마자 웬 물체가 불쑥 나왔다. 리볼버였다.

"메티 비아 라 피스톨라." 페트로시노가 말했다. "총 치우세요." 시민들이 검은손에 워낙 겁을 먹어서 이제 이탈리아인은 권총을 소지하기만 해도 체포될 수 있는 상황이었다. "페트로시노입니다." 그는 이탈리아어로 말을 이었다.

윌리엄 라바르베라가 문을 열어젖히고, 차가운 달빛을 받아 어슴푸레 보이는 사람 형체를 내다봤다.

"우리 아들을 찾았습니까?" 그가 물었다.

"찾았습니다."

윌리엄은 총구를 내리고 따발총 같은 빠른 이탈리아어로 집 안에 대고 뭐라 외쳤다. 몇 초 후 카테리나 라바르베라가 문간에 나타났다. 카테리나는 문턱에서 무릎 꿇고 머리를 조아리며 페트로시노의 발에 입을 맞추더니, 그동안 아들을 찾아달라고 빌었던 성자들에게 감사 기도를 올리듯 하늘을 향해 모은 두 손을 올렸다.

페트로시노는 라바르베라 부부를 진정시키고서 옷을 입으라 한 다음 그들을 멀버리가 300번지로 데려갔다. 서에 들어서자마자 카테리나는 아들을 덥석 부둥켜안았다. "꼬마 윌리를 삼켜버리는 줄 알았다니까요." 훗날 페트로시노는 그 모습이 재미있다는 투로 회상했다. 윌리는 누나 로지만 찾아대 엄마를 속상하게 했다.

검은손에 납치당한 아이들은 대부분 평생 그 기억을 지우지 못했다. 어떤 아이들은 집에 돌아와서도 그 일에 대해 한마디도 꺼내지 못했다. 검은손 일당이 어떤 얘기든 입 밖에 내면 온 가족이 몰살당할 줄 알라고 단단히 겁박해뒀기 때문이었다. 어떤 아이들은 살해당했다. 몇몇 아이는 결박당했던 손목에 끈이나 밧줄이 남긴 흉터를 평생 안고 살아갔다. 몸에 화상 흉터가 남은 아이도 최소한 한 명 있었다. 시카고에서 납치당한 남자아이를 묘사한 기록도 다음과 같이 남아 있다. "눈은 겁에 질려 넋이 나가 있고, 조그만 몸은 뼈만 앙상하다."[2]

하지만 그 10월 9일의 밤에는 라바르베라가의 아이만이 자기 침대에서 색색 잠들 수 있었다. 독실한 가톨릭 신자인 페트로시노는 신께 감사했다. 적어도 이번만큼은 페트로시노와 그의 수사반이 이긴 것이다.

저명한 이탈리아인 테너 가수 엔리코 카루소도 이탤리언 수사반에 도움을 요청한 적이 있다. 당시 인기의 정점에 있었던 카루소는 공연차 뉴욕에 왔다가 검은손에 2천 달러를 내놓지 않으면 죽이겠다는 협박을 받았다. 카루소는 돈을 지불했다. 그러자 곧바로 다음 편지가 왔다. 그렇게, 이 오페라 스타가 받은 편지 더미는 "30센티미터 높이"[3]에 이르렀다. 카루소는 곤경에서 벗어나고자 뉴욕 시경을 찾아갔다. 경찰과 기자 무리가 책상을 빙 둘러선 가운데 경관 한 명이 카루소가 털어놓는 자초지종을 들으면서 보고서를 작성했다. 끝없이 이어진 협박, 어디든 동행하도록 고용한 이탈리아인 보디가드 세 명, 언제든 뽑아서 휘두를 수 있게 지니고 다니는, 검은색 지팡이 안에 든 뾰족한 장검, 외투 안주머니에 늘 넣고 다니는 권총까지 전부 다. 워낙 튀는 걸 좋아하는 카루소는 맨해튼 한복판의 분위기 냉랭한 경찰서에서도 약간의 연기를 선보이고픈 유혹을 누르지 못했다. "협박범 놈들에게 차가운 칼날과 총알 말고는 아무것도 내주지 않겠소!"[4] 그 자리에 모인 이들에게 그는 당당히 선언했다. "어디 덤벼보라지. 나는 준비가 됐으니까. 그래봤자 한심한 겁쟁이들일 뿐입니다." 미국인 경관들, 심지어 아일랜드계 경관들마저 이 왜소한 가수를 바라보며 흡족한 미소를 감추지 못했다. 이탈리아인이 검은손에 맞서 협박하는 것도 모자라 당한 만큼 갚아주겠다고 으름장을 놓고 있으니 그럴 만도 했다. "그의 얼굴에는 자신이 박수받을 행동을 한 것을 아는 어린아이와 같은 뿌듯한 미소가 가득했고, 서에 있던 미국인들도 전부 그를 향해 웃음 짓고 있었다"고 한 기자는 전했다. 그런데 구경꾼 중 한 명—알고 보니 그 자신도 이탈리아인인데다 경찰의 범죄 진압 캠페인에 투입된, 나름 학식을 갖춘 공무원이었다—이 유독 카루소를 보며 인상을 잔뜩 구겼다. "저 멍청이!" 그는 기자에게 내뱉었다. "저자는 이탈리아인의 체면을 구기고 있어요. 저놈은 주둥이를 다물어야 해!"

하지만 검은손의 협박은 멈추지 않았고 카루소의 용기는 갈수록 위축됐다. 그는 사람 많은 곳에 나가기를 점점 더 꺼렸다. 이 무렵 그는 페트로시노를 소개받았고, 두 사람은 친구가 되었다. 카루소는 결국 형사에게 최근에 또다시 5천 달러를 요구하는 협박을 받았음을 고백했고, 돈을 주기로 했다고 알렸다. 카루소는 수입이 막대할 뿐 아니라—빅터 레코드사와의 계약금만 해도 2백만 달러가 넘었다—영리한 투자자이기도 했다. 제1차세계대전이 발발했을 무렵 연간 소득세만 무려 15만 4천 달러를 냈다.[5] 그러니 검은손에게 요구받은 액수는 그에게 용돈 수준이었다.

하지만 페트로시노는 경악했다. 그의 영웅이자 이탈리아 오페라의 꽃, 거대한 스타디움에서 마이크 없이 공연할 정도로 맑은 목소리를 지닌 남자 엔리코 카루소가 짐승 같은 놈들한테 고개를 숙인다고? 그것도 페트로시노 자신이 떡하니 버티고 있는 도시에서? 그는 카루소의 재산이 바닥날 때까지 놈들의 요구가 계속될 것을 알았다. "밑 빠진 독이에요." 그는 카루소를 타일렀다. 그러고는 결심을 재고해줄 것을 부탁하면서 다른 계획을 제안했다. 카루소는 형사의 제안을 신중히 고려한 뒤 그대로 따르기로 했다.

카루소는 갈취범에게 메시지를 보냈다. 5천 달러를 주긴 줄 텐데 접선 장소로 정한 맨해튼 모처에서만 돈을 건네겠다고 했다. 페트로시노가 카루소로 변장하고 현장에 나갈 요량이었다. 검은손은 카루소가 제시한 조건에 동의했다. 접선 당일 페트로시노는 카루소가 입고 다니는 것과 비슷한 망토와 양복을 구해 입고 약속한 장소로 나갔다. 거기서 갱단과 맞닥뜨려 놈들을 바로 제압한 뒤 검거했고, 압수한 돈은 안도하는 카루소에게 돌려주었다. 페트로시노의 이 대담한 작전은 오래도록 리틀 이틀리에서 회자되었다.

이번 승리는 페트로시노에게 계속 나아갈 동력을 불어넣어

췄지만, 공포의 물결은 여전히 로어 맨해튼 거리에 넘실댔고 언론의 격한 헤드라인은 신문고 소리가 되었다. 순조로운 권력 유지에 방해가 될 요소라면 무엇에든 신경을 곤두세우는 태머니파도 검은손 범죄가 예의주시할 만하다고 판단했다. 남북전쟁 때 북군에서 활약한 조지 B. 매클렐런 장군의 아들 조지 매클렐런 주니어 시장은 윌리엄 매커두를 대체할 경찰청장 후보를 물색하기 시작했다. 그러다가 제격인 인물을 발견했다. 저속하고 난폭하며 뼛속까지 군인인, "장군"이라는 별명으로 불리는 시어도어 A. 빙엄이었다.

빙엄은 풍채가 위압적인 양키(남북전쟁 당시의 북군, 또는 미국 북부 중에서도 뉴잉글랜드 사람을 칭하는 말. 종종 멸칭으로 쓰인다—옮긴이)로, 어느 모로 보나 전형적인 군인이었다. 어느 기자가 "굶주린 팬서"[6]를 연상시키는 몸이라 할 정도로 키가 크고 사지가 길쭉길쭉했으며, 한시도 가만히 있지 않았다. 로스앤젤레스 타임스는 "그는 모든 면에서 철저한 군인이며, 활력과 거친 품위, 대담함의 화신"[7]이라고 평했다. 빙엄의 혈통은 성직자와 전사로 갈렸다. 조상 중에 독립전쟁 참전용사 한 무리, 코네티컷 성직자 한 무리가 있었던 것이다. 빙엄은 예일대학을 수석으로 졸업한 뒤 집안 전통에 따라 웨스트포인트사관학교에 들어갔고, 그후 소위로 임관했다. 그러나 전쟁에 나갈 팔자는 아니었다. 공학도 출신인 그는 1897년 워싱턴 D.C.에서 대령으로 부임해 공공 건축 감독을 맡게 되었다. 임기를 성공적으로 마치고 백악관에 입성해, 모 신문의 표현으로는 매킨리 대통령의 "집사장 겸 군악대장 겸 사교 담당 비서, 혹은 그 비슷한 것"[8] 역할을 맡았다. 이 무뚝뚝하고 성마른 남자가 백악관 대외관계 중재자로 일하는 모습은 언뜻 상상이 되지 않지만, 장군은 조직화에 뛰어난 역량을 보였고 대통령 부부는 그의 일 처리에 무척 만족해했다.

그러나 시어도어 루스벨트가 대통령이 되자 빙엄과 대통령의 관계가 삐걱거리기 시작했다. 둘 사이에 "마찰과 불꽃"[9]이 일었다. "백악관은 두 명의 시어도어가 함께 있기에는 너무 좁았다"[10]고 한 취재기자는 전했다. 백악관 만찬에서 영문 모를 언쟁이 일면서 두 사람의 간극은 영영 회복되지 않을 만큼 벌어졌다. 준장으로 진급한 빙엄은 발령지인 뉴욕주 북부에서 토목공학 프로젝트를 감독하게 됐고, 현장에서 320킬로그램이 나가는 기중기에 다리가 깔리는 사고를 당했다. 의사들이 그의 한쪽 다리를 절단했고, 그날부로 빙엄은 굵직한 지팡이를 짚고 다니게 되었다. 그는 때로 지팡이를 전투용 곤봉처럼 휘둘렀다. 이래저래 그의 군 경력은 끝나버렸다. 뉴욕 경찰청장 임명 소식은 그가 인생의 바닥을 쳤을 때 온 것이었다.

빳빳한 팔자 콧수염과 새파란 눈동자를 가진 빙엄은 무한한 에너지원에서 끊임없이 동력을 얻는 발전기 같은 사람이었다. 성격을 이야기하자면, 에벌린 워(『다시 찾은 브라이즈헤드』의 저자. 유머와 풍자를 섞은 현란한 문체가 특징이다―옮긴이) 정도는 돼야 겨우 제대로 묘사할 수 있을 법했다. 자세히 얘기하면, 그는 무심하고 재수없고 정치적으로 나이브한데다 미국 정계에서 독창적인 어휘를 자랑하는 사람이었다. 말 한마디도 가볍게 내뱉는 법이 없었다. 한 기자는 이렇게 묘사했다. "그가 어떤 의견을 강조하거나 단호함을 표할 때마다 힘을 준 입술이 딱 다물리는 소리에 집무실 고양이가 잠에서 깬다는 얘기가 있을 정도다."[11] 빙엄은 자신이 하는 얘기를 강조하고 싶을 때마다 지팡이로 강대상 아니면 가까이 있는 아무 딱딱한 물체를 탕탕 내리치는 버릇이 있었다. 그는 해병대원처럼 입이 걸고, "다들 you all"이라는 표현을 즐겨 쓰며(그가 로키산맥 동부 대평원 지역에 발령받아 근무했을 때 생긴 말버릇이다), 멍청한 사람은 절대 못 참아주는 것으로 유명했다.

빙엄은 경찰청장으로 지명된 데 놀라긴 했지만 기꺼이 받아들였다. 휘하 경관들과 기자단을 앞에 두고 이루어진 취임식 연설은 역사에 남을 만했다. 기자들은 "주요 종교 매체 어느 곳에든 그대로 싣는 것이 부적절한"[12] 단어가 너무 많이 들어가서 독자들이 그의 연설문을 그대로 읽지 못하는 것을 대놓고 아쉬워했다. 한 기자는 기어이 욕설을 뺀 연설문 일부를 실었다.

다들 만나서 반갑다. 모두 사내다운 경찰관으로 보이는군. 나는 상남자를 좋아하지. 나도 상남자가 되려고 노력하고. 임무를 띠고 이곳에 부임했고, 할 수 있는 한 그리고 힘닿는 한 많은 일을 해낼 걸세. (…) 우리는 지금 서로 모르는 사이고 나는 자네들에게 어떤 감정도 의혹도 없네. (…) 그렇지만 전쟁의 아홉 신께 대고 맹세컨대, 자네들은 꼼수 없이 나를 대해야 할 것이야. (…) 돌려 말하지 않겠네. 각자 맡은 바를 확실히 하고, 내가 제군들에게 내민 손을 물지 않도록.

경관들은 열광했다. 기자단은 더 열광했다. 한 기자의 표현에 따르면 이날 연설은 "레프트 훅, 라이트 훅, 이것이 빙엄이다"라고 치고 들어온 격이었다. 정치적 입장이 어떻게 되느냐고 누군가 묻자 신임 경찰청장 빙엄은 이렇게 받아쳤다. "군인이 그냥 미국 시민이지, 뭘 물어!" 이 대답은 공화당과 민주당으로 뼈아프게 양분된 뉴욕 주민의 심금을 제대로 두드렸다. 신문들은 "생각한 대로 말하다"라는 뜻으로 "빙엄하다"라는 동사를 만들어내기까지 했다.

많은 이들이 빙엄을 보며 정치적 수완이 부족한 버전의 시어도어 루스벨트를 떠올렸다. 그는 확실히 루스벨트만큼 열심히 (경관들 입장에서는 넌덜머리나게 주말에도 쉬지 않고) 일했고,[13] 나름 확고한 신념도 가지고 있었다. 부하 직원들이 군대식 경례를 붙이도록 했고, 서에 현대식 파일 분류 시스템을 도입했으며, 경찰의 신병 모집 요건을 강화했다. 또한 모든 경관의 기록을 각각 별개의 봉투에 담아 보관했고, 부정행위를 저지르는 자는 누구든 엄중 단속하겠다고 엄포를 놨다. "진지하게 임하지 않으면 고문 같은 근무가 될 거야."[14] 그는 의미심장하게 이렇게 덧붙였다. 경관이 임무를 등한시하거나 뇌물을 받는다면 처음 두 번은 벌금을 내는 것으로 그치겠지만 "그다음엔 내가 해고의 철퇴를 들 것"이라고 엄포를 놓았다.

그는 아무도, 심지어 자기 자신도 믿지 않는다고 거리낌없이 시인했다. 청장직은 부패를 키우는 여물통이라는 사실을 인정하면서, 자신이 다짐할 수 있는 건 뉴욕의 온갖 유혹을 거부하도록 노력하는 것뿐이라고 했다. "나 자신을 잘 감시하겠소."[15] 로스앤젤레스 타임스와의 인터뷰에서 그는 이렇게 말했다. "지금까지는 양심껏 잘 살아왔습니다. 하지만 내일은 또 어떻게 될지 모르지요. 아무리 올바른 사람이라도 그건 모르는 겁니다. 내가 휩쓸릴 만한 유일한 위험은 돈입니다. 전 세계를 휩쓴 열기에 나도 얼마든지 사로잡힐 수 있다는 거요. '백만 달러만 받아.' 악마가 이렇게 속삭이죠. 그다음부턴 말, 자동차, 저지종 젖소, 전원에 집 한 채까지 순식간에 넙죽넙죽 받아먹으면 불명예의 나락에 떨어지는 겁니다. 정신병원에 가느냐 감옥에 가느냐 둘 중 하나가 되는 거란 말입니다." 사실 빙엄의 청장 임기에, 그리고 페트로시노와의 관계에 그림자를 드리운 것은 부패가 아니라 거침없는 야망이었다. 적어도 초반에는 빙엄도 자기 자신과 자신의 결점에 고삐를 조일 각오가 된 것처럼 보였다.

빙엄은 부임 첫날부터 대중에 호감을 샀다. 뉴욕 시민들은 범죄에 가차없이 칼을 빼 들 사람을 원했고, 빙엄은 딱 그런 부류에 속했다. '장군' 빙엄의 무뚝뚝한 연설 어투와, 모든 것을 군대에 비유하는 버릇은 그가 검은손과 한바탕 전쟁을 치를 준비가 돼 있음을 보여주었다. "뉴욕 주민들은 청장 임기가 끝나기 전 검은손 조직이 꽤나 빙엄당할 것을 기대했다."[16] 당시 상황을 지켜본 누군가는 이런 말을 남겼다.

페트로시노는 신임 청장 인사를 쌍수 들고 반겼다. 매커두는 능수능란한 정치가로 이탤리언 수사반 창설도 승인했지만, 검은손과의 전쟁에 진심이었던 적은 없었다. 반면에 빙엄은 여차하면 싸움에 뛰어들려고 들썩거렸다. 그는 규모가 가장 큰 검은손 갱단의 보스로 지목된 자들을 24시간 감시하도록 지시했고, 용의자들의 유죄 판결을 받아낼 증거를 입수하는 경관은 바로 일등 형사로 진급시키겠다고 공표했다. "마침내 우리를 이해하는 청장을 만났다."[17] 페트로시노는 이렇게 선언했다. 여기서 "우리"는 경찰일 수도, 이탤리언 수사반일 수도, 이탈리아인일 수도 있었다. 아니면 셋 전부이거나.

새로 출범하는 경찰 행정부를 제대로 이끌기 위해 빙엄은 아서 우즈를 부청장으로 임명했다. 빙엄과 마찬가지로 양키인 우즈는 키가 크고 사교성이 좋으며 학구적인 사람이었다. 보스턴의 저명하고 부유한 가문에서 태어난 그는 보스턴라틴스쿨(1635년에 매사추세츠주 보스턴에 설립된 미국의 첫 공립고등학교. 16세기 유럽의 문법학교를 본떠 라틴어와 그리스어를 가르친다—옮긴이)을 나와 하버드대학에 진학했다.[18] 대학을 졸업한 청년 우즈는 그로턴사립고등학교(매사추세츠주 그로턴에 있는 명문 기숙고등학교—옮긴이)에서 강단에 섰는데, 그가 가르친 학생 중에 프랭클린 델러노 루스벨트도 있었다. 하지만 전원에 있는 사립고등학교는 우즈에게 몹시 심심한 곳이었다. 그는 당시 부상하던 진보주의 운동에 자극받아 뉴욕으로 가 이브닝 선의 기자가 됐고, 주당 15달러의 푼돈을 받고 일했다. 하버드 클럽에 방을 얻고 체력 관리를 위해 라켓 클럽에도 가입했다.

우즈는 부청장직을 맡기 전, 자비로 유럽 연수를 가 그곳 경찰의 수사 방식을 배워올 시간을 마련해달라고 요청했다.[19] 그러더니 스코틀랜드 야드, 즉 런던 경찰청의 수사 절차를 철저히 학습해 뉴욕으로 돌아왔다. 우즈는 혁신적 아이디어가 넘칠 뿐 아니라 인간미를 발휘하는 데는 상관보다 훨씬 능한 인재임이 드러났다. 우즈를 인터뷰한 기자는 그가 "열성적이고 따뜻하며 유머 감각도 뛰어난데다 자기 일을 즐기고, 공평하고 정직한 관계를 좋아하며, 사람을 무척 좋아한다는 인상을 받았다"[20]고 했다. 그런 우즈가 새로 맡은 일 중 하나가 이탤리언 수사반을 감독하는 것이었다.

빙엄 청장의 임기 초반에 드리운 먹구름은 태머니홀 쪽에서 발원했다. 빅 팀 설리번과 과묵하고 왜소한 그의 사촌 리틀 팀 설리번이 이끄는 이 정치조직은, 군인 출신에 개혁 의지를 거침 없이 드러내는 빙엄이 청장으로 임명된 것을 크게 개의치 않았 다. 빅 팀 설리번은 이견의 여지 없이 맨해튼 14번가 이남의 지 배자였다. 잘생기고 키도 훤칠하며 사교적이고, 잘 벼린 칼날처 럼 예리한 그는 "뉴욕 정계에 여태껏 등장한 인물 중 가장 막강 한 지배자"[21]였다. 부패한 인물임은 말할 필요도 없지만, 자신 이 관할하는 구역의 주민만큼은 꼼꼼히 돌보는 꽤 유능한 정 치가였다. 아일랜드계 갱단이 태머니파가 접수한 구역에 거주 하는 정통파 유대교도들을 괴롭히기 시작하자 그 소문이 빅 팀의 귀에도 들어갔고, 빅 팀은 즉시 뉴욕 시경을 움직여 갱단 의 클럽회관을 급습해 건달들을 둥지에서 내쫓았다. 아일랜드 갱단이 쫓겨나고 구역이 깨끗해지자 설리번은 손수 그 건물의 임대계약서에 서명하고 유대교 경전 토라를 구해다 놓더니 클 럽회관을 유대교회당으로 만들었다. 그러고는 정통파 유대교 도들을 다시 불러들이고, 클럽 문 앞에 서서 그들과 일일이 악 수했다. 이런 태도 덕분에 설리번은 전설이 되었고, 그의 호화 로운 생활은 그 전설에 광채를 입혔다. 빅 팀은 자신이 거주하는 옥시덴탈 호텔의 화려한 스위트룸에서 포커 게임을 벌였는데, 이 포커판은 5년 내리 지속되었다. 보드빌 쇼 운영에 적극적으로 투자하고 도박을 즐기며 노골적으로 뇌물을 탐하다보니 결국 백만장자가 됐지만 그와 별개로 아일랜드인에게 그는 신 같은 존재, 아일랜드인이 미국에서 어디까지 올라갈 수 있는지 증명해 보인 살아 있는 상징이었다.

사촌 리틀 팀은 빅 팀이라는 거대한 빛에 가려진 그림자였다. 리틀 팀은 몸집이 왜소하고 건드리면 폭발할 것처럼 신경질적이며, 늘 화낼 준비가 돼 있었다. 페트로시노처럼 브룸가에서 구두를 닦고 얼마 후 파크 로 신문기자들의 심부름꾼 노릇을 하며 뛰어다니다가 주 의회 특별법의 특혜를 받아 법대 학위를 따는 등 바닥부터 힘겹게 올라온 인물이기도 했다. 방해물은 가차없이 치워버리는 성향과 잔머리 굴리는 노련함 덕분에 그 역시 만만치 않은 거물로 부상했다. 그렇지만 리틀 팀 설리번은 뭐든 아일랜드식으로 하는 게 최고라고 진심으로 믿는 사람이었다. 뉴욕 타임스와의 인터뷰에서 이렇게 말한 적도 있었다. "태머니맨은 굶주린 사람이 있으면 먹이고, 헐벗은 이가 있으면 옷 입히고, 극빈자가 죽으면 묻어주고, 모두에게 좋은 친구가 되어야 마땅합니다."[22]

이 특이한 2인조는 신기하게도 정치적 이견으로 부딪힌 적이 한 번도 없었던 것 같다. "두 사람의 서로를 향한 호감은 형제의 정 이상이었다."[23] 올버니 이브닝 저널은 이런 기사까지 냈다. "거의 여성들끼리 나누는 수준의 다정함이었다." 하지만 둘 다 배신자만은 용납하지 않았다. 빅 팀은 구역 주민들이 정말로 투표했는지 확인하려고 투표용지에 향수를 뿌리고서 주민들 손의 냄새를 일일이 맡아봤다고 한다.[24] 한동안 설리번 형제는 그들 구역을 침범해 형제의 발목을 어떻게든 물어뜯으려고 눈을 빛내며 파도처럼 밀려드는 개혁 운동가들과 수차례 맞서 싸웠고, 그들이 번번이 꼬리 내리고 5번 애비뉴의 저택으로 돌아가 "얼굴이 달덩이 같은 아일랜드인들" 때문에 민주주의가 종말을 맞았다고 울부짖게 만들었다. 설리번 형제에게 빙엄 청장은 아주 익숙한 부류였다. 아일랜드인이 피땀 흘려 정직한 노동으로 일군 열매를 가로채려는 명문가 출신 신교도 그이상도 이하도 아니었다. 그런 자가 마음대로 날뛰게 내버려두지 않을 작정이었다.

당시 설리번 형제는 시의회를 조종해 뉴욕 재정까지 좌지우지하고 있었다. 시의회는 뉴욕시 산하 기관들에 운영자금을 두루 댔는데, 뉴욕 시경도 그중 하나였다. 빙엄이 멀버리가 300번지에 발을 들이자마자 설리번 형제와 그들 손아귀에 있는 시의원들은 언론을 통해 빙엄을 갈피 못 잡고 허우적대는 실수투성이 외부인으로 그려 보이며 인신공격했다. "그자는 뉴욕시 거리 세 개만 묘사해보라 해도 우물쭈물할 정도로 이 도시를 모릅니다."[25] 빅 팀이 말했다. "내가 볼 때 시의회는 빙엄 장군처럼 무능하고 오만한 사람에게 일말의 관심도 주지 말아야 합니다."

이 둘의 첫 대결은 빙엄이 뉴욕 시경 예산안을 상신하는 과정에서 이루어졌다. 정신이 번쩍 들게 한 사건이었다. 빙엄은 순찰경관 2천 명과 형사 백 명을 추가로 뽑고 각 경찰서 시설 개선을 요구하면서, 신규 채용에 드는 비용까지 합쳐 총 160만 달러의 예산을 요청했다. 인력을 추가 투입하면 뉴욕 시경은 빙엄의 최우선 과업 중 하나인 검은손 타도를 훨씬 효율적으로 이루어낼 여력이 생길 터였다. 그러나 뉴욕 시경이 힘을 얻으면, 14번가 이남에서 이루어지는 도박처럼 불법 사업에 관련한 설리번 형제의 이권은 아무리 좋게 말해도 타격을 받을 터였다. 설리번 형제는 추가 인력 요청에 거부권을 행사하는 것은 물론, 한술 더 떠 빙엄이 요청한 예산을 깎는 것으로 대응했다. 그들은, 빙엄의 말이 신빙성 있다는 전제 아래, 경찰청 본부에 순전히 첩보 활동을 목적으로 자기 쪽 사람들을 심어놓기까지 했다. "본부는 지금 (⋯) 스파이가 득시글거리고 있소."[26] 빙엄은 기자들에게 이렇게 말했다.

신임 청장이 겪은 담금질은 차치하고 어쨌든 뉴욕 시경에 강력한 새 지도자가 들어온 건 사실이었고 이에 페트로시노는 희망을 품었다. 그는 거의 쉬지 않고 일했다. 이탤리언 수사반에서는 신입을 뽑았는데, 기존 팀원 몇몇이 페트로시노가 밀어붙이는 페이스를 감당하지 못해 다른 부서로 이동하거나 아예 일을 그만뒀기 때문이었다. 어쩌면 불 뿜는 용 같은 빙엄 장군이 뒤에서 밀어주고 주민들이 검은손 범죄 확산에 이 정도의 경각심을 유지한다면 뉴욕도 비로소 응당한 수준의 힘으로 검은손에 맞설 수 있을지 모른다는 희망이 싹텄다.

페트로시노는 끝내 요리하는 법을 배우지 못했는지 해가 저물면 일을 마치고 리틀 이틀리의 사울리노스라는 소박한 식당을 찾았다.[27] 사울리노스의 웨이터들은 거침없이 지역 방언을 썼고 주인인 이탈리아인 참전 용사 빈센조 사울리노도 와인 잔 부딪는 소리와 이탈리아 민속음악이 가득한 홀에서 손님들과 격의 없이 사담을 나누었다. 사울리노는 로마에서 동쪽으로 160킬로미터쯤 떨어진, 유명한 종 주조소가 있는 아뇨네라는 작은 마을에서 이주해왔다. 아뇨네는 수도원과 은둔처가 점점이 박힌 나지막한 산들로 둘러싸인 마을이다. 수백 년 전 두 시칠리아 왕국 시절에만 해도 그곳은 '왕실 마을'(봉건영주에게 종속되지 않고 왕에게 직속된 마을―옮긴이)이자 무역 요충지, 주요 공예품 생산지였다. 그런데 사울리노가 소년이 됐을 때쯤엔 마을이 침체될 대로 침체됐다. 세금이 치솟았고, 굶주린 소작 농들은 상류 계급, 즉 마을을 지배하는 갈란투오미니(문자 그대로 신사 같은 사람들)에게서 밀을 훔치다가 투옥되었다. 선택의 여지가 별로 없었던 사울리노는 군에 입대했고, 당시 한창이던 크림전쟁에서 이탈리아군 2천 명이 러시아군에 맞선 세바스토폴 공방전에 참전했다. 한마디로 사울리노는 길지 않은 생에 너무 많은 피와 비극을 본 사람이었다.

크림전쟁이 끝나고 사울리노는 고향에 돌아와 이번엔 이탈리아통일전쟁에 참전했다. 1871년 마침내 교전이 멈췄지만 사울리노는 통일된 이탈리아에서도 별로 기대할 것이 없다고 느꼈던 모양이다. 그는 프랑스 태생의 아내와 함께 미국으로 떠났고, 리틀 이틀리에 식당을 연 뒤 아내는 음식을 만들고 자신은 영업을 했다.

페트로시노는 썩 괜찮은 음식과 편한 분위기 때문에 사울리노의 식당을 자주 찾았다. 사울리노는 페트로시노가 딱 좋아하는 이탈리아 남부식 지중해 요리가 특기였다. 페트로시노는 식당에 도착하기 전 미리 전화로 주문해놓을 때가 많았는데, 공공장소에 오래 머물수록 목숨이 위태로워진다는 걸 알기 때문이었다. (조리가 다 될 때까지 앉아서 기다릴 여유도 없었다.) 그는 암살범이 뒤에서 덮치지 못하게 항상 벽 가까이 있는 테이블에 앉았다. 드물게 시간에 쫓기지 않는 날이면 사울리노와 카드 게임을 했는데, 게임에서 지면 씩씩대다가 급기야 두툼하고 악력도 센 두 손으로 카드를 갈가리 찢곤 했다. 그러면 사울리노는 재미있어하면서, 자기도 같이 카드를 찢어도 되겠느냐고 형사에게 물었다. 어떤 부류의 이탈리아인에게는 페트로시노가 자기 식당에서 밥 먹고 자기네 테이블에 앉는 것 자체가 영광이었다.

그런데 그가 저녁식사를 하러 사울리노의 식당을 즐겨 찾는 데는 또다른 이유가 있었다. 그 이유를 초반에는 페트로시노 혼자만 알고 있었다. 사울리노에게 아델리나라는 딸이 있었는데, 아델리나는 종종 페트로시노가 앉은 테이블의 서빙을 맡았다. 페트로시노보다 열한 살 연하인 아델리나는 코와 턱의 선이 굵고 눈꼬리가 아래로 처져서 예쁘다기보다 잘생겼다는 말이 더 어울렸다. 사진을 보면 곱슬곱슬한 짙은 밤색 머리칼을 위로 올려 고정한 스타일을 하고 있다. 아델리나가 구사하는 영어는 기초 수준이었고, 그래서 페트로시노의 자리에 식기를 가지런히 놓고 미네스트로네나 해산물 파르팔레 접시를 놓는 동안 두 사람은 주로 이탈리아어로 대화했다. 아델리나의 손녀는 훗날 이렇게 전했다. "할머니는 외향적인 분이셨어요. 신문 사교계란을 읽는 걸 좋아하셨고 노래 부르는 것도 무척 즐기셨죠. 모험도 굉장히 좋아하셨고요. 혼자 배를 타고 뉴욕과 보스턴을 왕복할 정도로요. 1900년대에 여자가 그러는 건

흔치 않은 일이었어요."

페트로시노는 아무도 모르게, 속절없이 아델리나에게 빠져들었다. "할머니한테 홀딱 반하셨죠." 손녀의 말이다. 아델리나는 매사추세츠에서 결혼했다가 남편과 사별하고 아버지가 운영하는 식당으로 돌아왔다. "처음에는 보스턴에서 혼자 사시다가, 증조할아버지가 '여자가 혼자 살면 보기 안 좋아. 뉴욕으로 와라' 하셨대요. 그래서 그렇게 하셨죠." 헤아릴 수 없이 많은 저녁을, 웅성거리는 대화 소리와 이탈리아 민속음악을 배경으로 도란도란 이야기를 나누며 보내면서 웨이트리스와 형사는 점점 가까워졌다.

마침내 페트로시노가 아델리나에게 마음을 고백했고, 아델리나의 부친에게도 알렸다. 서로에게 더할 나위 없이 좋은 짝이었다. 페트로시노는 안정적인 직업이 있고 정직하고 성실하기로 소문난데다 이민자 거주지에서 영웅으로 떠받들리는 인물이었다. 반면에 나이 30대의 과부는 1900년대 초 미국에서 배우자 선택의 폭이 그리 넓지 않았다. 그런데 페트로시노는 뜻밖의 장애물을 만났다. 사울리노가 결혼을 허락하지 않은 것이다. 이유가 뭐였냐면, 페트로시노는 "항상 암살당할 위험에 처해 있는" 사람인데 남편을 먼저 보내고 힘들어하는 딸을 지켜본 아비로서 사별의 고통을 또 겪게 하고 싶지 않다는 것이었다. 어쩌면 폭탄 테러를 일삼는 검은손이 언젠가는 페트로시노의 집에도 폭탄을 보내, 아델리나를 포함한 식구 모두를 죽여버리면 어쩌나 불안했을 수도 있다.

페트로시노는 포기하지 않았다. 사랑에 빠진 그는 시간이 얼마나 걸리든 기다릴 작정이었다. 몇 번 더 저녁식사를 함께 하고 대화를 나누다보면 사울리노가 고집을 꺾을 거라고 믿었는지도 모른다. 그는 여전히 해질녘이면 사울리노의 식당으로 가 중산모를 벗어 벽에 걸어놓고 빨간색과 흰색의 체크무늬 식탁보를 씌운 테이블에 앉았다. 그러면 아델리나가 와서 서빙을 했다. 두 사람은 식당 밖에서는 따로 만나지 않은 듯하다. 때로 모트가에서 이루어지는 구애는 가장 보수적인 칼라브리아 마을에서 벌어지는 구애만큼 엄격하고 구식이었다.

몇 해가 흐르도록 페트로시노는 자꾸자꾸 찾아왔다. 하지만 사울리노는 따님과의 결혼을 허락해달라는 그의 청을 줄기차게 거절했다.

페트로시노는 그저 아델리나에게 고개를 끄덕여 보이고는 자리에 앉아 묵묵히 파스타를 먹고 키안티를 마셨다. "기다림은 그를 미치도록 초조하게 만들었다."[28] 페트로시노의 전기 작가는 그가 사울리노스 식당에서 보낸 시간을 이렇게 묘사했다. 친구들은 그가 공공장소에서 정체가 노출된 채 식사하는 위험 때문에 초조해하는 줄 알았지만, 페트로시노는 자기 여자라고 부르고 싶은 밤색 눈의 웨이트리스 곁에 맴도는 것이

자못 고통스러웠을 것이다. 빈센조 사울리노와 카드를 치다가 지고서 화를 낼 때 혹 다른 종류의 분노가 섞여 있더라도 티를 내지는 않았다. 수년 전 자기 입으로 이 일에는 위험이 따르니 "어떤 남자도 이런 세계에 여자를 끌어들일 권리가 없습니다" 고 말하지 않았던가? 이제는 그가 그 규칙을 따를 차례였다.

조와 아델리나가 어떤 경솔한 짓, 이를테면 미국인들이 흔히 그러듯 둘이 도망가 결혼하고 가정을 꾸리는 짓을 저지르자고 의논한 적이 한 번이라도 있었다 해도 그 대화는 둘만의 비밀로 남았으며 페트로시노가의 전설에는 어떤 흔적도 남기지 않았다. 페트로시노는 뉴욕을 떠날 생각을 해본 적도 없었던 듯하다. 뉴욕은 그가 평생을 바친 일이 있는 곳이고 그 과업은 미완이었다. 게다가 그는 여러모로 이탈리아인의 전통 가치관을 따르는, 전형적인 이탈리아 남자였다. 아델리나를 데리고 도망가는 건 그 부친에게 씻지 못할 결례를 범하는 행위였다. 그래서 그는 묵묵히 기다렸다.

뉴욕 곳곳에서 아이가 납치되고, 꿈이 천천히 부식되고, 파산하고, 폭력적인 죽음을 맞고, 미국에 대한 믿음을 잃어가면서 평범한 가정들이 고통받고 있었다. 그러나 페트로시노는 검은손과 맞선 대가로 사랑하는 여인과의 결혼을 금지당하는 벌을 받은 유일한 사람이었다.

9장
영웅

빈센조 셀라로 박사에게는 야망이 있었다. 미국 이탈리아인 공동체에서 가장 존경받는 인물이 되겠다는 것, 더불어 동포들도 경멸받는 민족이라는 위치에서 벗어나게 해주겠다는 것이었다. 그런데 그 야망이 꽃을 피운 이듬해부터 빈센조 셀라로 박사는 겁에 질린 채 살아가게 되었다.[1] 셀라로 박사의 집과 사무실이 있는, 리틀 이틀리 한복판 그랜드가 203번지의 수려한 붉은 벽돌 건물에서 대형 폭탄이 터졌기 때문이었다. 위층에서 자고 있던 셀라로는 건물을 뒤흔드는 진동에 화들짝 놀라 깼다. 잠옷 바람으로 집에서 빠져나온 건물 주민들이 벽돌 분진으로 뒤덮인 바깥길로 나가느라 벌써 복도를 꽉 메우고 있었다. "남녀노소 할 것 없이 모두들 불이 났다고, 도와달라고 외치며 화재 대피용 계단으로 쏟아져나왔다"고 그날의 사건을 다룬 기사는 전했다. 반경 백 미터 안의 유리창이란 유리창은 다 박살이 났다.

셀라로는 그 폭탄이 경고임을 알았다. 자신에게 온 경고였다. "검은손의 대변자"[2]라는 서명을 달고 5천 달러를 요구하는 편지가 몇 달째 그의 집에 날아들고 있었다. 검은손은 셀라로에게 돈이 든 봉투를 단단히 봉해 보내지 않으면 그랜드가의 당신 집은 가루가 될 거라고 했다. 그런데 지시 사항이 더 있었다. 돈을 보내되 "철저히 함구하고 (…) 페트로시노는 전혀 모르게 해야 한다. (…) 그자는 당신에게 엄청난 위험을 끼칠 것"이라 했다. 그 무렵 심심치 않게 등장한 경고였다. 검은손 단원들은 종종 피해자에게 페트로시노 형사와 연락하지 말라 일렀고, 애초에 형사를 어떻게 피할지 염두에 두고 범행 계획을 짜기도 했다. 볼티모어 선은 "페트로시노를 따돌리는 것은 범행을 계획할 때 기본적으로 고려하는 사항이 되었다"[3]고 전했다.

셀라로는 몸값을 지불하기를 거부했다. 다른 사람도 아니고 그가 어떻게 이탈리아인 전체의 평판에 오점을 남긴 살인범 패거리에게 고개를 숙이겠는가? 셀라로가 검은손으로 상징되는 집단 굴욕에서 동포들을 구제하고 이탈리아계 미국인의 역사를 새로 쓰리라는 염원의 첫발을 내디딘 게 고작 1년 전이었다.

1905년으로 거슬러올라가 여름이 한창이던 6월의 화창한 어느 날, 셀라로 박사는 아름답게 꾸민 자기 아파트에서 손님들이 도착하기를 기다리고 있었다. 셀라로가 몇 년을 꿈꾸고 계획한 일이 마침내 결실을 맺는 날이었다. 그는 늘 하던 대로 자신의 밤색 눈을 돋보이게 해줄 짙은 색 고급 양복을 골라 입었다. 셀라로는 전형적으로 잘생긴 얼굴은 아니었다. 짙은 색 머리칼은 넓은 이마 뒤로 벗겨졌고, 눈꺼풀이 다소 두꺼운 눈은 음울해 보였다. 이 선량한 의사의 외모는 어딘가 바셋하운드를 연상시키는 구석이 있었지만, 온순한 표정 뒤에는 화강암처럼 단단한 의지가 숨어 있었다.

셀라로는 시칠리아 사람으로, 팔레르모에서 태어나 나폴리 대학에서 의학 학위를 땄다. 1897년 그는 배를 타고 미국으로 건너가 다시 코넬 의과대학에 입학했다. 1904년에는 그간 열심히 모은 돈으로 모트가와 만나는 그랜드가 203번지에 진료소를 개업할 수 있었다. 진료소는 사람으로 북적였다. 뉴욕의 다른 병원에 갔다가 의사와 간호사가 이탈리아어를 전혀 모르고 통역사를 구하기도 힘들어 목숨을 잃을 뻔한 사람들이 그를 찾아왔다. 폐결핵이나 폐색전을 앓는 여성에게 증상을 수어로 설명해보라면 어떻게 되겠는가? 훗날 셀라로는 다른 몇 명과 함께, 의사가 기본적으로 이탈리아어와 영어 둘 다 구사할 것을 요구하는 콜럼버스 이탈리언 병원을 설립한다.

1905년 들어 셀라로는 의사로서 성공하고 존경도 얻었지만,

그의 야망은 아직 목구멍만 축인 정도였다. 그는 "이탈리아인을 모든 편견으로부터 해방시키고자" 했다. (나중에 프리메이슨에 입단하는데, 오로지 시칠리아인도 그럴 수 있음을 보여주기 위해서였다.) 그래서 그 여름날 셀라로는 이탈리아계 미국인을 미국에서 최고의 지위로 격상시켜줄 발판이 될 기사단을 창단하기 위해, 뉴욕 이탈리아 이민자 구역의 저명인사들을 그랜드가에 있는 자신의 우아한 아파트에 초대한 터였다.

손님이 하나둘 도착했다. 약사 루도비코 페라리는 피에몬테 출신이었다. 변호사 안토니오 마르줄로는 나폴리에서도 특히 평판이 나쁜 캄파니아 출신이었다. 저명한 조각가 주세페 카를리노는 라치오 중부에서 건너온 사람이었다. 이름이 밝혀지지 않은 이발사 두 명은—이탈리아인 이민자 거주지에서 이발사는 사회적 지위가 높은 경우가 많았다—셀라로처럼 시칠리아에서 배 타고 건너온 이들이었다. 그날 저녁 모임의 주제는 자긍심과 통합이었지만 그 자리에 모인 이들 대부분은 이탈리아에서도 걸핏하면 경멸받는, 태양이 무자비하게 내리쬐는 남부 지역 출신이었다. 이탈리아 남부 사람은 미국으로 건너온 대규모 이민 인구의 90퍼센트를 차지했다. 그곳에 모인 이들은 그들의 **콤파트리오티**, 즉 동포들이 어떤 오명을 뒤집어쓰고 사는지 쓰라리도록 잘 알았다. 그렇기에 그 상황을 돌파하기 위해 모인 것이었다.

셀라로는 손님들을 반갑게 맞아들였고, 곧바로 그들 손에 와인 잔을 쥐여주었을 것도 어렵지 않게 상상이 간다. 후덥지근한 날이었고, 그 자리는 사교 모임인 동시에 기념식이기도 했으니까. 셀라로는 일어서서 친구들을 향해 대차게 선언했다. "하느님께서 우리를 이 자리에 모이게 하신 것은 다 목적이 있어서입니다." 오늘 이렇게 모인 것은 필리 디탈리아Figli d'Italia, 즉 '이탈리아의 아들들'이라는 새로운 협회를 창설하기 위함이라고 했다. 셀라로는 그날 저녁 모인 동지들에게 이탈리아인은 유럽인 가운데서도 가장 가난하고 가장 교육 수준이 낮은 민족임을 상기시켰다. 구시대에도 그들은 평범한 일꾼, 소작농, 야외 작업자, 양치기, 정원사, 어부였다. 콜럼버스가 스페인 팔로스항에서 출항한 지 400년이 지나서야 이탈리아인은 비로소 그를 따라 "미국에 최종 주자로 발을 디뎠다". 그러나 그들은 열심히 일하고 성공하기 위해, 로마의 부패에서 자신들을 해방시키기 위해 자의로 건너온 것이었다. "그랬기에 오늘날 제가 꿈과 희망을 가지는 겁니다." 셀라로는 다섯 남자에게 말했다. "언젠가는, 우리가 진정으로 받아들여지기까지 백 년이 더 걸릴지언정, 우리 자식들과 그들의 자식들이 (…) 우리 전통, 우리 문화와 언어를 보전하고 그것을 자랑스러워하게 되기를요. (…) 언젠가는 우리가 미국 역사의 매우 중요한 일부가 되리라 믿고 싶습니다." 남자들은 각자 잔을 들고 이 새로운 출발을 위하여 건배했다.

그 여름날 이후 이탈리아의 아들들 결사단은 탄탄대로를 달렸고, 어느새 미국에서 가장 크고 영향력 있는 이탈리아계 친목회 중 하나로 자리잡아갔다. 뉴욕에만 벌써 여덟 개의 지부가 생겼고, 전국에 두루 설립할 계획도 잡혔다. 모임에서 "최고 존자"라는 칭호를 얻은 셀라로는 나폴리와 팔레르모, 밀라노에서 건너온 이민자들에게 영어를 가르치는 학교뿐 아니라 미국 시민이 되는 법을 교육하는 센터를 설립할 계획이었다. 고아원과 노인 요양원도 세울 생각이었다. 다른 꿈도 있었다. 지하철 터널을 파다가 죽은 불쌍한 영혼들을 위한 장례 기금 재단도 그중 하나였다. (바로 몇 년 전 노동자 아홉 명이 다이너마이트 폭발 사고로 195번가 밑에 깔려 죽었는데, 대다수가 이탈리아인이었다. 뉴욕시는 사망자들의 이름도 유족도 찾아내지 못해 그들을 '시체 보트'에 태워 하트섬의 묘비 없는 무덤에 매장했다.) 그뿐 아니라 신용 조합과 복지 협회, 장학금 재단 설립도 구상중이었다.

이런 상황에서 검은손이 셀라로의 목숨을 위협하고 나온 것이다. 그가 꿈꾼 세상을 이 살인자 집단이 대놓고 조롱하는데 무슨 수로 동포들을 격상시킨단 말인가?

셀라로와 그의 친구 조지프 페트로시노는 이탈리아인의 명예를 바로 세우려고 힘쓰는 무리의 선봉에 서 있었다. 물론 뉴욕에는 다른 이상주의자들, 이 투쟁에 함께 뛰어든 동료들도

있었다. 젊은 변호사 지노 스페란자는 1901년에 이탈리아이민
자보호협회를 창설했는데, 새로 이민 오는 이들을 돕는 것은
물론 이탈리아인 유입이 불러온 역풍에 맞선다는 취지도 있었
다. 그 역풍은 사방에서 일고 있었다. "요즘 너도나도 '통합 문
제'를 떠들어댄다."[4] 스페란자는 이렇게 썼다. "연설가와 정치가,
신문과 잡지들이 기회를 놓칠세라 '외래의 위기'를, 공화국의 환
경과 제도에 즉각 동화하지 않는 이민자들이 가져올 위험을 입
에 올린다."

스페란자와 그가 모집한 자원봉사자들은 엘리스섬에서 직
접 신규 이민자들을 맞이해, '꾼들'의 마수로부터 무사히 대피
시켰다. 이들은 바가지 가격을 매기는 숙소와 착취적 일자리로
풋내기들을 등쳐먹으려고 엘리스섬에서 늘상 대기하고 있었다.
이탈리아인 노동자 사이에서 암암리에 매질과 채찍질을 일삼
는다고 소문난 웨스트버지니아의 이주노동자 수용소에 출동하
기도 했다. (그런 곳에 갈 때면 노동자에게 신뢰를 얻는 동시에 감독
관의 홀대를 사전에 막으려고 언제나 고급 양복을 차려입었다.) "남
부 지역 이주노동자 수용소 몇 군데에 가봤다. 그곳에서는 이
탈리아 동포들이 무장 경비의 감시를 받으며 일하고 있었다."[5]
스페란자가 남긴 기록이다. "노예처럼 노새에 묶인 채, 조금만
쉬어도 감독이 휘두르는 채찍에 맞고 일을 해야 했던 이들과
이야기를 나눴다. 감독관에게 모진 학대를 받아 온몸이 흉터

투성이인 이들의 증언도 들었다." 상황이 이럴진대 이들은 새 나라에서 주어진 자유를 고마워하지 않는다고 욕을 먹어야 했다. "이 외국인들에게 허용된 자유는 과연 어떤 형태의 미국식 자유란 말인가?"

그러다 드디어 프랜시스 코라오라는 젊고 자신만만한 검사가 브루클린자치구의 민주당 정치 기구에 비집고 들어가는 데 성공했다. 그는 브루클린에서 개업한 최연소 이탈리아계 변호사로, 톡톡 튀는 호전적인 성격을 지녔다. 코라오는 동포들이 미국 사회에 수용되고 힘을 얻기를 열망하는 선도적인 인물이었다.[6] 그러기 위해서는 먼저 검은손을 처단해야 한다는 것을 그도 잘 알았다. 마침 코라오의 형 찰리는 뛰어난 변장 실력으로 잘 알려진 이탤리언 수사반 대원이었다.

코라오는 브루클린 지방 검사직에 이탈리아계 검사를 임명하도록 공개적으로 로비를 벌였다. 검은손 갱단을 기소하는 일에 그들과 같은 언어를 쓰고 그들 문화에 익숙한 이탈리아인보다 적합한 자가 누가 있겠나? 마침내 1907년 4월 2일, 코라오 본인이 그 자리에 임명되어 5천 달러라는 두둑한 연봉을 받게 되었다. 이탈리아계 인사로는 또 한 번의 '최초'였고, 프랜시스는 형과 형이 몸담은 이탤리언 수사반과 합심해 시칠리아에서 건너온 인간 쓰레기들을 장기적으로 사회에서 치워버리고 동포들을 검은손의 저주에서 해방시킬 날을 마음속에 그리고 또 그렸다. 페트로시노와 그의 수사반이 검은손 조직원들을 체포하면 코라오가 그들을 기소할 작정이었다.

뉴욕에 살며, 비슷한 친구 집단을 공유하는 이들 가운데서 가장 눈에 띄고 단연코 가장 영향력 있는 인물은 역시 페트로시노였다. 하지만 페트로시노는 그런 자신의 영향력도 심히 제한적임을 잘 알았다. 검은손 조직원을 수두룩하게 잡아들이면서도 정작 맨해튼과 워싱턴의 결정권자들이 그의 전쟁에 전력으로 뛰어들게 하지는 못했고, 충분히 많은 수의 이탈리아인을 증언대에 세우지도 못했다. 빈센조 셀라로 같은 이마저 검은손에 인질이 되는데 어떻게 평범한 이탈리아계 미국인이 맞설 수 있겠는가? 페트로시노는 스스로에게 이 질문을 수없이 던졌다.

어떻게 하면 저항의 불꽃을 일으킬 수 있을까?

1907년 3월의 어느 날,7 증기선 캘리포니아호가 대서양 건너 서쪽으로 물살을 가르며 움직였다. 몇 주 전 프랑스 르아브르 항구를 출발한 캘리포니아호의 종착지는 뉴욕이었다. 이 배에는 이민자 수백 명이 타고 있었고, 그들의 싸구려 여행용 가방은 풀을 엮어 만든 밧줄로 꽁꽁 묶인 채 3등 선실에 쌓여 있었다.

증기선은 석탄을 땐 동력으로 움직였다. 밤이고 낮이고 배의 깊숙한 중심부에서는 화부들이 네 개의 용광로에 무연탄을 쉴 새 없이 퍼 넣었다. 화부들은 얼굴이 온통 검댕으로 뒤덮여 눈과 치아만 허옇게 번들거렸고 때로 70도까지 올라가는 극고온에서 4시간씩 교대로 일했다. 석탄을 퍼 넣는 중간중간에 그들은 배 표면까지 수직으로 연결된 쇠파이프의 밑동으로 달려가 관을 통해 대서양의 차가운 공기를 한껏 들이마시곤 했다. 이 화부들의 노동 덕분에 수백만 이탈리아인과 다른 나라에서 온 이민자들이 증기선을 타고 엘리스섬에 무사히 닿을 수 있었다.

캘리포니아호 승객이 일꾼들을 자세히 관찰했다면 특이한 점을 발견했을 것이다. 혼자만 석탄 그을음을 한 점도 안 묻히고 아예 일을 하지 않는 것처럼 보이는 자가 있었다. 올리브색 피부와 "꿰뚫어보는 듯한" 눈을 가진, 마른 체격의 그 남자는 얼굴에 왼쪽 귀부터 입까지 이어지는 선명한 흉터가 있었다. 과묵하며 결단력 있는 그에게서 이탈리아인이 파치엔차라고 부르는 자질이 엿보였다. 이 화부는 "깊이 숙고하고 누가 의견을 묻기 전에는 말을 아꼈으며, 일단 말을 꺼내면 청산유수로 늘어놓아 그동안 생각을 신중히 머릿속에서 굴려본 것이 티가 났고, 웬만해선 충동에 굴하지 않았다". 누가 이름을 물으면 그는 주세페 발스티에리라고 대답했다.

나폴리 출신이라면, 아울러 전에 그자와 마주친 적이 있는 사람이라면 목적지에 닿을 때까지 그를 피했을 것이다. 그는 화부도 흔한 밀항자도 아니었고, 그의 이름 역시 주세페 발스티에리가 아니었다. 진짜 이름은 엔리코('엔리코네'라고도 불렸다) 알파노였고, 알파노는 나폴리 지역 갱단인 카모라의 우두머리였다.

알파노는 마피아 단원의 필수 조건인 살인 혐의를 이미 수두룩하게 받은 자로, 이탈리아에서도 지독하기로 악명 높았다. "주민들은 알파노를 신이 내리비추신 광명인 양 떠받들었다." 뉴욕 트리뷴은 그에 대한 현지인들의 평을 전했다. "그는 총탄에도 쓰러지지 않고, 늘 추격자들을 거뜬히 따돌리는 대단한 인물로 여겨졌다." 알파노는 이탈리아 국회에 자기가 원하는 인물을 당선시킬 만큼 권력이 막강하다고 알려져 있었다. 그는 나폴리 지역 전력 회사에, 그들의 전선을 훔쳐 쓰지 않는 대가로 도리어 매월 수수료를 뜯어가기까지 했다.

알파노를 비롯해 그와 비슷한 수준의 권력을 휘두르는 마피아 조직원들이 동포들에게 두려움만 불러일으켰을 거라 생각한다면 오산이다. 보통의 시칠리아인이 그 같은 인물을 바라보는 시선은 더 깊고 의미심장하며, 훨씬 복잡미묘했다. 알파노는 우오모 디 리스페토, 즉 존경받는 사람이었다. 어려서 자기 앞에 놓인 운명인 미제리아의 삶, 끝 모를 노동과 고통으로 얼룩진 삶을 무법자가 됨으로써 거부한 자였다. 그런데 그냥 무법자가 아니었다. 역사가 헤너 헤스는 이렇게 썼다. "이탈리아 북부 사람들은 어느 계층에 속하건 하나같이 (…) 연중 내내 그저 부를 쌓느라 바쁘다. 반면 이탈리아 남부 사람들은 (…) 남에게 충성과 동경과 존경을 얻고 두려움과 질투의 대상이 되기를 그 무엇보다 원한다."[8]

시칠리아의 어느 마을 교회 문에는 그 지역에서 가장 유명한 우오모 디 리스페토 중 한 사람이자 보잘것없는 출신을 뛰어넘어 막강한 마피아 단원이 된 사람에게 바치는 시가 새겨져 있다. "천재적 수완으로"[9]라는 구절로 시작하는 각문은 이렇게 이어진다.

그는 귀족 가문 수준의 부를 쌓았다. 눈에 총기가 어려 있고 정력적이며 지칠 줄 모르던 그는 농장 일꾼과 유황 캐는 광부들에게 번영을 안겨주었고, 끊임없이 선한 일에 매진했으며, 자기 이름을 이탈리아에서는 물론이거니와 온 세상에서 크게 드높였다. 그의 모험심은 위대했고 그의 불운은 더 위대했지만, 그는 언제나 미소를 잃지 않았다. 그리하여 오늘날 그리스도의 평화 안에서 죽음의 위엄과 하나되어서도 친구들과 심지어 적들에게까지 최고의 추천장을 받고 있다. 그는 진정 갈룬투오모였다.

즉 젠틀맨이라는 뜻이다. 알파노도 자신을 인생 초기의 불운을 극복한 갈란투오모로 보았다. 자기 자신을 시칠리아가 낳은 완벽한 인물로 본 것이다.

알파노는 앞서 같은 처지의 수많은 이들이 그랬듯 미국으로 도주할 필요를 느꼈기에 캘리포니아호에 몸을 실었다. 그는 나폴리에서 귀족층이 주로 거주하는 동네에 있는 피아차 산페르디난도에서 발생한, 사회를 발칵 뒤집어놓은 살인 두 건을 배후에서 조종했다는 혐의를 받고 있었다. 그곳은 도처에 궁이 산재해 있고 16세기와 17세기에 "스페인 총독들 치하에서 이름 날렸던 저명한 가문들이 여전히 포진한" 곳이었다. 그러나 산페르디난도의 주민 모두가 그런 걸출한 조상을 둔 건 아니었다. 몇몇은 알고 보면 몹시 음침한 과거를 감추고 있었다. 하지만 과거야 어쨌건 집세를 내는 데는 문제없으니 그 동네에서 잘만 살았다.

1906년 6월 6일 오전 7시,[10] 바로 그런 부부 한 쌍이 살고 있는 나르도네스가街 95번지 아파트 5층 집의 초인종을 한 하녀가 눌렀다. 안에서 아무 대답이 없자 하녀는 건물주에게 알렸고, 건물주는 그 집에 사는 부부의 사정을 조금 알았던지라 길 건너 산페르디난도 경찰서로 달려갔다. 거기서 그는 시모네티 요원이라는 자에게 이러지도 저러지도 못하는 자신의 처지를 설명했고, 시모네티는 그와 함께 아파트로 돌아가 어찌된 일인지 조사해보기로 했다. 시모네티가 건물주에게서 아파트의 마스터키를 받아들였고, 두 사람은 길 건너 아파트 5층으로 올라갔다. 문제의 집 문을 따고 들어가자 비싼 가구와 고급 커튼으로 장식한 내부가 나왔다. 아침 햇살을 받은 집안은 잠잠하고 고요했고 인기척이 전혀 느껴지지 않았다. 식당으로 들어간 시모네티는 전날 저녁에 차린 식사가, 근처 패스트리점에서 사온 반쯤 먹다 만 타르트까지 그대로 식탁 위에 남아 있는 걸 보았다. 시모네티는 식당에서 안방으로 이동했다. 붉은 천을 덧댄 호두나무재 새 가구를 들여놓은 우아한 방이었지만, 옷가지며 원래는 주얼리 상자에 들어 있어야 할 장신구들이 어지럽게 흩어져 있었다. 이탈리아의 강한 햇빛을 막으려 셔터를 닫아둔 채였고, 나이트램프 불빛이 아직 은은히 빛나고 있었다. 그 불빛 덕분에 침대 위의 형체를 알아볼 수 있었다. 여자는 짙은 색 머리칼을 하얀 실크 나이트가운 위에 늘어뜨린 채 누워 있었다. 시모네티가 가운을 들추자 몸통에 열세 개의 단검 창상이 목까지 나 있는 게 보였다. "방안이 온통 피투성이였어요." 훗날 시모네티가 그 장면을 떠올리며 증언했다.

여자의 이름은 마리아 쿠티넬리였다. 살아생전 쿠티넬리는 "말라 비타의 가장 지적이고 귀족적인 세계를 실컷 누리며 누구보다 모험 가득한 삶을 산" 악명 높은 미인이었다. 여기서 말라 비타는 나폴리의 지하세계를 말한다. 쿠티넬리는 나이 서른아홉에 젠나로 쿠오콜라와 결혼했다. 젠나로는 지역사회에서 존

경받는 가죽상의 아들이었지만, 나폴리에서도 범죄와 사치로
물든 비콜로 디산타 루치아 구역을 주름잡는 "사악한 무리"와
그만 잘못 엮이고 말았다. 젠나로 쿠오콜라는 카모라 단원, 구
체적으로는 바시스타, 즉 범행 전략가였다. 아내 쿠티넬리는 아
데스카트리체, 즉 경찰의 앞잡이였다. 둘 다 위험한 직업이었지만
부패할 대로 부패하고 소문도 빨리 도는 나폴리에서는 마리아
의 직업이 조금 더 위험했다.

시모네티는 사건 수사 결과를 상관들에게 보고했고, 그중
한 명이 마리아의 사망을 전형적인 남편에 의한 아내 살해라고
판단해 보고서를 작성했다. 이 경찰공무원이 보고서에 서명하
고 젠나로 쿠오콜라의 체포를 명령하기 직전, 한 경관이 그의
사무실에 뛰어들어와 새로운 소식을 전했다. 연인들이 여름날
저녁 산책을 즐기기로 유명한, 절경이 끝내주는 나폴리만의 쿠
파 칼라스트로 해변을 걷던 한 짐마차꾼이 또다른 시체를 발
견했다고 했다. 이 시체는 마리아의 시신보다 상태가 더 참혹
했다. 상처가 47군데나 나 있었고, 삼각형의 그 상흔은 나르도
네스가 95번지에서 발견된 사체의 자상과 모양이 일치했다. 사
망한 남자의 신원은 젠나로 쿠오콜라로 밝혀졌다. 경찰공무원
은 보고서를 조용히 치워버렸다.

아름다운 마리아와 난봉꾼 남편이 살해된 사건에 이탈리아
언론이 일제히 들썩거렸다. 범죄의 온상 나폴리를 정화할 기회

만 엿보고 있던 이탈리아 국왕 비토리오 에마누엘레 3세는 육군성에 군기와 실력으로 정평이 난 군 경찰 카라비니에리 레알리를 동원해 사건을 조사하라고 명했다. 지역 경찰은 이번 일을 맡기에 너무 부패했을지도 모른다고 우려한 것이었다. 카라비니에리는 카모라의 주요 출몰지들을 이 잡듯 뒤졌고 카모라의 정보원들을 탈탈 털었다. 그 결과 카모라의 수퍼-카포 엔리코 알파노가, 살해당한 부부가 갱단 활동 정보를 경찰에 넘긴다고 의심했음을 알게 되었다. 알파노는 즉시 체포됐다.

알파노의 수많은 친구들과 후원자들이 그를 풀어주려고 행동에 나섰다. (그러나 얼마나 애써야 했는지는 이론의 여지가 있다. 알파노의 수호성이 워낙에 이탈리아 창공 높이 떠 있었으니 말이다.) 알파노의 대부인 권세 막강한 신부가 힘을 써서 결국 그를 석방시켜줬지만, 고발은 취소되지 않았다. 알파노는 돌풍이 점점 커지는 것을 알아채고 나폴리를 떠나 "경찰에 잡히지 않기 위해 오만가지 변장을 동원해 이 마을 저 마을 옮겨다녔다". 그러던 중 산레우초 마을의 경찰이, 용의자가 그 동네 어느 집에 머물고 있다는 정보를 입수하고 재빨리 그곳을 포위했지만, 알파노는 어찌어찌 빠져나가 로마행 기차에 몸을 실었다. 로마에 도착한 그는 미국만이 희망이라고 판단했다. 동료가 만들어준 가짜 여권도 있겠다, 당장 캘리포니아호 승선표를 샀다. 수많은 이탈리아 남부 범죄자의 생명줄이 되어준 뉴욕이 그를 부르고 있었다. 페트로시노가 오래도록 공개적으로 규탄하던 바로 그 것, 이탈리아 살인범들이 너무 쉽게 미국으로 건너오는 현상에 이제 가장 유명한 사례가 생겨버렸다. 막강한 권력을 지니고 가는 곳에서마다 공포를 자아내는 엔리코 알파노는 "역사상 가장 극악무도한 범죄 조직"의 우두머리로, 아마도 세계 최고로 위험한 도망자가 되어 맨해튼으로 향하고 있었다.

페트로시노는 알파노가 배에서 내리자마자 그가 도착한 것을 알았다. 정보원에게서 알파노가 3월 21일 이민 수속을 통과했으며 주세페 발스티에리라는 이름으로 여행중이라는 것, 프랑스 통화로 7천 프랑을 갖고 있다는 사실을 들었기 때문이다.[11] 맨해튼에 정착했고 검은손과 엮인 적도 있는 카모라 일당이, 카포 데이 카피, 즉 최고 우두머리인 알파노가 본국으로 송환되지 않도록 그를 숨겨주려 한다는 소문도 입수됐다. 하지만 페트로시노의 정보원들도 그 이상은 말해주지 못했다. 알파노가 부두에 발을 딛자마자 자취를 감췄기 때문이다.

페트로시노는 자신의 정보원과 엔파미에게 말을 흘려놓았다. '알파노를 찾아내. 당장.'

근 한 달이 지나도록 아무 소식이 없었다. 알파노는 이탈리아 이민자 거주지 중 한 곳, 아마도 멀버리가 근처에 은신하고 있을 터인데 좀처럼 그를 봤다는 사람이 없었다. 그러다가 4월 17일에 이탤리언 수사반 대원 두 명, 카리폴로 형사와 보난노 형사가 어쩌다보니 헤스터가와 만나는 모트가 108번지 건물의 지하 2층 식당에 앉아 있게 되었다.[12] 두 사람이 어떻게 딱 그 시간 그 장소에 있게 된 건지는 미스터리로 남아 있다. 수상한 일이 일어날 거라는 제보를 받은 것일까? 용의자를 추적하다가 이 어두컴컴한 술집 계단을 따라 내려오게 된 걸까? 아니면 마침 사건이 발생했을 때 거기서 점심을 먹고 있었던 걸까? 사실이 어떻든, 그들은 두 눈을 의심케 하는 회동의 목격자가 되었다. 두 형사가 앉아 있는 자리에서 3미터쯤 떨어진 곳에서 여섯 남자가 시끌벅적하게 만찬을 즐기고 있었다. 파티의 주인공은 다름 아닌 엔리코 알파노를 꼭 닮은 자—형사들은 그런 식으로밖에 말할 수 없었다—였다.

그렇지만 그자가 진짜 알파노일까? 형사들은 확신할 수 없었다. 대조해볼 사진이 없었다. 카모라의 보스가 뭐 하러 리틀 이틀리의 이런 공개된 장소에 얼굴을 들이밀겠나? 두 형사는 그자를 마지막으로 한 번 더 눈에 담고 식당에서 나와 수사반 반장을 찾으러 갔다. 이후 벌어진 일은 이브닝 월드의 기자를 통해 알려졌다.

기자는 자신이 그날 오후 멀버리가에서 페트로시노와 만났다고 했다. 두 사람이 북적대는 멀버리가를 걷는데 느닷없이 페트로시노가 어느 식당 앞에 멈춰 서더란다. 모트가 108번지 였다. "여기서 점심을 먹을까 하는데, 같이 가시죠." 형사는 이 렇게 말했고, 둘은 동네 흔한 지하 식당 한 곳의 입구를 향해 계단을 내려갔다. 페트로시노는 문 가까이 있는 테이블에 앉아 무심히 메뉴를 훑으면서, 식당 한쪽 벽을 따라 설치된 바의 중간쯤에 자리한 "험상궂은 남자" 여섯 명을 이따금 흘끔거렸 다. 무리 중 몇몇은 서 있고 몇몇은 앉아 있었지만 모두 하나같 이, 왼쪽 귀에서 입가까지 깊은 흉터가 나 있는 "여위고 눈빛이 형형한 이탈리아인을 거의 숭배하듯 떠받드는" 데 심취해 있었 다. 무리는 이탈리아어로 이야기하면서 파티의 주인공을 한껏 추어올렸고, 당사자는 쏟아지는 찬사에 흐뭇해했다.

기자는 무슨 일이 벌어지는지 전혀 눈치채지 못했다. 무척 허기졌던 그는 페트로시노와 가벼운 대화를 주고받으며 메뉴 판을 살폈다. 메뉴를 다 훑어본 페트로시노가, 마치 연극 프 로그램북을 읽는 데 집중한 친구에게 무대 커튼이 올라갔다고 알려주듯, 기자의 팔에 살며시 자기 팔을 얹었다. 기자가 고개 를 들었다. 페트로시노 형사는 일어선 채 시끄럽게 떠드는 남 자 무리를 쳐다보고 있었다. 그러더니 느닷없이 "눈치보는 개 혼내듯" 쩌렁쩌렁한 목소리로 "알파노!" 하고 외쳤다. 식당 안이 조용해졌다.

생전 그런 건방진 말투로 이름 불린 적이 없었던 카포 데이 카피는 자리에서 벌떡 일어나 페트로시노를 홱 돌아봤다. 다른 카모라 조직원들은 틀림없이 페트로시노를 즉시 알아봤을 텐데 그 자리에 붙박인 듯 가만히 있었다.

기자가 멍하니 쳐다보는데 페트로시노가 식당을 성큼성큼 가로질러 알파노에게 가더니 그의 뺨을 "기세 좋게 올려붙였다". 알파노는 휘청대며 몇 걸음 물러나 벽에 부딪혔고, 벽에 등을 댄 채 마리오네트 인형처럼 풀썩 주저앉았다. 페트로시노는 잽싸게 카모라 일당을 지나쳐 알파노에게 바짝 다가가더니 몸을 숙이고 한 번 더 그의 얼굴을 힘껏 갈겼다. 그런 다음 살인범 알파노의 목덜미 뒤로 손을 뻗어 그의 옷깃을 움켜쥐고는, 기자가 경악에 차 말없이 바라보는 가운데, 그 카포를 "발끝을 아래로 한 채" 질질 끌고 갔다. 한 카모라 단원이 주춤주춤 다가오자 페트로시노는 "내 앞에서 썩 꺼져, 안 그러면 너도 이 비겁한 개새끼랑 같이 감옥에 처넣을 테니"라고 내뱉었다. 기자가 나중에 알게 된 바, 거기 모인 단원은 전부 무장하고 있었고(알파노도 허리춤에 단검을 숨기고 있었다) "그들 전부가 실제 살인을 했거나 살인자로 추정되는 사람들이었다".

알파노 검거 소식이 솔트레이크시티부터 로스엔젤레스까지 알려졌다. 켄터키주의 작은 도시 파두카의 신문에도 ("화부로 위장하고 미국에 건너온 도적 두목의 기묘한 로맨스"라는 헤드라인을 달고) 대서특필됐다. 며칠 후 페트로시노는 알파노를 르아브르행 배에 태워 보냈고, 거기서 체포된 알파노는 나폴리로 송환됐다. 이후 뒤따른 법적 절차는 착수하는 데만 5년이 걸렸지만 점점 확대돼 나중에는 카모라 지도부 전체를 휩쓸기에 이르렀다. 카모라 보스 27명을 포함해 피의자 47명이 살인, 매수, 폭행, 기타 중범죄 혐의로 정식 기소되어 법정에 섰다. 이탈리아 전체가 경악했다. "드레퓌스 사건(1894년 프랑스 군 법정이 유대인 사관 드레퓌스에게 독일 간첩 혐의를 씌워 종신형을 선고하자 작가 에밀 졸라를 비롯한 인권 운동가들이 군의 부정을 탄핵하면서 정부와 대립해 심각한 정치적 위기로 이어진 사건—옮긴이) 이래 형사재판이 이렇게 나라 전체를 뒤흔든 일은 없었다"고 어느 기자는 보도했다. 장장 17개월에 걸쳐 증언이 이루어지고 63권의 재판 기록 필사본을 남긴 끝에, 피고인들은 유죄 판결을 받고 도합 354년의 징역형을 선고받았다.[13] 알파노의 체포가 나폴리 지역의 카모라를 와해한 것이다. 이 재판은 마피아 기소의 주요 변곡점이 되었고, 1980년대에 이탈리아에서 진행된 "막시프로체소maxiprocesso"(최대 재판. 팔레르모에서 시칠리아 마피아 400여 명이 기소되면서 1986년 2월부터 1992년 1월까지 진행된 재판으로, 마피아 보스 대부분이 종신형을 선고받았다—옮긴이)의 전례가 되었다. 이 모든 것은 페트로시노가 올려붙인 따귀 한 대에서 시작되었다.

그건 그렇지만, 페트로시노 형사의 퍼포먼스는—퍼포먼스라고 할 수밖에 없는 게, 그가 사랑해 마지않는 트라비아타의 장면과 다르지 않게 철저히 사전 계획을 하고 안무를 짠 행위였기 때문이다—여전히 의문을 남긴다. 무장 경찰 한 소대를 이끌고 쳐들어가 잡아들일 수 있었는데 어째서 총 맞을 위험을 무릅쓰며 직접 알파노를 잡겠다고 나섰을까? 페트로시노는 자기 총을 뽑아들지도 않았다. 어째서 굳이, 타임스가 그를 두고 꼬집은 바처럼, 공개된 무대에서 "해로운 자들의 눈엣가시"[14]가 되기를 자처하는가?

왜냐고? 검은손이 때로 피해자들의 몸을 참혹하게 훼손하는 것과 같은 이유, 그리고 언젠가 접선 장소를 갓 판 무덤 앞으로 정한 이유와 같다. 그보다 훌륭한 선전은 없으니까. 페트로시노는 이탈리아계 미국인에게 아무도 겁낼 필요 없다는 것을, 그 대단하다는 카모라 보스도 전혀 무서워할 필요 없다는 것을 보여주고자 했다. 그는 동포들이 등을 꼿꼿이 펴게 하는 동시에, 결코 무너뜨릴 수 없을 것 같았던 한 이탈리아계 범죄자의 신화에서 바람을 빼고자 했다. 페트로시노는 대중의 관심이 전력을 몇 배 증강해준다는 것을 알았다. 그가 이끄는 수사반은 1000 대 1 정도로 열세였다. 그런데 알파노 같은 카포 한 명을 체포하자 이탈리언 수사반은 실제보다 천 배는 세 보이게 되었다.

＋　＋　＋

　　알파노 일화는 단일 사건으로 끝나지 않았다. 법정에서 증언할 의지가 있는 목격자와 탄탄한 기소가, 아울러 제대로 작동하는 사법 체계가 부재한 상황에서 이런 식의 해결은 이탈리언 수사반의 비공식 방책이 되었다. 페트로시노는 가능한 모든 방법을 동원해 검은손을 추적했다. "법원이 이 범죄자들을 다시 풀어주면 우리는 놈들을 지긋지긋할 정도로 괴롭혀서 어떻게든 범죄에서 손 털게 만들 겁니다."[15] 한 기자에게 대놓고 이렇게 말하기도 했다.

　　페트로시노는 검은손을 상대로 합법과 불법의 경계에 걸쳐 있는, 개인적 전쟁을 선포한 셈이었다. 그 전쟁은 지저분한 전쟁이 될 수밖에 없었다.

　　이탈리언 수사반 대원들은 제일 유명한 용의자들을 "들들 볶기" 시작했다. 길에서 접근해 위협하고, 벽에다 거칠게 밀어붙이고, 이 동네를 떠나지 않으면 체포하거나 더 매운 맛을 보여주겠다고 협박했다. 검은손 조직원들이 사는 아파트를 감시하기도 했다. "곤봉 찜질"[16] 맛도 보여줬다. 자주 어울리는 일당들도 눈여겨봐뒀다가 그들도 들들 볶아댔다. 페트로시노가 직접 잡범으로 분장하고서 동료 경찰에게 자신을 수갑 채워 '무덤'에 처넣게 해, 검은손 용의자들과 한방에 갇힌 적도 있었다.[17] 거기서 그는 의기소침하고 초조한 척 웅크리고 있었지만 실제로는 감방 동기들이 자기가 저지른 범죄와 자기네 조직에 대해 시시콜콜 떠드는 것을 죄다 듣고 있었다. 그러다 페트로시노가 '석방'되면 이탤리언 수사반은 거기서 얻은 정보를 토대로 특정 조직원들을 수사하기 시작했다.

이탤리언 수사반 형사들은 일 처리 방식이 무척 거칠었다. 그들은 상대를 아무데나 메다꽂고 코나 턱, 쇄골을 부러뜨렸다. "그와 맞닥뜨린 갱단원들은 '신문'당한 흔적이 몇 달간 아물지 않았다."[18] 한 작가는 이렇게 묘사했다. 페트로시노는 범죄자 대다수가, 심지어 유죄가 분명한 이들마저 가벼운 형량만 받거나 무혐의로 풀려날 걸 알았기에 때때로 신문 과정에서 용의자를 두드려 패거나 길에서 일대일로 대결하자고 부추겼다. 자기보다 더 오래 버티면 풀어주겠다는 것이었다. 그는 한바탕 주먹싸움을 벌인 뒤 "이러면 페트로시노가 누군지 똑똑히 기억하겠지"[19]라는 한마디로 마무리하곤 했다.

이런 관행은 검은손 단원만이 아니라 다른 이탈리아계 범죄자에게까지 적용되었다. 비열함이 남다른 사건이 있었는데, 이탈리아 소도시를 돌며 절박한 사정으로 그곳을 떠야 하거나 아무하고나 결혼할 수밖에 없는 여자들을 노린 범죄였다. 너무 많은 젊은 남자들이 미국으로 가버려서 남은 젊은 여자들은 남편감을 찾는 게 그만큼 힘들어졌다. 이 범죄 일당은 그런 여자들에게 미국에 사는 어느 외로운 총각이 가정을 돌봐줄 적당한 여자를, 사랑을 나누고 결혼까지 할 정조 관념 있는 괜찮은 신붓감을 찾고 있는데 가서 만나보겠냐고 찔러본다. 여자가 가겠다고 하면 일당은 증기선 표를 끊어주고 여자를 뉴욕으로 보낸다. 당연히 뉴욕에서 기다리는 건 약혼자가 아닌 포주와 그 일당이고, 그들은 여자를 상상도 못할 만큼 참혹하고 굴욕적인 삶으로 밀어넣었다.

페트로시노가 바로 그런 매춘 조직 하나를 와해시키면서, 우두머리를 포함한 일당 모두의 유죄 판결을 받아내고 전원 감옥에 보냈다. 한 명만 빼고. 그 한 명은 팔레르모 출신의 스물일곱 살 난 파올로 팔라조토였다. 팔라조토는 알려지지 않은 이유로 기소를 면했지만, 이탈리아에서 유죄 판결을 받은 범죄자임이 드러나 본국 송환이 예정되었다. 그가 미국을 떠나기 전 페트로시노는 그놈이 인생을 망친 여자들을 대신해 복수하려고, 그 백인 노예상이 다시는 맨해튼에 발붙일 생각도 못하게 하려고 그를 찾아갔다.[20] 페트로시노는 오른손으로 열쇠 뭉치를 꽉 쥐고 팔라조토가 수감된 방에 들어갔다. 다시 나왔을 때 팔라조토는 치열에 구멍이 숭숭 나 있었다.

이탤리언 수사반의 명성은 날로 커졌다. 1907년은 아직 경찰 가혹 행위라는 개념이 생겨나기 전이니 그렇게 불러도 될지 모르겠지만, 당시 뉴욕에서 경찰의 가혹 행위가 워낙 만연해

지적받는 일이 몹시 드물었고 오히려 대중의 든든한 지지를 받았다. 범죄 용의자와 맨해튼 경찰이 대면하는 전형적인 상황을 "총구가 번쩍, 곤봉이 팡팡, 사람은 후드득"[21]이라고 묘사할 정도였다. 페트로시노의 옛 멘토인 곤봉잡이 윌리엄스도 다음과 같은 유명한 한마디를 남겼다. "대법원 판결보다 경찰관의 곤봉 끝에서 법치가 더 확실하게 이루어진다." 많은 뉴요커가 이 말의 숨은 정서에 공감했다. 시어도어 루스벨트마저 거친 경찰을 선호했다. 그가 경찰청장으로 있던 시절에 한 전설적인 경관이 우연히 전화 도청범들을 맞닥뜨리고는 즉시 "달려들어 그들을 때려눕힌 다음 발로 차서 경찰서 밖으로 쫓아냈고, 그걸로 모자라 인도 너머 길바닥까지 내쫓았다".[22] 그 얘기를 들은 루스벨트는 호탕하게 "그렇지!" 하고 외쳤다.

페트로시노는 거침이 없었다. 한 브루클린 구區의원이 그를 두고 "치과의사보다 더 많이 치아를 뽑고 다닌다"[23]고 불평할 정도였다. 그러나 이런 싸움은 일방적 우세로 지속될 수 없었고, 적어도 매번 이길 수는 없었다. 한 기자는 페트로시노가 수년간 길바닥에서 검은손 조직원들을 상대한 결과 "온몸이 흉터투성이"[24]가 됐다고 했다. 다만 페트로시노의 거친 수사 방식과 보통 경관들의 가혹 행위에는 한 가지 차이가 있었다. 페트로시노는 유죄임이 확실한데 법망을 빠져나갈 것 같은 자들만 노렸다. 물론 이런 행위는 전적으로 위헌이었고, 페트로시노가 아무리 정보력이 뛰어나다 해도 죄 없는 사람을 최소한 명 이상 때렸을 가능성도 분명히 있다. 하지만 그는 너무도 절실하게 검은손의 부상浮上을 초반에 꺾고 이탈리아인 동포를 최대한 많이 구하려 했다.

이 전략 때문에 웃지 못할 해프닝도 생겼다. 자미오라는 남자가 납치 범죄에 연루됐음이 의심되어 신문 절차를 위해 본부로 연행되었다.[25] 형사들이 머그샷을 찍으려고 자미오를 사진실로 데려가 나무 의자에 앉혔다. 용의자의 머리 위에서 눈부신 조명이 웅웅거렸고, 그 소리에 자미오는 점점 더 신경이 곤두섰다. 조명이 내는 소음 때문인지 페트로시노의 인상 쓴 얼굴 때문인지 확실치 않지만, 하여간 이탤리언 수사반이 휘두르는 무소불위의 힘을 익히 들어 알고 있던 그는 페트로시노가 재판을 생략하고 곧장 자신을 그 악명 높은 '전기의자'에 앉혔다고 착각했다. 자미오의 귀에는 바로 옆에서 형사들이 주고받는 농지거리가 처형의 서곡으로 들렸다. 더이상 참을 수 없었던 그는 벌떡 일어나 죽고 싶지 않다고, 하늘의 성자들에게 도와달라고 울부짖었다. 그러더니 물 밖에 튀어나온 물고기처럼 "바닥에 철퍼덕 쓰러졌다".

페트로시노와 형사들은 이 그리뇨, 즉 애송이가 벌이는 우스꽝스러운 짓을 구경하면서 배가 찢어지게 웃었다. 그렇지만 이내 자미오를 바닥에서 일으키고, 이번만큼은 의자는 그냥

의자일 뿐이라고 말해줬다.

자미오 일화야 어쨌건, 자취를 감춘 갱단원이나 암살 미수범을 추적해보면 그들이 페트로시노 형사의 방문을 받은 사실이 드러날 때가 많았다. 주세페 모렐로와 손잡고 리틀 이틀리의 정직한 상인 수십 명을 등쳐먹고 겁박했던, 세련된 스타일에 높은 목소리의 이냐지오 "늑대" 루포는 1908년 10월 무렵부유한 갱 두목이 되어 있었다. 하지만 루포 자신도 리틀 이틀리에서 상인 행세를 하며 그 사실을 감쪽같이 숨겨왔다. 그가 소유한 모트가 210-14번지의 화려한 플래그십 상점에는 7층짜리 매장에 파르마 햄, 긴 튜브에 담은 모차렐라, 각종 이국적향신료가 풍성히 진열되어 있었다. 뉴욕 타임스도 "동네 주민들이 침을 흘릴 만한 고급 상품으로 가득한, 단연코 맨해튼 이쪽 구역에서 가장 휘황찬란한 상점"[26]이라고 표현할 정도였다.

그런데, 면도로 늘 매끈한 얼굴을 유지하는 이 갱단 두목이최근 페트로시노가 자기 사업에 훼방을 놓고 다닌다는 것을알아챘다. 뉴욕에서 활동하는 검은손 조직의 정보책 노릇을한 혐의로 그를 무자비하게 추적하는 것으로 모자라, 이탈리아계 이민자들에게 이 시칠리아 놈과 그의 친구 모렐로와는 절대로 거래하지 말라고 경고하고 다니면서 "사업의 신용도를 있는대로 깎고"[27] 있었던 것이다. 화가 머리끝까지 난 루포와 그의일당은 형사의 사무실로 변호사를 보냈고, 변호사는 형사에게 당장 자기 고객들의 이름을 더럽히는 행위를 멈추지 않으면 명예훼손죄로 고소당할 거라고 경고했다.

하지만 페트로시노는 믿을 만한 정보가 있었기에 물러서지 않았다. 루포와 그의 일당을 뉴욕에서 완전히 몰아낼 작정이었다. 마침내 거리의 건달 루포가 반격을 시작했다. 그는 친구들과 동료들에게 만약 페트로시노가 하던 짓을 멈추지 않으면 자신이 직접 그를 처치하겠다고 선포했다. 그의 경고는 곧 뉴욕 구석구석에 퍼졌다.

어느 날 오후 루포가 늘 그렇듯 맞춤 정장을 차려입고 상점에 나와 업무를 보고 있는데 문이 벌컥 열리더니 조지프 페트로시노가 바닥이 반들반들한 1층 매장으로 걸어들어왔다.[28] 형사는 진열된 파르마 햄과 아시아고 치즈를 쓱 둘러보더니 루포에게 이리 와보라 했다. 루포가 다가오자 페트로시노는 허리를 숙이고 낮은 목소리로 뭐라고 중얼거렸다. 다음 순간 루포가 어떤 반응을 보이기도 전에, 번개처럼 튀어나온 형사의 오른 주먹이 그를 바닥에 쓰러뜨렸다. 이어서 형사는 루포의 직원들과 손님들이 지켜보는 가운데 고급스러운 상점 바닥에서 루포를 사정없이 구타했다.

그로부터 한 달이 채 지나지 않아, 그간 잡티 한 점 없는 새하얀 말에게 채찍을 휘두르는 루포를 태우고 모트가를 누비던 마차가 종적을 감췄다. 페트로시노가 늑대 루포를 뉴욕에서 몰아낸 것이다. 일 년 후 루포는 파산 신청을 했다.

이탤리언 수사반 반장과 대면한 적 있는 사람들은 대개 그 경험을 절대 잊지 못했다. 팔레르모 출신의 저명한 정치가 라파엘레 팔리촐로가 검은손과 싸우는 동지들을 돕기 위해 뉴욕에 오겠다고 공표했다.[29] 시칠리아 출신 이민자 2만 명이, 그중 다수는 팔리촐로의 얼굴이 그려진 배지를 옷에 달고서 항구에 마중 나갔다가 배의 현문으로 내리는 그에게 열띤 환호를 보냈다. 그런데 페트로시노는 팔리촐로가 시칠리아에서 고약한 소문을 달고 다녔다는 사실을 알게 되었다. 현지에서 팔리촐로는 "마피아 왕"으로 알려져 있었고, 살인죄로 감옥에 간 적도 있었다. 검은손과 싸우겠다는 으름장은 시늉에 불과했다. 페트로시노는 팔리촐로가 참석하는 행사장마다 쫓아가 연설을 파투 놓았고, 충격을 받은 이민자들에게 팔리촐로의 실체를 큰 소리로 알렸다. 어느 날 밤에는 팔리촐로가 묵고 있는 호텔방 문을 쾅쾅 두드려 그에게 "적당히 공포를 심어"주기도 했다.

이런 식의 충돌이 몇 주간 계속된 끝에 팔리촐로는 일정을 급히 마무리하고 유럽행 배에 올랐다. 배의 현으로 다가간 그는 떠나는 이들을 향해 잘 가라며 손 흔들어주는 친지와 지인 무리를 음울하게 내려다봤다. 팔리촐로는 지평선과 군중을 눈으로 훑다가 저 아래 빼곡히 모인 군중 속에서 익숙한 얼굴을 발견하고는 몸이 굳었다. 조지프 페트로시노가 유럽 귀환길에 오른 아끼는 조카를 배웅하는 양 인파에 섞여 서 있었다. 그 모습을 보니 팔리촐로는 점점 더 분노가 끓어올랐다. 배가 해류를 타고 속도를 내기 직전 그는 주먹을 번쩍 들어 페트로시노를 향해 휘두르며, 저 아래에서 멀어져가는 그의 형체에 대고 소리쳤다. "팔레르모에 오기만 해봐라, 무사하지 못할 거다!"

10장
한 번은 태어나면서, 또 한 번은 죽으면서

인터뷰를 할 때나 길에서 한판 승부를 벌일 때, 또는 검은손 갱단 일원들과 마주칠 때마다 페트로시노는 일관된 태도를 취했다. 대놓고 도전하는 태도였다. 그는 동포들에게, 어떤 대가를 치르더라도 살인범에게 당당히 맞서라고 종용했다. 몸값을 지불한 사람은 극도로 경멸했다. 페트로시노가 "범죄자보다 피해자에게 더 성을 낸" 적도 있었다고 한 이탈리아인 기자는 지적했다.[1] 남을 동정할 줄 몰라서 그런 게 아니었다. 검은손의 협박 편지를 연 순간부터 피해자가 느낄 공포를 그도 충분히 이해했다. 페트로시노 자신도 경험해본 공포였다. 그러나 머지않아 죽을 수도 있다는 각오를 하고, 아니, 아예 내놓은 목숨이라 여기고 살아가는 그로서는 다른 이들이 제 목숨 건지고자 그가 보기에 비굴하게 구는 것을 영 이해하지 못했다. 어쩌면 자식이 없어서 그런지도 몰랐다. 어쨌건 페트로시노는 사람들의 그런 태도에 진심으로 당혹해했다.

모두가 검은손에 무릎 꿇은 건 아니었다. 페트로시노 형사에게 자극받았건 스스로 도덕적 분개를 느꼈건, 맨해튼뿐 아니라 전국 각지에서 수많은 이탈리아인이 그를 따라 검은손의 요구를 거절했다. 그중에 존 보주피라는 자가 있었다. 존 보주피의 경험은 수많은 사례 중 하나에 불과하다.

보주피는 어퍼 이스트사이드의 소규모 이탈리아 이민자 동네에 거주하는, 자수성가로 명성을 쌓은 은행가였다.[2] 어느 날 세 남자가 그를 찾아왔다. 첫번째 인물 크리스티나는 구두 수선공으로, 미국에서 차린 가게가 크게 흥해 이제는 조수를 셋이나 두고 있었다. 그는 검은손에게서, 일정 금액의 돈을 내놓지 않으면 그의 피를 마셔버리겠다고 협박하는, 붉은색 잉크로 쓰인 편지를 받았다. 두번째 남자 캄피시는 크리스티나의 가게 근처에서 식료품점을 운영하고 있는데, 뉴욕을 떠나지 않으면 몸뚱이를 잘게 조각내 나무통에 담가버리겠다는 협박을 받았다. 또 그의 상점에서 멀지 않은 1번 애비뉴에는 파시에타의 이발소가 있었는데, 얼마 전 폭탄 테러로 가게 일부가 무너졌다. 세 남자 모두 보주피의 친구였고, 도움을 구하러 7번 애비뉴에 있는 그의 직장에 찾아온 것이었다. 돈을 상납하든가 아니면 뉴욕을 뜰 각오였다. 달리 방도가 없어 보였다. "성모마리아시여, 어찌 이런 일이." 캄피시가 내뱉었다. "그놈들이 나를 죽이거나 내 자식들을 납치하기 전에 나는 여기를 뜨겠어!"

보주피도 그들의 두려움을 이해하지 못하는 건 아니었다. 그도 이탈리아인을 주 고객으로 삼고 있었다. 게다가 자녀도 일곱이나 됐는데, 장남 안토니오는 온 가족을 미국으로 데려오고 "당신의 장남에게 공립학교에서 교육받을 기회를 마련해주고자 1872년 뉴욕 거리 곳곳의 공사판에서 몸 바쳐 일하신" 할아버지의 이름을 물려받았다. 존 보주피 자신은 뉴욕 고가 지하철 수표受票 직원으로 시작해, 공증인 일로 벌어들이는 부수입까지 차곡차곡 모아 사다리를 밟고 올라갔다. 모은 돈으로 작은 식료품점을 사들였고, 그다음엔 보험업과 은행업으로 옮겨갔다. 오르는 길이 결코 순탄치 않았지만 이제 그는 주변인의 신망을 받으며 여전히 정직하게 살아갔다. 그는 조국 이탈리아를 몹시도 사랑하는 애국자인 동시에 전형적인 미국 찬양자로, 자기 가족의 출세를 자랑스러워했다. "나는 내 동포와 가족, 내 조국이 조금도 부끄럽지 않습니다." 그는 언젠가 이렇게 말했다. "누가 뭐래도 나는 아버지가 흘리신 땀으로 당당히 자격을 얻은 어엿한 미국인입니다."

보주피라고 검은손에게 편지를 안 받았을 리 없었다. 하지만 보주피의 경우, 그들에게 굴복하는 건 상상할 수도 없는 일이었다. 그가 무릎을 꿇는 순간 보주피가는 분명 경제의 사다리를 도로 미끄러져 내려가 순식간에 냄새나는 다세대주택 하숙인으로 전락할 터였다. 당대 한 기자의 표현을 옮기면 다세대주택은 "뉴욕에 '살아 있는 죽음의 도시'라는 오명을 안겨줄" 만큼 질병이 창궐하는 곳이었다. 그렇게 되면 보주피의 자녀들은 보주피 조부의 전철을 그대로 밟게 되는 거였다. 그게 다가 아니었다. 민족에 대한 모욕이기도 했다. "선량하고 정직하며 성실한 이탈리아인 시민을 위해서라도 내가 가진 모든 걸 걸고 맞서겠습니다." 보주피는 당당히 선언했다. 그랬기에 세 남자가 찾아왔을 때 그는 해줄 말이 이 한마디밖에 없었다. 저항하라. "버텨! 자기 자신을 위해서가 아니라 이 세상에서 자기 몫을 다하려 기를 쓰는 사람들을 위해, 공물을 바칠수록 더 쉽게 반디티(도적)의 먹잇감이 될 선량한 이탈리아인들을 위해 버티라고."

그는 세 사람을 겨우 진정시켜 각자의 사업장으로 돌려보냈다. 그러나 그들의 업장에 협박 편지가 계속 도착했고, 몇 주 후 그들은 또다시 보주피를 찾아왔다. "돈 상납하지 말게." 보주피는 주장을 굽히지 않았다. "차라리 죽어." 셋 중 한 명이라도 흔들리면 검은손은 영영 그들을 놓아주지 않을 터였다.

매주 평일 파시에타가 가게문을 열면 손님들이 하나둘 들어왔고, 그러면 그는 손님들 머리를 깎고 면도를 해주었다. 손님 중 자신을 괴롭히는 범인이 있을지 모른다는 걸 그도 알았지만 그래도 꿋꿋이 버텼다. 한편 구두 수선공 크리스티나도 나름의 방법으로 마음을 다스렸다. 누가 검은손 얘기를 하거나 아니면 협박 편지가 도착할 때마다 조용히 "페트로시노!" 하고 속삭이는 것이었다. 형사의 이름이 그에게는 일종의 액막이 주문이었다.

그렇게 몇 달이 흘렀다. 어느 날 보주피의 장남 안토니오가 집 근처 딜머스 드럭스토어를 막 나서고 있었다. 이제 열네 살이 된 안토니오는 성실한 학생이었다. 보주피는 "아들이 언젠가는 하버드나 예일에 들어가 출세하길 바랐"다. 어쨌든 이날 오후, 생전 처음 보는 남자가 안토니오에게 다가와 말을 걸었다. "안녕, 토니. 부탁 좀 들어주런? 우리집에 고향에서 온 편지가 몇 통 있는데, 네가 번역 좀 해줬으면 좋겠다."

안토니오는 그러겠다고 했다. 두 사람은 2번 애비뉴에서 59번 가로 걸어갔다. 거기서 남자가 건물 2층의 집으로 이어진 문을 가리켰고, 안토니오는 아무것도 모른 채 그 문을 열고 계단을 올라갔다. 그러나 집안에 발을 들인 순간 검은 복면을 쓴 남자 셋이 그를 에워쌌다. 안토니오를 데리고 온 남자가 등뒤에서 문을 닫았다. 안토니오는 문이 찰칵 잠기는 소리를 들었다.

일당 중 한 명이 리볼버를 꺼내 안토니오의 얼굴에 겨눴다. "토니," 그가 입을 열었다. "네가 소리지르지 않고 우리가 시키는 대로 하면 너를 해치지 않으마. 하지만 소리지르거나 말을 안 들으면 너를 없애버릴 거야." 다른 한 남자는 도끼를 꺼내 들었다. 방금 사 온 반짝반짝한 새 도끼였다.

그들은 안토니오를 테이블에 앉히고 편지를 쓰게 했다. 한 명이 옆에서 뭐라고 쓸지 불러줬다. 은행가 보주피가 2만 달러를 내놓지 않으면 안토니오는 집에 시체로 돌아가게 될 거라는 내용이었다. 안토니오는 그 말을 듣자 무너져내렸다. 2만 달러라니, 터무니없었다. 너무 부들부들 떨어서 글씨를 못 쓸 정도였다.

납치범들이 안토니오에게 고함을 치기 시작했고, 가족을 싸잡아 욕했다. 안토니오는 정신을 차릴 수가 없었다. 이마에 차가운 감촉이 느껴졌다. 리볼버 총구였다.

안토니오는 마음을 진정시켰다. 다행히 손의 떨림이 멈춰서 편지를 마저 받아 적을 수 있었다. 경찰이나 페트로시노 형사에게 연락하면 안토니오는 즉시 죽을 거라고, 불러주는 대로 적었다.

납치범들은 안토니오의 팔다리를 밧줄로 결박하고 입에는 손수건을 물렸다. 안토니오는 겁에 잔뜩 질렸지만 그 와중에도 이성을 찾고 단서가 될 만한 것을 살폈다. 얇은 창유리로 스며드는 소음에 귀기울이니, 지금 있는 곳이 술집 위층 같았다. 한편 62번가에 있는 보주피에게는 첫번째 몸값 요구 편지가 날아들었다. 처음부터 그는 희망을 버렸다. "그는 아들을 이미 죽은 목숨으로 생각했다." 뉴욕 타임스가 보도했다. "아들을 납치한 놈들은 구두 수선공 친구의 피를 마시겠다 하고, 식료품상 친구를 토막 내 나무통에 담가버리겠다 하고, 파시에타의 멋진 이발소를 날려버리겠다고 위협한 그 시칠리아 출신들과 같은 무리였다."

보주피는 편지의 지시를 무시하고 페트로시노에게 연락했다. 형사는 보주피의 집에 도착하자마자 사건의 실마리를 추적했고, 아이 아버지를 "꽁무니에 달고" 움직였다. 제일 먼저 페트로시노는 근방의 모든 병원에 전화를 돌려 안토니오가 다친 채 실려 오지 않았는지 확인했다. 그런 보고는 없었다. 다음으로 동네 주민들을 탐문하기 시작했다.

협박 편지의 내용은 서로의 숟가락 수까지 아는 이탈리아 이민자 거주지에 삽시간에 퍼졌다. 보주피는 이스트사이드의 소상공인들이 단골로 찾는 은행가였기에, 자연히 다음과 같은 소문이 돌기 시작했다. 보주피가 고객들 돈을 빼돌려 검은손에 넘길 거래. 당신 같아도 그러지 않겠어? 그러자 예금주들이 그의 은행에 몰려가, 몇 푼 안 되는 금액이 적힌 계좌 장부를 저마다 들이밀며 돈을 내놓으라고 요구했다. 잔고 전액을 인출한 사람도 많았다. 보주피는 사무실에 앉아 예금 인출 사태를 지켜봤다.

화요일에 보주피의 금고에서 빠져나간 돈이 7천 달러에 달했지만 여전히 집단 공황은 가라앉지 않았다. 편지 한 통이 또 도착했다. 이번에는 보주피가 어떻게 항복해야 하는지에 대한 자세한 지시 사항이 적혀 있었다. 3월 7일에 자기들과 거래할 준비가 됐다면 은행 창문에 "구인 7명"이라는 팻말을 걸어놓고, 3월 8일로 정하고 싶다면 "구인 8명"이라고 써 붙이라 했다. 그러면 정해진 날 납치범 일당이 찾아와 돈을 받아가겠다는 것이었다.

보주피는 상황을 곱씹어본 뒤 사무실을 뒤져 판지를 찾아냈다. 그리고 만년필에 잉크를 적셔 판지에 이탈리아어로 뭐라고 적었다. 그러고는 판지 맨 위 양끝에 구멍을 뚫고 노끈을 꿰어 묶은 다음 그 표지판을 이탈리아인 행인들이 밤낮 쉴새없이 오가는 1번 애비뉴를 향해 난 창으로 가져갔다. 그는 나무 창틀에 압정을 하나 박고 표지판을 창밖을 향해 내걸었다. 거기에는 이렇게 쓰여 있었다. "이 은행의 돈은 예금자들의 것이고, 내가 아들을 다시는 못 보는 한이 있더라도 예금자들에게만 지급할 것이다."

가족과 친구들은 제발 마음을 고쳐먹으라고 사정했지만 보주피는 구두 수선공과 식료품상에게 절대 뜻을 굽히지 말라고 조언한 터라 그럴 수가 없었다. "내게는 자식이 여섯이나 더 있어요." 그는 이렇게 말했다. "그 애들을 한 명씩 채간다 해도 나한테서 단 1센트도 받아갈 수 없을 겁니다." 몸값을 내놓는 건 아직 태어나지 않은 그의 자손들 이름까지 더럽히는 범죄에 가담하는 꼴이었다.

검은손과 대치한 지 사흘째 되던 날, 안토니오가 탈출했다. 납치범 한 명만 남은 틈을 타 결박을 풀고 문을 박차고 나가 1번 애비뉴를 마구 내달렸다. 어떤 이들은 단순한 실수였을 거라 했지만, 또다른 이들은 납치범들이 보주피가 물러서지 않을 것을 깨닫고 가장 덜 창피한 모양새로 상황을 모면한 거라고 봤다. 어찌됐건 보주피는 아들을 얼싸안고 뛸듯이 기뻐하면서 페트로시노에게 소식을 전했다.

검은손에 저항한 이탈리아인의 이야기는 로스앤젤레스에서 세인트루이스까지, 또 윌밍턴에서 미니애폴리스, 나아가 워싱턴주의 월라월라까지 지역신문의 1면을 도배했다. 보주피는 이탈리아 문화의 중요한 규칙을 깨뜨렸다. 원칙을 고수하기 위해 자기 자식, 그것도 특별한 의미가 있는 장남의 목숨을 바친 것이다. 미국인들은 감탄해 마지않았다. "저도 딱 보통 사람만큼 자식을 보호하려는 본능이 있는 사람입니다." 보주피는 그의 은행에 모여든 기자들을 향해 소회를 밝혔다. "하지만 제게는 그 이상의 것이 달려 있습니다. 일생 조국과 동포를 사랑하지 않은 순간이 없었습니다…… 동포들이 미국 시민으로서 공정하게 성공하는 데 제가 걸림돌이 되느니 가진 것 모두, 돈이든 자식이든, 집이나 재산이든, 심지어 목숨마저도 기꺼이 내놓겠습니다." 페트로시노가 한 말이라 해도 될 정도였다.

그렇지만 위협이 가신 건 아니었다. 보주피는 자녀들을 동네 사진관에 데려가 한 명씩 증명사진을 찍게 했다. 혹여 하나라도 납치돼 얼굴 사진을 실은 전단지를 이탈리아 이민자 거주지에 뿌려야 할 경우를 대비해서였다. 하지만 그의 이야기는 해피엔딩으로 끝났다. 안토니오가 부모의 품으로 돌아왔을 뿐 아니라 은행의 예금 인출도 멈췄고, 그가 보인 단호함 덕에 새 고객들까지 생겼으니 말이다. "오늘날 보주피 씨는 이탈리아 이민자 거주지에서 신망이 가장 두텁다." 뉴욕 타임스가 보도했다.

바로 이런 이탈리아인을 위해 페트로시노가 목숨을 거는 것이었다.

모든 이야기가 훈훈한 결말을 맺지는 못했다. 브루클린으로 눈을 돌려보면,[3] 이탈리아계 이민자 공동체가 날로 번성해가는 이스트 뉴욕에 갓 발을 디딘, 프란시스코 아바테라는 스물네 살의 청년이 있었다. 이때만 해도 이스트 뉴욕에는 아직 검은손의 협박을 받은 사람이 없었다. 아무도 밟지 않은 눈밭이었고, 아바테는 그 눈밭을 독차지할 작정이었다. 그는 색맨가 136번지에 아파트를 임차하고 거기 틀어박혀 본격적으로 자료 조사에 들어갔다. 폭탄 제조법에 관한 책과 팸플릿, 이탈리아어와 프랑스어로 쓰인 자료까지 모조리 섭렵했다. 갈취 전문 갱단들이 아르헨티나공화국에서 어떻게 사업을 벌였는지 상세히 묘사한 책도 (정확히 어디인지는 밝혀지지 않았으나 하여간 그동네에서) 찾아냈다. 검은손 협박 편지 샘플은 물론이고 뉴욕과 시카고 등지에서 활동하는 검은손 조직을 보도한 "수백 건의 기사 스크랩"도 수집했다. 다이너마이트에 관한 논문을 찾아내, 필요한 재료 목록과 제조 공정도 열심히 공부했다. "뉴욕 경찰은 검은손 문헌이라 부를 만한 것 중 이토록 철저한 자료는 어디에서도 발견한 적 없었다"고, 아바테의 아지트 수색이 이루어진 후 한 기자가 보도했다.

아바테는 연구 자료를 섭렵하고 흡수한 지식을 실전에 적용했다. 돈을 요구하는 편지가 지역 사업장에 속속 날아들기 시작했다. 상인들은 그간 로어 맨해튼과 할렘의 이탈리아인 이민자 거주지에서 발생한 온갖 끔찍한 사건을 소문으로 들어 익히 알고 있었지만, 이 갈취범의 정체는 도통 짐작할 수가 없었다. 하지만 아바테의 협박 편지에 위축되고 가족들의 안위가 염려된 사람들은 순순히 돈을 내놓았다.

이보다 더 미국식 자기 창조에 부합한 예는 없을 성싶다. 아바테는 자신이 검은손 조직원이라고 선포함으로써 검은손 조직원이 되었으니 말이다.

얼마 안 가 이 젊은이의 생활수준은 월등히 향상되었다. "고급 의복 덕에 신수가 훤해진"[4] 그는 만날 정장을 멋들어지게 차려입고 브루클린의 펜실베이니아 애비뉴에 출몰했다. 그러더니 머지않아 여자 낚는 선수라는 명성을 얻었다. 그 지역 미인들은 아바테가 딱히 하는 일이 없어 보여도 별로 개의치 않았다. 늘 현금을 두둑하게 가지고 다니는데다 아낌없이 썼기 때문이다. 아바테는 능수능란했다. "그는 자신을 신비로운 인물로 포장해 실제보다 훨씬 흥미로워 보이게끔 하는 재주가 있었다"고 어느 기자는 평했다. 아바테는 그런 자기 창조를 위해 이스트 뉴욕 상인들에게 돈을 뜯어내는 데서 그치지 않고 저녁에 그들 집에 놀러가기까지 했다. "이 젊은 신흥 부자는 그들 집에 찾아가 아내, 딸들과 시시덕거리고 선물 공세를 할 정도로 뻔뻔함이 보통이 아니었다." 이브닝 월드는 이렇게 전했다. 물론 선물은 그가 유혹하는 딸들의 아버지 주머니에서 나온 돈으로 마련한 것이었다.

아바테는 곧 이스트 뉴욕의 여자들을 양껏 유혹하려면 돈이 만만치 않게 들 것을 깨닫고 갈취금 액수를 올렸다. 상인들은 모여서 회의한 뒤 아바테에게 상향된 액수를 지불하겠다고 전언했다. 그들은 오존 파크에 있는 아카시아 묘지 입구에서 아바테를 만나 새 체제 하에 첫 상납금을 건네겠다고 했다. 그 날 밤 아바테가 달빛을 훤히 받으며 묘지 입구에 도착했다. 훗날 이탤리언 수사반이 최대한 알아낸 바에 따르면, 상인들은 아바테를 맞이한 뒤 각자 칼과 도끼, 심지어 맨해튼 지하철 터널을 뚫을 때 쓰는 것 같은 곡괭이까지 꺼내들고 곱게 차려입은 갈취범에게 우르르 달려들었다. 그러고는 아바테를 난도질해 토막 낸 사체를 묘지 입구에 버려두었다. 이스트 뉴욕에서 이루어진 검은손 사업 실험은 그렇게 끝났다.

현지 검은손 단원과 알고 지내는 사람은 저항이 한결 수월했다. "이탈리아계 이민자 사회에서 겁을 모르는 건장하고 튼튼한 남자로 알려진" 한 이민자는,[5] 처음 협박 편지를 받자마자 총 한 자루를 샀다. 그러고는 검은손과 연줄이 있는 지인들을 찾아가, 자신이나 가족을 조금이라도 해치면 다 죽여버리겠다고 으름장을 놓았다. 그후 다시는 편지가 오지 않았다. 또 동네에서 힘 세기로 유명한 한 남자는—재미로 사람을 길바닥에서 번쩍 들어, 팔을 쭉 펴서 머리 위로 쳐든 채 몇 블록을 돌곤 했다—동생의 업장이 검은손의 타깃이 된 것을 알게 되었다. 그는 자신이 가진 무기를 전부 꺼내 옷 안에 숨기고 동생의 업소로 가 보초를 섰다. 사흘 내리 상점 입구를 지키고 서서 지나가는 행인들 얼굴을 살폈다. 하지만 72시간이 되도록 별다른 점을 발견하지 못했다. 그러다 나흘째 되는 날, 검은손 조직원이 업장 앞을 지나가는 걸 발견했다. 그는 조직원의 멱살을 콱 잡아 몸뚱이를 번쩍 쳐들더니 마구 흔들기 시작했다. 겁에 질린 채 내려다보는 검은손 단원에게 그는 왜 동생네 가게에 폭탄을 심으러 오지 않았느냐고, 기다리느라 사흘이나 잠을 못 잤다고 소리질렀다. 그러더니 검은손 단원을 도로 길바닥에 내려놓고는, 동생의 신변이나 사업장에 무슨 일이라도 생기면 조직원들을 직접 하나씩 찾아내 제거하겠다고 했다. 이번에도 두번째 편지는 오지 않았다.

웨스트체스터 카운티 교외의 마운트버넌에 사는 부유한 제빵사 조반니 바르베리는 돈을 내놓으라는 협박 편지에 시달리고 있었다.[6] 협박범은 5백 달러를 내놓지 않으면 죽이겠다고 했다. 바르베리는 대응하지 않았다. 그러자 안토니오 포티라는 자가 나타났다. 그는 맨해튼에서 기차를 타고 와 마운트버넌 역에 내렸다. 그러고는 곧장 바르베리의 상점으로 가 외투 안에 숨겨온 리볼버 두 자루를 꺼내 주인에게 겨눴다. 바르베리는 황급히 길로 뛰쳐나갔고, 총을 든 포티도 쫓아 나갔다. 그런데 지나가던 두 이웃이, 둘 다 여자였는데, 포티가 달려오는 걸 보고 그의 양팔을 붙들었다. 포티는 괴성을 지르며 총을 두 발 난사했다. 바르베리는 이때다 싶어 상점으로 도로 뛰어들어가 조류 사냥용 산탄을 장전한 엽총을 들고 나왔다. 그리고 침착하게 여자들에게 포티를 놓아주라고 했다. 두 여자가 잡고 있던 팔을 놓자 바르베리는 엽총의 총구 두 개를 포티에게 겨누고 발사했다. 경찰은 용커스에 있는 어느 병원까지 혈흔을 추적해 포티를 체포했다.

이틀 후에는[7] 웨스트체스터의 또다른 교외 지역인 머매러넥의 외곽에서, 검은손 협박의 또다른 피해자가 생겼다. 피에트로 카푸토가 경영하는 호텔의 바에 빅 피에트로라는 별명으로 불리는 자가 이끄는 3인조 갱단이 성큼성큼 걸어들어왔다. 이 낯선 남자 셋은 음료를 주문했고, 카푸토가 음료를 따르려고 몸을 돌린 순간 빅 피에트로가 바 너머로 팔을 불쑥 뻗었다. 그의 손에 들린 단검이 가스등 불빛을 받아 번쩍했다. 빅 피에트로는 그 칼로 카푸토의 머리를 위에서 아래로 푹 그었고, 다시 날을 앞쪽으로 틀어 그의 목을 거침없이 그었다. 카푸토는 뒤로 휘청하면서 바닥에 쓰러졌다. 치명상을 입은 그는 바 뒤편에 숨겨놓은 엽총을 잡으려고 허우적대며 간신히 몸을 일으켰다. 머리의 상처에서 쏟아지는 피가 시야를 가렸지만 빅 피에트로의 형상을 어렴풋이 분간할 수 있었다. 카푸토는 더블배럴 엽총을 겨누고 방아쇠 두 개를 한꺼번에 당겼다. 산탄은 빅 피에트로의 두골에서 머리 가죽을 벗겨내면서 두부의 위쪽 절반을 날려버렸고, 옆의 두 공범에게 그의 뇌수를 흩뿌렸다. 카푸토는 두 발을 더 쏘고 기절했고 피를 쏟으며 죽어갔다. 이후 이 지역 이탈리아인들은 치안대를 결성해 빅 피에트로의 공범들을 찾아 마을을 둘러싼 숲으로 사냥을 나갔다.

검은손은 워낙 널리 두려움을 사는 존재라 누구든 가리지 않고, 심지어 조직폭력배도 공격 대상으로 삼았다. 어느 날, 검은손 시카고 지부 중 하나가 니어 사우스사이드(시카고를 구분하는 77개 구역 중 하나―옮긴이) 구역에서 도박과 매춘 업계를 장악한 최고 갱단의 두목 빅 짐 콜로시모를 치기로 결정했다.[8] '시카고 아웃핏'으로 불리는 콜로시모 갱단은 바람이 많이 부는 도시 시카고의 지하세계를 꽉 잡고 있었고, 늘 먼지 한 점 없이 새하얀 정장에 다이아몬드 장식을 달고 다니는 빅 짐 콜로시모는 범죄 수익으로 호화로운 생활을 즐겼다. 콜로시모는 마이클 '힝키 딩크' 케나(시카고에서 가장 부유했던 제1구역 구의원을 두 번이나 역임하면서 엄청난 영향력을 행사한 정치인―옮긴이)를 비롯해 부패한 시카고 정치인들과 두터운 연줄이 있었고, 덕분에 일리노이주에서 그 누구보다 막강한 영향력을 자랑했다. 자신이 소유한 매춘업소 체인(그는 이 사업에 발을 들이기 위해 유명한 포주 빅토리아 모레스코와 결혼까지 했다)에서 한 해에 벌어들이는 돈이 무려 60만 달러에 이르렀고, 그것도 모자라 그는 사업을 점차 확장해 업소를 200개까지 늘렸다.

그런 콜로시모도 어느 날 단검과 까만 손이 그려진 편지를 받기 시작했다. 그는 협박을 심각하게 받아들여 검은손에 도합 5천 달러를 내주었다가, 다른 수많은 상인들 그리고 죄 없는 희생자들과 마찬가지로 이러다간 얼마 안 가 파산하리라는 걸 깨달았다. 콜로시모는 자신이 속한 갱단에는 검은손에 대적할 이가 한 명도 없다고 판단했는지, 멀리 브루클린에서 사람을 물색했다. 거기서 법의 처벌을 하도 잘 피해가서 '면역된 놈'

이라는 별명으로 불리는 존 토리오를 찾아냈다.

토리오는 어렸을 때 뉴욕으로 이민 와 술집 출입구를 지키는 어깨로 일하다가 이런저런 폭력 조직으로 소속을 옮겨다녔다. 영리하고 터프한 토리오를 뉴욕 갱단 두목인 폴 켈리가 발탁해 외양을 개조하고(더 보수적인 스타일의 정장을 입혔다) 매너도 교정하고, 사업 조언까지 해주었다. 얼마 안 가 토리오는 고수익 사업을 굴렸다. 그러다 검은손의 타깃이 됐을 때 그는 아주 단순한 방법으로 문제를 해결했다. 검은손의 갈취 사업과 관련된 자는 전부 눈에 띄는 족족 처치한 것이다.

빅 짐에게서 연락을 받았을 때 토리오는 규모만 더 큰 똑같은 문제를 마주했음을 알았다. 자신보다 콜로시모가 훨씬 널리 알려지고 부유했기 때문이다. 일단 토리오는 시카고행 열차를 탔고, 콜로시모에게서 돈을 빨아내고 있는 갱들과 접선 약속을 잡았다. 토리오와 그의 부하들은 접선 장소에 수금원이 나타나는 족족 기관단총을 갈겨댔고, 다른 검은손 갱단들에게 보내는 경고 메시지로 시체를 길바닥에 버려두었다. 협박 건수는 눈에 띄게 줄었다. 토리오가 어찌나 일을 깔끔히 처리했는지 콜로시모는 그를 자신의 오른팔로 삼았다. 얼마 후 토리오도 당시 급부상하던 다른 조직원을 자기 팀에 영입해 개인 경호원으로 삼았다. 못생겼지만 매우 영민하며 비할 데 없이 냉혹한 전직 술집 어깨 출신으로, 이름이 알 카포네라고 했다. 검은손에 대항한 지하세계의 싸움이 어쩌다보니 악명 높은 시카고 폭력단원을 훗날 그의 제국이 될 곳에 데려다준 것이다.

✦ ✦ ✦

이런 저항 사례들은 이탈리아계 미국인이 타고난 용기의 불씨가 아직 완전히 꺼지지 않았음을 보여주었다. 하지만 이 사건들은 전국 각지에서 수개월에 걸쳐 산발적으로 일어난 개별 사건에 불과했다. 검은손 조직에, 존재 자체를 위협하는 도전이 되지는 않았다는 얘기다. 다 차치하고 검은손 피해자 가운데 자신이 살기 위해서라도 남을 아무렇지 않게 죽일 수 있는 사람은 그리 많지 않았다.

페트로시노에게는 다른 묘안이 있었다. 바로 조직적 저항이었다. 그는 이탈리아인끼리 한데 뭉쳐 수호 단체를 만들어 검은손과 맞서 싸우자고, 적어도 지난 2년간 줄곧 호소해오고 있었다. 1905년 9월 22일 타임스와의 인터뷰에서도 이렇게 말했다. "자경단을 조직해 이탈리아인 악당을 경찰 손에 넘기면 이탈리아계 이민자도 다른 시민만큼 안전하게 살 수 있을 테고, 자신들의 근면과 번영의 대가로 게으르고 쓸모없는 놈들에게 거액의 상납금을 지불하지 않아도 될 겁니다." 이제 그는 이탈리아인 공동체의 원로들을 찾아가 이 운동에 함께해달라고 읍소했다. 그러나 검은손에 대한 두려움은 구석구석 스며 있었고, 페트로시노는 번번이 아무 수확 없이 집에 돌아와야 했다.

1907년 초에는 이제 40명으로 늘어난 이탤리언 수사반도 그들 단독으로는 도저히 검은손을 제압할 수 없음이 분명해졌다. 비밀임무국은 페트로시노의 요청을 기각했다. 페트로시노가 보기에 이제 유일한 희망은 이탈리아계 미국인이 압제자에 대항해 스스로 일어서는 것뿐이었다.

하지만 그러기에는 시간이 충분치 않았다. 검은손에 대한 불안감이 미국 정계와 대중문화에 이미 시나브로 스며들고 있었다. 그 불안감이 집단 공황으로 폭발하기까지 얼마 남지 않아 보였다.

11장
전쟁

이탤리언 수사반의 활동은 날로 위험해졌다. 1907년 12월 28일,[1] 로코 카보네는 뉴저지주 킹즐랜드에 있는 어느 아파트의 계단을 천천히 올라가고 있었다. 거기에 니콜로 바난노라는 청년이 숨어 있다는 제보가 들어온 터였다. 바난노는 크리스마스 날 맨해튼에서 일어난 젊은 이탈리아인 이발사 살인 사건의 주요 용의자였다. 희생자는 명절 손님이 온 줄 알고 가게문을 활짝 열었다가 손님을 맞이하는 대신 가슴팍에 권총 한 발을 맞았다. 카보네는 이틀 전부터 잠복해 문제의 그 아파트를 감시해왔다. 이제는 도망자 체포를 목전에 두고 있었다.

카보네는 이탤리언 수사반에 들어온 지 얼마 안 됐는데 벌써 경위로 진급했다. 최근 젊은 신부를 맞이한 그는 아내와 아기를 데리고 로어 맨해튼 톰슨가 77번지 아파트에 보금자리를 꾸렸다. 바난노를 잡으면 수사반 총아의 이력에 한 줄 보탬이 될 터였다.

먼지로 얼룩덜룩한 햇살 몇 줄기가 머리 위 천창으로 들어와 계단을 비췄다. 그 빛 때문에 카보네가 감시중인 위쪽 계단에 그림자가 드리웠다. 어느 집에서 요리를 하는지 복도에서 양파와 프로슈토, 후추, 생마늘 냄새가 났다.

카보네는 가만히 서서 귀를 기울였다. 이윽고 계단 다음 칸에 한 발 딛고 올라가려는 순간 총성 두 발이 울렸다. 그가 눈치채지 못한 새 바난노가 권총을 들고 계단 맨 위에 웅크려 앉아 상대방이 사정권에 들어오기만을 기다리고 있었던 것이다. 카보네는 비명을 지르며 고개를 획 젖혔다. 얼굴에 총탄을 맞은 것이다.

총성을 들은 수사반 대원들이 아래층 잠복 위치에서 각자 튀어나와 황급히 계단을 뛰어올라갔다. 대원들의 쿵쿵대는 발소리가 위층에서 울리는 발소리와 뒤섞였다. 바난노가 천창을 향해 뛰어올라가고 있었다. 맨 위층에 다다른 그는 유리창을 열어젖히고 창틀을 넘더니 옥상을 가로질러 맞은편 비상계단으로 갔고, 덜컹거리는 비상계단을 타고 지층까지 뛰어내려갔다.

형사들이 쓰러진 카보네를 발견했을 때 그는 얼굴과 왼손에 피를 철철 흘리고 있었다. 바난노가 발포한 탄환이 비스듬한 각도로 카보네의 이마를 맞히고 얼굴을 사선으로 그은 뒤

손바닥을 관통했다. "나 신경쓰지 말고 가서 나한테 총을 갈긴 놈이나 잡아." 카보네가 동료들에게 말했다.

형사들은 일제히 추격전에 나섰다. 카보네는 다세대주택 계단을 천천히 내려가 건물 밖으로 나갔다. 그길로 간신히 기차역까지 이동했고, 거기서 뉴욕으로 후송되었다. 페트로시노가 종착역에서 그를 기다리고 있다가 근처 세인트빈센트 병원으로 데려갔다. 당시 카보네의 부모와 젊은 아내에게 페트로시노 자신이 직접 수사반에 영입한 당신네 자식이자 남편이 순직했다고 통보할 순간을 앞둔 심정이 어땠을지는 상상의 영역으로 남아 있다. 그러나 카보네는 운이 좋았다. 왼손의 신경 일부가 손상됐고, 의사들은 손가락을 예전처럼 사용하지 못하게 될지도 모른다고 말했다. 그러나 다행히 두부 부상은 심하지 않았다.

숲속에 고립된 채 좁혀오는 경찰의 포위망에 쫓기던 바난노는 총구를 자기 뺨에 대고 방아쇠를 당겼다. 하지만 목숨을 끊는 데 실패했고, 이탈리언 수사반은 곧 그를 체포해 수감했다.

바난노 같은 자의 체포가 이탈리언 수사반의 명성을 더욱 빛내주긴 했지만, 페트로시노는 그 정도로는 충분치 않다는 것을 잘 알았다. 이탈리언 수사반은 1907년에 이르러 활동 목표를 확장했다. 더는 갱단 두목들을 잡아들이고 갱단을 해체하는 정도로 만족하지 않았다. 이제는 검은손 협회를 낱낱이 해부하고 그들이 미국에서 벌이는 활동의 본질을 폭로하는 것을 목표로 삼았다.

3년간 수사한 끝에 페트로시노는 검은손 협회가 일종의 테러 단체 가맹 사업처럼 움직이면서 각 지부들이 나름의 계율에 따라 회원을 영입하고 입회식을 치르며, 목표물에 어떻게 접근하고 언제 폭력을 행사하며 어떻게 검은손의 명성을 지킬지 결정한다는 사실을 알아냈다. 모든 지부는, 아무리 규모가 작고 존재감 없어도, 검은손의 명성에 기대어 사업하는 셈이었다. 한 기자는 로버트 루이스 스티븐슨이 16세기 파리의 갱단들에 대해 쓴 문장을 통찰력 있게 인용했다. "오늘날 주식중매인들이 거액의 융자를 받기 위해 자기들끼리 연합 조직을 결성하듯, 서로 긴밀히 엮여 있고 때때로 모종의 심각한 사업을 위해 작당하는, 독립적으로 활동하는 악당들이다."² 꽤나 적확한 묘사였다.

이탤리언 수사반은 검은손 지부들이 서로 협력한다는 증거를 포착했다. 살인을 위해 다른 도시에서 "전문가"³를 영입하는 경우가 흔했는데, 경찰이 청부를 의뢰한 갱단과 청부살인범을 지목하기 어렵게 하기 위해서였다. 검은손 조직이 비방을 당하면 어느 한 지부가 조직의 명예를, 정확히는 불명예를, 지키려는 행동에 나섰다. 뉴욕주 웨스트 뉴 로셸에 사는 도나토 자릴로라는 사람이 어느 날 저녁 동네 술집에서 검은손을 "한껏 비웃으면서"⁴ 그 조직원들은 겁쟁이 쫄보이며 감히 자신을 위협했다간 다 죽여버리겠다고 거들먹거렸다. 이 이야기가 동네에 삽시간에 퍼졌고 며칠 후 자릴로는 뉴 로셸의 어느 길바닥에서 총을 맞아, 똑같이 치명상을 입은 동생과 함께 죽어가는 채로 발견됐다.

검은손은 전형적인 비밀 조직이었다. 조직원들은 조직의 가장 내밀한 가치를 절대 외부에 발설하지 않겠다고 맹세했다. 실제로 발설하는 이는 극히 적었다. 서약은 피초타라는 의식에서 이루어졌다.[5] 이 의식에 참여해본 한 조직원이 그 절차를 상세히 묘사했다. 조직원들은 비밀 장소에서 만나는데, 먼저 가져온 무기를 전부 한곳에 꺼내놓고 한 사람이 보초를 선다. 나머지는 둥그렇게 둘러서서 양옆 사람과 팔짱을 낀다. 신입 회원에게 그 원의 한가운데가 "여기서 말하는 모든 것이 영원히 묻히는" 심연을 상징한다고 설명한다. 조직의 우두머리가 기이한 방언으로 구호 혹은 주문 같은 것을 왼다. 이어서 조직원들이 서로의 뺨에 입을 맞춘다. 신입이 카메리스토, 즉 정회원으로 입회하는 경우라면, 원 한가운데에 단검 다섯 자루를 끝이 바깥을 향하도록 놓는다. 검 끝만 내놓고 자루는 손수건으로 덮는다. 이걸로 제비뽑기를 해 가장 짧은 검을 뽑은 사람이 소매를 걷고 맨팔을 내민다. 다 같이 "유대 신비교 주문 같은 것"을 외면서 그 사람의 팔을 칼로 그으면 신입 회원이 상처에서 흘러나오는 피를 마신다.

페트로시노는 살해 방식으로 갱단을 식별하는 법을 알아냈다.[6] 어떤 갱은 시체에 파란 띠를 둘러놓았다. 어떤 갱은 상대를 13번 찔러 죽이고, 또 어떤 갱은 21번 찔러 죽였다. 또다른 갱은 희생자의 몸통에 매번 똑같은 패턴으로 상처를 냈다. 타깃의 가족을 납치하는 것은 이제 익숙한 수법으로 자리잡아 이탤리언 수사반도 가볍게 보지 않게 되었다. 세퀘스트라조네, 곧 '가압류' 수법인데, 이는 빚을 청산할 때까지 재산을 몰수하는 행위를 뜻하는 법률 용어다. 또다른 흔한 수법은 '죽음의 감시'로, 검은손이 제거 대상으로 정한 사람에게 밤샘 감시를 붙이는 것이다. 각각의 단계가 해당 사건이 현재 어디까지 진행됐는지 알려줬기에, 때로 수사반은 검은손의 다음 움직임을 예측할 수 있었다.

그런가 하면 도시형 상형문자인가 싶은 표시도 이용됐다. 얼굴을 가로질러 난 상처 프레조는 그 사람이 첩자라는 뜻이었다. 귀가 잘린 시체는 희생자가 들어서는 안 될 얘기를 들었다는 뜻이었다.[7] 희생자가 혀가 잘린 채 발견되면, 경찰한테 밀고한 자라는 뜻이었다.[8] 코가 없다? 이는 트로파 비르카에 해당했는데, 남의 일을 캐묻고 다닌 자라는 뜻이었다(트로파troppa는 '너무 많이'라는 뜻이다. 비르카bircca는 어원이 불분명한데, 어쩌면 시칠리아 방언이 섞인 단어일 수 있다).[9] 한 맨해튼 갱단은 짚을 모으는 데 사용하는 날카롭고 끝이 휜 갈고리로 희생자의 얼굴을 입부터 한쪽 귀까지 찢어놓았다.[10] 이탤리언 수사반이 범인을 체포한 뒤 피해자에게 고소 신청을 하라고 하자, 피해자는 자기 뺨의 초승달 모양 흉터를 가리키며 페트로시노에게 말했다. "이번에는 놈들이 여기를 그었지요. 형사님 말대로 제가 고소를 하면 놈들은 여기를 그을 거예요." 그러면서 그는 손가락으로 자기 목을 그어 보였다. 결국 그는 고소장을 접수하지 않았다.

현대적으로 변주한 수법도 더러 있었다. 브루클린의 한 검은손 갱단은 어느 제빵사의 오븐을 마음대로 사용할 수 있었다.[11] 살인죄를 적용하려면 시체가 있어야 한다는 걸 알고서는 살인을 저지른 다음 희생자 사체를 재와 뼈만 남을 때까지 오븐에 구워버렸다. 이탤리언 수사반의 한 대원은 이렇게 증언했다. "브루클린 지역에서 아침에 갓 나온 빵이 화장용 불에 구워진 것일 때가 많았어요." 이 갱단이 일을 저지를 때마다 이탤리언 수사반은 그들이 구워 없애버리기 전에 시체를 찾으려고 서둘렀다.

수사반은 검은손이 보내는 편지의 문구를 해독하는 데도 공을 들였다. 검은손의 편지는 거의 항상 정해진 형식을 따랐다. 첫번째 편지에서 그들은 상대방에게 특정 장소로 몸값을 가져오라고 지시한다. 조직원들은 타깃을 감시만 하고 접선은 하지 않는다. 그래놓고 두번째 편지에서 타깃이 어디에 갔고 무엇을 했는지 정확히 묘사해, 24시간 감시당하는 인상을 주며 두려움을 극대화한다. 두번째 편지에서 그들은 먹잇감에게, 당신 대신 협상해줄 수 있을지 모르는 '친구'에게 도움을 청하라고 한다. 페트로시노가 알아낸 바에 따르면 거의 모든 경우 문제의 그 친구는 실제로는 검은손 일당으로, 조직원들이 기소당하지 않게 보호하는 '차단기' 역할을 했다. 페트로시노는 전국의 경찰에 이러한 수법을 알렸고, 경찰은 이 정보를 활용해 한창 진행중인 검은손 조직과의 싸움에서 전술을 수정했다.

검은손에 대한 페트로시노 형사의 통찰은 그의 광범위한 경찰 인맥과 신문 기사를 통해 전국 구석구석으로 퍼졌다. 형사를 만나려는 매체가 워낙 많아서, 기자들은 때로 인터뷰 기사를 통째로 지어내 발행하기도 했다. 그래서 페트로시노는 인터뷰 요청을 한 적도 없는 기자가 자신에 대해 구구절절 쓴 장편 기사를 읽은 적도 있었다. 어찌됐든 그에게는 미국의 모든 삼류 글쟁이에게 일일이 검은손 조직의 오묘한 내부 실상을 설명해줄 시간이 없었다.

이렇게 대단한 명성에도 불구하고 1907년 초부터는 페트로시노가 초반에 쌓은 성공의 후광도 슬슬 꺼져갔다. 이탤리언 수사반은 증원은 됐으나 뉴욕으로 쏟아져 들어오는 엄청난 수의 이민자와 거기 묻어오는 범죄자를 감당하기엔 역부족이었다. 그 무렵 뉴욕은 피로 흥건히 물들었다. "오늘 저녁 1번 애비뉴에서는 국경도시 저리 가라 할 만한 살인이 벌어졌다."[12] 워싱턴 포스트 1907년 1월 26일자 기사다. 검은손과 그들에게 타깃이 된 사람이 총과 면도칼로 서로를 쏘고 난자한 사건이었다. 피해자는 48번가와 2번 애비뉴에서 자신이 쫓던 자를 발견하고 60미터 거리에서 총을 발사했다. 총알은 검은손 조직원의 골반을 맞혔고 조직원은 핑 돌면서 아스팔트 바닥에 쓰러졌다. 행인들이 입을 쩍 벌리고 쳐다보는 가운데 두 남자는 피를 철철 흘리며 1번 애비뉴를 따라 북쪽으로 내달렸다. 다음 모퉁이에서 쫓기던 자가 어깨 너머를 흘끔 돌아봤고, 그 틈을 노려 쫓던 자는 총으로 상대방 머리를 명중시켜 그를 쓰러뜨렸다. 당시에는 이런 광경이 드물지 않게 펼쳐졌다.

그해 8월,[13] 뉴욕 시경의 형사들은 용의자 일렬 세우기를 할 때 검은손 조직원에게 얼굴이 노출되지 않도록 마스크를 쓰라는 지시를 받았다. 10월에는 뉴욕 한 블록을 단숨에 날려버릴 정도로 강력한 다이너마이트를 외투 안에 숨긴 검은손 조직원 한 명이 브루클린에서 칼에 찔려 숨진 채 발견됐다. 12월에는 검은손이 리빙스턴가 5번지의 다세대주택 한 채를 불태웠다.[14] 안에 있던 16가구는 목숨만 부지한 채 겨우 탈출했다. 시카고의 한 시민 단체가 경찰서장에게 우려 섞인 전보를 보냈다. "뉴욕은 전례없이 범죄 폭증을 겪고 있습니다. 그런데 대부분이 외국 비밀 조직원에 의한 암살과 협박, 외국인이 여자와 어린 소녀들을 대상으로 저지르는 폭행입니다…… 명백히 경찰의 통제를 벗어난 것으로 보이는 이 상황을 타개할 최선의 방법이 뭐라고 보시는지 밝혀주시겠습니까?"[15]

이탤리언 수사반도 몇 차례나 사무실을 옮겨야 했다. 수상쩍은 이탈리아인 남자들이 수사반 본부 근처에서 얼쩡거리는 것이 목격됐기 때문이다. 수사반의 활동을 감시하고 있던 게 틀림없었다. 페트로시노 형사는 매분 매초 죽음의 위기 속에서 살아갔다. 매일같이 너는 네 일 때문에 죽을 거라고 협박하는 편지가 왔다. 당시 한 기자는 페트로시노가 형사로 재직하는 동안 받은 협박 편지가 수천 통에 달하며 살해 음모의 타깃이 된 적은 수백 번에 달할 거라고 추산했다. "이렇게 상상력이 없어서야."[16] 어느 날 페트로시노는 한 통의 협박 편지를 읽으면서 친구에게 중얼거렸다. "매번 똑같은 내용으로 보낸단 말이지." 그는 편지를 보관하지 않고 항상 쓱 훑어본 후 던져버렸다.

미심쩍은 조우도 여러 번 있었다. 페트로시노는 맨해튼 거리에서 모르는 사람과 스쳤던 때를 회상했다. 그 사람은 형사를 흘끔 보고 그냥 지나갔지만, 형사는 그가 암살범임이 틀림없으며 마지막 순간에 실행할 용기를 잃었을 거라는 이상한 기분에 사로잡혔다. 형사는 길거리를 다닐 때 스미스 앤드 웨슨 38구경을 주머니에 숨기고서 언제든 즉시 쏠 수 있게 방아쇠에 검지를 걸고 다녔다.

한번은 어느 기자가 당시 작성중이던 기사의 세부 사항을 확인하려고 페트로시노가 사는 찰스가의 아파트에 들렀다.[17] 상당히 늦은 시간이었고, 기자는 아파트 1층 어두컴컴한 복도에서 형사가 귀가하기를 기다렸다. 문득 현관 쪽을 돌아본 그는 현관에 홀로 들어서는 페트로시노 형사의 거구를 알아봤다. 기자는 벽에 기대고 있어서 완전히 그림자에 가려져 있었다. 형사가 복도로 들어서서 계단 쪽으로 다가왔을 때 기자는, "이 남자가 오래도록 이탈리아인 범죄 세계가 차곡차곡 적립한 복수심에 대비해 경계심을 최대치로 올린 채 사는 것을 미처 고려하지 못하고" 페트로시노의 이름을 불렀다. 그러자, 기자가 회상하기를, 페트로시노가 뒤로 물러나는 대신 앞으로 펄쩍 달려들었는데, 움직임이 너무 빨라서 기자가 뭐라 말할 틈도 없었다. 형사는 엄청난 힘으로 기자를 벽에 밀어붙였고, 기자는 숨이 콱 막히는 걸 느꼈다. 뒤늦게 겨우 숨을 고르고 자기 이름을 외쳤더니 형사가 즉시 그를 놔주었다.

"페트로시노는 웃지 않았다." 기자가 그때 일을 전했다. 형사는 그저 고개를 끄덕이고 기자에게 이렇게 말했다. "드디어 올 것이 왔구나 했지요. 언젠가는 정말로 그렇게 되겠지."

✦ ✦ ✦

폭풍 같았던 그해 내내 페트로시노와 빙엄 청장에게 가해지는 압박은 점점 강도가 높아졌다. 뉴욕 트리뷴은 다른 방법이 다 실패했고 이 방법만이 "미래를 위한 유일한 희망"이라며 "속히 이탈리아인을 강제 추방"[18]하라고 촉구했다. 이탤리언 수사반이 뉴욕을 이 잡듯 뒤지며 검은손 조직원들을 검거하고 나머지도 위협해서 쫓아버렸지만, 어쩐 일인지 한 명 잡아들일 때마다 세 명이 새로 조직에 가입하는 것 같았다.

8월 20일, 검은손이 또 한 차례 도시를 뒤집어놓자 빙엄 장군이 특단의 조치를 취했다. 그는 이탤리언 수사반 형사 두 명, 프랭크 보난노와 펠릭스 데마르티니를 한 계급 아래로 좌천시키고 연봉을 2천 달러에서 1천4백 달러로 감봉해 뉴욕 주민들에게 충격을 안겼다. "나는 경찰이 검은손 사건 수사에서 괄목할 성과를 거두기를 기대하고 있습니다."[19] 빙엄이 기자단에 설명했다. "그러니 수사가 변변치 않게 이루어진 게 드러나면 반장들의 머리가 날아갈 수밖에요." 보난노와 데마르티니는 브롱크스에 사복 경찰로 파견되었다. 이 둘은 페트로시노가 데리고 있던 최고의 대원이었다.

그러면서 빙엄은 굳이 자기편에 대한 지지를 공개적으로 천명했다. 언젠가 기자들에게 이렇게 말하기도 했다. "제가 수사반을 위축시키려 이러는 거라고 오해하진 마십쇼. 페트로시노 경위와 그가 이끄는 이탈리언 수사반은 지금까지 아주 잘해 줬으니까요."[20] 하지만 수사반의 성공이 부수적 문제를 야기한 건 사실이라고 덧붙였다. 예를 들면, 수사반 일원들이 이탈리아 이민자 거주지에서 너무 유명해져 임무 수행중 정체가 들통나는 바람에 수사에 지장을 초래한 적이 종종 있었다. 그러나 검은손이 설치는 동네들은 여전히 비이탈리아계 경찰에게는 "이질적이고 침투 불가한" 지역으로 남아 있었고, 이로 인해 뉴욕 시경에 접근 불가인 구역이 생기고 말았다.

검은손의 마수는 미국에서는 성역인 야구계마저 침범했다. 1907년 8월 18일,[21] 시카고 컵스의 감독 겸 주장 프랭크 찬스가 뉴욕 자이언츠와의 경기를 앞두고 어퍼 맨해튼에 있는 폴로 그라운즈 경기장에 도착했다. 그런데 앙상한 손과 "맹수 발톱 같은 손가락" 그림이 서명란을 장식한 편지 한 통이 그를 기다리고 있었다. "선생님," 편지는 이렇게 시작했다. "댁네 클럽은 1907년 또다시 뉴욕에 우승기를 빼앗지 말아야 합니다. (…) 자이언츠가 올해 우승하게 내버려두지 않으면 검은손 갱단이 방문할 겁니다. (…) 열차 사고를 위장해 당신네 선수들에게 폭탄을 사용할 겁니다. (…) 우리는 자이언츠에 모든 걸 걸었거든요. 진심을 담아, 검은손." 경찰은 앞뒤 안 맞는 문법을 보아 분명 자이언츠 팀의 열성팬이 글을 거의 쓸 줄 모르는 이탈리아

인인 척하며 쓴 것이라는 가설을 세웠다. 자이언츠 팬들에게
는 애석하게도 협박은 대실패였다. 자이언츠는 시카고 컵스에
24게임 반이나 뒤진 채 전체 4위로 내셔널 리그를 마감했다.
몇 달 후에는 브루클린 슈퍼바스(브루클린 다저스의 전신)의 스
타 투수인 조지 나폴리언 '냅' 러커가, 내셔널 리그의 다른 팀
들에 일부러 경기를 져줬다고 비난하면서 당신은 곧 암살될 거
라고 경고하는 편지를 받았다. "말도 안 되는 비난이에요." 그
의 팀 감독이 말했다. "하지만 그거랑 관계없이, 이런 편지가 선
수에게 도움될 리는 없죠."

　실제로 도움이 되지 않았다. 러커는 협박 편지를 받고 처음
등판한 8월 17일 신시내티 레즈와의 경기에서 공을 던지는 내
내 얼어붙어서 5회 내리 안타 12개를 내주고 말았다. 브루클린
은 5 대 0으로 졌다.

　일상에 드리운 공포에 이탈리아인들은 무겁게 침잠했다. 한
디트로이트의 사제는 이민자들이 "미국인에게 혐오받는 기분
에 사로잡혀 살아가고 있다"[22]고 지적했다. 줄곧 존재해온 이탈
리아 남부 출신과 북부 출신 이민자들 사이의 분열도 더 선명
해졌다. "시칠리아인은 피에 굶주려 있습니다."[23] 이탈리아 북부

출신 여성 200명이 서명해 맨해튼 검시관에게 보낸 탄원서에는 이렇게 적혀 있었다. "툭하면 배신하고, 훔치고, 위압적으로 굴고, 원한에 차 있고, 거짓말하고, 화폐 위조까지 합니다. 검은손에나 어울릴 법한 사람이지요. 협박도 일삼습니다. 여기저기 다이너마이트를 터뜨리고 다니고, 천성은 또 얼마나 비겁한지요. 그러니 정부가 평화를 원한다면, 미국이 잠잠해지길 원한다면, 시칠리아에서 들어오는 이민을 억제해야 합니다."

한줄기 희망이 있다면 그것은 페트로시노가 오래전부터 가리키던 방향에서 시작됐다. 수년째 페트로시노는 이탈리아계 미국인에게 용기를 내고 서로 힘을 합쳐 검은손에 대항하라고 격려해왔다. 그런데 실제로 그런 일이 다름 아닌 시카고에서 벌어지고 있었다. 지역의 '저명한 이탈리아계 미국인'들이 11월 17일 로티 홀에서 모임을 주최했다. 천 명이 넘는 내빈이 '화이트 핸드' 협회의 창립을 목도하고자 모임에 참석해 홀을 꽉 메웠다.

예정된 시각,[24] 시카고 주민 스티븐 말라토가 웅성대는 남자들의 목소리를 뒤로하고 단상에 올랐다. 말라토는 밀라노와 시칠리아, 칼라브리아, 캄파니아 지역에서 온 청중이 출신별로 무리 지어 제각각 다른 방언으로 떠드는 모습을 잠시 내려다보다가 손짓으로 좌중을 침묵시켰다. "우리는 한 달 내로 검은손을 싹 몰아낼 겁니다!" 그는 이런 말로 연설의 문을 열었다. "우리가 협박범들의 유죄를 결정지을 충분한 증거를 내놓을 것이고, 그러면 이 지긋지긋한 국면도 끝날 겁니다." 그러더니 그는 화이트 핸드 협회의 사명을 담은 선언문을 낭독했다. 이탈리아인 공동체가 품은 두려움과 희망에 호소하는 선언문이었다. 연회장에 모인 남자들은 검은손이 조장한 "불가사의와 공포가 짓누르는 작금의 사회 분위기를 바꿀 것"이며 "미국 대중의 여론에서 선입관과 편견을 지우겠"다고 맹세했다. 범죄와 싸울 뿐 아니라 이탈리아인의 명예를 회복하기 위해 연대하여 노력할 것 또한 맹세했다. "휴전 없는 전쟁" 그리고 "자비 없는 전쟁"[25]이 그날 밤 회원들이 가슴에 똑똑히 새긴 화이트 핸드 협회의 소명이었다.

이탈리아인 변호사, 상인, 의사, 은행가가 화이트 핸드 협회에 가입하겠다고 줄을 섰다. 굵직한 계획들이 잡혔다. 5만 달러 규모의 군자금 마련이 약속됐고, 그중 만 달러는 현장에서 기부를 서약받았다. 시카고의 범죄자들을 추적해 잡아들일 형사를 최소 천 명 이상 채용하고 훈련하는 비용도 화이트 핸드가 대기로 했다. "비밀 요원"이라고 명명된 이 자리에 단 며칠 만에 지원자 500명이 몰렸다. 일단 후보가 뽑히면 그들이 한시라도 빨리 일에 착수할 수 있도록, 운영위원회는 검은손 갱단 보스 11명의 명단을 추렸다. 이 11명에 대한 기소장이 나오기 전까지, 화이트 핸드 협회가 그들 집에 24시간 감시를 붙여주기로 했다.

스무 명이 선서를 하고 요원보가 되면서, 이 검은손 추적단에 조금은 당혹스러운 구성원들이 추가되었다. 이들은 평범한 형사는 아니지만—행상인, 상점 점원, 인부도 있었다—열의만은 누구보다 뜨거워서 당장이라도 일에 뛰어들려 했다. 실제 시카고 경찰 국장마저 요란스럽게 지지의 뜻을 밝히면서, 시카고 경찰보다 화이트 핸드 협회가 검은손 갱단을 더 잘 잡아들일 거라고 장담했다. 시카고 신문들은 번지르르한 찬사로 도배한 사설을 게재했고, 그 기사들은 전국 각지에서 인용 게재되었다. 그 결과 이탈리아 이민자 공동체는 자신들이 "문명국가에 보금자리를 내어줄 가치가 없는 범죄자, 겁쟁이, 정의 실현의 방해꾼"[26] 취급을 당하는 기분을 더이상 느끼지 않게 되었다고, 한 작가는 전했다.

도시와 마을 규모를 막론하고 전국 곳곳에서 모방 단체가 곧장 생겨났다. 1908년 1월 22일 펜실베이니아주 뉴캐슬 지역의 이탈리아인이 연합해 가톨릭보호협회를 결성했다. 펜실베이니아주 카본데일과 레딩에서도 여러 조직의 창설이 논의되거나 실현되었다. 그 밖에 웨스트버지니아주 클라크스빌, 매사추세츠주 브록턴, 뉴올리언스와 볼티모어, 그 외 수많은 지역에서 비슷한 움직임이 일었다.

피츠버그에서는 화이트 핸드 협회가 결성되는 즉시 조직원들이 적에 맞서 무기를 들었다. 양측은 철길이 구불구불 뻗은 철도차량 기지에서 화물열차와 까만 연기를 내뿜는 기관차를 요리조리 피해가며 대치했다.[27] 이윽고 총격전이 벌어졌다. 검은손과 화이트 핸드는 전차 뒤에 숨어 있다가 고개를 빼꼼 내밀고 적의 위치를 살핀 후 발포했다. 전투는 도시 세 블록을 무대 삼아 펼쳐졌고 탄환 수백 발이 발사됐다. 화이트 핸드 조직원 한 명이 총에 맞아 쓰러졌고, 두 명이 총 쏜 자를 추격하러 선로 경계를 이루는 자갈밭에서 미끄러지고 넘어져가며 달렸다. 마침내, 필립 레이라는 자로 밝혀진 검은손 단원을 따라잡아 사살했다.

다른 승전보들도 뒤따랐다. 탄광 사업으로 번창했지만 검은손이 지역 행정부를 장악하다시피 한 "헬타운" 힐스빌에서는,[28] 지역 경찰이 자력으로는 도저히 검은손을 막을 수 없다고 시인하자 곧 핑커턴 탐정 회사의 프랭크 디마요가 소환됐다. 디마요 요원은 미국철강종합회사 정보원들과 접선해—힐스빌에서 채석되는 석회암이 철강회사 용광로에 들어가는 주요 원료였다—페트로시노가 뉴저지주 패터슨에서 무정부주의 조직에 침투할 때 쓰던 수법을 그대로 써먹기로 했다. 디마요와 다른 형사 몇 명이 이탈리아 이민자로 변장한 채 뉴욕항 밖에서 승선해 엘리스섬에 들어갔다. 그들은 이민 수속을 통과해 힐스빌로 이동했고, 거기서 디마요는 곧 검은손 갱단과 맞닥뜨렸다. 겁 모르고 배짱 두둑한 디마요는 곧바로 검은손에 입단해 얼마 안 가 일단의 부하를 거느리게 되었다. 그렇게 몇 달간 철저히 잠입 수사를 진행한 끝에 덫을 놓았다. 어느 날 오후, 급여 봉투를 나눠주는 작은 건물로 지친 몸을 끌며 들어간 광부들은 경리 사무실 창 옆에 서 있는 낯선 남자를 발견했다. 낯선 사내는 검은손 일당으로 추정되는 용의자가 들어갈 때마다 급여에 문제가 생겼으니 뒷방으로 들어가보라고 넌지시 일렀다. 그럼 뒷방에 숨어 있던 요원들이 용의자를 덮쳐 수갑을 채웠다.

이 수법은 완벽히 먹혀들었다. 검은손과 결탁한 한 여자가 광부 몇 명이 뒷방으로 들어가기만 하고 나오지는 않는다는 걸 알아채기 전까지는. 여자는 상황을 알리려고 갱단의 아지트로 달려갔다. 그런데 여자가 건물로 들어가려는 순간 근처 철로 측선으로 유개화차 한 대가 들어오더니 문이 드르륵 열리고 경관들이 쏟아져나왔다. 경찰은 건물을 포위하고, 체포한 용의자 아홉 명을 차례로 데리고 나왔다.

이 대담한 기습으로 하루아침에 검은손 갱단 하나를 완전히 소탕했다. 이번 일로 사립 탐정과 경찰, 검찰, 이탈리아인 목격자들이 연합하면 그 지역에 단단히 뿌리내린 검은손 조직도 얼마든지 해체할 수 있다는 희망을 주는 듯했다. 물론 힐스빌은 맨해튼과 전혀 다른 동네였지만, 어쨌든 작전 공식은 먹혀들었다.

그해 연방 정부가 드디어 검은손과의 싸움에 필요한 도구를 쥐여주었다. 본국에서 범죄 전과가 있는 이민자는 미국 입국 후 3년까지 체포 및 강제 추방이 가능하도록 한 조항을 1907년 이민법에 넣은 것이다.

1908년 새해가 밝았을 땐 마침내 뉴욕의 이탈리아인들도 대의에 합류했다. 합류 선언은 파크 로 178번지 볼레티노 홀에서 열린 "요란뻑적지근한"²⁹ 집회에서 낭독되었다. 회장을 꽉 메운 군중을 앞에 두고 이루어진 이 집회에서 이탈리아 자경수호단이 창설되었다. 시끌벅적한 저녁 내내 참석자들이 줄줄이 연단에 올랐고, "오직 라틴계 인종만 소화할 수 있는 떠들썩함과 요란한 몸짓을 가미한 열정적 연설로" 그 자리에 모인 남자들에게 분연히 일어나 싸울 것을 촉구했다. 검은손에게는 저주를 외쳤고, 이탈리아 민족에게는 영광을 돌렸다. 연사들이 이렇게 열정을 토해내면 구두닦이와 행상인, 소상인은 어깨를 부딪다가 경쟁하듯 "비바!"와 "베네!" 같은 추임새를 외쳐댔다. 그날 밤 300명이 수호단 회원 명부에 이름을 올렸다.

드디어 이탈리아인 공동체가 일제히 "폭력 조직의 행각에 모든 포열을 열어젖히려"³⁰는 것처럼 보였다고 트리뷴은 전했다.

그해 3월 11일에는 회원 수가 몇천 명으로 불어났다. 사상 처음으로 맨해튼의 선량한 이탈리아계 미국인들이 검은손에 대항하고자 일정 수준의 화력을 갖춘 부대를 결집시켰다. 뉴욕의 평범한 이탈리아인들이 드디어 페트로시노의 요청에 화답한 것이다.

12장
역풍

　1907년이 막을 내리기 전 페트로시노 형사의 인생을 바꿀
또다른—슬프지만 어떤 면에서는 반가운—소식이 들려왔다.
페트로시노의 친구이자 그가 사랑하는 여인의 부친인 빈센조
사울리노가 새해가 밝기 직전 세상을 뜬 것이다. 사울리노의
딸 아델리나가 아버지의 죽음을 어떤 심정으로 맞았는지 밝힌
적은 없지만, 효심 깊고 애정 넘치는 딸이었으니 크게 상심했
으리라 짐작된다. 그렇지만 사울리노의 죽음은 한 가지 희망을
가져왔다. 마침내 아델리나가 사랑하는 남자와 자유롭게 결혼
할 수 있게 된 것이다.
　페트로시노가 처음 청혼한 게 언제였는지는 분명치 않다. 그
가 미국 경찰 사상 이탈리아인 최초로 경위로 진급하고서 승
진을 기념할 겸 사울리노의 레스토랑을 찾은 1906년 11월이

었을 거라는 얘기가 있다. 그보다 훨씬 전이었다는 주장도 있다. 한 언론은 그 시점에 둘이 사귄 지 10년은 족히 됐다고 보도하기도 했다. 하지만 페트로시노가 아델리나에게 어떤 말로 청혼했는지에 대해서는 모든 출처의 내용이 일치한다. "당신도 분명 몹시 외로울 거예요. 우리 둘은 잘 지낼 수 있을 거예요."[1] 놀랍도록 진부한 말이지만, 당시 페트로시노는 마흔일곱 살이었다. 그로서는 그저 있는 그대로를 덤덤히 말했을 뿐이었다. 어쨌거나 그와 아델리나 둘 다 외로운 뉴욕 체류자였으니까.

아버지가 돌아가신 마당에 아델리나는 그간 아무도 모르게 구상해온 세세한 결혼식 계획을 백지화했다. 대신 두 사람은 모트가에 있는 구舊 세인트패트릭 성당에서 조용히 작은 예식을 올리기로 했다. 모든 일을 비밀스럽게 처리하는 성향은 여전해서, 페트로시노는 거의 아무에게도 결혼을 알리지 않았다. 그런데도 두 사람의 결합 소식은 새어나갔다. 이탈리아 이민자 거주지는 한껏 들떴다. 이브닝 선이 "멀버리가, 흥분에 휩싸이다"[2]라는 헤드라인으로 결혼 소식을 보도했다. "지난 몇 주간 페트로시노 씨 부부의 친구들 사이에 이야기가 돌았지만 두 사람 다 결합 사실을 부인해왔다." 그러더니 1908년 1월 6일 월요일, 페트로시노는 시경 본부에서 슬쩍 빠져나와 몇 걸음 안 떨어진 세인트패트릭 성당으로 갔다. 거기에 신부와 신부의 오빠 부부, 양가 친척들, 축하해주려고 달려온 지인들이 기다리고 있었다. 모트가가 아일랜드계 이민자 거주지였던 시절을 기억할 정도로 나이 지긋한 몬시뇨르(가톨릭 고위 성직자를 부르는 존칭—옮긴이) 마이클 J. 라벨이 결혼 미사를 주재했다. 빙엄 경찰청장도 참석해 벗겨진 머리와 팔자 수염 아래 환한 미소로 자리를 빛내주었고 이탤리언 수사반 대원도 전원 참석했다. 무자비하기로 유명한 페트로시노 형사도 그날만큼은 부드러운 면모를 보였는데, 그 모습에 가장 놀라고 좋아한 사람들은 동료 경찰들이었다.

그동안 페트로시노는 연애라고는 일절 모르는 사람으로 알려졌는데 이제 보니 최악의 조건에서 남모르게 오랫동안 구애를 해온 듯했다. 결혼 소식은 순식간에 멀버리가 300번지에 쫙 퍼졌고, 이튿날인 화요일 아침 형사들과 순경들은 그날의 주인공이 출근하기를 엉덩이를 들썩이며 기다렸다. 엄숙한 표정의 페트로시노가 사무실에 들어선 순간 그들은 일제히 기립 박수를 보냈다. "조에게 축하 세례가 쏟아졌다."[3] 이브닝 선이 보도했다. 우즈 부청장과 경감들, 신참 경관들까지 페트로시노의 등을 두드려댔다. "(그는) 얼빠진 채 어린애처럼 얼굴을 붉혔다."

페트로시노는 행복에 겨워했다. 친구들도 덩달아 기뻐했다.

부부는 페트로시노의 사무실에서 1.5킬로미터 떨어진 라파예트가 233번지에 살림을 차렸다. 아델리나가 전업주부로 집안을 돌봤고, 오빠 부부가 바로 위층으로 이사왔다. 소박한 신혼집이었다. 아델리나는 뉴욕에서 "제일 유명하고 제일 미움받는 경찰관"과 결혼해 산다는 게 어떤 건지 곧 뼈저리게 알게 되었다. 페트로시노는 아내에게 행여나 창에 비친 실루엣이 암살범들 눈에 띄지 않도록 항상 블라인드를 쳐놓으라고 조용히 일렀다. 아델리나는 매일 우편물을 뜯을 때마다 청구서와 초대장 사이에서 단검과 관 그림으로 장식한 살해 협박 편지를 발견하곤 했다. 페트로시노는, 자신은 그런 편지를 몇 년째 받고 있지만 아직 멀쩡히 살아 있지 않느냐고 아내를 안심시켰을 것이다. 속으로 어떤 걱정을 품었건 아델리나는 지친 하루 끝에 귀가한 페트로시노를 위해 늘 따뜻한 저녁식사를 준비해놓았다.

다소 늦은 감이 있지만, 페트로시노는 마침내 그가 꿈꿔온 가정을 꾸렸다.

페트로시노의 개인사가 더없이 잘 풀린 것과 반대로, 검은손과의 전쟁은 좀처럼 진전이 없었다. 공식적으로 전쟁을 선포한 지 5년째인 그해는, 검은손이 최악으로 발광한 요전 몇 개월을 능가하는 악랄함을 보여준 끔찍한 해가 될 터였다. 1905년이 납치로 악명 떨친 해였다면, 1908년은 폭탄 테러로 점철된 해가 되었다.

맨해튼에서는 이제 매주, 심하면 매일 폭발 굉음이 울려댔다. 2번 애비뉴와 이스트강 사이, 남쪽으로 11번가에서 북쪽으로는 14번가까지로 구획된 이탈리아인 이민자 거주지에서 폭발이 어찌나 빈번했는지 이탤리언 수사반은 그곳을 "폭탄 구역"[4]이라고 불렀다. 하지만 실상 이탈리아계 미국인이 사는 곳은 어디도 안전하지 않았다. 브루클린의 한 식료품점에서 또 한 차례 폭발이 일어난 후, 취재차 그 동네에 나갔던 한 기자는 "이탈리아인 대다수가 터놓고 말도 못할 정도로 극도의 두려움에 사로잡혀 살아간다"[5]고 전했다.

멀버리가 300번지 뉴욕 시경 본부 주변의 건물도 다수 파괴됐고, 고풍스러운 본부 건물에서 근무하는 경관들도 주기적으로 일어난 폭발에 벽과 바닥이 진동하는 것을 느꼈다. 빙엄은 멀버리가 300번지 건물 옥상에서 "공식 옥상수"[6]를 키우고 있었다. 그런데 근처 엘리자베스가에서 3월 2일 일어난 폭발의 여진으로 나무가 흙에서 완전히 뽑혀나갔다.

피해 규모는 다달이 커져갔다.

2월 5일:[7] 엘리자베스가 254번지에 설치된 강력 폭탄이 터지면서 샹들리에가 육중한 바닥을 뚫고 두 층 위까지 날아감.

2월 20일:[8] 뉴저지주 페어뷰에서 폭탄이 터지면서 집 한 채가 통째로 공중에 날아가 이웃집 마당에 내동댕이쳐짐. 맨 위층에 새로 입주한 세입자는 머리 위쪽 부분이 깨지면서 현장에서 즉사함.

3월 1일:[9] 리틀 이틀리의 치즈 수입상 사무실에서 가공할 위력의 폭탄이 터지면서 업장 전면이 "문지방부터 천장까지" 완전히 뜯겨나감.

3월 23일:[10] 모트가 재떨이 통에서 '지옥의 장치'(시한폭탄을 일컫는 옛날식 표현―옮긴이)가 폭발해 남아 한 명이 사망하고 다른 아동 다섯 명 중상 입음.

12월 9일:[11] 검은손 조직원이 63번가 이스트 320번지 4층짜리 다세대주택 옥상에 올라가 천창을 열고, 도화선에 불붙인 폭탄을 통풍 공간으로 던져넣음. 폭탄은 반쯤 내려가다 터져 벽을 부수고 아홉 명에게 심각한 중상을 입힘. 목표물은 은행가 조반니 코주시였으며, 3년 전 그의 아들이 납치된 바 있음. 코주시는 아들이 납치된 이래로 줄곧 고난을 겪어옴. 그가 소유한 다세대주택에서 아이들이 유괴되고 그가 임대한 집에 살던 남자들이 살해됨. 소유한 건물 여러 채에 방화가 일어났으며, "집 복도에 등유가 발라져 있었다"고 소방관들이 증언함.

폭탄 테러에 대응하고자 페트로시노는 뉴욕 시경 폭발물 범죄 전담반을 창설했다. 미국에서 최초로 생긴 폭발물 대응팀이었고, 이 전담반은 이후로 오래도록 무정부주의자나 독일 파괴

공작원, 팔레스타인 테러리스트에 맞서 싸우게 된다. 페트로시노는 대원들에게 올리브 오일 캔에 검은 가루를 채우고 리넨 끈 점화장치를 심은, 교묘한 위장 폭탄을 식별하는 법을 가르쳤다. 그는 ('이탤리언 소시지'라고 불리는) 막대 다이너마이트의 거래 루트를 추적해, 몇몇 건설 현장에서 일꾼들이 다이너마이트를 검은손 갱단에 몇 푼 남기고 빼돌리고 있다는 것을 알아냈다. 새로 나온 알람 시계 타이머도 발견했다. 음식점이나 다세대주택 건물이 폭발로 날아가기 한참 전에 폭파범이 현장에서 도망칠 수 있게 해주는 장치였다. 화학물질 혼합 공식의 경전이라 할 만한 기록도 찾아냈는데, 각종 폭탄을 어떻게 제조하고 뇌관은 어떻게 안전히 제거하는지 아주 상세히 적혀 있었다. 경찰 당국은 공식 "가연성 물질 감식 전문가"[12]까지 고용해 이스트 67번가에 사무실을 차려주고 폭발물 범죄 전담반이 가져오는 별의별 장치를 다 분석하게 했다.

페트로시노는 폭탄제조자도 꾸준히 추적했다. 그는 이름에서 '노새(뮬)'가 떠오르는 펠레그리노 물레라는 자를 추적했는데,[13] 이 "덩치 크고 눈이 퀭한 시칠리아인"은 스무 명의 아동에게 부상을 입힌 폭발 사건의 용의자로 지목되었다. 우즈 부청장이 이탈리아로 사람을 보내 본국에서도 수배중인지 알아봤더니, 물레가 이미 그곳에서 종신형을 선고받은 사실이 드러났다. 정보원을 살해한 뒤 칼타벨로타라는 마을 근교의 어느 기둥에 그의 머리를 박아놓고 사건에 관여하는 자는 누구든 가만두지 않겠다는 경고장을 붙여놓은 사건이었다. 재판이 시작될 무렵 그는 뉴욕으로 도망간 후였다.

물레의 집을 수색하던 중 페트로시노는 구겨진 종이 뭉치를 발견했다. 맨 위 낱장에는 아무것도 적혀 있지 않았지만, 비스듬히 빛에 비춰보자 글씨 자국이 보였다. 전문 기술자가 종이를 현미경으로 들여다보고 내용을 식별해냈다. "친구, 이것이 우리의 마지막 답신이 될 테니 신중히 행동하게. (…) 이 천하에 고집 센 인간 같으니, 당신도 알겠지만 이번에는 (…)" 검은손 단원이 갈취용 협박 편지를 쓴 뒤 찢어낸 낱장의 다음 장이었던 것이다. 필체는 맨해튼의 사업자들이 받은 편지의 그것과 일치했다. 우즈 부청장은 사건 해결의 돌파구를 찾은 것을 치하했다. "이번 검은손 일당 검거는 최근 이탈리아인 이민자 구역에서 흉악 범죄가 기승을 부린 이래 가장 중대한 이정표가 될 성취입니다"라고 선언하기까지 했다. '노새'의 강제송환 일정이 잡혔고, 그가 이끄는 갱단은 와해됐다.

7월 들어 페트로시노는 더 큰 타깃을 좇기 시작했다.[14] 맨해튼에서 활동하는 검은손 갱단의 폭발물 제조를 전담하는 것으로 의심되는 프론졸라 보나벤투라라는 인물이었다. 페트로시노는 며칠이고 리틀 이틀리에서 보나벤투라를 미행하면서 그가 "지옥의 장치"를 제조하거나 설치하는 현장을 덮치려 했다. 그러다 마침내 보나벤투라가 검은손에 시달려온 세입자들이 거주하는 다세대주택의 소유주가 사는 집에 들어가는 것을 포착했다. 건물을 급습한 페트로시노와 수사반 형사들은 보나벤투라가 다이너마이트 뇌관에 불붙이는 것을 목격했다. 형사들이 황급히 달려들어 불을 껐고, 피 튀기는 거친 몸싸움 끝에 보나벤투라를 체포해 감옥에 처넣었다.

이럴 때면 페트로시노가 검은손 조직뿐 아니라 진보의 의도치 않은 결과물과도 싸우는 것처럼 보였다. 산업혁명이 수백만 이탈리아인을 맨해튼으로 불러들였고, 미국 각 도시에 현대식 교통 체계를 건설하고 더 크고 더 높은 건물을 올리는 과정에서 폭탄 제조자들은 다이너마이트를 손에 넣었다. 현대식 인쇄기에 빠르게 찍혀 나오는 신문은 검은손이라는 괴물의 창조에 일조했을 뿐 아니라 그들을 무료로 실컷 광고해주었다. 검은손은 과거에 판치던 폭력 형태로 회귀한 조직, 암흑시대에나 성행하던 수법을 그대로 가져온 구식 집단으로 취급됐지만, 실제로는 기업형 범죄 조직이 소유하고 경영하는 철저한 현대적 발명품이었다. 이 조직은 현대 도시에서, 혈혈단신으로 들어와 자신이 스쳐지나가는 차가운 도시인 수백만 명 가운데 덩그러니 고립된 한 점 온기인 양 느끼는 이민자들의 고독을 빨아먹으며 승승장구했다. 이 모든 요건이 검은손을 시대의 산물로 만들었고, 그런 만큼 제지하기도 어려웠다.

+ + +

미국 전역에서 검은손 범죄가 점점 더 심각한 양상을 띠었다. 펜실베이니아주 엑스포트라는 마을에서 2월 5일 발생한 폭탄 테러로 가정집과 상점, 기숙사 각각 한 채씩과 세인트메리 교회 목사관이 날아가면서 마을 절반이 사라졌다.[15] 뉴욕주 로클랜드 카운티에서는, 수동으로 크랭크를 돌려서 들어올리는 수교로 유명한 허드슨강 기슭의 그림 같은 마을 피어몬트에 사는 아서 시먼에게 편지 한 통이 도착했다.[16] 하필 시먼의 여덟 살배기 딸 그레이스가 봉투를 열고 편지를 읽었다. 트리뷴지가 보도하기를, "그레이스는 극도로 공포에 질려 도무지 진정하지 못했다". 그레이스는 며칠 내리 먹기를 거부했고 잠도 자지 못했다. 걱정된 부모가 딸의 건강이 회복될까 해서 근방의 마을 스파크힐로 이사갔지만 아이는 점점 쇠약해져갔다. 협박편지를 읽은 지 8일째에 그레이스는 숨을 거두었다.

펜실베이니아 그린즈버그에서는 검은손 단원 두 명이 한 주민의 집에 찾아가 다짜고짜 문을 두드리고 현금을 요구했다.[17] 집주인이 줄 돈이 없다고 하자, 갱단은 알았다고 하고는 그에게 작은 꾸러미를 건네며 말했다. "흠, 돈이 없다니 대신 우리가 선물을 드리리다. 사탕 과자가 들었으니 애들 주시구려." 갱단이 떠난 후 집주인은 상자에 달린 끈을 잡아당겼다. 그 순간 상자가 폭발하면서 그의 오른팔이 떨어져나가고 집이 무너졌다.

웨스트버지니아에서 활동하는 갱단의 일원인 한 외과의사는 스파이로 의심되는 자의 양 팔꿈치 바로 아래를 잘라버렸고, 또다른 단원들은 다리마저 자르겠다고 피해자를 협박했다.[18] 그를 "검은손이 배신자에게 행하는 복수의 살아 숨쉬는 본보기"로, 말하자면 만신창이가 된 채 걸어다니는 광고판으로 만들려 한 것이다. 절단 부위는 아물었지만 피해자는 공포에서 벗어나지 못했다. 경찰서에 소환돼 그 이민자의 상태를 가까이서 관찰한 기자는 이렇게 묘사했다. "아주 작은 소음에도 그는 화들짝 놀란다. 이렇게 불안해하는 사람은 본 적이 없다."

한편 위대한 저항이라며 분연히 들고 일어났던 화이트 핸드 협회들은 어떻게 됐을까? 벌써 좌초하고 있었다. 시카고 화이트 핸드 협회 회장 카를로 볼리니 박사는 그해 2월, 어쩐지 가톨릭 사제의 설교처럼 읽히는 음침한 편지를 받았다. "검은손 최고상임위는 당신이 죽어야 한다고 투표로 결정했습니다." 편지는 이렇게 운을 뗐다. "당신을 살해하라는 지시가 떨어졌고, 그 임무를 맡은 자가 당신을 기다리고 있습니다. 죽음을 각오하십시오. 당신의 육신은 죽이겠지만 영혼까지 죽이려는 건 아닙니다."[19] 볼리니는 총을 구입했고 야간 왕진을 그만두었다.

화이트 핸드 연맹에 쏟아지던 기부도 줄었다. 고용하겠다던 "형사 천 명"[20]도 없던 일이 되었다. 대신 조직은 고드프리 트리비손노라는 수사관을 고용했는데, 연맹이 요란을 떨며 로마에서 모셔온 인물이었다. 연맹은 트리비손노를 그들의 "국방부 장관"으로 임명했지만, 그는 갱단을 해체하고 검은손 보스들을 체포하는 대신 시카고 곳곳을 돌며 "검은손 암호를 식별하는 법"이라든가 "검은손에게 앙갚음당할 위험에 노출되지 않고서 자신이 풀어낸 미스터리를 화이트 핸드 협회에 알리는 법" 같은 주제로 강연을 하면서 시간을 보냈다.[21] 여러 친목회가 그를 연사로 초빙했지만 트리비손노가 단 한 건이라도 단원을 체포했다는 기록은 없다. 화이트 핸드 협회 연맹은 사실상 제 기능을 다하지 못하게 되었다. 시카고 데일리 트리뷴이 다음과 같은 기사로 확인 사살했다. "시카고 역사상 그 어느 때도 검은손이 (…) 이토록 위악을 부린 적이 없었다. 재산을 약간이라도 축적한 이탈리아인은 벗어날 수 없는 고통 속에 살고 있다."[22]

해체한 단체들도 있었다. 12월에는 펜실베이니아주 스크랜턴에서 발족한 '검은손 제압을 위한 성 요셉 이탈리아인 협회'의 부회장 제임스 타사렐리가 신원 미상의 폭력배들에게 급습당해 "문자 그대로 토막이 났"다.[23] 이는 검은손의 소행인 것으로 추정됐다. 몸에 자상이 스물한 군데 발견됐고, 사인은 그중 흉부에 난 벌어진 상처 하나로 밝혀졌다. 그후 스크랜턴 지부 소식은 들려오지 않았다.

뉴욕 지부마저 와해되었다. 사실 연맹 창단식 날 밤에 연사들이 하는 말을 자세히 들었다면 연맹 수장들이 범죄자에 법의 철퇴를 내리려고 안달이 난 건 아니었음을 눈치챘을 것이다. 그날 밤 연맹이 선언한 바는 검은손 범죄 행각의 결과로 생긴 '전반적 오명'으로부터[24] 이탈리아인을 보호하겠다는 정도였다. 즉, 화이트 핸드 협회 연맹은 검은손과 싸우겠다고 선언한 적이 없으며 대신 그보다 훨씬 실체가 없는 것, 곧 편견과 맞서겠다고 했다. 화이트 핸드는 거대하고 철저한 사기였다.

연맹이 결성된 지 한 달 만에 뉴욕 트리뷴이 "화이트 핸드는 어디에?"라는 제목의 논설로 평가를 내렸다.[25] 폭탄 테러와 납치가 몇 주고 이어지는 가운데 "불안한 시민들은 '아, 한 달 전에 시칠리아인 흉악범들이랑 싸우겠다고 나선, 그 대단하신 이탤리언 수호단은 대체 어디에 있나?' 하고 쑥덕거렸다". 트리뷴지 논설위원들은 연맹이 결성된 이래 단 한 명의 갈취범도 적발되지 않았거니와 운영 기금 모금도, 현황 보고도 일절 이루어지지 않았음을 지적했다. "그렇게 공명정대한 약속이 무너져 내린 것은 단연 둘 중 하나를 의미한다. 이 이탈리아인들이 자기네 삶과 재산을 위협하는 악의 무리를 공격할 용기가 없거나, 아니면 조직을 결성하고 이끌 능력이 없다는 것이다." 트리뷴은 이렇게 일갈했다.

뉴욕 시경은 진즉에 손을 놓아버렸다. 비밀임무국은 돈 있고 힘 있는 자들을 보호하는 데만 관심 있었다. 그런데 이제 이탈리아인 지도자들마저, 비록 몇몇은 비교적 용감한 모습을 보였지만, 그 싸움을 남에게 떠넘기고 있었다. 하지만 이를 떠안을 자 누구란 말인가?

겁에 질리고 분개한 미국인들은 분을 마구잡이로 발산하기 시작했다. 1908년 1월 중순에 갈취범들이 웨스트버지니아의 아주 조그만 자치구 엘라모어에서 벌목 인부 여섯 명을 공격해 그중 두 명을 죽였다.[26] 그러자 다른 인부들이 즉시 연장을 내려놓고 엽총과 리볼버로 무장한 채 직접 살인범들을 찾아 나섰다. "무장 민병단이 도망친 협박범들을 잡는 데 성공한다면 린치가 뒤따를 것은 거의 확실하다." 상황을 예의 주시하던 한 목격자는 이런 기록을 남겼다. 필라델피아에서 아홉 살 여아를 납치한 검은손 단원은 "짐승처럼 울부짖는 이탈리아인 무리"와 기마 경관 한 소대, 그리고 해병대 한 분대에 델라웨어강 제방까지 쫓겨갔고, 결국 강물에 뛰어들었다.[27] 추적자들이 둑에 서서 강의 수면을 뚫어져라 살피는 사이, 납치된 여아는 손발이 묶이고 재갈을 물린 채 숨은 붙어 있는 상태로 쓰레기 더미 아래서 발견되었다. 범인은 항복할 시 기다리고 있을 운명을 알고, 헤엄치던 걸 멈추고 강물 속으로 가라앉았다.

그로부터 열흘 후 켄터키주 리즈 스테이션에서는, 검은손의 범죄 행각으로 쌓인 분노가 폭발해 급기야 주민들이 동네 이민자들을 공격하기 시작했다. 워싱턴 포스트가 전하기를, "이탈리아인들은 공포에 떨고 있다. 그들의 집 몇 채가 불에 타 사라졌고, 수많은 이탈리아계 주민이 죽고 싶지 않으면 그곳을 떠나라는 최후통첩을 받았다."[28] 켄터키 주지사는 수사에 착수할 것을 지시했다. 이탈리아인을 향한 공격 건이 아닌, 검은손에 대한 수사였다. 어두운 피부색의 이민자들에 대한 공격은 일리노이주에서도 발생했다. 에이브러햄 링컨이 그 유명한 "모든 사람을 잠깐은 속일 수 있어도"로 시작하는 명언을 남겼다는 도시 클린턴에서 일어난 일이다. 4월 중순, 일리노이 중앙철도회사에 고용되어 일하던 이탈리아인 서른 명이 "권총과 리볼버를 난사하는 군중에 쫓겨 마을 밖으로 도망쳤다."[29] 군중이 이민자들의 집 창문에 총알을 퍼부으면서 한밤중에 도시를 쑥대밭으로 뒤집어놓는 동안 "경찰은 가만히 서서 손가락 하나 까딱하지 않았다". 현장을 취재한 연합통신은 "인종 전쟁: 동부에서 백인들이 이탈리아계 노동자들을 공격하다"라는 헤드라인으로 기사를 내보냈다.

스탠더드 오일의 공동 창립주이자 세계 최고 갑부 중 하나인 존 D. 록펠러는 1908년 4월에 무려 형사 열다섯 명을 대동하고 맨해튼에 도착해서는, 나라 전체가 검은손의 행각에 단단히 질려 있다고 일침을 놓았다. 그의 손녀도 시카고에서 검은 손에게 협박을 당했는데, 당시 '해럴드 매코믹 부인'이었던, 록펠러의 딸 이디스는 자기 아이가 당한 일 때문에 "신경쇠약으로 쓰러지기 직전"[30]이라고 했다. 그래서 기분전환삼아 온 가족이 여행 온 것이라고 했다. 하지만 자신은 딸보다 성품이 더 강인하다고 했다. "나는 검은손 일당도, 폭탄 테러범도, 무정부주의자도, 납치범도, 아니, 숨이 붙어 있는 그 누구도 두렵지 않소이다."[31] 백만장자는 손주들을 데리고 5번 애비뉴를 거닐면서 자신을 따라오는 기자 무리에게 이렇게 떵떵거렸고, 그러는 동안 형사들은 거물과 악수라도 한번 해보려고 다가오는 환영 인파를 일일이 감시했다.

사실 록펠러는 겁먹을 이유가 충분했다. 뉴욕주 포칸티코 힐스에 있는 그의 저택은 검은손 범행의 집중 타깃이었다. 저택 일손 두 명이 이미 검은손에 공격당했고, 근방에서 근무하던 부보안관 한 명이 단검에 수차례 찔리고 곤봉에 맞는 일까지 있었다. 도로를 깔던 인부 한 명은 뇌 관통상으로 사망했다. 그러자 록펠러는 저택에서 일하던 이탈리아인을 전부 해고하고 지역민, 그러니까 이탈리아인이 아닌 사람으로 대체했다. 록펠러는 정직한 사람에게 일할 기회를 주고 싶었을 뿐이라 했지만, 곳곳에 만연한 편견과 두려움이 록펠러의 대량 해고에 일조하지 않았다고 단언할 수 없다. 언론은 이 결정을 호의적으로 보도했다. 타임스는 "록펠러 씨를 향한 찬사가 도처에서 들려오고 있다"[32]면서, 부호 록펠러가 심지어 기온이 줄곧 영하로 떨어지는 철에는 피고용자가 사유림에 출입하면서 땔감을 베어 갈 수 있게 허락해주기까지 했다고 입에 침이 마르도록 추어올렸다. 하지만 한편에서는 수백 명의 이민자 출신 하인과 저택 관리인, 기타 일꾼이 자식들 먹여 살릴 길이 막막한 상태로 포칸티코 힐스에서 짐승처럼 쫓겨났다.

주 정부는 새 법안을 제정해 나날이 악랄해지는 범죄를 저지하는 데 총력을 기울였다. 웨스트버지니아주 의원들은 이탈리아계 이민자가 자기네 주에 들어오는 것을 금하는 법안을 내놓았다. 뉴저지주는 갈취 범죄에 실형 20년형까지 선고가 가능하도록 규정했다. 뉴욕주는 납치의 최대 형량을 50년으로 올리는 법을 이미 통과시켰는데, 이는 검은손이 불러온 공포의 직접적 결과였다. 이탈리아인 이민자들과 함께 근무하는 디트로이트의 어느 신망 높은 성직자는 갈취용 협박 편지를 쓰는 것만으로 사형 선고가 가능하도록 법을 개정하라고 목소리를 높였다. "자비를 베풀어서는 안 됩니다. 갈취 범죄는 현재 유행병이라 할 만큼 퍼져 있습니다."[33] 그해 7월에는 검은손이 세계적으로 명성을 얻었음을 알려주는 지표가 생겼다. 런던의 로이드사가 검은손의 공격에 대비해 업장과 직원 대상 보험을 들었다고 발표한 것이다.

이러한 공포는 미국 인구 분포에도 영향을 주기 시작했다. 조지아나 앨라배마, 미시시피 같은 주의 농장에는 1900년대 초에 땅을 경작하고 농작물을 수확할 인력이 절대적으로 부족했다. 연방 정부 당국은 아프리카계 미국인들이 짐 크로 법 그리고 해당 지역에 만연한 인종차별을 피해 북부 주들로 대거 이주하면서 농지를 경작할 인력이 싹 사라지자 이 지역들이 하루 백만 달러의 손실을 입고 있다고 추산했다. 그 공백을 누가 채울 것인가? 이탈리아인이 든든한 후보였다. 검소하고, 뜨거운 기후에 적응돼 있고, 성실하니까.

하지만 곳곳에서 반대의 소리가 터져나왔다. 1906년 내슈빌 아메리칸에 실린 기고문은 "때로 우리 가운데 존재하는 악폐를 견디는 것이 우리에게 생소한 악폐에 의지하는 것보다 현명하다"[34]고 주장했다. 메이슨-딕슨 선(메릴랜드주와 펜실베이니아주의 경계선으로, 노예제도 찬성 주와 반대 주의 경계선이 되었다—옮긴이) 이남의 주들은 정부 이민 당국에 유럽 북부 출신 이민자를 더 많이 데려와달라고 탄원하는 동시에 꼭 집어서 이탈리아인은 보내지 말라는 요구를 덧붙였다. 1908년 회기 중에는 버지니아주 상원이 "유럽 남부 출신 이민자들이 현지 마피아와 검은손 조직이 섞인 채 버지니아로 유입되는 것을 가능한 모든 수단을 동원해 반대"[35]하도록 의원들에게 종용하는 안을 발의했다.

검은손 협회는 심지어 1907년 미시시피 주지사 선출 경쟁의 한복판에 뛰어들기까지 했다. 피츠버그 포스트는 이렇게 보도했다. "선거운동이 (…) 한창인 가운데 이번 선거는 인종문제에 따라 결과가 갈릴 것으로 보인다. 단, 니그로와 거의 관련없는 인종문제에 한해서다. (…) 현재로서는 이탈리아인을 받아들이기를 원하는지 원하지 않는지에 대한 주민투표가 될 것으로 보인다."[36] 후보자들은 유세차 소도시와 마을을 돌면서 피부가 올리브색인 이탈리아 남부 출신 무리가, 앵글로색슨인이 주류인 미시시피를 망쳐놓을 거라고 헐뜯어댔다. 몇몇은 아예 미국 북부에서 일어난 폭탄 테러와 납치 사건을 전한 신문 기사들로 "검은손 스크랩북"[37]을 만들어 유세장에 돌렸다. 그러면 유권자들은 한껏 심취해 '프레조' '오메르타' '피의 맹세' 따위를 언급한 기사들을 열심히 주워섬겼다.

　　1915년 범죄 집단 쿠 클럭스 클랜이 부상한 뒤로 그 조직원들이 앞장서서 이탈리아인을 공격하기 시작해, 미시시피에서는 이탈리아인의 집 마당에서 십자가를 태우고 버밍엄에서는 총으로 위협해 가족 단위로 마을에서 쫓아냈다. 오늘날 애슈빌(노스캐롤라이나주 서부의 도시―옮긴이)의 거리에서 보이는 얼굴들, 터스컬루사(앨라배마주 중서부의 도시―옮긴이)나 빌럭시(미시시피주 동남부, 수Sioux족에 속하는 인디언 빌럭시족이 살았던 도시―옮긴이)의 시민운동 지도자들의 이름들, 올 미스(미시시피주립대학의 별칭—옮긴이) 졸업생 명단의 이름들은 어쩌면 지금과 사뭇 달랐을 수도 있다. 낯섦만이 존재했던 곳에 검은손이 두려움을 심어놓은 결과다.

✛ ✛ ✛

4년 동안 미국은 치안력 행사, 법안 제정, 강도 높은 공개 비난, 화이트 핸드 연맹 창단까지 온갖 수단을 시험해보았다. 그런데도 변한 건 거의 없었다. 오히려 검은손은 더 활개치고 있었다. 검은손은 잠시 반짝하고 말 범죄 집단이 아니었다. 이대로라면 미국에 상존하는 일부가 될 터였다. "가장 극단적인 조치를 동원해 검은손을 쓸어내지 않으면, 이 범죄 조직은 미국 사회구조에 단단히 고착할 것이다."[38] 샌프란시스코 콜은 이같이 경고했다. 기사는 이어서, 검은손을 제거하기까지 10년의 시간과 헤아릴 수 없이 많은 수사관의 생명이 희생될 거라고 추측했다. 검은손은 깊이 뿌리를 내리고 있었다. 페트로시노가 알아낸 바로는, 맨해튼 갱단은 돈을 하도 잘 벌어서 이스트사이드에서 상점은 물론 은행까지 열어가면서 합법적 사업에 돈을 투자하고 있었다. 여기에 수백수천만 노동자가 주급에서 2, 3달러씩 각출해 보탰다. 그런 점에서 이 무렵의 검은손 협회는 미국 국세청과 꽤 비슷했다. 한편 국가적 공황의 심장부에 있는 맨해튼 주민들은 "히스테리에 가까운 정신 상태로"[39]로 살아갔다.

처음으로 언론들은 쌓여가는 분노를 이탤리언 수사반과 그 반장에게 쏟아내기 시작했다. "지금까지 문제는 줄곧 한 가지 요소에서 비롯되었다. 바로 페트로시노 경위라는 인물이다."[40] 디트로이트 프리 프레스의 사설은 이렇게 불평했다. 논설위원은 페트로시노 형사를 한 번도 만나본 적 없는 게 틀림없었다. 페트로시노를 "나이 지긋하고 머리칼이 희끗희끗하며 안경을 쓴, 체격이 왜소한" 사람으로 묘사한 걸 보면 말이다. 노쇠하고 약해빠진 수사관이라는 이미지는 실제 모습에서 한참 빗나갔지만, 페트로시노의 기질에 대한 글쓴이의 편견을 고스란히 보여주었다. "그는 자신이 (검은손) 갱단을 추적해냈으며 그들이 폭탄 축제를 계획하고 있다고 확신할지 모르나, 법정에서 유죄 판결을 받아낼 증거를 확보하기 전에는 체포까지 가지 못할 것이다." 디트로이트 프리 프레스 논설위원은 이렇게 단언했다. 그는 페트로시노 형사를, 주머니에 헌법 책자를 넣고 다니면서 시시때때로 꺼내 근시인 눈으로 읽어보는, 나이 많은 비리비리한 겁쟁이로 그렸다.

좌초된 것은 치안만이 아니었다. 그해 7월 이탤리언 수사반 브루클린 지부 소속 바크리스 경위는 시 당국이 다른 주에서 이탈리아계 범죄자들을 호송해오는 비용을 대기를 거부하는 바람에 몇몇 검은손 사건을 포기해야 했다고 기자에게 털어놓았다. 차비가 부족하다고 검은손 용의자들을 풀어주는 꼴이었다. 그런가 하면 브루클린에서도, 미국 최초의 이탈리아인 지방 검사로서 검은손과 당당히 맞서 싸우겠노라 맹세한 정열적인 변호사 프랜시스 코라오가 나름의 장애물을 맞닥뜨리고 있었다. 코라오에게는 변호사 사무실 서기도 처리할 수 있는 단순한 일감만 주어졌고, 그사이 검은손 피해자들은 길바닥에서 죽어나갔다. "이탈리아인이 살해되고 폭행당하고 강도를 당해도 지방 검사 사무실은 세상에서 가장 냉소적인 무심함으로 일관할 뿐"[41]이라며 그는 분을 터뜨렸다. 피해자가 이탈리아인일 경우 단순 폭행 치사 사건도 기소까지 가지 못했다. "동포들을 욕보인 이탈리아계 범죄자들을 처단하는 데 내가 지극히 사소한 도움도 주지 못하게끔 모든 길, 모든 문이 차단되었다." 코라오는 자신이 지방 검사로 임명된 것이 정치적 겉치레에 불과했음을 깨달았다. 브루클린 검찰청은 이탈리아인이 죽건 말건 관심 없다고 그는 진심으로 믿게 되었다.

페트로시노 형사를 오래도록 지지해온 신문들도 피로감을 느끼고 있었다. 5월 26일, 이브닝 헤럴드는 수년간 형사를 추어올려오던 태도를 180도 바꿔, 이제는 뉴욕 시경을 맹렬히 비난했다. "검은손으로 인해 위험에 처한 만 명, 허둥대는 빙엄".[42] 보란듯이 이런 헤드라인의 기사를 내걸기도 했다. 기사 본문은 검은손과의 전쟁에 대한 고발장 형식이었다. 검은손의 폐해를 천연두와 콜레라, 하다못해 그보다 위험성이 덜한 전염병에까지 비교하면서 본격적인 고발이 이어졌다.

하다못해 그 두 가지보다 위험성이 덜한 질병이라 해도, 일 년 반 사이 뉴욕 시민 만 명의 목숨을 위협한 전염병이 돌고 있다면 필시 관계 당국이 극단적 조치를 취했을 것이다. 그런데 지금 무법이라는 전염병이, 그것도 지난 5년간 지속적으로, 점점 세를 더해가며 뉴욕을 위협하고 있는데도 (…) 무식하고, 더럽고, **저질스러운 외국인 체류자 몇백 명이** (…) 미국의 중심지이자 세계에서 두번째로 큰 도시인 뉴욕을 손에 넣고 마음대로 주무르고 있다.

같은 판의 다른 기사에서는 페트로시노 형사를 공격했다. "실패한 페트로시노의 수사반." 헤드라인은 이랬다. "페트로시노의 정직함과 능력에 대해서는 의심의 여지가 없지만, 그가 손수 차출한 이탈리아인 대원들은 임무를 해내지 못했다." 기사는 분명한 어조로 비판하면서, 검은손이 폭탄으로 다세대주택 건물을 완전히 날려버리고 주민 수백 명의 목숨을 앗아간 뒤에야 뉴욕 시경은 정신을 차릴 거라고 단언했다.

그런데 사실 이탤리언 수사반은 4년간 피비린내 나는 경험치를 차곡차곡 축적한 끝에 과거 어느 때보다 효율적으로 임무를 수행하고 있었다. 지난 2년간 수사반 형사들은 무려 2천 5백 명을 체포했는데 그중 2천 건이 검은손 범죄의 용의자였으며 유죄 판결도 850건이나 받아냈다.[43] 11월에는 롱아일랜드에 있는 한 다세대주택을 급습해 폭탄 19개를 적발하기도 했다. 사흘 후에는 페트로시노가 그동안 이스트할렘 지역에서 수차례 아동 납치를 벌인 범인을 체포해 그의 범죄 행각에 마침표를 찍었다. 이탤리언 수사반 대원들은 전력을 다해 일하고 있었다. 14시간 내지 16시간 근무하고서 곧장 사무실로 복귀해 책상에 쓰러지듯 엎어져 잠들었고, 턱없이 부족한 수면을 취한 후 또다른 협박 사건이나 아동 납치 사건에 뛰어들었다. 페트로시노는 무려 6개월간 자기 집 침대에 몸을 뉘지 못한 적도 있었다.

폭탄 테러의 기승을 잠재울 획기적 아이디어는 잘 나오지도 않거니와 그나마 제시된 것들도 극단의 조처에 가까웠다. 브루클린 이글은 살기등등한 논조로 단순히 폭발물을 소지한 사람도 종신형에 처할 수 있게 법을 바꾸자고 제안했다. 만약 폭탄을 터뜨렸다? 그럼 "전기의자로 보내는 것이다."[44] 범죄자를 제압하자는 논의는 이미 한물갔고, 위기가 극으로 치닫다보니 이제는 검은손 일당에 "셔먼이 말하는 좋은 인디언의 기준을 적용해야"[45] 한다는 말까지 나왔다. 말인즉, 좋은 검은손 단원이란 죽은 검은손 단원뿐이니 그 악당들은 보이는 족족 총살해야 한다는 얘기였다. 뉴욕 포스트는 그렇게까지 극단적으로 표현하지는 않았지만, 납치범들에게 신체 표식을 남겨 그들이 지은 범죄를 모두가 알게 해야 한다고 주장했다. "범죄자의 이마 하단에 글자 'K'를 새기면 어떨까."[46] 논설은 이렇게 제안했다. "그래놓고 그자를 풀어주어 사회에서 그를 기다리고 있을, 죽음보다 못한 삶을 살게 하는 것이다." 이 제안을 플로리다주 잭슨빌의 지역 언론사인 타임스-유니언이 열광적으로 지지하면서, 국회의원들에게 어서 법안으로 제정하라고 압박하기도 했다.

3년 전 페트로시노는 동료 시민에게 "뉴욕의 이탈리아 이민자 거주지에는 형사보다 전도사가 필요합니다"라고 말했다. 교육과 애정 어린 자비가 결국에는 이길 거라고 말이다. 이제는 뉴욕, 나아가 미국 전역의 분위기가 사뭇 험악해졌다. 지금 미국인들이 요구하는 것은 전도사가 아니었다. 형사도 아니었다. 그들은 자경단을 원했다.

경찰청장 시어도어 빙엄은 그 요구에 부응하기로 했다.

13장

비밀수사반

그 끔찍했던 해의 겨울에 페트로시노의 삶이 또 한 번 큰
전환점을 맞았다. 1908년 11월 30일, 아델리나가 몸무게 5.4킬
로그램의 건강한 딸을 낳았다. 아빠가 된 페트로시노는 기쁨
에 겨워 당장 아기를 세인트패트릭 성당에 데려가 아델리나 비
앵카 주세피나 페트로시노라는 세례명을 받아왔다. 한 여성이
회상하기를, 페트로시노가 막 아빠가 된 여느 부모처럼 파티에
서 테이블을 돌며 손님들에게 케이크를 권했다고 한다. "행복
해 어쩔 줄 몰라서는 입꼬리가 영 안 내려오더라고요."[1]

이후 몇 개월간 이어진 충만한 삶은 페트로시노가 한 번도
경험해보지 못한 시간이었다. "가정적 삶과 아빠 된 기쁨을 한
껏 맛보았다"[2]고 그의 이탈리아인 전기 작가는 묘사했다. 페트
로시노는 더이상 저녁 먹고 곧바로 또다른 검은손 사건을 맡

으러, 아니면 시카고에서 보내온 경찰 전단을 들여다보러 사무실로 돌아가지 않았다. 대신 라파예트 233번지의 집으로 곧장 돌아가 가족과 함께 저녁식사를 하고 아기와 놀아줬다. 음악에 대한 애호도 한층 깊어졌다. 뉴욕에서 공연을 마친 연주자들이 저녁에 그의 아파트에 들러 갓난아기 아델리나를 깨우지 않도록 조용조용히 아리아를 연주하며 놀다 가곤 했다. 마침 근처를 지나던 행인들은 저 위 3층 창문에서 들려오는, 페트로시노가 가장 좋아하는 오페라의 곡조를 덩달아 감상할 수 있었다. 때로는 연주가 새벽까지 계속됐다. 와인이 몇 순배 돈 건 말할 것도 없다.

멀버리 300번지는 별로 축제 분위기가 아니었다. 범죄, 그중에서도 특히 검은손의 범죄를 억제하라고 임명된 빙엄 청장이 임무를 제대로 수행하지 못하고 있었기 때문이다. 상황을 타개할 묘수를 고민하던 장군은 이제 페트로시노를 배제하고 다른 해결책을 강구하기 시작했다. 몇 달째 신문 헤드라인의 어조가 점점 더 험악하고 집요해지는 가운데 그는 검은손 협회를 단번에 싹쓸이할 아이디어를 머릿속에서 굴려보고 있었다. 형사들로 구성된 개인 사단을 조직하되 빙엄 자신 직속으로 두며 대중의 눈에 띄지 않게 활동하도록 한다는 아이디어였다. 한마디로 빙엄 개인의 비밀수사반을 창설하겠다는 것이었다. 미국 최초 사례가 될 터였다.

장군은 언론에 계획을 발표했다. "어떻게 하고 싶으냐고요?"[3] 그는 뉴욕 선 기자에게 고함치듯 말했다. "이겁니다. 여섯 내지 열 명의 진정한 형사들, 그러니까 비밀 정보 요원들을 뽑는 겁니다. (…) 그렇게만 하면 그간 미처 막지 못했던, 검은손 작자들을 빠른 시일 안에 검거해 유죄 판결을 받아낼 수 있을 거다 이 말입니다." 여기서 멈추지 않고 그는 진즉에 자신에게 그런 권한이 주어지지 않은 걸 이해할 수 없다고 덧붙였다. "이탈리아인이고 다른 민족이고 간에, 뉴욕 시민들은 대체 무슨 생각으로 이렇게 전적으로 합리적이고 비용도 지나치지 않은, 경찰청장의 요구조차 외면하면서 이딴 폭탄 테러와 폭행 범죄가 계속되게 내버려두는지 저는 도통 모르겠습니다."

빙엄의 계획은 최소 여섯 명의 정예 형사로 구성된 팀을 만들어 자신 외에는 아무도 정체를 모르도록 신원을 철저히 보장하고 법정 증언대에도 절대 세우지 않는다는 것이었다. 활동비는 자신의 비자금에서 나가고 팀은 빙엄에게 직속된다는 게 골자였다. 그는 자신이 눈독들인 급의 형사를 고용한다면 1인당 연봉 1만 달러는 지급해야 할 거라고 예고했다. 이는 페트로시노가 버는 연봉의 약 네 배였다. 심지어 세계 최고 수준의 탐정이 단독으로도 "한 달 안에 검은손 조직을 무너뜨릴 수 있다"고 떵떵거렸다. 장군은 정예 형사들이, 페트로시노와 그의 수사반이 이미 하고 있는 일 외에 정확히 어떤 활동을 할 것인지는 명확히 설명하지 않았다. 일부 활동은 법의 테두리 밖에서 이루어질 거라고 암시할 뿐이었다. 그런데 빙엄은 매우 근본적인 질문에 대한 답변을 빠뜨렸다. 형사들이 법정에 서지 않는다면 그들이 수집한 증거를 어떻게 재판에서 제시할 것인가?

어쨌거나 빙엄은 신설 비밀수사반을 운용하려면 자금이 필요했다. 그런데 돈줄을 쥐고 있는 것은 시 의회였고, 그 의회는 다른 어디에도 없는 독특한 인물 빅 팀과 리틀 팀 설리번 형제로 대표되는 태머니파가 이끌고 있었다. 충돌이 예상됐다.

빙엄은 전혀 기죽지 않았다. 그는 신문기자든 민간 사교클럽이든 경찰 연회에 모인 군중이든 자기 얘기를 들어줄 사람은 다 붙잡고 비밀수사반에 대해 떠들었다. 노스 아메리칸 리뷰 5월호에 그 주제로 기고문을 싣기도 했는데, "이 나라 경찰관 중에서 가장 뛰어난 경관도 최고 수준의 진짜 '비밀 형사'를 길에서 마주치면, 취주악단이 그 앞에서 여기 있소 하고 알려줘도 알아보지 못할 것"[4]이라고 장담했다. (페트로시노는 분명 이 부분을 읽으며 인상을 썼을 것이다.) 빙엄은 원래도 집착적인 성격인데, 비밀수사반 창설은 그런 그에게 일종의 고착관념이 되었다. 특정 집단에서는 그가 경찰청장보다 높은 요직에 진출하려는 정치적 야망을 품고 있다는 소문이 돌기도 했다. 만약 더 높은 자리를 노리고 있다면 검은손 타도는 눈에 확 띄는 업적, 다른 어느 정치 지도자도 이루지 못한 엄청난 성취가 될 터였다. 그 정도 업적이면 전 국민에게 영웅으로 추앙받을 게 틀림 없었다.

빙엄이 비밀수사반 창설 계획을 발표하자 뜨거운 반응이 일었다. 『더 그레이트 갓 석세스』를 쓴 저명한 소설가이자 기자인 데이비드 그레이엄 필립스는 한 상원의원의 부패 스캔들을 폭로한 것으로 유명했는데, 또 한 번 권력 남용의 낌새를 맡고는 격노해서 타임스지에 다음과 같은 글을 기고했다. "제대로 된 정부에 대한 뉴욕 시민의 기대치가 너무 관대한 덕분에 우리의 현 경찰력이 대규모 협박과 압제의 도구로 이용되고 있다. 비밀경찰은 이보다 몇 배 심할 게 틀림없다."5 그는 검은손이 사악한 집단인 것은 인정하지만 비밀수사반은 민주주의에 큰 위협이 될 거라 했다. "어두컴컴한 다락방에서 내리는 명령에 다이너마이트 들고 미친 듯 뛰어다니는 무지하고 광기 어린 자들의 행각에서 나는 어떠한 정책도, 어떠한 '자유국가 제도에 대한 엄중한 위협'도 발견할 수 없다. 그런 무리를 이 정도로 심각하게 취급하는 것, 살인적 광기를 정치적 선전이라 부르는 것은 내가 보기에 병적 광란이다."

윌리엄 랜돌프 허스트도 의견을 같이했다. 그가 소유한 이브닝 저널은 빙엄의 제안을 날카로운 칼로 해부했다. "빙엄 씨가 본인 휘하의 경찰력을 재량에 따라 유용한다면 얼마 후 그가 록펠러 씨에게서 돈을 받고 다른 시민 계급을, 이를테면 노동

조합원이라든가 자기 뜻대로 움직여주지 않는 입법자, 혹은 그 어떤 집단이라도 뒷조사하지 않으리라는 법이 어디 있는가?"[6] 논설은 이렇게 엄중히 경고했다. 허스트는 비밀수사반 창설이 배보다 배꼽이 더 큰 대책이라고 보았다.

논쟁은 멀리 내슈빌까지 번졌는데, 그곳 지역신문은 빙엄의 편을 들었다. "사실을 따져보자면,"[7] 기사는 이렇게 시작했다.

뉴욕의 형사들은 현재 하나같이 시장보다 더 공적인 인물이 되었다. '사복형사' 한 명을 길거리에 내보내보라. 순경이 그에게 고개 까딱여 인사할 것이고, 전차 차장은 차비를 받지 않고 태워줄 것이고, 호텔 벨보이는 대번에 그를 알아보며, 건물 관리인은 신호를 보낼 테고, 구두닦이는 형사가 쫓는 수배범을 찾아 열심히 두리번거릴 것이고, 정치가는 생색을 내며 곁에 달라붙을 것이며, 이발사는 손님 머리를 감겨주다 말고 멈칫할 테고, 전당포 업자라면 초조해할 것이고, 2층 창으로 드나드는 강도는 제일 가까운 술집으로 재빨리 피신할 테다. 이들 전부가 대체 무슨 일일까 속으로 궁금해하며 형사가 지나가는 것을 눈여겨볼 것이다.

즉 페트로시노와 그의 대원들이 임무 수행에 방해가 될 정도로 너무 유명해져버렸다는 얘기다.

미국 최대의 도시에 비밀경찰을 두어 단 한 사람에게 예속시킨다는 빙엄의 놀라운 제안을 맨해튼 주민들이 진지하게 고려했다는 사실 자체가 그들이 얼마큼 불안에 시달리고 있었는지를 말해준다. 검은손과의 싸움에 패배한 직접적 결과로 이 제안이 나온 거였다. 이 무렵 검은손은 아예 경찰이 안중에도 없는 것처럼 행동했다. 유명한 호랑이 사냥꾼이자 금주법 활동가 C. D. 서시가 1908년 겨울 연달아 몇 통의 협박 편지를 받았는데, 그중 하나는 대놓고 "우리는 수백 명이 뭉친 막강한 집단이니 넌 이미 죽은 목숨이라고 생각하라"[8]고 경고했다. 조롱도 덧붙였다. "네 유일한 친구인 형사들한테 쪼르르 달려가 그들이 너를 도와줄 수 있는지 한번 보시지. 암, 네 목숨이 꺼지게 도와줄 수는 있겠지."

빙엄의 제안은 전반적으로 호응을 얻었다. 하지만 빙엄은 설리번 형제 그리고 시 의회와 한바탕 대결해야 함을 알고 있었다. 빙엄이 비밀수사반 창설안을 발표하고 며칠 지나지 않아 시 의회가 그에게 특별청문회 출석을 요구했다. 개회하자마자 위원들은 이탤리언 수사반이 용납할 수 없는 가혹 행위를 저지르고 다녔다며 페트로시노와 그의 수사반을 물어뜯었다. 그러자 빙엄이 지팡이로 바닥을 디디며 벌떡 일어서서는 리틀 팀에게 호통쳤다. "나는 경찰청장이고, 내 부하들의 모든 행동에 책임이 있소. (…) 페트로시노는 뉴욕 시경 최고의 형사 중 하나요. 몇 안 되는 대원들을 데리고 이탈리아계 범죄자 수천 명을 단속하는 사람이란 말이오. 그러니 때때로 주먹질할 일이 생기는 것도 당연하지. 그런 사람에게는 운신의 자유를 어느 정도 허락해야 하는 법이오."[9]

시 의원들과 빙엄 청장 사이에 잠시 언쟁이 오가다가 자연스레 논의가 비밀수사반 이야기로 넘어갔다. "이건 인정하시겠지요." 레드먼드 의원이 말했다. "비밀수사반을 검은손을 소탕하는 데 움직일 수 있을 뿐 아니라 언제고 청장님이 적절하다고 판단하는 다른 방향으로도 유용할 수 있다는 것을요."[10]

하지만 빙엄은 이 질문을 무시하고 경찰청장인 자신이 비밀수사반을 창설해 자신이 필요하다고 판단하는 곳에 임의로 동원하는 것을 아무도 막을 수 없다고 선언했다.

"활동 예산안을 우리가 거부할 수도 있잖습니까." 레드먼드가 받아쳤다.

"그 돈 없이도 굴릴 수 있소이다."

청문회는 중단되었다. 이후 시 의회 의원들은 빙엄에게 사직을 권고했다.

그런데도 빙엄은 단념하지 않았다. 전국경위연합 만찬에서 월리스 필레 미뇽 요리를 앞에 두고 앉은 경찰관 500명을 향해, 그는 시 의원들을 상대로 한 '빙엄하기'를 이어갔다.

우리가 지금 있는 곳에서 반경 800미터 안에 아주 사소한 범죄부터 가장 중한 범죄까지 유형을 막론하고 돈으로 매수할 수 있는 곳이 딱 두 군데 있습니다. 나는 그걸 알고, 여러분 가운데서도 다수가 알고 있지요. (…) 하지만 현상황에서 나는 (그 범죄자들을) 건드릴 수 없습니다. 뉴욕 시민 전체에 하는 말입니다. 바로 이것이 내가 비밀수사반 활동 자금을 요구하는 한 가지 이유입니다. (…) 그런데 보아하니 (시 의회가) 자금을 지원해주지 않을 것 같군요.[11]

그 말에 군중은 놀라서 숨을 헉 들이마시더니 곧 찬동의 함성을 질렀다. 빙엄은 시 의회의 사임 요구에 대해서는 호탕하게 웃으며 이렇게 말했다. "나는 결코 패트릭 뭐시기, 팀인지 톰 뭐시기, 찰리 뭐시기 하는 이름을 가진 놈들 때문에 물러서지는 않을 겁니다. 미안하지만 끝까지 여러분과 함께할 겁니다." 그러자 빙엄이 몇 분간 말을 잇지 못할 정도로 요란한 박수와 "그렇지!" 하는 고함이 이어졌다.

페트로시노는 뉴욕 시경 형사들에 대한 빙엄의 비판에 목구멍에서 쓴 물이 올라오는 걸 애써 삼키고, 반대 세력의 음흉한 성향을 암시하는 언사로 빙엄의 대의에 힘을 실어주었다. "저한테 와서 특정 이탈리아계 범죄자들을 잘 봐달라고 부탁한 양당 인사들의 이름을 폭로하면 대중은 엄청난 충격을 받을 겁니다."[12] 이 말에 숨은 의미는 분명했다. 설리번 형제와 시 의회가 뉴욕 지하세계와 손잡고 있다는 뜻이었다.

몇몇 시 의원은 빙엄 청장을 전폭적으로 지지했다. 한 의원은 작정하고 검은손과 전쟁을 치르지 않으면 건물이 통째 폭탄 테러로 날아갈지 모르며 "사람들이 하나둘 사라지기 시작할 것"이라고 넌지시 암시했다. 하지만 리틀 팀은 빙엄의 경고를 맹렬히 반박했다. "검은손이 어쩌고저쩌고 하는 건 다 허구입니다."[13] 다른 공청회에서 그는 이렇게 내뱉었다. "나는 그런 거 하나도 안 믿습니다."

그러자 빙엄이 버럭 소리쳤다. "내 사무실로 오면, 머리칼이 쭈뼛 서도록 소름 끼치는 검은손 범죄 자료를 보여드리리다."

빙엄이 정치가들의 범죄 세계 인맥에 대해 떠벌리고 다녀 리틀 팀의 심기를 건드린 것이 틀림없었다. 한번은 설리번이 짧은 회의 자리에서 빙엄이 "벙코"(야바위 짓)를 부추긴다질 않나, "포 플러셔"(포커에서 실제 가진 것보다 패가 더 많은 척하는 사람)니 "막무가내 허풍쟁이"라며 맹비난했다. 공개적으로는 빙엄 청장에게 비밀수사반 활동 기금 2만 5천 달러를 지급한다는 안건을 지지했다. 1908년 당시에는 정치가가 대중에 범죄와 싸우는 투사 이미지로 비치면 큰 이득이 되었기 때문이다. 그러나 막후에서 설리번은 비밀수사반 지원책을 좌초시키려고 온갖 훼방을 놓았다. 그 결과 내부 투표에서 찬성 12표, 반대 32표가 나왔다. 예산 지원은 끝내 무산되었다.

타임스는 시 의회를 완곡히 조롱하면서 이렇게 꼬집었다. "그들 중 일부가 하는 이야기를 잘 들어보면, 실제로 그 계획이 유효할까봐 반대하는 거라는 희미한 의심을 정당화하는 뉘앙스가 풍겼다." 타임스는 나아가, 이대로라면 빙엄이 미 노동·상무장관 오스카 스트라우스에게 이 문제를 수사할 비밀임무국 한 소대를 파견해달라고 요청할지도 모른다고 했다. 설리번 형제와 그 일당이 "범죄자들을 조종하는 데 일조하고 있"[14]으니 그런 극단적 조치가 필요하지 않겠느냐는 것이었다.

시 의회에 거부당한 빙엄은 자신의 대의를 대중에 호소하는 쪽으로 전략을 틀어, 뉴욕에서 가장 부유한 주민들이 참석하는 연회와 강연회에서 연설하고 다녔다. 1909년 1월 12일, 그는 델러노가, 셔머혼가, 라인랜더가, 반렌슬리어가 등 맨해튼의 가장 유구하고 부유한 가문들로 이루어진 워싱턴스퀘어협회 회원들이 모인 자리에서 연설했다. 이번에는 새로운 주장도 곁들였다. "이 지역 검은손 갱단들이 뉴저지주 패터슨의 무정부주의 단체와 손을 잡으려는 시도가 있었습니다. 한패는 폭탄을 제조하고 다른 한패는 그 폭탄을 던지고 다니면서 서로 전리품을 나눠 가지려는 계획이었죠."[15] 이는 지어낸 이야기일 확률이 높다. 맨해튼에서 이런 음모가 적발된 기록은 없다. 하지만 빙엄은 시 의회가 비밀경찰 창설을 지원해주지 않겠다면 뉴욕의 부유한 무역상에게서 그 자금을 얻어낼 수 있을 거라 생각했다. 부유층에게 무정부주의자 무리와 검은손 조직의 연합은 심지에 불붙은 다이너마이트나 마찬가지였으니까.

빙엄이 갑부들을 구슬리는 동안 소문이 쫙 퍼졌다. 뉴욕 이브닝 저널은 빙엄이 검은손을 소탕한 후 맨해튼의 도박장을 덮치고 심지어 뉴욕 시경 내부의 부패까지 수사할 작정이라고 보도했다. 설리번 형제는 이 보도를 접하고 얼굴의 핏기가 싹 가셨을 것이다. 그들이 초반에 빙엄에게 품었던 우려가 현실이 되고 있었다.

1909년 1월 말, 모든 것을 쏟은 홍보 운동 끝에 빙엄은 그만의 작은 전쟁에서 승리했다. 일단의 부유한 뉴욕 주민, "재산 좀 가졌다 하는 자"들이 빙엄의 비밀수사반 창설 및 운영에 충분한 규모의 자금을 대기로 결정한 것이다. 빙엄은 후원자의 정체를 밝히지는 않았지만, 소문으로는 개인 경찰력의 운용 기금으로 3만 달러를 지원받았다고 한다.

나중에 뉴욕 신문들은 비밀수사반의 재정 사정을 파헤치려했다. 트리뷴지는 자금이 "한 사람에게서 나왔는데, 이탈리아 사람이 아닌 그는 미국에서 가장 흥한 산업 중 하나의 선두주자이며 자신이 쌓은 거대한 부로 인해 온갖 협박 편지를 받은 인물"[16]이라는 얘기가 돈다고 전했다. 두 사람의 이름이 입에 오르내렸다. 앤드루 카네기와 존 D. 록펠러였다. 두 사람 다 제철, 석탄, 철도 등 검은손이 그동안 공격 대상으로 삼은 업계에 큰 지분이 있었다. 다른 신문들은 뉴욕의 이탈리아계 상인들과 그들을 고객으로 둔 은행가들이 십시일반 모은 기금이라고 했다.

이제 자금도 확보했겠다, 빙엄은 검은손과의 최종 전투를 이끌 "최정예 수사관"을 물색하기 시작했다. 생각보다 인재를 발굴하기가 어려웠던 모양이다. 이탈리아어를 구사하는 범죄 수사 전문가 중 단 한 명도 멀버리가 300번지로 찾아오지 않았다. 사실 전국을 통틀어 그런 사람이 존재하지 않을 수도 있었다. 기껏해야 핑커턴 탐정 회사의 프랭크 디마요와 뉴욕 시경의 조지프 페트로시노 정도 될까. 빙엄은 둘 중 후자를 비밀수사반 반장으로 조용히 점찍었다. 비밀수사반을 둘러싼 논란을 만든 이유가 아예 처음부터 페트로시노에게 극비 임무를 맡겨 출장 보낼 예산을 마련하기 위함이었을 수도 있다. 빙엄이 특정 수사 프로젝트를 염두에 두고 있음이 곧 드러났기 때문이다.

1909년 초에 최종적으로 틀이 잡힌 이 프로젝트는 구석구석에 페트로시노의 입김이 묻어 있었다. 빙엄은 페트로시노가 극비리에 이탈리아로 건너가 미 연방 정부와 이탈리아 국왕이 못 한 일을 해주기를 바랐다. 범죄자들이 이탈리아에서 미국으로 들어오는 것을 막는 것, 혹은 어느 기자의 표현대로 "그 해로운 인간들의 유입을 틀어막는 것"[17]이었다. 이 임무에는 세 가지 별개의 목적이 있었다.

- 이탈리아 재판 기록을 뒤져 미국으로 이민 온 범죄자들의 전과 기록을 찾는다. 만약 그들이 실제로 이탈리아에서 복역한 기록이 발견되면, 그들이 미국에 입국한 지 3년이 안 됐다는 조건하에 1907년 제정법에 의거해 강제 추방할 수 있다.
- 현재 이탈리아에서 복역중인 고위험 범죄자 신상을 수집한다. 이들이 형을 마치고 엘리스섬에 입도하는 즉시 본국으로 송환될 수 있다.
- 담당 형사가 미국으로 귀환한 후에도 수사가 계속될 수 있도록 신뢰할 만한 현지 요원들을 발탁해 국가 간 첩보망을 구축한다. 위험인물이 미국 입국을 시도할 시 요원들이 그 인물의 이름과 범죄 전력을 뉴욕 시경에 제공할 수 있도록 한다. 원칙적으로 미 이민국은 전과 기록이 있는 모든 이탈리아계 범죄자에 대해 미국 입국을 막을 수 있을 것이다.

실로 엄청난 규모의 복잡한 공조 프로젝트였고, 9·11 테러 이전 "뉴욕 시경이 추진한 가장 야심 찬 첩보 활동"[18]이라 할 만했다. 이 프로젝트가 성공하면 미국 조직범죄 역사를, 어쩌면 극적으로, 바꿔놓을 터였다. 하나 예를 들면, 스물세 살의 팔레르모 출신 절도범 주세페 프로파시는 1920년에 절도 혐의로 1년간 복역한 적이 있었다. 형기를 마친 그는 미국 이민을 승인받고, 미국에 건너와 1930년대 이래 조직범죄 세계를 장악한 '파이브 패밀리' 중 하나인 콜롬보 신디케이트를 창설한다. 빙엄의 계획이 그때 유효했다면 프로파시는 미국에 발도 들이지 못했을 것이다.

빙엄과 페트로시노가 가장 중점을 둔 부분은 검은손이었다. 이 임무가 성공하면 검은손은 큰 타격을 입을 것이었다. 이 작전이 성공하면 검은손 협회로 전도유망한 신입 조직원이 흘러들지 않을 테고 현 조직원 무리 또한 낫으로 쳐낸 듯 반토막낼 수 있었다.

1909년 1월에 조지프 페트로시노는 마흔여덟 살이었다. 경찰이 된 지도 어느덧 스물여섯 해가 지났다. 수사반 본부 책상에 엎드려 자고 하루 열여섯 시간 현장 수사를 벌이는 생활은 과거가 되었다. 이제 그와 아델리나에게는 아기가 있고 어느 모로 보나 평화롭고 사랑 넘치는 가정이 있었다. 검은손과의 싸움을 진두지휘하는 역할을 젊은 사람에게 물려줄 때가 되지 않았느냐고 물어도 이상할 게 없었다. 그러나 빙엄과 대화한후 페트로시노는 이탈리아에 가기로 했다. 이번 임무를 성공시킨다면, 정말로 검은손을 뿌리부터 뽑아내고 조직의 보스들을 소탕할 수 있다면, 페트로시노 일생의 업적에 최고봉을 장식하게 되는 것이었다. 검은손과의 싸움에 늘 진심이었던 그가 어떻게 이번 임무를 거절할 수 있었겠는가?

1909년 초 몇 달간 페트로시노가 이탈리아행을 준비하는 동안 이탈리언 수사반 대원들이 차례로 찾아와 자기들 딴에 유용할 법한 조언을 해주었다. 이탈리아에 일단 도착하면 극도로 조심하라는 경고가 대다수였다. "반장님, 북부에서는 안전하게 멀쩡히 지낼 수 있을지 몰라도요."[19] 바크리스 경위가 말했다. "남부에 도착하면 여태껏 그래온 것하고는 비교도 안 될 정도로 바짝 경계하셔야 해요. 거기 누가 있는지 아시잖아요." (마피아를 두고 하는 말이었다.) 페트로시노는 성마르게 대꾸했다. "내가 바본 줄 아나, 토니. 무슨 일이 일어나든 나는 대비가 돼 있을 걸세." 미국 대사도 비슷한 조언을 했다. "경위가 입국한 사실을 수천 명의 범죄자들이 알 겁니다. 다들 경위를 증오하고 있고, 어쩌면 칼로 찌르려 들지도 몰라요." 페트로시노가 뭐라고 대답했는지는 알려지지 않았다.

떠나기 직전 페트로시노는 결혼식을 올리고 딸의 세례도 받은 세인트패트릭 성당에 가서 그곳 사제 중 한 명을 만났다. "이탈리아에 가지 마세요."[20] 사제는 간곡히 빌었다. "돌아오지 못하실까봐 걱정돼서 그럽니다." 이번에 페트로시노의 대답은 기록으로 남았다. "돌아오지 못할지도 모르지요. 하지만 제가 해야 하는 일입니다. 저는 갈 겁니다." 경력 초반에 페트로시노 형사의 멘토였던 곤봉잡이 윌리엄스도 형사가 이탈리아로 떠나기 이틀 전 길에서 마주쳤는데, 그때는 형사가 조금 덜 회의적인 기분이었다고 한다. "한시도 위험하지 않은 순간은 없을 테니 극도로 조심하라고 일렀는데, 시원하게 웃으면서 자기는 걱정 안 된다고 하더이다."[21]

페트로시노는 여행 준비로 바쁜 와중에 짬을 내 변호사를 찾아가 모든 권한을 아델리나에게 이양했다. 그가 사망할 시 아델리나가 봉급의 미지급분을 대리 수령할 수 있게 조처한 것이었다. 하지만 이 무렵 그의 마음 상태가 어땠는지 보여주는 가장 흥미로운 기록은 그의 조카와 마주친 일화일 것이다. 어느 날 낮에 조카가 숙모를 쉬게 해주려고 아기 아델리나를 데리고 밖에 나와 산책하고 있었다. 유아차에 아기를 태우고 사람 몰린 곳을 피해 리틀 이틀리의 보도를 걸으면서 신선한 공기를 한껏 들이마셨다. 그러다가 검은 외투에 중산모를 쓴 익숙한 페트로시노 삼촌의 형체가 저만치서 다가오는 것을 발견했다.

"조 삼촌!"[22] 조카가 그를 향해 외쳤다. "제가 아기 데리고 나왔어요."

그러자 페트로시노는 표정이 굳은 채 한마디 말도 없이 조카 곁을 지나쳤다. 어린 조카는 삼촌의 반응에 당황했다. 산책을 마친 조카는 유아차를 다시 라파예트 233번지로 밀고 갔고, 아기를 안고 삼촌네 집으로 올라갔다. 거기에 페트로시노가 분노로 시뻘겋게 달아오른 얼굴로 기다리고 있었다.

"앞으로 다시는 아기 데리고 있을 때 길에서 아는 척하지 말거라." 그는 격노한 목소리로 말했다.

어린 조카는 놀라서 어안이 벙벙했다. 한참 후에야 삼촌이 겁이 나서 그랬다는 것을 깨달았다. 적들이 그 아기가 페트로시노의 딸인 걸 알면 아기에게 해코지할까봐 두려웠던 것이다. 그날 이후로 조카는 리틀 이틀리에서 산책할 때 삼촌을 봐도 인사하지 않고 모르는 척 지나갔다.

뉴욕 시경 비밀수사반 선임 요원 페트로시노는 1909년 2월 9일 선체의 길이가 무려 144미터에 이르는 증기선 두카 디제노바를 타고 이탈리아에 가기로 결정됐다. 이 임무를 위해 당국은 극도로 신중을 기했다. 시모네 벨레트리라는 이름으로 1등

석을 예매했고, 누가 물으면 사업차 유럽으로 출장 가는 이탈리아계 유대인인 척하라는 지시가 내려졌다. 출발하기 며칠 전 형사들은 뉴욕 시경 내부에 페트로시노가 병이 났으며 완전히 회복하려면 휴직하라는 의사의 권고를 받았다는 소문을 퍼뜨렸다. 그리고 요양을 위해 맨해튼을 떠난 척했다. 페트로시노의 가족 외에 그의 진짜 행방을 아는 사람은 빙엄 청장과 믿을 만한 경찰 내부 관계자 몇 명뿐이었다.

페트로시노는 커다란 노란색 가죽 여행 가방 두 개에 짐을 꾸렸고 그중 하나에 스미스 앤드 웨슨 38구경 리볼버를 넣었다. 로마에 주재하는 이탈리아 내무장관과 현지 경찰청장에게 보여줄 소개장, 그리고 현지 형법 체계에서 얼마나 중한 범죄를 저질렀는지 조사할 이탈리아인 범죄자 천 명의 이름이 빼곡히 적힌 수첩도 챙겼다. 소개장들은 하나같이 페트로시노의 임무가 단순 사실 조사라고 명시했지만, 그게 아님을 페트로시노 자신은 알고 있었다. 한 작가는 이렇게 기록했다. "그는 사실상 (…) 이탈리아 범죄자들에게 열려 있던 미국 이민의 문을 닫을 수 있는 열쇠를 손에 쥐고 있었다."[23]

그러나 몇 겹의 보안과 현지 고위직의 협조 약속에도 페트로시노는 마음이 영 가벼워지지 않았다. 이번 임무가 얼마나 위험천만한지 잘 알았기 때문이다. 그도 그렇지만, 배가 출항하기 전부터 벌써 아내와 아기가 그리웠을 것이다. 이탤리언 수사반 브루클린 지부 반장 바크리스 경사가 항구까지 배웅하러 나왔는데, 작별인사를 나누는 내내 페트로시노의 "기분이 최악"이었다고 그는 전했다.[24]

모든 것이 꽁꽁 얼 것 같은 2월 9일 오후 4시, 뱃고동이 울리고 항만 일꾼들이 두카 디제노바 승무원들에게 계류삭을 던졌다. 두 개의 굴뚝에서 시커먼 연기가 뿜어 나왔고, 짙푸른 빛이 도는 회색 수면 아래서는 쌍추진기가 돌기 시작했다. 선박은 허드슨강 한가운데로 힘차게 나아가 어퍼 베이를 향해 차가운 물살을 가르며 미끄러졌다. 다른 승객들은 현의 난간에 붙어서서 점점 작아지는 항구의 형체들을 향해 열심히 손을 흔들고는 부랴부랴 각자의 전용 객실로 내려갔다. 하지만 페트로시노는 남아서 조그만 그 형체들을 하염없이 바라봤다. 그는 객실에 마지막으로 내려간 이들 중 한 명이었다.

그즈음,[25] 뉴욕주 하일랜드라는 작은 마을에서는 한 일당이 농가에 모여 캐나다 지폐를 위조하고 있었다. 매일같이 그들은 2달러짜리와 5달러짜리 캐나다 화폐 판형에 잉크를 바른 다음 종이를 인쇄기에 먹였고, 거기서 나온 가짜 지폐를 한쪽 벽에 바짝 붙여 쌓아놓았다. 그러다가 때가 되면 누군가가 와서 지폐 뭉치를 수거해 뉴욕과 그 외 지역으로 운반했다.

그 일당 중에 안토니오 코미토라는 자가 있었다. 칼라브리아 출신 인쇄 기술자인 코미토는 1907년 6월에 뉴욕으로 건너왔다. 이탈리아의 아들들 결사단 모임에서 그는 필라델피아 출신의 다른 인쇄업자를 만났고 그 자리에서 고용됐다. 그런데 알고 보니 코미토가 맡은 일은 펜실베이니아에 있는 그 사람의 업장이 아닌 뉴욕주 북부의 작은 마을까지 가서 위조지폐를 만드는 일이었다. 가진 돈 한 푼 없던 젊은 코미토는 별수없이 그 일을 맡았다. 얌전한 타입이었는지 "순한 양 코미토"라는 별명을 얻은 그는 인쇄기 조작을 맡았다.

어느 날 밤, 코미토 일당은 고된 노동을 마치고 위층 침대에서 자고 있었다. 새벽 2시경 아래층에서 무슨 소리가 들렸다. 누가 문을 두드리고 있었다. 일당 중 다른 한 명, "빈센트 삼촌"이라고 불리는 주세페 팔레르모가 일어나 엽총을 쥐었다. "얼굴이 새하얗게 질렸더라고요." 코미토가 당시를 회상했다. 농가는 고립되어 있었고 마을 주민 중 아무도 이 이탈리아인 무리가 무슨 짓을 벌이는지 몰랐다. 한밤중의 불청객은 반갑지 않은 수준을 넘어 걱정할 만한 일이었다.

나머지 위조범 중 둘은 각자 자신의 리볼버를 챙겨 들었다. 그들은 코미토에게 아래층에 내려가 누가 왔는지 보라고 했다. 코미토는 싫다고 했지만 상대는 강압적으로 나왔다. 젊은 이탈리아인 청년 코미토는 벽을 더듬으며 계단을 내려와 현관문 앞으로 가서—중간에 촛불을 켜지도 않았다—캄캄한 문 앞에 섰다.

"누구세요?" 코미토가 물었다.

"우리다." 대답이 들려왔다. 음조가 높고 여자 같은 목소리였다.

"우리가 누군데요?"

"문 열어, 교수 양반."

코미토가 망설이는데 빈센트 삼촌이 계단을 내려오더니 그를 지나치며 무심히 내뱉었다. "이냐지오가 왔군."

문이 열리자 비싼 모피 코트를 걸친, 피부가 팽팽한 청년이 앞장서서 다른 남자 한 무리를 데리고 들어왔다. 그 청년은 페트로시노 형사를 공개적으로 위협했다가 형사에게 호되게 얻어맞고 뉴욕에서 쫓겨난, 세련된 스타일의 갱단 보스 이냐지오 "늑대" 루포였다. 두 무리는 이탈리아식으로 서로의 뺨에 입을 맞추며 인사를 나눴다. 코미토는 자신이 인사하려는 사람들이 다름 아닌 "이 일을 처음부터 끝까지 기획한 조직의 두뇌", 매주 가짜 캐나다 화폐 수천 달러를 찍어내는 사업을 계획하고 자금을 댄 장본인임을 깨달았다. 그중에 유독 루포는 전혀 다른 부류, "우아한 몸가짐과 남다른 에티켓을 갖춘 남자"로 눈에 띄었다.

일당은 뉴욕에서 이탤리언 고급 식재료—소시지와 여타 고기 꾸러미들—를 잔뜩 가져와서, 아예 그 집 상주 요리사를 깨워 만찬을 준비시켰다. 다른 커다란 꾸러미 두 개도 가져왔는데, 거기서는 군용 기관총 한 무더기, 권총 몇 자루, 탄약이 나왔다. 루포는 총을 나눠주고 작동법을 시범 보였다. 탄두에 십자 모양이 각인된 총탄이 "타깃에 박히거나 타깃을 관통하는 대신 확 벌어지면서 살을 지독하게 찢어놓을 것"이라고 했다. 새 무기에 만족한 일당은 식사를 하려고 둘러앉았다. 코미토는 옆에서 시중을 들었다.

"새로운 소식 없나, 이냐지오?" 빈센트 삼촌이, 모두 테이블에 착석한 후 물었다.

루포는 고개를 돌려 자신보다 나이 많은 빈센트 삼촌을 바라봤다.

"그대로입니다." 그가 대답했다. "페트로시노가 이탈리아로 건너간 것만 빼고요."

14장
신사

두카 디제노바는 증기를 뿜으며 시속 30킬로미터의 속도로 동쪽으로 나아갔다. 나란히 뻗은 굴뚝 두 개에서 뿜어낸 시커먼 연기가 청명한 대서양 하늘로 솟구쳤다. 매일 조금씩 페트로시노는 이탈리아에, 그리고 최종 목적지인 시칠리아섬에 가까워졌다. 대서양의 해안을 뒤로하고 선상 생활의 리듬에 익숙해지자 페트로시노는 기분이 한결 나아졌고 다른 승객에게도 제법 살갑게 대할 수 있게 되었다. 함께 탔던 한 승객은 나중에 아델리나에게 이렇게 전했다. "우리는 워낙 죽이 잘 맞아서 오랜 시간을 같이 보냈는데, 원래부터 아는 사이 같았어요. (…) 부군께서는 미국 얘기를 끊임없이 하면서 유럽행 임무가 금방 끝나면 좋겠다고 하셨죠. 하여간 그분의 미국 사랑에 말도 못하게 감동받았어요."[1]

시칠리아는 단순한 임무 수행지가 아니었다. 페트로시노 때문에 미국에서 추방당한 자들이 우글대는 곳이었다. 그중 한 명은 1903년 나무통 살인 사건 용의자로 기소를 피해 도망친 비토 카시오 페로였다. 기소는 피했지만 이를 갈며 이 미국인 형사에게 복수를 맹세한 그는 귀국 후 어느새 시칠리아 지하세계에서 급부상해 있었다. 미국에서 추방하고 고향인 팔레르모현으로 돌아와 빠른 속도로 마피아 보스가 되었다. 시칠리아는 카시오 페로처럼 머리가 비상한 자가 꽃피우기에 비옥한 토양이었다. 귀향 후 카시오 페로는, 페트로시노가 그랬던 것처럼, 뛰어난 혁신가로서의 면모를 증명해 보였다. 나무통 살인 사건 재판에서 결백한 사람을 살인자로 둔갑시킨 묘수는 이제 보니 그가 우두머리로서 범죄 조직을 이끌 방식을 보여주는 예고편이었다.

시칠리아는 수세기 동안 이탈리아 본토와 동떨어져 있는 곳이었다.[2] 로마제국 시기에 시칠리아섬은 제국에 공급하는 곡물을 쌓아두는 창고 취급을 받았는데, 그곳의 거대한 사유지는 **스트루멘티 보칼리**, 즉 노예들이 경작했다. 그래서 지금까지 전해지는 성姓도 스키아보(노예), 로스키아보, 니그로, 로 니그로 등 역사의 흔적을 그대로 담고 있었다. 노르만족이 지배한 시기에는 지방 영주들이 이슬람 교리를 따르는 아랍-베르베르계의 산적 무리와 싸워 그들을 서부 시칠리아의 중앙부 몇 군데에 몰아넣었는데, 그곳은 현재 팔레르모현과 트라파니현, 아그리젠토현에 해당하는 지역이다. 이 지역은 박해받은 무슬림뿐 아니라 탈출한 노예와 수배중인 범죄자를 위한 일종의 피난처가 되었다. "그들이 거주한 지역의 정체성이 형성되는 데 그들 자신이 얼마나 중요한 역할을 했는지 결코 과소평가해서는 안 된다." 역사가 헤네 헤스는 이렇게 기록했다. "도망자와 망명자라는 정치적 존재의 특성에서 기원하는 고유의 규범과 가치가 전승되었다. (…) 모든 국가적 법체계와 압제에 대한 강한 무정부주의적 불호라는 특징이 두드러진다." 미국의 마피아 '파이브 패밀리', 즉 보난노, 루케세, 콜롬보, 제노베세, 감비노의 보스들 역시 서부 시칠리아 중앙부 출신이었다. 페트로시노가 임무 수행차 방문했을 무렵 그 지역의 살인 사건 발생률은 이탈리아 본토의 대략 50배였다.

청년 시절 카시오 페로는 정치가로 경력을 시작했다.[3] 힘들게 먹고사는 소작농의 아들인 그에게 당연히 사회주의와 무정부주의는 입맛에 딱 맞는 개념이었다. 그는 하고한 날 가난한 농부들이 엘리트 지주 계급에게 착취당하는 시칠리아 시골에서 혁명을 부르짖었다. 미국에서 돌아왔을 때 카시오 페로는 먼젓번 직업을 버리고 범죄의 길로 들어섰지만, 정치가 시절 써먹던 수사학은 그대로 가져갔다. 정치 집회에서 연설하면서 소작농 군중을 흥분시키려고 걸핏하면 "재산 소유는 도둑질이다!"라는 구호를 외치던 그는 누가 봐도 열정적인 연설가였다. 편지와 우편물을 배달하는 회사를 차렸다가 공과금 납부를 거부한 혐의로 법정에 소환된 적도 있었는데, 그때 그가 내세운 변론은 자신은 무정부주의자로 재산권을 믿지 않는다는 것이었다.

범죄자로 막 걸음마를 뗐을 때부터, 그러니까 미국으로 건너가기 전부터 카시오 페로는 범죄의 개념을 전혀 다른 것으로 탈바꿈시키려는 생각을 품고 있었다. 그가 처음 저지른 중범죄 중 하나는 1898년 클로린다 페리텔리 디발페트로소 남작 부인을 납치한 일이었다. 겨우 열아홉 살이던 남작 부인이 마차를 타고 팔레르모를 가로질러가던 중 세 남자가 접근해왔다. 산적들, 아니, 정체가 뭐였든 간에 그 남자들은 부인을 매우 정중히 대했고, 시골 외딴곳으로 데려가 어느 집에 들어앉히고 나이든 여성의 감시를 받게 했다. 모두가 친절했지만 그중에서도 특히 잘생기고 매력적인 우두머리는 유난히 친절했다. 그는 자기 얼굴을 가리지도 않았다. 남작 부인은 이튿날 상한 곳 한 군데 없이 풀려났다. 그들이 남작 부인을 풀어주는 대가로 그 아버지가 거액의 몸값을 지불한 것으로 추정되었다.

경찰은 곧 카시오 페로와 두 공범을 체포하고 납치 혐의로 형사 고발했다. 그런데 카시오 페로가 신기한 변명을 댔다. 자신과 다른 두 사람이 남작 부인을 데려간 건 사실이라고 순순히 인정했지만 돈 때문에 저지른 짓은 아니라는 것이었다. 사랑에서 나온 행동이라고 했다. 동료 중 한 명인, 학생 신분의 캄피시라는 자가 부인에게 홀딱 반했는데 부인의 마음을 얻을 기회가 없어 좌절하고 있었다. 하지만 부유한 남작 부인의 몇 시간을 훔친 덕에 캄피시는 부인에게 자신과 결혼하면 어떤 점이 좋을지 어필할 수 있었다. 안타깝게도 결국에는 거절당했지만.

놀랍게도, 적어도 마피아 용의자들에게는 거칠기로 유명한 이탈리아 경찰이 카시오 페로의 해명을 받아들였다. 카시오 페로는 유죄 판결을 받았지만 집행유예를 받는 것으로 그쳤고, 그길로 구속을 면하고 풀려났다. 사실 카시오 페로 같은 신예 마피아 단원이 체포됐다가 풀려나는 것은 탁월함의 징표였다. 그들의 힘과 영향력을 만천하게 보여주는 꼴이니 말이다. 더불어, 오래전부터 있었던 범죄를 새로운 것으로 포장해 보이는 카시오 페로의 전략이 먹힌다는 것 또한 증명되었다.

이 기발함은 카시오 페로의 부상에 결정적으로 작용했다. 미국에서 돌아온 그는 당시 이탈리아에서 성행하던 다른 사업과 비슷한 형태의 갈취 사업을 시작했다. 상인들의 업장과 사업을 공격하지 않는 대가로 매주 또는 매달 소정의 수수료를 받는 사업 모델이었다. 그런데 다른 갈취범들처럼 피해자를 협박하는 대신 카시오 페로는 부하들에게, 마치 악당으로부터 상인을 보호해주려는 선한 사람처럼 보이도록, 부드럽고 정중하게 말하라고 지시했다. 갈취가 아니라 정중한 보살핌으로 어필하게 한 것이다. 카시오 페로가 도입한 이 전략은 크게 성공해서 몇 달 후에는 아예 피해자들이 그를 찾아와 돈을 받아줘서 고맙다고 굽실거렸다.

교묘한 속임수든 건방진 술수든, 어쨌거나 카시오 페로는 마피아의 이미지를 쇄신하고 있었다.

카시오 페로의 두번째 혁신은 범죄를 실질적 사업으로 탈바꿈한 것이었다. 그는 자신의 영역에서 이루어지는 모든 범죄 행위를 조직하고, 합리적으로 개선하고, 규제했다. 전에는 아무도 신경쓰지 않은 거지들 각자에게 활동 구역이 배정되었다. 헌금함을 터는 강도들은 각각 교회 몇 군데씩 활동 영역으로 지정받고 소득에서 일정액을 자기 몫으로 받아갔다. 카시오 페로는 심지어 좀도둑과 소매치기, 공갈범까지 일종의 사업체로 조직화했다. "돈 비토는,"⁴ 한 작가는 카시오 페로에게 붙은 존칭을 그대로 사용하며 이렇게 썼다. "구태의연하고 시골스러운 20세기 마피아 조직 체계를 근대도시의 복잡한 삶의 양식에 맞춰 변화시킨 최초의 인물이었다." 이는 다소 과장된 평가다. 우리가 지금 마피아라고 부르는 존재는 1800년대 후반부터 1900년대 초반까지 시칠리아의 정치적, 경제적 문화에서 일어난 변화를 줄곧 악용해온 근대적인 조직이었다. 그러나 카시오 페로는 자기 사업을 시칠리아인의 삶에 그냥 접목시키는 정도가 아니라 둘을 분리하지 못할 정도로 긴밀히 짜넣을 방법을 고민하고 있었다.

운수가 트이면서 카시오 페로는 팔레르모의 마퀘다가街에 있는 유명한 부스타리노 의상실에서 영국 스타일로 주문 제작한 정장을 걸친 채 시칠리아 교외 지역의 거리를 우오모 디 리스페토처럼 거닐었다. 그는 길쭉하고 우아한 모양의 파이프 담배를 물고 다니면서 극장과 오페라에서 정치인과 상류층 인사와 어울렸다. 교사와 결혼했는데도 여전히 문맹이었고, 덧셈을 해야 할 때면 조끼 안으로 넣어 두르고 다니는 폭이 넓은 가죽 벨트로 어김없이 손이 갔다. 일정 간격으로 눈금을 새긴 이 벨트는 카시오 페로가 거래를 할 때마다 자기 몫을 따지는 데 도움을 주는 투박한 계산기였다. 다음은 작가 카를로 레비가 쓴 다른 마피아 단원의 묘사인데, 우리가 아는 그 나이 때 카시오 페로와 상당히 근접하다.

그의 얼굴은 무표정해 속을 헤아릴 수 없었지만, 동시에 우리에게 익숙한 감정과 사뭇 다른 감정을 표하는 찡그림으로 생기를 띠었다. 교활함과 극도의 불신, 여기에 자신감과 두려움, 자만과 폭력성, 심지어 어떤 유의 재치라고 볼 수도 있는 것이 한데 섞인 표정이었다. 이 모든 요소가 우리에게 서먹서먹하고 생소한 식으로 그 얼굴 안에 섞여 있는 것 같았다. 그 감정들의 명암 그리고 그 얼굴의 생김새 자체가, 아주 오래되어 우리에게는 전승받은 기억 외에 어떤 형태로도 흔적이 남아 있지 않은 다른 시대에 속해 있는 것처럼. 그래서인지 나는 멸종된 종족을 대표하는 희귀한 존재와 함께 있는 듯 신기한 느낌이 들었다.[5]

카시오 페로는 살인도 했다. 공식 기록에 따르면 범죄자로 활동한 기간 내내 백 건 이상의 살인을 지시했다. 어느 경찰 보고서에는 이렇게 적혀 있었다. "그의 행동은 대담하고 폭력적이며, 노골적인 파괴 선동으로 가득하다."[6] 팔레르모 경찰이 작성한 카시오 페로 파일에는 방화, 살인, 갈취, 납치, "난폭 행위", 협잡질까지 광범위한 범행이 기록되어 있었다. 그의 야망은 끝을 몰랐다. 시칠리아 시골에는 카시오 페로 외에 또다른 거대 권력으로 가톨릭교회가 있었다. 카시오 페로는 신부들이 교구 신도들에게 행사하는 힘을 질투한 나머지 자기 구역의 여신도들에게 "성체성사에 가지 말고 대신 그에게 고해성사하라고"[7] 구슬렸다. 페트로시노의 전기를 쓴 이탈리아인 작가는 이를 두고, 가톨릭교의 뿌리가 깊은 시칠리아 시골에서 일어났다고는 "진정 믿기 힘든 일"이라고 표현했다. 실로 경악할 일이었다.

두카 디제노바호의 갑판을 거니는 페트로시노는 아마 비토 카시오 페로를 떠올린 지 몇 년은 됐을 것이다. 그의 머릿속에는 카시오 페로 말고도 수많은 이들의 이름과 얼굴이 들어차 있었다. 게다가 여정의 중간쯤 와서 덮친 뱃멀미 때문에 객실 침대에 줄곧 누워 있다보니 더더욱 지긋지긋한 기분이었을 것이다. 하지만 멀미가 가라앉자 이내 기운을 회복한 듯하다. 극비 임무를 수행중인 사람치고 아이러니하게도, 같은 배에 탄 추종자가 얼굴을 알아본 덕분이기도 했다. "당신 누군지 알아요." 그는 형사에게 대뜸 이렇게 말했다. "신문에서 사진 봤어요. 사람들한테 말 안 할 테니 걱정 마세요."[8] 정체가 발각된 것에 당황하기는커녕 페트로시노는 오히려 기분좋아했다. 그는 상대방과 활기차게 대화를 나누기 시작했고 자신이 중요한 일로 이탈리아에 가는 길이라는 것까지 말해버렸다. 그래도 무슨 일 때문에 가는지는 함구했다.

다른 실책도 뒤따랐다. 페트로시노는 자꾸만 위장 신분 이름을 깜박하거나 즉흥적으로 새 이름을 지어냈다. 두카 디제노바호의 승객들에게 자신을 굴리엘모 시모네라고 소개했는데, 처음 출장길에 올랐을 때 댔던 이름과 다른 이름이었다. 그뿐 아니라, 3등실 승객 한 명이 2등실 승객용 통로로 드나들면서 다른 사람들을 괴롭히자 페트로시노는 승무원이 문제를 해결하게 내버려두는 대신 그 사람을 따로 불러내 (아마도 험악한 어조로) 몇 마디 했다. 그자는 다시는 그런 짓을 반복하지 않았지만 이 중재로 분명 페트로시노에게 이목이 쏠렸을 것이다.

왜 페트로시노는 더 신중하게 정체를 숨기지 않았을까? 왜 그는 자신을 보호해줄 익명성을 더 철저히 유지하지 않았을까? 그리고 어째서 뉴욕 시경은 페트로시노의 뒤를 지켜줄 다른 형사를 붙여주지 않았을까?

단서는 여행 후반에 있었던 일화에서 발견된다. 페트로시노는 다른 승객에게 자신이 시칠리아로 가는 길이라고 말했다. (배는 제노바행이었는데 굳이 행선지를 말한 건 또하나의 실책이다.) "여자들을 너무 빤히 쳐다보지 마십쇼." 상대방이 농담으로 받아쳤다. "안 그러면 다른 남자들이 죽이려 들 테니까요."

그러자 페트로시노의 자존심이 화르르 타올랐다. "난 아무도 무섭지 않소!" 그가 소리쳤다.

어째서 페트로시노는 자신의 안위를 두고 그렇게 호기롭게 굴었을까? 아마 너무 오랫동안 천하무적이라는 갑옷에 의지해왔기에, 두려움을 인정하는 것은 그 갑옷을 잃는 것과 같았을 것이다. 게다가 페트로시노는 자존심이 센 남자였다. 어느 이민자 청년이 어째서 음식 대신 옷을 사는 데 가진 돈을 써버리느냐는 질문에 한 대답을 보면 십분 이해가 간다. "이탈리아 사람들이 어떤지 아시잖아요. 굶어죽어도 체면은 차려야 하는 거."9

파란만장한 항해 끝에 2월 21일 저녁 8시 20분 제노바에 도착한 페트로시노는 건널 판자를 딛고 하선했고, 신분을 증명할 소개서를 보여주고 임무에 착수하러 다시 로마로 이동했다. 하지만 아직 여독이 풀리지 않아 몸 상태가 별로라고 털어놓았다. 로마에서는 한창 사육제 기간이라 대부분의 관공서는 어차피 휴무였다. 딱히 할일이 없던 페트로시노는 잠시 자유의 몸이 되어 거리를 걸으며 유서 깊은 도시를 구경했다.

그러다 로마에 푹 빠져버렸다. 그는 아델리나에게 보내는 이탈리아어로 쓴 편지에 로마의 찬란함을, 최대한 풍부한 어휘력을 발휘해 묘사했다.

성 베드로 대성당과 시스티나 성당, 미켈란젤로 회랑까지 다 봤는데, 과연 세계의 경이라 할 만해. 성 베드로 대성당을 본 순간 내가 마법에 걸린 것 같았어. 평범한 인간의 상상력을 뛰어넘는 작품이야. 얼마나 광대하고 장엄한 곳인지! 15만 명은 거뜬히 들어갈 수 있을 것 같아. 어떻게 해야 당신에게 제대로 전달할 수 있을까? (…) 이런 장관을 봤는데도 슬픈 기분이 들어. 마음의 위안을 주는 곳이라면 우리 뉴욕이 더 좋아. (…) 그건 그렇고, 천 년은 지나야 집에 돌아갈 수 있겠어. (…) 나 대신 우리 아기에게 입맞춰줘. 우리 친구들, 가족들한테 내 얘기 전해주고.

당신을 몹시 사랑하는 남편이, 입맞춤을 담아.[10]

　페트로시노는 일이 지체돼서 외롭고 답답할지언정 이탈리아의 찬란함을 보여주는 물리적 표상에 한껏 매료되었다. 그가 지난 25년간 꾸준히 두둔해온 이탈리아의 증거가 그곳에, 겨울의 태양 아래 펼쳐져 있었다. 미국인은 이탈리아인을 아시아의 잡종 후손이라고 불렀지만 페트로시노가 이 고도古都에서 목격한 모든 것이 그것을 반증하고 있었다. 관광객으로 보낸 그 몇 시간은 페트로시노에게 자국 고유문화에 대한 자부심을 환기시킨 시간이었을 것이다.

　첫날 페트로시노는 주 이탈리아 대사 로이드 그리스컴을 만날 수 있었다. 뉴저지 출신의 퀘이커교도이자 직업 외교관인 그리스컴 대사는 그가 조만간 이탈리아 내무장관과 경찰청장을 만날 수 있게 조율중이라고 했다. 페트로시노는 호텔로 돌아가 푹 잤다. 그리고 다음날 드디어 본격적으로 임무에 착수했다. 그는 이탈리아 지방 경찰청 국장 프란시스코 레오나르디를 찾아가 집무실로 들어가면서 대뜸 "페트로시노라고 합니다"[11]라고 내뱉었다.

　레오나르디는 씩 웃었다. 그도 페트로시노의 명성은 익히 알고 있었지만 페트로시노가 자신은 이탈리아에서 실제보다 몇 배 더 유명하다고 믿는 듯했기 때문이었다. 어쨌든 페트로시노는 빙엄에게 받아온 소개장을 건네고 자신이 방문한 공식적인 이유를 대강 설명했다. 이탈리아에 첩보 요원을 심어 뉴욕 시경에 보고하게 한다는 빙엄의 계획은 말하지 않았다. 그건 차차 밝히면 될 부분이었다.

이틀 후 페트로시노는 빙엄에게 첫 서한을 보내(이후로는 암호로 작성해 전보로 보낸다) 다음 사항을 보고했다.

내무장관 페아노 각하를 만나볼 수 있었습니다. 그분과 이탈리아계 범죄자들이 미국에서 벌이는 범죄 행각에 대해 논의했습니다.[12] 각하께서도 이 문제에 관심이 지대한지라, 온 이탈리아 왕국의 도지사, 부지사, 시장을 상대로 미국으로 가려는 이탈리아 범죄자에게 여권을 발행하지 않도록 최종 명령을 하달하라고 지방 경찰청 국장 프란시스코 레오나르디에게 지시했습니다. 각하께서는 또한 시칠리아와 칼라브리아, 나폴리의 모든 지방 경찰청 국장에게 제 임무 수행에 전방위로 조력할 것을 명하는 서한을 써 주셨습니다. (…) 청장님과 우즈 부청장님께서 길고 충만한 생을 누리시길 바라며, 저는 이만 줄이겠습니다.

당신의 충실한
조지프 페트로시노

현지 경찰이 레오나르디의 명령을 순순히 따를 거라고 페트로시노가 정말로 믿었는지는 회의적이다. 어쨌든 그곳은 이탈리아였으니까. 그래도 첫발은 디딘 셈이었다.

하루는 페트로시노가 로마 거리를 걷고 있는데 뉴욕에서 온 신문기자 두 명이 그를 알아봤다. 팔레르모에서는 가족의 오랜 친구 찬파라를 우체국에서 우연히 마주치기도 했다.[13] 두 사람이 대화를 나누던 중 지나가는 한 남자가 눈에 띄었다. "내가 아는 얼굴인데." 페트로시노가 낮게 깐 목소리로 중얼거렸다. "분명 아는 얼굴이야." 찬파라가 형편없는 옷차림의 그 남자를 돌아봤다. 그자는 남들 눈에 띄지 않으려고 애쓰면서 이쪽을 시종일관 흘끔거리고 있었다. 페트로시노는 마치 기억을 덮고 있는 베일을 걷어치우려는 듯 손으로 얼굴을 한 번 쓸었다. 찬파라는 페트로시노가 워낙 많은 사람을 알고 있으니 그중 한두 명을 팔레르모에서 마주치는 건 불가피한 일 아니냐고 했다. 그러나 페트로시노는 "심히 걱정되고 당혹한" 기색이었다.

페트로시노와 찬파라는 그 수상한 자가 침착하게 자신들 곁을 지나칠 때까지 지켜보다가 전보를 보내러 우체국으로 들어갔다. 그날 밤 저녁식사 하는 내내 페트로시노는 말이 없다가 느닷없이 찬파라에게 털어놓았다. "여기서 나는 철저히 혼자야. 아는 사람도 없고 친구도 없어. 뉴욕에서는 다르지. 친구도 있고, 구석구석에 협력자를 심어놨으니까. 위급 상황에는 경찰도 도와줄 테고."

"이탈리아 도시들은 뉴욕보다 안전해." 찬파라가 웃으며 대꾸했다. 하지만 페트로시노는 별로 위안을 얻지 못했다. 그는 독백하듯 조용히 중얼거렸다. "그자가 어디 사는지 알아낼 수 있다면 천 달러라도 내놓겠어." 그러더니 별안간 이렇게 내뱉었다. "이만 가봐야겠네. 무슨 일이든 일어날 거면 어떻게든 일어나겠지." 페트로시노는 감시당하고 있다고 느꼈고, 보아하니 유독 마음에 걸리는 한 명이 있는 것 같았다. 그게 누구였는지는 끝내 밝혀지지 않았다. 어쨌거나 페트로시노는 의혹에 가득차 있었다. 이탈리아에는 페트로시노에게 원한을 품은 남자가 못해도 수백 명은 되고 여자도 몇 있었다. 시칠리아 경찰청장마저 훗날 인정했다. "페트로시노의 이름만 들려도 복수를 다짐하는 소리가 나올 정도였다."[14]

이탈리아에 머무는 내내 페트로시노는 날이 갈수록 뉴욕에 있을 때와 다른 사람이 되어갔다. 뉴욕에서는 피 한 방울 안 나올 것 같은 침착한 태도로 암살범을 상대하던 그였다. 이탈리아에서 그는 혼란에 가득차 휘청거린다. 뉴욕에서는 한 번 본 것은 절대로 잊지 않는 그였다. 이탈리아에서 그는 낯익은 얼굴의 정체를 떠올리려고 기를 쓴다. 마치 이탈리아 거리에서 스냅샷으로 포착된 그의 모습들이 사진 가장자리로부터 조금씩 퍼지는 모종의 그림자에 서서히 잠식되는 것을 보는 것 같다.

이튿날 아침 페트로시노는 파둘라에 사는 동생 빈첸초에게 전보를 쳐, 다음날 낮 1시 53분에 도착 예정인 기차를 타겠다고 알렸다. 잉길테라 호텔 숙박비로 30리라가 나왔다. 페트로시노는 숙박비를 치르고 역으로 가 기차를 탔다.

동생을 마지막으로 본 게 수십 년 전이었다.[15] 빈첸초는 육촌동생을 데리고 역에 나와 기다리고 있었다. 페트로시노는 동생을 힘껏 껴안은 뒤, 육촌을 흘끗 보고는 동생에게 왜 혼자 나오지 않았느냐고 물었다.

"남도 아니고 사촌 빈첸초 아라토잖아." 동생이 외쳤다. "돌아가신 어머니의 조카인데 뭘!"

"이번 이탈리아행이 극비인 걸 알잖아." 페트로시노가 나무랐다. "아무한테도 말하면 안 된다고."

빈첸초는 그 문제와 관련해 한 가지 나쁜 소식을 전했다. 그는 주머니에서 일 푼골로 신문을 꺼냈다. 거기에는 페트로시노의 소위 극비 임무에 대한 기사가 실려 있었다. 심지어 빙엄 청장의 발언도 인용돼 있었다. 그는 왜 페트로시노 형사가 뉴욕에서 자취를 감췄냐는 질문에 이렇게 대답했다고 한다. "글쎄요, 지금쯤 이탈리아로 가고 있을걸요!"

페트로시노는 낮게 욕설을 내뱉었다. 기사는 페트로시노의 이탈리아행을 자세히 전하면서, 한 술 더 떠 검은손 조직을 척결하는 과제와 연관이 있다고 죄다 까발렸다. 위장 수사를 다른 사람도 아니고 경찰청장이 폭로한 꼴이었다.

그날 모든 게 물건너갔다. 빈첸초의 친구들이 유명한 형사와 인사 한번 해보겠다고 고향 집 문 앞에 바글바글 몰려들었고, 페트로시노는 씩씩대며 방에서 나오지 않았다. 어떻게 빙엄이 이럴 수가? 그러잖아도 이탈리아에 적이 수백 명 깔려 있는데, 정작 본국 경찰청장이 이탈리아 방방곡곡에 극비 임무를 떠들어대다니. 어처구니없는 중대 과실이었다.

빙엄은 원래 그런 실책을 종종 저지르는 사람이었다. 취임 첫날부터 유태인과 이탈리아인을 비하했고, 가장 신중하게 굴어야 할 타이밍에 책잡힐 말을 쏟아놓곤 했다. 장군이 도대체 무슨 득을 볼 생각으로 그 인터뷰에 응했는지는 짐작하기 어렵다. 그가 이탈리아계 범죄자들의 만행을 저지해야 한다는 압박에 시달리고 있었던 건 분명하다. 1909년에 또 한 차례 선거가 예정되어 있었고, 윌리엄 랜돌프 허스트가 범죄와의 싸움이라는 이슈를 두고 태머니파와 맞붙으려고 또 한 번 시동을 걸고 있었다(윌리엄 랜돌프 허스트는 1905년과 1909년 뉴욕 시장 선거에 출마했다가 두 번 다 낙선했다—옮긴이). 뉴욕 시경이 전력을 다해 검은손과 싸우고 있음을 보여줄 증거로 세계적인 이탈리아인 형사가 바로 그 순간 건달 유입을 영구히 차단하러 시칠리아로 향하고 있다는 선전보다 더 좋은 게 뭐가 있겠는가? 빙엄이 더 높은 자리를 노리는 야망을 품었기 때문에 이런 실책을 저질렀다고 설명할 수도 있다. 하지만 그 무모함은 여전히 설명되지 않는다. 만약 파견 대상이 세계 최고의 아일랜드계 형사였다면, 빙엄이 과연 그토록 경솔하고 요령 없이 페트로시노의 정체를 탄로냈을까?

이튿날 아침 7시, 페트로시노는 파둘라에서의 일정을 서둘러 마무리하고 나폴리행 열차를 탔다. 나폴리에서 다시 우편선을 타고, 그의 일생을 점철해온 범죄자 대다수의 고향인 팔레르모로 이동할 계획이었다. 시칠리아가 기다리고 있었다.

의심 많은 성향이 다시 고개를 들었다. 동생이 이제 어디로 갈 것인지 묻자 페트로시노는 이렇게 얼버무렸다. "메시나로 갈까 해. 돌아오는 길에 한 번 더 들러서 너 보고 갈게." 이제 이탈리아에서는 아무도, 심지어 친동생도 믿을 수 없다고 느낀 게 분명하다.

페트로시노는 기차에 몸을 실었다. 열차가 항구도시 나폴리를 향해 북서쪽으로 내달리는 동안 그는 제수씨가 손수 준비한 도시락을 먹었다. 그 열차 칸에는 카라비니에리 대장 발렌티노 디몬테사노도 타고 있었다. 그는 페트로시노를 알아봤지만 아무 말도 하지 않았다.

15장
시칠리아에서

팔레르모에 도착한 페트로시노는 또다른 가짜 신분으로 호텔 드프랑스에 체크인했다.[1] 이번에는 시모네 발렌티 디주데아라는 이름이었다. 페트로시노가 제일 먼저 들른 곳은 미국 영사 윌리엄 A. 비숍의 집무실이었다. 영사에게 앞으로의 계획을 설명하고 이번 극비 임무를 도울 정보원이 시칠리아에 몇 명 있음을 알렸다. 장기 체류할 작정이었기 때문에 방카 코메르찰레에 계좌를 개설하고 앞으로 사용할 2천 리라도 예치했다. 페트로시노에게 발송된 우편물은 전부 은행으로 오게 해두었다. 얼마 후 그는 살바토레 바실리코라는 이름으로 레밍턴 타자기를 대여했다. (페트로시노가 파슬리를 뜻하는 은어인 것처럼 바실리코는 이탈리아어로 스위트 바질을 뜻하는데, 어쩌면 페트로시노 형사는 허브 종류를 뜻하는 이름을 돌려쓰면서 속으로 즐거워하고 있었는지도 모른다.) 의도는 명확했다. 시칠리아에서 하나의 위장 신분을 다른 위장 신분과 연관 지을 단 하나의 단서도 남기지 않겠다는 것이었다.

준비를 마친 형사는 현지인과 접선했다. 예전에 뉴욕에서 형사의 정보원으로 활동하다가 시칠리아로 돌아온 사람일 가능성이 크다. 두 사람은 팔레르모 법원으로 가 형사처벌 기록을 뒤지기 시작했다. 페트로시노는 자기 수첩에 적어 온 범죄자 명단과 전과자 이름들을 대조해보는 데 몇 시간을 할애했다. 거칠게 몸싸움하며 수십 년을 보내다가 책상에 앉아 사무를 보고 있으니 이번 임무가 참 묘하다는 생각이 들었을 법도 한데 그 생각을 입 밖에 내지는 않았다. 짜릿한 순간이었다. 뉴욕 시경이 검은손을 타도하는 데 필요한 증거가 당장 눈앞에 있었으니 말이다. 이탈리아에서의 임무가 진정 시작되고 있었다.

그런데 뭔가 마음에 크게 걸리는 점이 있었다. 2월 28일, 그는 아델리나에게 이렇게 써 보냈다.

사랑하는 나의 아내에게

팔레르모에 도착했어. 지금 무척 당혹스러워. 아무래도 천 년은 있어야 집에 돌아올 수 있을 것 같아. 이탈리아의 모든 것이 마음에 안 들어. 자세한 건 집으로 돌아오면 얘기해줄게. 아아 맙소사, 이렇게 비참할 수가! 닷새나 앓아누웠지 뭐야. 독감에 걸려서 로마에 머물러야 했어. 지금은 괜찮아…… 나 대신 사촌 아르투로에게 입맞춰줘. 처남 안토니오와 그의 가족들에게도…… 처제 부부에게도 인사 전해줘. 사랑하는 우리 아기와 당신에게 천 번, 만 번의 입맞춤을 보내.[2]

정확히 팔레르모의 무엇이 심기를 거슬렀는지는 나와 있지 않다. 길에서 오랜 적의 얼굴을 알아본 걸까? 위협을 받은 걸까?

기분은 썩 좋지 않았지만, 일에는 진전이 있었다. 이튿날 그는 호텔방에 앉아 팔레르모 법원에서 찾아낸 형사처벌 기록 사본을 타이핑했다. 다 옮긴 후 봉투에 넣어 뉴욕의 빙엄에게 부치면서 다음의 편지도 동봉했다.

존경하는 청장님께

제가 보낸 국제전신에 이어, 조아키노 칸델라를 비롯한 몇 명의 전과 기록을 동봉합니다. (…) 자세한 것은 다음 서한에서 설명해드리겠습니다. 마나테리, 페리코, 마트랑가에 대한 전과 기록은 찾지 못했습니다. 추후 찾아낼 수 있을지도 모르겠습니다.[3]

당신의 충실한

조지프 페트로시노

　이 기록들만 있으면 빙엄도 범죄자를 추적해 본국으로 추방하는 작업에 착수할 수 있을 터였다. 모든 것이 계획대로 진행되고 있었다.

　이후 닷새 동안 페트로시노는 남의 이목을 피해 몸가짐을 조심하며 지냈다. 식사는 무조건 카페 오레토에서 했다. 와중에 정보원들과 접선도 하고 매일 비숍 영사를 방문했으며 범죄기록 보관소도 샅샅이 뒤졌다. 위장 신분은 수시로 바꿨다. 아무도 그를 건드리지 않는 것 같았다. 3월 5일에 그는 비숍에게 팔레르모 경찰청장 발다사레 체올라와 만날 약속을 잡았다고 알렸다. 페트로시노가 팔레르모 청장과의 만남에 회의를 표하자 비숍이 체올라는 다른 시칠리아 경찰 관료와는 다른 부류라며 형사를 안심시켰다. 이탈리아 북부 밀라노에서 10년을 근무했고 국왕 움베르토 1세의 암살 사건 수사를 진두지휘한 교양 있는 인물이라고 했다. 게다가 체올라가 팔레르모에서 맡은 임무는 사회에 깊이 침투한 마피아를 근절하는 일이었다. 비숍은 페트로시노를 달래며 중앙정부 인사들이 그를 신뢰하는 게 분명하니 한번 믿어보라고 했다.

　페트로시노는 다음날 체올라를 만났다. 체올라 청장은 미국에서 온 이 전설적 인물의 첫인상을 저울질하면서 약간의 계급적 우월감을 느꼈다. 그는 훗날 "페트로시노 경위가, 그의 입장에서는 다소 불리하게도, 높은 수준의 교육을 받은 사람이 아니라는 것을 즉시 알아볼 수 있었다"[4]고 회상했다. 그날 페트로시노가 용건을 전한 방식은 꽤나 직설적이었다. 자신이 여기 온 것은 이탈리아 범죄자들이 자국 전과 기록이 없는 것처럼 위조된 서류를 가지고 미국에 들어오고 있지 않은지 조사하라는 미국 정부의 명령을 받았기 때문이라고 대뜸 말한 것이다.

체올라는 팔레르모 당국이 발행한 어떤 문서도 조작되지 않았다고 반박했다.

그러나 페트로시노는 이탈리아 공무원의 항변을 들을 만큼 들었다고 여긴 모양이다. 그는 체올라 청장의 답변을 묵살하고 이렇게 받아쳤다. "그럼 어째서 제가 체포한 범법자 중 이렇게 많은 수가 여기서 유죄 판결을 받은 적이 있음에도 불구하고 그들의 형사처벌 기록은 오점 없이 깨끗한 겁니까?"

"사회 복귀를 한 자들이라서 그런지도 모르지요." 체올라가 대꾸했다. 그는 명확한 답변을 회피하고 있었다. 실제로 이탈리아에 '사회 복귀'라는 공식 절차가 있었지만 엘리스섬을 향해 출발하는 사람의 범죄 이력을 단순히 삭제해주는 것에 불과했다. 체올라는 자국의 경찰 조직을 변호하고 있었지만 페트로시노의 항의가 사실상 정당하다는 것을 분명 알았을 것이다.

체올라가 페트로시노 형사와 논의해야 하는 문제가 하나 더 있었다. 형사의 안전 문제였다. 비숍도 형사에게 시칠리아에서 지내는 동안 경호를 받아야 한다고 언질을 준 바 있었다. 시칠리아는 페트로시노가 경호 없이 마음대로 돌아다니기에는 너무 위험한 곳이었다. 체올라도 의견을 같이했으므로 형사에게 경호원을 붙여주겠다고 제안했다. 유명한 미국인이 자신이 치안을 맡은 도시에서 폭행당하거나 최악의 경우 살해당하는 것은 그가 가장 피하고 싶은 일이었다.

페트로시노는 거절했다. "고맙지만 경호는 원치 않습니다."[5]

"그렇지만 팔레르모를 혼자 활보하는 건 지나치게 위험한 일입니다!" 체올라가 항변했다. "선생은 매우 알려진 사람이잖습니까…… 이곳에 선생의 적이 몇이나 있는지는 하늘만이 아실 겁니다."

그러자 페트로시노는 수수께끼 같은 대답을 했다. "팔레르모에는 제 친구들도 있습니다, 청장님. 저를 보호하는 인력은 그들로 충분합니다."

답답해진 체올라는 기동대장 폴리 경위를 불러 미국인 형사에게 소개했다. 앞으로 페트로시노 형사가 팔레르모 경찰과 접선할 일이 있으면 폴리가 다리가 되어줄 거라고 했다. 그러고는 회의를 끝냈다. 이탈리아 경찰을 신뢰하지 않는 페트로시노 형사의 태도가 체올라의 심기를 거슬렀음이 분명했다. 페트로시노는 심지어 팔레르모의 어디에서 머무는지도 밝히기를 거부했다. 무엇인지는 모르지만 지난 한 주간 그가 팔레르모에서 알아낸 것이, 아델리나에게 보낸 편지에서 암시한 그것이 체올라와 그의 부하들에 대한 믿음을 깬 게 틀림없었다. 그러나 경호를 거부한 데는 자존심도 한몫했을 것이다. 시칠리아 경찰의 경호를 받으며 돌아다니면 현지인들이 그를 어떻게 생각하겠는가?

페트로시노가 경호를 거절한데다 무슨 일을 하고 누구를 만나고 다니는지 팔레르모 경찰에게 알리기를 거부했는데도, 체올라는 개의치 않고 그를 밀착 감시할 작정이었다. 폴리와 페트로시노는 이후 닷새 동안 몇 차례 만났고, 페트로시노는 자신이 어떤 기록을 조사중인지 폴리에게 보고하며 다음에는 어떤 자료가 필요한지 알렸다. 폴리는 정보원을 풀어 페트로시노가 어떤 장소에서 목격됐는지 속속들이 제보받았고, 다시 체올라에게 페트로시노가 한밤중에도 아랑곳하지 않고 "지하세계에서도 제일 위험한 구역들"⁶을 쏘다니면서 메모를 하고 정보원들, 고위 공직자들과 은밀히 접선하고 있다고 보고했다. 경찰이 이 정보를 어떻게 입수했는지, 페트로시노를 미행해서 알아냈는지 아니면 정보원에게 제보받았는지는 알려지지 않았다. 어찌됐든 팔레르모 경찰은 페트로시노를 조금도 신뢰하지 않았다. 한 보고서는 그의 천성적 신중함을 수상한 태도로 묘사하기까지 했다. "모든 면에서 그는, 정부 당국이나 법과 질서를 집행하는 기관을 찾는 대신 지하세계에서 권위와 영향력을 휘두르며 두려움을 자아내는 악명 높은 범죄자들을 믿고 의지해야만 가장 든든한 보호를 받을 수 있다고 믿는 시칠리아 토박이의 관습을 그대로 따랐다."

페트로시노는 스스로 자신의 대부가 되었다. 어쨌든 이 냉소적 어조의 보고서가 암시한 바는 그랬다. 사실 페트로시노는 신중을 기하고 있던 것에 불과했다. 가짜 이름을 사용하고 아마도 변장까지 하고 다닌 것을 보면 말이다. 분명 그의 행동에서는 자신에 대한 믿음이 엿보이지만, 그렇다고 그가 무모하게 군 것은 아니었다. 다만 페트로시노는 체올라를 신뢰하지 않았고, 이는 확실히 상대의 심기를 거슬렀다.

그러나, 적어도 폴리가 보기에, 페트로시노는 의미 있는 성과를 거두고 있었다. 폴리는 "이 미국인 경찰이 정말 임의로 동원할 수 있는 정보원을 여럿 보유하고 있으며 개중 몇몇은 고위직 인물임이 틀림없다고 대번에 알아챘다". 페트로시노가 손에 넣은 문서들은 "법조계에 합법적으로 접근할 수 있는 사람들"에게서만 입수할 수 있는 종류의 것이었기 때문이다.

페트로시노는 시칠리아에서 극비 임무를 수행했던 것일까? 훗날 수면 위로 떠오른 여러 보고서에는 그가 잘 알려진 범죄자들의 배경을 집중 조사하는 것 외에 또다른, 더 은밀한 임무를 진행했다고 되어 있다. 시어도어 루스벨트 대통령이 1909년 말에 이탈리아에 방문할 계획이었는데, 이 점에 착안해 한 미국인 기자는 검은손 일당이 이탈리아 영토에서 루스벨트를 암살할 계획이었다고 주장했다. 그러나 페트로시노의 임무는 빙엄이 인터뷰에서 발설하기 전까지 뉴욕에서 비밀에 부쳐졌으며, 그의 이탈리아행을 미 비밀임무국이 사전에 인지했을 가능성도 적다. 게다가 검은손이 루스벨트를 암살할 동기가 무엇이 있었겠는가? 조직원 대다수가 주 법원이나 시 법원에서 유죄 판결을 받았지만 대통령은 사법적 결정에 어떤 식으로든 권력을 행사할 수 없으니 말이다.

이후 며칠간 페트로시노는 정신없이 이 사람 저 사람 만나고 다녔다. 당시 페트로시노와 만나 검은손 문제를 논의한 이들 중 누구도 증언을 남기지 않았기에 페트로시노가 누구와 대화했고 어떤 정보를 알게 됐는지 알 길이 없다. 페트로시노는 리틀 이틀리에서 그랬던 것보다 몇 배 더 심한 소문과 음모, 은근한 협박, 끓어오르는 분노를 감내해야 했다. 어디를 가든 사방에서 각자의 방언으로 그의 이름을 속삭이는 소리가 들려왔다. 페트로시노는 한때 충분히 이해한다고 생각했으나 이제는 불가해하다고 느끼게 된, 수백 년 넘게 전해내려온 문화를 온몸으로 겪고 있었다. 그 무렵 페트로시노는 천생 미국인으로 보인다. 자기 선택과 신념에 따라 독립적으로 움직이고, 오로지 임무에만 집중하며, 다소 오만하지만 용감하고 고지식한 사람.

주세페 페트로시노는 자신이 매듭지으러 온 긴 실타래의 한 가운데에 서 있었다.

3월 11일, 페트로시노는 팔레르모 거리를 누비다가 이주민 관리소 옆에 서 있는 두 남자를 지나쳤다. 페트로시노가 마차를 잡아타고 멀어지는 것을 둘 중 한 명이 빤히 쳐다보다가 다른 한 명에게 말했다. "저자가 페트로시노야. 팔레르모에 죽으러 왔군."[7] 그 말을 한 자는 파올로 팔라조토였음이 나중에 밝혀졌다. 매춘업에 연루돼 뉴욕에서 체포된 후 페트로시노에게 흠씬 두드려 맞고 강제 추방된 바로 그 팔라조토였다. 팔라조토가 이탈리아에 들어온 날은 3월 2일이었다. 그날 밤 페트로시노 형사가 카페 오레토에서 식사하는데, 팔라조토와 (경찰이 '구제불능 매춘부 털이범'이라고 부른) 친구 에르네스토 밀리타노가 바에 자리잡고 형사를 지켜봤다. 둘은 와인을 홀짝이면서 형사를 무섭게 노려봤다. 잠시 후 다른 친구 두 명, 프란시스코 노노와 살라토레 세미나라가 합류했다. 세미나라도 페트로시노 형사에게 '당한' 헤아릴 수 없이 많은 사람 중 한 명이었다. 형사에게 체포된 뒤 미국에서 추방당했다는 얘기다.

술 마시고 호탕하게 웃는 네 사람과 조금 떨어진 자리에서 볼페라는 남자가 조용히 저녁을 먹고 있었다. 볼페는 경찰 정보원으로, 지역 방언을 쓰는 무리가 나누는 대화를 엿들었다. 들려오는 이야기는 꽤나 흥미로웠다.

노노: (웃으며) 근데 너, 파슬리(페트로시노)를 만났다 하면 설사하잖아!

세미나라: 내가 죽으면 땅에 묻히겠지. 하지만 내가 살아남으면 저놈을 죽일 거야.

노노: 그럴 배짱도 없으면서.

세미나라: 세미나라 집안을 뭘로 보는 거야.

언뜻 험악한 소리로 들리는데, 실제로 팔레르모에는 이런 악당들이 넘쳐났다. 비아 살바토레 비코에 사는 안젤로 카루소라는 자는 페트로시노가 자신을 죽장검(속에 칼을 숨긴 지팡이—옮긴이) 및 미등록 권총 소지 혐의로 체포하는 과정에서 거칠게 굴었던 것에 아직까지 원한을 품고 있었다.[8] 카루소가 얼마나 페트로시노를 증오했느냐면, 자기 개에게 형사의 이름을 붙여줬을 정도였다. 비아 룽가리니 9번지에 사는 꼬마 아이가 페트로시노에게 따라붙어 며칠씩 발각되지 않은 채 끈질기게 따라다니는 것을 봤다는 정보원 제보도 있었다.[9] 신원 미상의 여자 둘이 돈을 주고 시켰다고 했다.

1903년에 있었던 나무통 살인 사건의 용의자 두 명도 3월 초 팔레르모에 출몰했다. 그중 한 명은 법정에서 살인범인 척 했던 조반니 페코라로였다. 두 사람은 그 사건의 세번째 용의자 비토 카시오 페로의 집에 찾아갔다. 이후 페코라로가 뉴욕으로 수상한 암호 전보를 보냈다. "나, 로 바이도 폰타나 작업하다."[10] 무슨 뜻인지는 밝혀지지 않았다.

페트로시노를 향해 부글부글 끓는 악의는 그 뿌리가 시간을 한참 거스르는데다 대양을 뛰어넘어서까지 퍼져 있었다. 페트로시노가 나를 체포했어. 페트로시노가 나를 무시했어. 페트로시노가 내 턱을 두 군데나 부러뜨렸어. 페트로시노는 시칠리아인 동포를 배신했어. 아직 일어나지도 않은 일을 상상하며 분노를 키우기도 했다. 누구를 기소하려는 건가? 이탈리아 경찰과 한바탕하려는 가? 아니면 지금껏 수많은 마피아 단원들이 팔레르모에 붙어 있기 힘들 때 뉴욕행을 택했는데, 소문대로 이 퇴로를 영원히 차단할 작정인가? 한동안 엘리스섬으로 가는 배는 온갖 부류의 범죄자를 방출하는 압력 밸브 역할을 했다. 마피아 단원 대다수는 뉴욕행 퇴로가 막힌다면 빈곤의 나락으로 떨어지거나 감옥으로 끌려갈 수밖에 없었다. 그러니 하고많은 범죄자들이 페트로시노를 제 가족 먹여 살릴 밥줄을 끊으러 이탈리아에 온 "시칠리아인의 적"으로 본 것도 무리가 아니었다.

그러한 불안은 대서양 건너에까지 전파됐다. 훗날 시카고 경찰은 당시 뉴올리언스, 시카고, 뉴욕의 비밀 범죄 조직들이 검경찰 일부를 제거할 연합 작전을 꾀하고 있었다고 밝혔다. 각도시의 암살범들이 검은손의 최대 적수인 세 사람을 제거하려던 것이었다.[11] 명단에 오른 두번째 인물은 "시카고의 페트로시노"로 알려진 가브리엘레 롱고바르디 형사였다. 세번째는 뉴올리언스의 존 단토니오였다. 첫번째가 페트로시노였다.

그렇다면 지갑에 페트로시노의 사진을 넣어 다니던, 소작농 집안 출신의 천재 악당 비토 카시오 페로는 뭘 하고 있었을까?[12] 3월 10일경 그는 팔레르모에서 남쪽으로 56킬로미터 떨어진 부르조라는 작은 마을에 머물고 있었다. 거기서 저명한 정치인 도메니코 데미켈레 페란텔리의 집에서 식객으로 지내고 있었는데, 훗날 페란텔리는 당시 카시오 페로가 선거운동을 도와주었을 뿐이라고 주장했다. 하지만 당시 부르조 경찰서장도 인정했듯 카시오 페로의 소재를 파악하기는 여간 어려운 게 아니었다. "비토 카시오 페로가 자아낸 공포로 인한 (…) 철저한 침묵" 때문이었다. 페란텔리는 카시오 페로가 자신의 집을 떠난 적 없다고 우겼지만, 부르조 경찰서장은 카시오 페로가 3월 11일에 그 마을을 떠난 것으로 추정했다.

3월 11일 저녁, 페트로시노는 늘 지니고 다니는 수첩에 급히 한 줄을 추가했다. "비토 페로. 극악무도한 범죄자."[13] 미국에 불법적으로 입국했을 가능성이 있는 용의자를 적어둔 것이었다. 하지만 카시오 페로는 1903년부터 이탈리아에 살고 있었다. 어째서 페트로시노는 그와 대면한 지 6년이 지난 시점에 갑자기 그의 이름을 적어넣었을까? 그날 길에서 자신을 지켜보는 카시오 페로를 목격했을까? 아니면 그 역시 페트로시노가 만날 예정이었던 정보원 중 한 명이었을까? 이 수기 메모는 페트로시노의 수첩에 맥락 없이 남아 있다.

3월 12일 아침, 페트로시노는 칼타니세타라는 시칠리아의 작은 마을로 이동해 형사처벌 기록을 또 뒤졌다. 대법원장과 몇 시간을 이야기했고, 그다음엔 팔레르모 지방 경찰청 국장 레오나르디를 만나 그날 낮 시내에서 미팅 두 건을 진행할 예정이라고 했다. 칼타니세타에 체류하는 동안 페트로시노는 신원 미상의 한 지인에게, 그날 저녁 "어떤 이유로도 놓칠 수 없는"14 약속이 있다고 털어놓았다.

훗날 팔레르모의 한 행상이 그날 오후 비토 카시오 페로를 쏙 빼닮은 늘씬하고 잘생긴 신사에게 엽서 한 뭉치를 팔았다고 증언했다. 또 그날 팔레르모의 옛 광장 피아차 마리나의 분수대 근처에서 카포를 봤다는 사람도 있었다. 이 목격자의 말에 따르면, 카시오 페로는 그 지역에서 잘 알려진 범죄자인 파스콸레 에네아와 대화하고 있었다. 에네아는 뉴욕에서 몇 년 살다 왔는데, 거기서 그가 운영한 식료품점은 조직원들의 모임 장소로도 이용됐다. 훗날 빙엄 청장은 에네아가 뉴욕 시경에서 "믿어도 되는 사람"[15]으로 알려져 있었다고 밝혔다. 경찰 정보원이었던 것이다.

칼타니세타에서 볼일을 마친 페트로시노는 피아차 마리나 동쪽에 있는 호텔로 돌아갔다. 마리나 광장은 해안에서 그리 멀지 않은 팔레르모 역사 특별 지구 중심부에 위치한, 끝이 뾰족한 연철 울타리를 두른 작은 공원이었다. 울타리를 따라 바깥쪽으로는 폭이 넓은 인도가 조성되어 있어 주민들이 산책을 즐겼다. 광장이 드넓은 황무지에 불과했던 중세에는 이단자들이 감옥에서 끌려나와 이곳에서 종교재판 심문관에게 처형당했다.

자기 방으로 올라간 페트로시노는 오후 늦게까지 두문불출했다. 6시쯤 날이 어둑어둑해졌고 먹구름이 팔레르모의 하늘을 덮었다. 번개가 번쩍 치고 천둥소리가 우르릉 나더니 빗방울이 광장으로 떨어지면서 작은 개울을 만들어 배수로로 흐르며 여기저기 웅덩이를 만들었다. 저녁 7시 30분쯤 소나기가 멎었고, 페트로시노가 우산을 들고 호텔에서 나와 저녁식사를 하려고 카페 오레토를 향해 광장 가장자리를 따라 걸어갔다.

하늘은 어두컴컴해졌고, 광장의 가스등이 사위를 밝혔다. 텅 비다시피 한 식당에 도착한 페트로시노는 늘 앉는 구석 테이블에 벽을 등지고 앉았다. 메뉴를 훑어본 그는 마리나라 소스를 곁들인 파스타, 생선, 감자튀김, 치즈, 페퍼, 과일을 시켰다. 파스타에 곁들일 지역 특산 와인도 반 병 주문했다. 웨이터들은 그날 페트로시노가 혼자가 아니었으며, 정체 모를 두 남자가 테이블에 합석해 식사 내내 대화를 나누었다고 했다. 식사를 마친 페트로시노는 음식값을 치른 뒤 일어나서 두 남자에게 인사하고 혼자 밖으로 나갔다.

그는 피아차 마리나를 통과했지만 평소에 호텔로 돌아갈 때 밟던 길과는 다른 길을 이용했다. 어떤 이유로도 놓칠 수 없다는 약속을 지키러 가는 길이었는지도 모른다. 한 손에 우산을 든 채 그는 어둠 속으로 사라져갔다.

8시 45분경, 한 남자가 광장 북쪽으로 한 블록 떨어진 비아 비토리오 에마누엘레를 걸어가고 있을 때였다. 갑자기 목격자가 "폭발"이라고 묘사할 정도로 강렬한 총성 두 발이 밤공기를 울렸다. 소리가 하도 커서 그 행인은 부두에서 선원들이 수뢰 두 방을 발사한 줄로 착각했다.[16] 총성이 울린 직후 그는 근처 세관 앞에 서 있던 보초병 두 명이 아무 일도 없었다는 듯 다른 남자와 이야기하는 것을 보고 심히 놀랐다. 이윽고 총성 네 방이 더 울렸다.

사람들이 소리 난 쪽을 향해 달려갔다. 총성은 시내 전차 정류소에서 30미터쯤 떨어진 지점에서 들려온 것 같았다. (아울러 소리가 난 곳으로부터 도망치는 사람들도 목격되었다.) 팔레르모 항구에 정박해 있던 칼라브리아호의 한 선원은 남자 두 명이 광장 중앙의 공원을 향해 황급히 달리는 것을 목격했고, 얼마 후 마차 한 대가 어둠 속으로 내달리는 소리도 들었다. 이 선원은 다른 사람들을 따라 총성이 울린 쪽으로 뛰어갔다. 몸집이 딴딴하고 이목구비가 뚜렷한, 외국인으로 보이는 한 남자가 검은색 정장 차림으로 길바닥에 쓰러져 있었고 그 옆에는 우산이 놓여 있었다. 몇 미터 떨어진 곳에 커다란 리볼버 한 자루가 떨어져 있고 거기서 "피가 똑똑 흐르고" 있었다. 근처 동상 받침대의 발치에는 검은색 중산모가 나뒹굴었다.

행인들이 시체 주위에 쭈그리고 앉았다. 순간 광장 사방을 비추던 가스등이 깜빡이더니 일제히 꺼졌다. 광장이 어둠에 휩싸였다. 동네 사람들이 양초를 들고 모여들었고, 덜덜 떨리는 손에 덩달아 일렁이는 불꽃이 시체를 비추었다.

죽은 이는 조지프 페트로시노 형사였다.

초동 경찰팀이 도착한 것은 15분이 지나서였다. 한참 만에 현장에 도착한 경관들은 먼저 사망자의 소지품을 살폈다. 피해자의 이름은 아직 몰랐지만, 주머니 안에서 명함 30장이 나왔고 거기에 피해자가 뉴욕 형사라고 되어 있었다. 페트로시노는 검은색 정장에 진회색 외투, 고동색 실크 넥타이 차림이었고 금시계를 차고 있었다. 주머니에는 팔레르모 시장이나 항만 관리소장 등 관계자에게 보여줄 소개장, 이탈리아계 미국인 범죄자 명단이 적힌 수첩, 지폐 70리라, 뉴욕 시경 배지(285번), "6824"라고 적은 종이쪽지, 할일을 적은 메모지, "당신에게, 그리고 아빠랑 몇 달이나 떨어져 있는 우리 아기에게 키스를"이라고 적은, 뉴욕에 있는 아델리나에게 보내는 팔레르모 엽서 한 장이 들어 있었다.

광장 구석구석으로 흩어진 경관들이 근처 전차 정류장까지 수색하면서 마주치는 사람마다 증언을 땄다. 예의 그 선원은 두 남자가 현장에서 도망치는 걸 봤으며, 둘 중 한 명은 "딱딱한 모자", 곧 중산모를 쓰고 있었다고 증언했다. 또다른 목격자는 중산모를 쓴 자가 최근 미국에서 돌아온 남자라고 했고, 나머지 한 명은 좀더 둥그런 모자, 아마도 홈부르크(챙이 좁은 펠트제 모자—옮긴이)인 듯한 모자를 쓰고 있었다고 했다. 가까운 전차 정류소의 수표 직원은 페트로시노를 쏜 자를 봤다고 증언했고, 페트로시노가 총알을 피하려고 몸을 숙였지만 뒤이은 총격에 당하고 말았다고 했다. 이 대화를 들은 전차 운전기사가 즉시 그 직원에게 입 다물라고 하자 직원은 더이상 얘기하지 않았다.

체올라 청장은 그날 밤 극장에서, 정확히는 새로 오픈한 테아트로 비온도에서 연극을 관람하고 있었다. 상연 도중에 보좌관이 그의 자리로 와서 몸을 숙이고 귀에 대고 속삭여 소식을 전했다. 체올라는 즉시 극장에서 나와 현장으로 달려갔다. 그가 당도했을 때쯤 도망치는 남자들을 봤다고 말한 목격자들은 이미 증언을 철회하고 있었다. 결국 누구도 결정적 장면은 보지 못한 것이 되었다. 더 놀라운 것은 현장에 모여든 이들 가운데 일부가 수상한 소리를 들은 사실조차 부인한 것이었다. 대★구경 총(살인 도구는 우산 옆 길바닥에 떨어져 있었다)에서 난 여러 차례의 큰 총성이, 그 소리를 가려줄 백색소음도 거의 없는 밤공기를 또렷하게 울렸는데도 말이다.

3월 13일 오전 10시, 뉴욕 시경 본부에 전보가 들어왔다. 발신자는 이탈리아인의 불가해한 행동 양식에 대해 페트로시노와 맞장구치며 개탄했던 미국 영사 윌리엄 비숍이었다. 전보 내용은 이러했다. 페트로시노 살해당함 리볼버로 도심에서 오늘밤. 살해범들 미상. 순교.[17]

16장
검은 말

3월 13일은 시어도어 루스벨트가 일반 시민이 된 지 겨우
아흐레 된 날이었다. 그는 두번째 대통령 임기를 마치고 나서
워싱턴 D.C.를 떠나 뉴욕에 와 있었다. 1년 동안 아프리카 사파
리를 여행할 계획도 세운 참이었다. 사냥도 할 겸, 백악관에 윌
리엄 하워드 태프트를 앉혀놓고 막후에서 은밀히 국정을 운영
한다는 의혹도 피할 겸 세운 계획이었다. 루스벨트가 뉴욕 웨
스트 31번가에 있는 숙모의 타운하우스에 방문해 오찬을 함
께한 뒤 저택 계단을 내려오고 있을 때였다. 길 저편에서 그를
향해 다가오는 기자들 무리가 보였다. 루스벨트는 정치 현안에
대한 그의 반응을 따려고 몰려드는 기자들이 꽤 익숙한지라
넉살 좋게 외쳤다. "아니요, 그게 누구든 무슨 사건이든 할말
없습니다."

"한말씀 안 하실 건가요?"[1] 누군가가 이렇게 받아쳤다. "페트로시노 경위의 암살에 대해서요."

"방금 뭐라고 했지요?" 루스벨트가 충격 어린 목소리로 되물었다.

한 기자가 자초지종을 알려주는 내내 루스벨트는 심각한 얼굴로 저택 계단에 붙박인 듯 서서 조용히 듣기만 했다. "대단히 유감이라는 말밖에 달리 할말이 없군요." 그는 자세한 얘기를 듣고는 이렇게 답했다. "페트로시노는 대단히 훌륭한 좋은 사람이었습니다. 그 양반을 오랫동안 알고 지낸 입장에서 말하는데, 두려움이 뭔지 모르는 사람이었어요. 친해질 가치가 있는 사람이었지. 조 페트로시노 같은 자가 죽다니 진심으로 유감입니다."

소식은 그날 오전 뉴욕 전체에 삽시간에 퍼졌다. 리틀 이틀리의 신문사 앞에 군중이 모여들어 신문사 직원들이 이탈리아발 전보 내용을 전해주기를 기다렸다. 직원이 건물 밖으로 나올 때마다 사람들은 사건에 관한 최신 소식을 듣기 위해 그 주위로 몰려들었다. 길거리와 술집에 삼삼오오 모인 이민자들에게 영어를 할 줄 아는 사람들이 신문 기사를 큰소리로 읽어주었다. 자초지종을 충분히 이해한 사람들은 다시 다세대주택 현관과 소규모 상점에 모여 이 같은 말을 되풀이했다. "에 모르토, 일 포베로 페트로시노(죽었어, 불쌍한 페트로시노)."[2] 신문팔이 소년들은 사건을 1면에 대서특필한 신문을 들고 "헉스트리! 헉스트리!"(호외요! 호외!)를 외치며 브로드웨이와 7번가를 왔다갔다 했다. 이탈리언 수사반 대원들은 여느 때처럼 담당 구역을 돌며 용의자를 검거하거나 검은손 피해자의 증언을 채록하다가도 잠시 임무를 제쳐두고 모여 낮은 목소리로 이야기했다. 대원 한 명은 몇 주가 지나도록 비보를 듣지 못했다. 로코 카보네는 부에노스아이레스에서 검거한 살인 용의자를 배로 호송해 오느라 멘토의 사망 소식을 16일이나 늦게 들었다.

한때 페트로시노를 미워했던, 그를 "워프"나 "기니"라고 부르며 모욕했던 경찰들도 그의 사망을 애도했다. 현장에 있던 어느 기자는 이렇게 전했다. "처음에는 어이없다는 헛웃음이, 그 다음에는 충격이, 마지막에는 분노가 (…) 소식을 전하는 목소리에 묻어났다. 경찰 본부 인력뿐 아니라 맨해튼 곳곳의 경관들도 똑같이 씁쓸한 분노를 보였다. 페트로시노가 형제들 사이에서 두루 호감을 얻었음을 알 수 있다."[3] 여전히 뉴욕 시경에는 페트로시노의 적들이 있었고 몇몇은 끝까지 이탈리아인을 동료로 인정하지 않았다. 그러나 한때 페트로시노를 혐오했던 이들마저 결국 그를 존경했다.

모두가 애도한 것은 아니었다. 형사의 사망 소식이 맨해튼에 닿은 직후 나폴리인 400명을 태운 유로파호가 34번가 선창에 접안했다. 승객의 친구들을 가득 태운 소형 배 몇 척이 새 이민자들을 마중하러 나갔는데, 그 작은 배에 탄 남자들이 유로 파호 승객을 향해 페트로시노가 시칠리아에서 죽었다고 외쳤다. 그러자 수많은 나폴리인이 "브라보!"[4] 하고 화답했다. "검은 손의 주적이 처치됐다는 소식은 (…) 이민자들에게 흥분제처럼 작용했다."

빙엄 청장은 아침을 먹으면서 헤럴드지를 훑다가 암살 사건 기사를 읽었다. 그는 집무실을 걸어 잠그고 이 사건의 여파를 곰곰이 따져본 뒤 방에서 나와 뉴욕 시경 본부에서 근무하고 있던 경관들에게 매우 빙엄다운 연설을 했다. "페트로시노의 죽음은 매우 유감이다. 그는 전쟁에서 작전을 수행하는 중 전사한 병사처럼 갔다. 그건 남자에게 더없이 장렬한 죽음이다. (…) 이 일로 제군들도 끝까지 최선을 다할 동기를 얻길 바라며, 용맹한 남자답게 각자 임무를 다하고 상관의 지시를 철저히 이행하기를 바라는 바다."[5] 페트로시노의 죽음에 일조했을지도 모를 자신이 져야 할 책임에 대해서는 일언반구 없었다. 대신 그는 살인범들이 반드시 대가를 치르게 하겠다고 장담했다. 또 기자들에게는 이렇게 말했다. "형사의 원한을 갚아주겠습니다." 뉴욕 시장은 시장대로 시청사에 반기를 게양하도록 지시했고, 성조기는 나흘간 게양되었다.

아델리나는 라파예트가 233번지의 집에 뉴욕 헤럴드 기자한 명이 들이닥쳐 부고를 받았는지 묻는 바람에 알게 되었다.

아델리나가 아무것도 못 들었다고 하자 기자가 소식을 전했다. 바로 윗집에 사는 오빠 부부가 아델리나가 울부짖는 소리를 듣고 황급히 내려와 곁에 있어주었다. 하지만 남편을 잃은 아델리나는 어떻게 해도 위로할 길이 없었다. "그이는 항상 (…) 부드럽고 다정했어."[6] 아델리나가 말했다. "세상에 천사들만 사는 것처럼 굴었지." 이 말은 사실과는 영 달랐지만 — 실제로 페트로시노는 사방이 적이라고 믿었고, 실제로도 그랬으니까 — 온 마음을 다해 사랑한 것이 분명한 두번째 남편을 잃고 쏟아내는 말을 누구도 책잡을 수 없었다.

소식은 대륙의 이 끝에서 저 끝까지 전보를 타고 퍼졌고, 전국 언론은 너나없이 호전적인 어조로 보도했다. 애틀랜타 컨스티튜션은 "검은손에 최후의 전쟁을 선포하라"고 선언했다. 뉴욕 선은 "검은손은 광견을 살처분하듯 싹쓸이해야 한다. 그들은 사회의 적이며 어떤 위험을 감수해서라도 박멸해야 한다"[7]고 못박았다. 워싱턴 포스트는 이탈리아 남부에서 이민자를 받는 것을 전면 중지하라고 또 한 번 요구했다. 팔레르모의 비숍 영사도 극비 전보로 그 의견에 동의했다. "경고의 말을 할 때도 됐습니다."[8] 그는 국무부에 이렇게 전했다. 아무 조처도 취하지 않는다면 "얼마 안 가 미국은 외세 분자의 본격적 범람에 잠식당해 이 나라의 수준 높은 문명이 조롱거리와 혼돈의 늪에 빠지고 말 것입니다".

뉴욕은 충격에 빠졌다. 도시에 당혹감 섞인 애탄과 "집단 광기"가 뒤섞였다. 뉴욕 타임스는 페트로시노를 살해한 "인간 도살자들"[9]이 "계속 살아 있는 것은 이탈리아인의 근본적인 잘못, 즉 그 흉악범들을 공중의 적으로 칭하길 꺼려하는 이탈리아인의 태도 때문"이라고 주장했다. 이탈리아인의 인권을 위해 싸워온 이민자보호협회 회장 지노 스페란자는 검은손을 상대로 "전면전"을 벌일 것을 외치면서, 검은손 조직원들을 색출해 처치할 민병대를 조직하자고 부추겼다. "괜히 감상에 치우쳐 '비밀경찰'을 꺼릴 필요 없습니다."[10] 그는 매체에 이렇게 기고했다. "지하세계는 원래 어둠 속에서 활동하는 법이니 우리도 똑같이 어둠에 뛰어들어 싸워야 합니다." 매클렐런 시장과 빙엄 경찰청장은 뉴욕 사회에 스며든 공포를 잠재울 묘안을 의논했다. 고민 끝에 그들은 시 의회에 페트로시노 살해범 관련 정보를 제보하는 자에게 포상금을 지급하는 안건을 제출했다. 포상금은 3천 달러로 책정됐다. 아울러 페트로시노가 착수한 임무를 마무리짓기 위해, 빙엄의 비밀수사반 활동 예산안 5만 달러도 제출했다. 뉴욕 월드는 이 안건을 적극 지지했고, "뉴욕시 의회가 이 위험한 범법자들을 수호하는 위치에서 물러나기에 아직 늦지 않았다"[11]고 꼬집는 논설까지 냈다. 빙엄과 매클렐런 시장은 아이러니하게도 미 비밀임무국에도 접촉해 페트로시노 살인 사건 수사를 요청했다.[12] 비밀임무국은 살인범을 추적할

요원들을 현장에 즉시 파견했다.[13]

3월 17일, 시 의회 의원들도 결의문을 발표해 분노를 표했다. 그간 페트로시노 형사의 일을 길목마다 훼방 놨던 리틀 팀 설리번도 동료 의원들과 더불어 "(페트로시노의) 비겁한 암살범들에게 신속히 정의가 실행되기를"[14] 바란다는 뜻을 밝혔다. 같은 날 시 의회는 모든 총기류 및 도검류 판매상에게 "총, 리볼버, 피스톨 및 기타 화기류, 스코틀랜드 단도, 단검, 그 외 위험한 칼"을 구입하는 모든 이의 이름과 주소, 외모 특징을 기록할 것을 의무화하는 조례를 통과시켰다. 무기상은 반드시 시청에 사업자등록을 하고 판매하는 모든 무기에 식별 표시를 해야 했다. 이는 뉴욕시에서 최초로 제정한 총기 규제였다. 뉴욕주도 조치를 취할 것을 약속했다. 올버니에서는 아메리카-스페인 전쟁1898년 참전용사이자 주 의회 의원인 루이스 커빌리어가 검은손이 일삼는 다른 범죄들과 더불어 폭탄 투척 행위를, 사형 선고를 내릴 수 있는 중죄로 정의하는 법안을 작성했다.[15] 이 법안이 통과되면 건물에 폭탄 테러를 하거나 아동을 납치한 혐의로 유죄를 선고받은 자는 무조건 전기의자에 앉게 되는 것이었다.

페트로시노의 청렴함은 그의 죽음으로 한 번 더 증명됐다. 경찰로 26년 동안 복무했는데도 유산이 거의 없다시피 했던 것이다. 리틀 팀 설리번이 베풂의 표시로 아델리나에게 특별 과부 연금으로 2천 달러를 지급하는 법안을 상정했다. 하지만 비밀수사반 활동 자금 5만 달러에 대해서는 거부권을 행사했다.

뉴욕 아메리칸은 아델리나의 생활금 마련을 위해 유공자 구제 기금 모금에 착수했다.[16] 윌리엄 랜돌프 허스트가 5백 달러를 내놓겠다고 서약하자 뉴욕주 대법원 판사단, 뉴욕시 의회 의원 일동, 지자체장들, 컬럼비아대학 총장, 유태인 금융업자이자 자선사업가인 제이컵 헨리 시프가 덩달아 기부를 약속했다. 페트로시노의 오랜 친구 엔리코 카루소도 "비단 미국만이 아니라 이탈리아에도 큰 기여를 한 그의 더없이 훌륭한 복무"[17]를 기리며 백 달러 기부를 서약했다.

이탈리아인을 향한 역풍은 순식간에 구르는 눈덩이처럼 커졌다. 이텔리언 수사반 대원들이 일제히 행동에 나서 전혀 도움이 되지 않는 짓만 벌이고 다녔다. 시내를 몰려다니며 몬로가의 술집과 와트가 164번지 당구장 같은 이탈리아인 이민자 거주지 사업장을 급습했고 그 과정에서 이탈리아인 27명을, 그냥 모여서 놀고 있었을 뿐인데도 치안방해 혐의로 체포했다. 밤마다 톰슨가의 무도장, 1번 애비뉴의 이발소 등에서 이런 식의 무차별 검거가 이어졌다. 뉴욕 선은 "경찰의 기습 체포는 이탈리아인이 대규모로 모이는 것을 억제하려는 계획의 일환이었다고 전해진다"[18]고 보도했다. 체포된 이들은 법정에서 풀려났고, 페트로시노 암살범에 대한 쓸 만한 정보는 입수되지 않았다. 사실 이탈리언 수사반은 그냥 분풀이를 한 것에 지나지 않았다. 3월 15일, 브루클린에서 기습 단속을 했을 때는 한 건물에 있던 사람들 전원을 체포하기도 했다. 그들은 "세계적으로 저명한 한 형사가 최근 암살된 사건에 대한 정보"[19]를 숨기고 있다는 혐의를 받았다. 이번에도 고발은 곧 취하되었다.

뉴욕만 그런 게 아니었다. 역사가 리처드 감비노는 페트로시노의 죽음이 "이탈리아계 미국인에게 일대 재앙"[20]이며 "중상모략과 박해라는 역병"을 가져왔다고 기록했다. 대도시마다 경찰이 정당한 사유도 없이 이탈리아인을 덮쳤고, 시카고에서는 단 한 차례의 기습으로 194명을 체포하기도 했다. 이탈리아인들은 멈출 기미가 보이지 않는 괴롭힘에 지쳐갔다. 그해 5월, 아일랜드계 경관 두 명이 뉴저지주 호보켄의 이탈리아인 이민자 거주지 사건 현장에 급히 출동한 일이 있었다. 그해 봄 내내 비방에 시달리던 주민들이 제복 경찰을 본 순간 참았던 분노가 터져나왔다. 남자들이 다세대주택 창밖으로 몸을 내밀고 현장에 도착하는 경찰들을 향해 총을 난사했다. 곧 본격적인 폭동이 일었고 경찰은 길바닥에서 맞는 개죽음을 간신히 피했다.

암살 소식은 런던, 맨체스터, 베를린, 심지어 봄베이에서도 신문 헤드라인을 장식했다. 베를린 경찰 형사부장은 기자들에게 이렇게 전했다. "페트로시노의 능력과 남다른 용기에 경의를 표하고자 합니다. (…) 우리에게도 그처럼 두려움 모르고 비범한 재능을 가진 이가 있었으면 했던 적이 참 많습니다."[21] 이탈리아에서는 부끄러움과 굴욕감이 교차했다. 미국인들이 1908년 12월 28일 시칠리아와 칼라브리아를 강타해 최대 20만 명의 목숨을 앗아간 초대형 지진의 피해자들을 위해 4백만 달러를 모금했는데, 이탈리아는 미국이 품어 키운 가장 유명한 아들 중 하나를 싸늘한 주검으로 돌려보냈으니 말이다. 뉴욕 글로브는 "시칠리아, 마피아에 맞서 일어서다"[22]라는 기사에서, 사건 수사를 촉구하는 대중 집회가 여러 건 예정돼 있다는 소식을 전했다. 이탈리아인들은 암살범 체포를 위한 기금으로 2천 달러를 내놓았다. 이탈리아 정부는 따로 포상금 3천 달러를 내걸었다. 포스트지에 따르면 "이곳에서는 꽤 큰 액수"였다. 외국으로 이주한 이민자를 감시하는 재외 사무국을 설치하자는 아이디어를 내놓기도 했다.

이탈리아 국왕 비토리오 에마누엘레 3세는 미국 금융업계의 거물 J. 피어폰트 모건을 만나 이탈리아 범죄 세계의 골칫거리를 척결하기 위한 새로운 계획을 제시했다. 전국에 야간학교를 세우겠다는 것이었다. "이탈리아 국왕은 무지야말로 이탈리아 출신 이주민이 보이는 범죄성의 주 원인이라고 보고 있다"[23]고 워싱턴 포스트가 보도했다. 전해진 바에 따르면 왕은 존 D. 록펠러와 앤드루 카네기에게, 또 애스터가, 밴더빌트가, 굴드가에도 서한을 보내 학교 설립을 위한 기금 마련에 힘을 실어달라고 부탁했다. 이 계획은 결실 없이 끝났다. 왕은 이탈리아의 범죄자들이 미국으로 건너가고 있다는 사실은 인정했지만, 시간이 이렇게나 흘렀는데도 검은손의 존재를 부인하려고 들었다. "검은손이라고 하는 것은 모종의 허상, 실체가 없고 정의할 수도 없는 것에 불과하"다면서 개념 자체를 부정했다. 페트로시노가 처단된 나라의 수장이 한 발언이었다.

한편 팔레르모에서 미국 영사 윌리엄 비숍은 페트로시노의 유해를 송환하는 음울한 과업에 착수했다.[24] 그는 한 증기선 운영 회사와 접촉해 당사 선박에 시신을 실어 보내기로 했다. 그런데 출항일이 다 돼서 회사 대리인에게서 연락이 왔다. 페트로시노의 일에 개입했다는 이유로 목숨을 위협받고 있으니[25] 계약을 해지하겠다고 했다. 영사는 서둘러 다른 선박을 물색했고, 겨우 페트로시노를 본국에 보내줄 다른 미국행 배를 찾아냈다. 시신은 아연을 도금한 호두나무관에 안치됐다. 항구까지 운구하는 길에는 아이러니하게도 80명의 이탈리아 경관에게 호위를 받았다. 거기서 다시 관은 시민들이 작별인사를 할 수 있도록 팔레르모 도심부로 모셔졌다. 현지 명망가와 지역 정치인의 긴 행렬이 뒤따랐고, 건물 발코니에 나온 주민들이 그 광경을 지켜봤다.[26] 한 구경꾼은 이렇게 증언했다. "시신을 호위하는 무장 경찰이, 페트로시노가 되살아나서 왜 나를 살해당하게 내버려뒀느냐고 호통치며 책임을 물을까봐 두려워하는 듯한 인상을 받았습니다."

운구 행렬은 기이할 정도로 고요했다. 아무도 소리 내 명복을 빌지 않았다. 여자들이 관 위에 엎드려 흐느끼지도 않았고, 남자들은 운구차가 지나갈 때 망자에 대한 경의의 표시로 모자를 벗는 것조차 거부했다.

시신을 실은 배의 출항을 저지하겠다는 협박이 쏟아지는데도 비숍 영사는 꿋꿋하게 관에 성조기를 덮고 그 관이 증기선 슬라보니아호에 실리는 것을 지켜보았다. 슬라보니아호는 그로부터 몇 달 후 아조레스제도 앞에서 조난당해 세계 최초로 SOS 신호를 보내서 유명해진다. 하지만 이 시점에 영사는 선박이 별 탈 없이 무사히 항구를 빠져나가는 것을 보고 안도의 한숨을 크게 내쉬었을 것이다.

비숍도 곧 페트로시노를 따라 미국으로 떠난다. 목숨을 위협하는 편지가 집에 날아든데다, 한 주민이 비아 마퀘다의 모 약국 근처에서 엿들은 얘기를 자세히 적은 편지를 경찰에 투서했기 때문이었다. "미국 영사가 페트로시노 일에 관여했다면 내가 그자를 죽여버리겠어. 그자도 미국에 주검으로 도착하게 말이야." 한 검은 머리 남자가 신고자에게서 몇 발짝 떨어진 곳에서 이렇게 대놓고 말했다고 했다. 비숍 영사는 팔레르모 경찰청장이, 페트로시노 살해 정황이 어땠건 결과는 지금과 크게 다르지 않았을 거라고 은밀히 귀띔해줬다고 씁쓸히 전했다. 페트로시노가 대낮에 팔레르모에서 제일 큰 광장에서 수백, 수천 명이 지켜보는 가운데 살해됐더라도 아무도 목격자 증언을 하지 않았을 거라는 뜻이다. 비숍도 곧 미국행 증기선에 탑승해, 페트로시노의 시신을 뒤따라 대서양을 건넜다. 태프트 대통령은 비숍에게 뉴욕에 닿는 즉시 기차로 워싱턴에 와 암살 사건 수사의 진전 사항을 보고하라고 했다.[27] 영사는 주저 없이 그러겠다고 했다.

무탈한 항해 끝에 슬라보니아호는 마침내 뉴욕항에 도착했다. 오는 길에 손상된 관은 하선 후 웨스트사이드의 A 부두로 운반됐다. 나무관 위에는 이탈리아 국왕이 보낸 화환 외에도 볼티모어 경찰을 비롯해 타 도시의 경찰이 보낸 화환 장식이 가득 얹혔다. 자발적으로 나온 시민들이 모자를 벗은 채 맨해

튼 거리를 메웠다. 사람들은 시신이 부두에서 아델리나가 기다
리는 페트로시노의 집으로 운구되는 길목에 줄지어 섰다. 저명
한 이탈리아계 미국인들이 뒤따르는 행렬이 라파예트 233번지
에 닿았고, 그곳에서 대기하던 경찰악대가 장송곡을 연주했다.
한 신문은 이렇게 전했다. "곡의 마지막 음이 잦아들자 집 앞에
모인 엄청난 규모의 군중에 침묵이 내려앉았고, 그 고요 속에
위층 창문에서 여자들의 찢을 듯한 곡소리가 들려왔다."[28] 손
상된 관을 실은 수레가 집 뒤편 창고로 이동했고, 거기서 시신
은 새 관으로 옮겨졌다.

아델리나는 제정신이 아니었다. 진정시키려고 의사까지 불러
왔지만 어떻게 해도 달랠 수 없었다. 아델리나는 남편을 보게
해달라고 재차 애원했지만 장의사 로코 마라스코는 그럴 수
없다고 조용히 타일렀다. 장의 업체 직원들이 관을 열어보니 시
신이 급속도로 부패해 있었다는 말은 차마 할 수 없었다. 나중
에 밝혀진 바로는, 이탈리아 정부가 본국 송환에 대비해 시신
을 방부 처리하도록 나폴리대학의 지아첸토 베테레 교수를 고
용해 팔레르모로 보냈다고 한다.[29] 이 분야 전문가인 베테레는
정부 관계자에게 일단 처리하면 시신이 백 년은 멀쩡히 보존
될 거라고 장담했다. 그러나 교수는 팔레르모에서 번번이 장애
물을 만났다. 처음에는 시신을 보는 것조차 허락받지 못했다.
나흘간 그는 일을 하게 해달라고 시 당국에 사정했지만 "음험

한 세력들"이 손을 쓰는 바람에 임무를 수행하지 못했다. 시신이 뉴욕에 도착했을 때, 방부 처리가 전혀 이루어지지 않았으며 부검 당시 뉘였던 더러운 시트에 그대로 싸인 채 바다를 건넜다는 사실이 드러났다. 팔레르모 지하세계가 마지막까지 페트로시노 형사와 그의 유가족에게 모독을 가한 것이었다.

새 관에 옮겨진 시신은 다시 공화당 연맹 본부 건물로 이송되어 보라색 커튼을 드리운 방에 안치되었다. 흰 장갑을 낀 의장대가 경호를 섰다. 관 주위로 촛불이 타올랐고 뒤에는 헌화다발이 쌓였다.[30] 이튿날 아침, 수천 명의 조문객이 마지막 인사를 하려고 참을성 있게 기다리며 길모퉁이를 돌아 인접한 다른 길까지 닿도록 늘어섰다. 이윽고 조문객들이 방에 들어가기 시작했다. 몇몇은 대열에서 옆으로 빠져 무릎을 꿇고 기도를 올렸다. 한 나이 지긋한 이탈리아인 여성은 관 앞에 엎드리더니 이마를 바닥에 찧으며 울부짖었다. "이분의 한을 풀어주소서!" 가톨릭교도들은 망자를 위한 기도문을 읊었다. 교통 단속반 경관 두 명이 관대 머리와 발치에 "조각상처럼 미동도 없이" 서 있었다. 아델리나도 아침 일찍 왔지만 나지막이 타오르는 촛불 사이에 놓인 관을 보고는 북받치는 감정을 못 이겨 "격하게 흐느껴 울며" 뛰쳐나갔다. 옥상에서는 무장한 형사들이 검은손 조직원을 찾아내려고 군중을 샅샅이 살폈다. 형사부장 제임스 매캐퍼티 경위가 누군가 건물에 폭탄 테러를 할 가능성에 대비해 배치한 것이었다. 다른 무장 경찰 부대는 페트로시노의 아파트를 경호했다.

숨진 형사를 조문하러 온 수천 명의 시민 가운데 한 나이든 아프리카계 미국인 남자가 있었다. 알고 보니 그는 20년 전 맨해튼의 선창에서 백인 폭력배들에게 구타당하던 중 페트로시노가 구해준 윌리엄 패러데이였다. "조는 오래전 그날 내 목숨을 구했어요." 그가 경호를 선 경위에게 말했다. "살면서 한시도 그분을 잊은 적이 없어요. 생명의 은인이십니다." 감정이 북받친 패러데이는 관에 다가가, 머리를 조아리고 기도를 올리는 이탈리아인 여인 옆에 무릎 꿇었다. 조문실을 나갈 때 그는 울고 있었다. 몇 시간 후에는 한 중국계 미국인 남자가 조문 왔는데, 그는 문상객들에게 몇 년 전 자기 가게가 강도를 당하고 있을 때 페트로시노가 소동을 해결해줬다고 이야기했다. "조가 아니었으면 저는 지금쯤 죽은 목숨이었어요. 참 훌륭한 분이었죠." 조문은 끝없이 이어졌다. 개중에는 수년 전 악명을 떨친 '트렁크 살인 사건'의 피해자 마이어 바이스바드의 장성한 자녀들도 있었다. 바이스바드는 멀버리가 다세대주택에서 토막 난 사체로 발견되었는데, 페트로시노는 이 유대인 행상의 살인범들을 찾아내려고 몇 주 동안 개인 시간까지 들여 수사했다. 그러다 마침내 범인들을 체포했을 때 아메리칸 이스리얼라이트는 "페트로시노가 뉴욕 경찰의 별이라는 형사부에 소속된 마흔 명이

하지 못한 일을 혼자 해냈다"[31]고 극찬했다. 그 유족이 고인의 명복을 빌러 찾아온 것이었다.

나폴리 출신의 한 이탈리아인 화가가 받침돌 위에 올릴 페트로시노 흉상을 조각하는 일감을 의뢰받았다. 엔리코 카루소가 그 기념 조각상에 얹을 황동 화관의 제작비를 대겠다고 약속했다. 브로드웨이 기획자이자 원조 '양키 두들 보이'(1904년 초연된 브로드웨이 뮤지컬 〈리틀 조니 존스〉의 대표 넘버로, 코핸이 직접 작곡하고 주인공을 연기했다—옮긴이) 조지 M. 코핸은 유족 위로금을 마련하기 위한 콘서트를 기획했고, 당대 보드빌 쇼업계 톱스타들이 대거 출연을 약속했다.[32] 무도회, 빵 바자회, 자선 경매도 줄줄이 열렸다. 마침내 아델리나에게 전달할 만 달러가 모였다. 페트로시노 형사를 닮은 캐릭터가 인쇄된 엽서가 제작됐고, 거기에 "그는 매킨리 대통령에게 경고했다. 그리고 순교자가 되었다"는 문구가 새겨졌다. 신문들은 경쟁하듯 화려한 수사로 형사를 칭송했다. "이렇게 두려움을 모르고 용맹하며 영웅적인 이탈리아인이 자신의 고귀한 이름 말고는 거의 아무것도 남기지 않은 채 세상을 떠나는 것을 지켜보기란 참으로 힘든 일이다. (…) 신께서 그의 영혼에 다디단 평화를 내리시기를."[33] 가톨릭 타임스는 애도했다.

부유한 이탈리아계 여성들의 조문이 이어졌다. 아델리나에게 위로 편지도 수십 통 들어왔다. 한 국회의원은 페트로시노가 보여준 "사내다운 위엄과 두려움을 모르는 용맹함"[34]을 상찬하는 편지를 써 보냈다. 편지마다 미사여구 일색이었다. "그분께서 부군을 얼마나 사랑하셨기에 순교자로 데려가셨을지 생각해보세요." 자콜루시 부인이라는 사람이 보낸 편지에는 이런 말도 쓰여 있었다. "우리가 땅 밑에 슬픔과 고통이 깃든 육신을 다 같이 묻고 혼으로 승천해 사랑하는 이들과 영원히 만날 날도 그리 멀지 않았어요." 수신자가 그냥 "순교자의 아내와 자식에게"라고 돼 있는 편지도 많았다. 페트로시노를 취재한 적 있는 모 일간지 기자는 파크 로를 대표해 조의를 표하면서 아델리나에게 비통한 진실 한 조각을 전했다. 그 순간 맨해튼에는 여전히 검은손이 내린 사형선고에 벌벌 떠는 가정이 다수 있다는 것, 납치된 자기 아이를 페트로시노가 구출해주기를 간절히 바란 이들도 있다는 것, 그들도 아델리나만큼 페트로시노의 죽음을 깊이 애도하고 있다는 것이었다. "부인께서 부군을 잃고 눈물 흘리는 이 순간, 부군을 수호자로 여겨온 다른 수많은 가정도 똑같이 그분의 죽음을 몹시 애통해하고 있다는 걸 아셔야 합니다."

장례식 당일인 4월 12일,[35] 매클렐런 시장은 그날을 임시 공휴일로 선포했다. 시청 산하 공공기관은 전부 문을 닫았다. 페트로시노가 영면에 드는 길을 함께하기 위해 대규모 군중이 모여들 것으로 예상되었다.

쨍하고 맑은 날이었다. 오전 10시가 막 지나서 기마 경찰 부대가 포석 깔린 도로를 말굽으로 요란하게 울리며 그랜드가에 나타났다. 거기서 다시 라파예트가로 꺾어 들어간 부대는 길 양쪽으로 왔다갔다하면서 엄청난 수의 군중을 뒤로 조금씩 물러나게 했고, 그런 식으로 그랜드가부터 휴스턴가까지 총 다섯 블록의 도로를 비웠다. 서로 밀고 밀쳐지는 군중 속에는 모든 주요 일간지 그리고 몇몇 외신 매체에서 파견한 취재기자들도 섞여 있었다. 그중 한 기자가 이렇게 썼다. "다음 순간 더욱 탄성을 자아내는 장면이 펼쳐졌다. 라파예트가까지 공장과 사무실의 창문과 화재 대피용 발코니와 옥상이 모두 와이셔츠 차림에 모자를 벗어든 노동자들로 가득찼다. 자리를 찾아가는 마차들과 기마 경관을 태운 말들이 내는 소리만이 거리를 메웠다. 골판지 상자 공장 여공들, 시가 만드는 사람들, 엉터리 '바지'를 하루 열두 벌씩 만들어내는 노동자들이 모두 이 사람에게만큼은 부러 시간을 내 조의를 표했다."

로어 맨해튼의 모든 것이 정지됐다. 침묵 속에 건물 수백 개에 내걸린 이탈리아 국기가 나부꼈다. 경찰악대가 지정된 위치로 행군해 라파예트가 233번 정문을 향해 돌아섰다. 페트로시노가 이탈리아행 두카 디제노바호에 탑승하기 전 마지막으로 통과한 문이었다. 운구를 맡은 교통경찰 부대 A반이―워낙에 키 180센티미터가 넘는 훤칠한 대원들이지만 각 잡은 푸른색 모직 제복에 붉게 상기된 얼굴 때문에 그날따라 더욱 눈에 띄었다―정자세로 대기했고 옷깃의 금빛 장식띠에 햇빛이 반사되어 반짝거렸다. 남자들이 아델리나에게 배달된 조화 다발을 들고서 하나둘 고인의 집에서 나왔다. 마차들이 차례로 문 앞에 서면 남자들이 꽃다발을 그 안에 수북이 쌓았다. 몇 분 만에 빅토리아 마차(말 한두 필이 끄는 2인승 사륜 포장마차―옮긴이) 여덟 대에 꽃이 넘치도록 찼다.

모여든 인파는 예상을 훨씬 웃돌았다. 대략 25만 명의 시민이 맨해튼 거리거리를 꽉 메우고서 페트로시노가 떠나는 길을 예우하려고 기다렸다.[36] 매킨리 대통령 장례 때 모인 것보다 훨씬 많은 수였다. 뉴욕, 아니 미국 전체 역사상 보잘것없는 경위 한 명을 떠나보내려고 이렇게 많은 시민이 모여든 적은 없었다. 18년 후 세계적으로 유명한 배우 루돌프 발렌티노의 장례 때 맨해튼에 10만 명의 군중이 몰렸는데, 그때는 심지어 뉴욕 인구가 100만 명 더 증가했을 때였다. 1909년 이날 모인 군중 가운데 많은 이가 율리시스 S. 그랜트 전 대통령과 윌리엄 티컴서 셔먼 장군 사망 당시 어마어마했던 장례 행렬 인파를 떠올렸다. 영화 촬영팀이 군중의 얼굴을 카메라에 담아냈고, 이 영상은 다큐멘터리가 되어 몇 주 후 극장에 실렸다.

이윽고 운구를 맡은 이들이 고인의 집으로 들어갔다. 잠시 후 그들은 공화당 연맹 본부에서 옮겨놓았던 관을 이고 나왔다. 지층으로 내려와 장의용 마차에 관을 실으려는 순간 근처 건물 옥상에서 비둘기 떼가 솟구쳐 오르더니 공중에서 한 번 선회한 뒤 멀리 날아갔다. 오빠의 팔을 꽉 붙든 아델리나가 가족들, 친구들과 함께 뒤따라 내려와 검은 마차에 올라탔다. 하얀 실크 망사를 덮은 새까만 말 여섯 마리가 끄는 장의차가 세인트패트릭 성당을 향해 덜그럭거리며 움직였다. 마차가 라파예트가 243번지를 지날 때 제20소방분대 대원들이 소방차를 도로에 대고 경적을 울렸다. 길에 나온 경찰관이 너무 많아서 그들의 황동 단추에 반사된 햇빛에 "눈이 부실" 정도였다.

행렬은 모트가로 향했다. 길 양쪽에 늘어선 벽돌 건물에 바짝 붙어 정렬한 제복 경찰 부대와 그 선봉에 선 매캐퍼티 경위가 기다리고 있었다. 마차가 다가오자 경관들은 곤봉의 흰 술이 직각으로 아래를 향하게 해 반대편 파란색 술이 흔들리도록 자세를 잡고 경례를 올려붙였다. 빛바랜 갈색 벽돌의 세인트패트릭 성당이 저만치 앞에 보였다. 벽 깊숙이 움푹 들어간, 문설주를 댄 창문에서 세속과 격리된 고독감이 느껴졌다. 행렬이 성당 앞에 다다르자 운구자들이 관을 어깨에 들쳐 멨다. 소년 합창단이 "나를 들어올리소서, 예수여, 죄에 물든 이 세상에서 당신의 품으로" 하고 노래를 불렀다. 성당 맞은편 건물에 사는, 아동구호협회가 돌보는 고아들이 합창 소리를 듣고서는 각자 하던 잡일을 팽개치고 창가로 달려가 유리창에 얼굴을 다닥다 닥 붙인 채 구경했다. 성당 문으로 올라가는 관이 양쪽으로 가 볍게 흔들거렸다. 입구에는 카속(가톨릭 성직자들이 입는, 발목까 지 오는 검은 법의—옮긴이) 차림의 사제들과 미처 성당에 들어 가지 못한 군중이 기다리고 있었다. 성당 안에는 꽃으로 덮이 지 않은 곳이 없었고, 관 위에도 꽃이 넘치도록 쌓여 광을 낸 나무 뚜껑이 거의 보이지 않을 지경이었다. 성당 옥상에 배치 된 형사들이 인파에 공작원들이 섞여 있지는 않은지 길거리를 샅샅이 훑었고, 백여 명 되는 잠복 경찰은 인파에 섞여들어 "정 신 나간 무정부주의자"[37]나 "궁지에 몰린 검은손 단원"을 색출 하려고 수상해 보이는 이들의 얼굴을 유심히 살폈다.

성당 안 오른쪽 신도석은 이탈리아인들이 채우고 왼쪽에는 경관들이 앉았다. 몇 겹의 베일로 얼굴을 가린 아델리나가 여 전히 오빠의 팔에 의지한 채 들어와 앞쪽 좌석, 합창단 소년 옆에 앉았다. 아델리나는 장례 미사 내내 고개를 푹 숙인 채 발작적으로 울었다. 사제들이 라틴어 미사 전례문을 외기 시작 했다. 성당 안은 사제들의 음성과 아델리나가 흐느끼는 소리를 제외하면 바늘이 떨어져도 들릴 정도로 조용했다. 사제들이 전 례문을 봉독하면 합창단 소년들이 고음으로 화답했다. 장례 참석자 중 많은 이들이 드러내놓고 눈물을 흘렸다.

몽시뇨르는 그날의 말씀으로 헤롯왕의 복수 이야기를 골랐다. 예수 탄생 직후 요셉은 꿈에서, 자신이 그 아기가 로마인 손에 죽지 않게 이집트로 데려갈 운명임을 깨닫는다. 그런데 헤롯은 아기가 빠져나갔다는 소식을 듣고 병사들에게 베들레헴과 그 근방 시골 마을들을 철저히 뒤져 두 살 이하의 남자아이를 전부 죽이라고 명령한다. 이날 말씀 전례의 핵심은 마태복음 2장 18절이었다. "라마에서 슬퍼하며 크게 통곡하는 소리가 들리니 라헬이 그 자식을 위하여 애곡하는 것이라. 그가 자식이 없으므로 위로받기를 거절하였도다." 성당 밖에서도 장례미사 좌석표를 구하지 못한 조문객들이—수요가 하도 많아서 좌석 표를 추첨으로 배부했다—말씀에 귀기울였다. 포석 간도로에 무릎 꿇고서 입술을 달싹이며 신부의 봉독을 따라 읊는 이들도 있었다. 몽시뇨르는 페트로시노 형사의 죽음이 불러일으킨 강렬한 비분을 의식해 강론에서 이 도시의 분열을 치유할 필요성을 열성적으로 전했다. "이 독실하고 신실한 한없이 마음 넓은 자, 이웃으로부터 큰 사랑을 받은 헌신적인 자의 죽음이 동포들에게 자긍심을 타오르게 하는 땔감이 되어 더는 소수의 범죄자가 그들 민족을 천한 지위로 격하시키지 못하기를 바라고 또 기도합니다. 남은 우리도 이 죽음을 계기로 바다건너 이 땅에 온 낯선 자들에게 빚진 은혜와 사랑을 깨닫고,

부디 그들을 부당하게 차별하지 않기를 바랍니다. 그들이 우리 국기 아래 환영받듯 그들 모두를 우리 마음에서 환영합시다."

미사가 끝나자 운구자들이 관을 장지로 모시기 위해 장의차로 옮겼다. 59번가 다리를 건너, 성당에서 11킬로미터 떨어진 퀸스의 우드사이드에 있는 묘지였다. 세인트패트릭 성당에서 출발한 말 여섯 필이 끄는 장의차가 지나가자 소리 죽인 드럼 신호에 맞춰 뉴욕 시경 소속 경관 3200여 명이 고개 숙여 조의를 표했다. 행렬은 휴스턴가를 굽이돌아 멀버리가로 접어들었고 이윽고 경찰청 본부를 지나갔다. 조문 행렬이 주택가를 향해 이동하는 가운데 경찰악대가 트럼펫과 트롬본, 튜바, 클라리넷, 플루트, 드럼으로 베르디의 레퀴엠을 연주했다.[38] 악대가 교차로를 지날 때마다 음악소리가 바깥으로, 나아가 옆길로 퍼져 저 멀리 도시의 전차 소음, 행상들의 호객 소리와 섞여들었다. 악대의 연주를 제외하고 뉴욕은 모든 업무가 잠시 정지된 듯 신기할 정도로 잠잠했다. 5번 애비뉴를 따라 늘어선 건물은 창문마다 내다보는 얼굴들로 꽉 들어찼다. 인도는 인파로 발 디딜 틈이 없었다. 도로의 자동차들도 꼼짝달싹 못했다. 5번 애비뉴에 늘어선 부유한 저택, 고급 가죽 제품 상점과 부티크도 각자 크레이프 상장, 검은색 천 조각, 반기로 꽂은 회사 깃발, 가문 깃발 등 조의의 상징을 내걸었다. "페트로시노가 대통령이나 황제였다면 시민들이 이보다 더 깊은, 혹은 더 진실한 감정을 내비치지 않았을 것"[39]이라고 타임스는 단언했다.

천천히 움직이는 장의차 양옆으로 형사들이 나란히 걸었다. 교차로를 지날 때는 교통 단속반이 경례를 붙였다. 거리의 군중은 눈물을 흘렸다. 남자들은 경의의 표시로 모자를 벗었다. 인도에서 무릎 꿇고 기도를 올리는 사람도 많았다. 조의를 표하는 군중은 "중국인부터 터키인까지" 다양했다.

뉴욕 전체가 브로드웨이를 관통하는 장례 행렬을 의식하는 가운데, 신문의 송덕문에 담긴 추모 정신과 짝을 이루는 결연한 판결이 어느 먼 구(區)에서 이루어졌다. 장례 행렬이 퀸스를 향해 이동하던 바로 그때, 브루클린 자치구의 한 법정에서는 다이크라는 판사가 프랭크 트룰리오라는 이탈리아인에게 폭행죄로 징역 1년형을 선고하고 있었다.[40] "오늘 우리가 선한 이탈리아인 한 명을 땅에 묻고 있건만," 판사는 피고인을 향해 통렬히 내뱉었다. "당신은 내가 보건대 나쁜 이탈리아인이오. 당신은 건너편에서도 이편에서도 원하지 않는 부류에 속한 사람이오."

행렬은 북쪽으로 향했다. 군중 속에서 아이들이 튀어나와 포석 도로에 꽃잎을 뿌리면 말들이 그 꽃잎을 밟으며 레퀴엠에 맞춰 다각다각 지나갔다. 장의차가 지나가면 교회는 종을 울렸고 도심지에 있는 세인트레지스, 월도프-애스토리아 같은 대형 호텔은 경의의 표시로 깃발을 내렸다. 동지를 기리는 뜻에서 참석한 구두닦이보호연맹을 포함해 이탈리아계 이주민 공동체 60곳과, 밝은 붉은색 셔츠, 진홍색 재킷, 푸른색 주아브 팬츠(무릎 아래 또는 발목 부분을 오므린 헐렁한 바지. 알제리 주아브인으로 편성된 프랑스 보병이 입던 제복에서 영감을 받아 만들어졌다—옮긴이) 차림의 이탈리아 통일전쟁 참전용사들이 장의차와 나란히 걸으며 마지막 가는 길을 함께했다. 검은손의 타깃이 됐던 운동가 셀라로 박사도 이탈리아의 아들들 결사단과 함께 행진했다. 셀라로가 검은손에 계속 저항했는지 아니면 그랜드가에 위치한 셀라로 소유의 건물이 폭탄 테러를 당한 후 돈을 내놓았는지는 알려지지 않았다.

수천 명이 철교를 밟는 요란한 소리를 내며 59번가 다리를 건넜다. 행렬은 뉴타운 크릭을 지나 마침내 캘버리 묘지 입구에 당도했다. 캘버리 묘지는 1845년 올숍가 농장을 개조해 만들어졌고 도시가 서쪽으로 팽창함에 따라 점점 넓어졌다. 농장은 네 구역으로 나뉘어 있었으며 각 구역마다 로마 카타콤 이름이 붙어 있었다. 장례 행렬은 세번째 구역으로 이동했다. 성 세바스티아누스의 이름을 딴 곳이었는데, 그는 갈리아 출신으로 그리스도인이라는 사실이 밝혀져 화살에 맞아 죽는 형을 당한 뒤 궁수와 그리스도교 순교를 상징하는 성인이 되었다. 미리 파놓은 못자리 주위로 조문객이 둥글게 서자 기마경찰대가 받들어총을 했다. 아델리나가 마차에서 내리다가 쓰러질 뻔하자 얼른 오빠가 부축했다. "조, 조." 아델리나가 울부짖었다. "나의 주세페, 돌아와요! 신이시여, 나의 주세페를 돌려주시면 안 됩니까?"

기마경관이 땅 밑으로 내려가는 관을 향해 경례했다. 장례 행렬이 세인트패트릭 성당에서 출발한 지 다섯 시간 반 만에 "영결 나팔"이 울려퍼졌다.[41] 한 경정이 "4열 횡대로 우향우! 속보로 가!" 하고 구령하자 기마경찰대가 묘에서 말들을 후진시켜 묘지 출구로 이동하기 시작했다. 애국 가리발디, 이탈리아의 아들들, 경찰악대, 그리고 정계 인사들도 뒤돌아 따라갔다. 새로 만들어진 행렬은 교각을 향해, 그리고 다시 맨해튼을 향해 움직였다. 길고 지난한 하루가 저물고 있었다.

묘지 출구로 천천히 움직이는 조문객 인파 뒤로 아델리나가 울부짖는 소리가 들려왔다.

17장
유배

맨해튼 주민들은 페트로시노를 묻고 나서도 좀처럼 일상으로 돌아가지 못했다. 허황된 소문이 난무했다. 페트로시노 형사가 시칠리아에서 갑옷을 입고 다녔는데도 결국 총알에 뚫리는 바람에 죽었다더라. 금발 가발을 쓰고 "긴 구레나룻"을 붙이고 단안경까지 쓰고서 웬 영국 영주 행세를 하고 다녔다더라.[1] 뉴욕 저널은 "페트로시노 살해범들 체포되다"[2]라는 헤드라인으로 기사를 발표하기도 했다. 범인은 이탈리아인 광부로, 뉴욕주 마운트 키스코에서 붙잡혔는데 금방 풀려났다고 했다.

이탈리아인 이민자 거주지에서 유독 인기를 끈 음모론은 뉴욕 시경 내 페트로시노의 적들이 그가 죽기를 바라고 함정으로 내몰았다는 것이다. 어째서 빙엄은 페트로시노를 독사의 소굴이나 마찬가지인 시칠리아에, 아무런 보호 장치도 없이 철저히 홀로 보낸 것일까? 이 점을 궁금해하는 이탈리아인이 한둘이 아니었다. 어째서 빙엄은 극비라는 페트로시노의 임무를 폭로한 것일까? "그는 호랑이 굴에 제 발로 들어간 꼴이었어요."[3] 볼레티노 델라 세라의 발행인이자 이제는 해체된 수호단의 회장을 맡았던 프랭크 프루고네가 말했다. "결말은 처음부터 정해져 있었죠." 비난의 화살은 이탈리아인에게 쏠리겠지만, 다른 세력들이 페트로시노의 죽음에 영향을 끼쳤으며 그들은 분명 처벌을 피해갈 거라고 생각하는 이들이 많았다.

페트로시노의 가족은 또다른 음모론을 넙죽 받아 삼켰다. 페트로시노 형사가 실은 죽은 게 아니라는 것이었다. 이 소문에 따르면, 페트로시노가 비밀리에 임무를 계속 수행할 수 있게 그의 죽음을 위장한 거라고 했다. 뉴욕에 이 음모론이 파다하게 퍼지는 바람에 우즈 부청장이 공개적으로 반박 성명까지 내야 했다. "저도 그 소문이 사실이면 좋겠습니다."[4] 그는 기자단에게 이렇게 말했다. "사실이더라도 곧이곧대로 시인하지 않을 거라고 의심하시겠지만, 정말로 사실이 아닙니다. 페트로시노는 사망했습니다."

사건 발생 후 몇 주가 흐르면서 빙엄 청장은 이 비극에 자신이 얹은 몫 때문에 점점 더 방어적인 태도를 보였다. 페트로시노를 두고 이렇게 얘기하기까지 했다. "그 사람은 하루빨리 출발하려고 안달이었고 이번 임무를 엄청난 기회로 여겼다고요.

두려움이라곤 모르는 양반이었으니까."⁵ 빙엄은 국무장관 필랜더 체이스 녹스에게 몇몇 새 법안의 통과를 위해 힘써줄 것을 요청하는 서한을 보냈다. 그중에는 이민자라면 필히 신분증을 지참하고 거주 지역 경찰서에 반드시 주소를 등록하며 주소지가 바뀔 때마다 당국에 고지할 것을 의무화하는 법안도 포함되어 있었다. 얼마 후 모 신문사와의 인터뷰에서 빙엄은, 처음 있는 일도 아니긴 했지만, 페트로시노가 어떤 종류의 위험을 감수했는지 언급하면서 자신을 공감 능력 떨어지는 멍청이로 보이게 할 말을 했다. "그들(이탤리언 수사반 대원들)은 자진해서 큰 위험을 무릅쓰고 이 일에 뛰어드는 거고, 대원들 모두가 그 사실을 잘 알고 있소이다. 아직 전멸하지 않고 남아 있는 게 기적이지요."⁶ 남 얘기하듯 내뱉은 "그들" "전멸"과 같은 표현은 빙엄이 페트로시노를 모르는 사람 취급하는 뉘앙스를 주었고, 이탤리언 수사반 대원들이 생존해 있는 게 놀랍다는 말도 심히 당혹스러운 표현이었다. 생전 페트로시노는 이탈리아인이 마침내 신뢰할 만한 경찰청장을 만났다고 믿었는데, 이 시점에서는 터무니없이 안이한 판단으로 비쳤다. 페트로시노의 죽음에 대한 빙엄의 책임은 이 인터뷰에서도 언급되지 않았다.

한편 이탈리아 경찰은 용의자를 수백 명이나 잡아들였는데, 대부분 마피아 단원으로 알려진 이들이었다. 목격자 제보와 투서가 수십수백 통씩 날아들었지만, 서로 상충하는 단서 무더기에 불과했다. 이런저런 소문만 무성할 뿐 기꺼이 증언하겠다는 목격자는 드물었다. 머잖아 시칠리아 당국이 우려스러운 신호를 보냈다. 워싱턴 포스트가 이렇게 전했다. "팔레르모 경찰은 마피아와 검은손이 이 사건에 연관되지 않았다는 결론에 이른 것으로 보인다. '미국에서 온 악한들'의 소행이라는 것이다."[7] 이 소식은 많은 미국인의 속을 뒤집어놓았다. 브루클린의 젊고 야심 찬 검사 프랜시스 코라노는 이에 반박하며 소견을 밝혔다. "시칠리아 당국이 마피아와 손잡고 있는 게 틀림없습니다."[8] 미국 언론들은 시칠리아인과 시칠리아 정부를 비방해댔다. 한 신문은 시칠리아섬이 "침묵의 결탁이 암살범들을 보호해주는 불명예스러운 섬"이라고 했다. 빙엄은 팔레르모 경찰에 전보를 세 통이나 보내 수사에 어떤 진전이 있는지 알려달라고 요구했지만 아무런 답신도 받지 못했다. 그후로 빙엄도 이탈리아인을 싸잡아 공범이라고 비난했다.

미국이 얼마만큼 책임이 있는지는 아무도 이야기하지 않았다. 빙엄이 페트로시노를 단독으로 보낸다는 어이없는 결정을 내린 것, 극비 임무를 발설한 것, 검은손이 세력을 키우기까지 몇 년이나 방치한 것. 이런 사실은 전부 별것 아니라고 치부되거나 그냥 잊혔다. 기자 프랭크 마셜 화이트는 검은손에 대한 뉴욕시의 정책을 가장 맹렬히 비판해왔으며, 페트로시노 죽음에 대해 미국 정부의 책임을 묻는 소수의 논객이었다. "만약 의회가 본연의 의무를 다해 그 악랄한 무리가 막 출현했을 때 외국인 범죄자의 유입을 막았더라면 조지프 페트로시노가 시칠리아까지 가서 개죽음을 당하지는 않았을 것이다."[9] 그는 타임스에 이렇게 기고했다. 하지만 이는 몇 안 되는 신랄한 비판이었고, 미국인의 분노는 대부분 외부를 향했다.

팔레르모에서 비토 카시오 페로가 파올로 팔라조토 및 다른 용의자 13명과 함께 페트로시노 살인 혐의로 체포되었다. 하지만 재판은 제대로 이루어지지 않았고 피고인들은 모두 무혐의로 풀려났다. 체올라 청장이 예견한 것처럼, 단 한 명도 미국인 형사 살해범에 대해 증언하지 않았다. 페트로시노가 생전에 그토록 규탄했던 방어적인 태도가 자신의 살해범들에게 정의가 실현되는 것을 막고 있었다.

이후 수십 년에 걸쳐 팔레르모 경찰에 사건에 대한 제보와 익명 편지가 쏟아졌다. 2013년 2월,[10] 이탈리아 경찰은 팔레르모 지역 마피아를 타깃으로 '아포칼립스'라는 암호명의, 장기간에 걸친 마약 밀매 함정수사를 펼치고 있었다. 도청을 하던 수사관들은 용의자 도메니코 팔라조토가 문제의 그 살인 사건에 대해 떠벌리는 것을 듣고 흠칫 놀랐다. "페트로시노라고?" 스물여덟 살의 용의자 팔라조토가 신원 미상의 동지들에게 말했다. "그놈, 우리 작은할아버지가 해치웠잖아. 거래 장부도 보여줄 수 있어. 우리 집안이 수백 년 이어온 마피아 가문이거든."

이 떠오르는 신예 마피아 단원이 말하는, 페트로시노가 살해당한 이유는 뭐였을까? "여기서 문제를 일으키고 마피아를 들쑤시려고 왔으니까." 이 젊은 폭력배는 자신이 페트로시노를 처단한 자의 자손이라는 점에 대단히 자부심을 가졌지만, 안타깝게도 그는 몇 가지 사실을 혼동하고 있었다. 이탈리아 경찰은 도메니코가 페트로시노 살인 용의자로 체포된 팔라조토와 아무 혈연이 없다고 보고 있다. 경찰은 이 건을 단순히 한 청년이 대단한 인물인 척 허세를 부리려고 자기 혈족과 아무 관계 없는 살인 사건을 끌어온 해프닝으로 마무리지었다.

이탈리아인에게 이 사건이 준 충격은 어떤 면에서 미국인에게 JFK 암살 사건에 비견할 만하다. 둘 다 처형 방식의 살인이었고, 누가 방아쇠를 당겼는지를 두고 무성한 음모론을 낳았다. 하지만 한 가지 결정적 차이가 있다. JFK 암살 사건에서 마피아와 CIA, 쿠바인과 러시아인을 아우르는 수많은 용의자의 살인 동기는 서로 그렇게 다를 수가 없었다. 음모론자의 주장에 따르면 각 집단이 케네디의 죽음을 바랄 이유는 서로 모순되고 심지어 상충하기까지 했다.

페트로시노 살인의 경우는 그렇지 않았다. 누가 죽였는지에 대한 소문은 무성하지만, 동기는 하나로 수렴된다. 페트로시노가 검은손과 이탈리아 지하세계에 대항해 벌인 활동이다. 서로 모순되는 가설 따위는 없다. 이렇게 보면 그날 밤 팔레르모에서 누가 실제로 권총의 방아쇠를 당겼는지는 중요하지 않아 보인다. 수천 명 가운데 누가 방아쇠를 당겼든 그 이유는 하나였을 것이다. 페트로시노의 살인은 드문 형태로, 실로 집단 범행이라 부를 만한 것이었다.

✦ ✦ ✦

드디어 뉴욕에서 페트로시노 헌정비와 대리석 흉상이 완성되었다. 이 조각은 퀸스의 캘버리 묘지에 헌정되었다. 뉴욕 시경 소속 사제인 채드윅 신부가 헌정식에서 정복 형사들을 앞에 두고 축도를 올렸다. "여기 잠든 이는 진정한 민중의 아들이었습니다. 현재 어둠의 세력, 무정부주의, 폭동이라는 한 축과 빛의 세력, 법, 질서라는 다른 축 사이에 불가항력의 충돌이 일어나고 있습니다."[11] 지서장 리처드 엔라이트의 헌사는 조금 더 친밀하고 서정적이었다. "뉴욕에서 가장 고귀한 망자, 용맹한 페트로시노여, 영면하소서. 고마운 마음 가득한 도시의 품 안에서, 분주한 일상을 바라보며, 겹겹의 목소리를 들으며, 당신이 구원하고자 가진 모든 것을 내주었던 국민의 심장에 안치되어 편히 잠드소서."

수정된 계획도 있었다. 폭탄 테러를 사형 선고가 가능한 중범죄로 명시하는 법안을 상정하려던 뉴욕주 하원의원은 숙려 끝에 법안을 철회하기로 했다고 발표했다. "나는 검은손이 장악한 구역에서 살고 있습니다."[12] 기자들에게 둘러댄 해명은 이러했다. "그래서 이자들이 어떤 짓을 저지를 수 있는지 잘 압니다. 재고한 끝에 저는 이 법안을 제출할 기회를 주 북부를 담당하는 의원들에게 넘기겠습니다." 해당 법안은 다시는 주 의회에 상정되지 않았다.

검은손에 대한 공포는 사라지지 않았다. 이탤리언 수사반 브루클린 지부의 살바토레 산토로 형사는 페트로시노 사망 2주 후 집주인에게 퇴거 명령서를 받았다.[13] 4월 1일까지 아내와 아이들을 데리고 집을 나가라는 것이었다. 주인에게 이유를 따져 물었더니, 페트로시노가 암살당한 것을 보고 이탤리언 수사반 대원에게 세를 줬다는 이유로 자신의 건물도 검은손에게 폭탄 테러를 당하지 않을까 겁이 났다고 고백했다. 산토로는 별수없이 이사갈 집을 찾아야 했다.

검은손의 근거지로 추정되는 곳에 급습이 계속됐다. 보복을 우려한 시장은 빙엄 청장에게 "검은손 전쟁으로 인한 사회불안이 가라앉을 때까지"[14] 휴가를 가 있는 게 어떻겠느냐고 제안했다. 빙엄은 칼같이 거절했다. 그런데 어느 날 밤 빙엄이 차를 타고 멀버리가 300번지 집무실로 이동하던 중에 어두컴컴한 골목을 지나치게 되었다. 순간 단발의 총성이 울려퍼졌다. 총알이 "어찌나 (빙엄과) 가깝게 스쳐지나갔는지, 맞아 쓰러지지 않은 게 기적일 정도"였다. 날아간 총알은 골목 맞은편 어느 건물의 목조부에 박혔다. 그 구역에 쫙 깔린 경찰이 범인에 대한 단서를 찾으려고 구석구석을 샅샅이 뒤졌다.

아델리나를 위한 호화로운 자선 콘서트가 아카데미 오브 뮤직 홀(1854년 맨해튼에 문을 연 4천 석 규모의 오페라하우스. 1866년 화재로 무너져 재건됐으나 신축된 메트로폴리탄 오페라하우스로 관객이 쏠리면서 1926년 문을 닫았다―옮긴이)에서 열리기로 했고, 유명 배우 35명과 보드빌 스타가 출연하기로 했다. 그런데 주최측은 갑작스런 어려움에 봉착했다. "해당 극장이 뉴욕 최대 규모인데도 문제없이 매진될 거라고 너도나도 장담했거든요."[15] 행사 총감독을 맡았던 조지 M. 코핸이 말했다. "그런데 이 사업에 참여한 사람에게 별의별 재난이 덮칠 거라는 정체 모를 소문이 개막일 다 돼서 돌기 시작한 겁니다." 출연자들이 협박 편지를 받기 시작했고, 출연 취소가 잇따랐다. 상연 당일 밤, 빈자리가 셀 수 없이 많았다. 표를 찜해둔 관계자들이 당일에 나타나지 않아 주최측에 수천 달러의 손해를 끼쳤다. 자리를 몇 석이나 맡아둔 매클렐런 시장마저 못 가게 됐다며 유감을 전했다. 단단히 창피당한 코핸은 행사 모금액이 목표치의 겨우 절반에 이르렀다고 언론에 밝혔다.

연방 정부는 검은손을 상대로 새로운 전쟁을 벌이겠다고 의기양양하더니, 미온한 반응을 보였다. 당국이 실행한 단 하나의 구체적 조치는 우편국에 검은손 협박 편지를 주시하라고 공고한 것이었다. 빙엄이 국무장관에게 보낸 서신에서 제안한 조치들은 하나도 실행되지 않았고, 아마 진지하게 고려하지도 않았을 것이다.

✦ ✦ ✦

한편 검은손은 아무 일도 없었다는 듯 범행을 이어갔다. 1911년, 스프링가에서 상점을 운영하던 한 이탈리아인 식료품상이 늘 그렇듯 돈을 요구하는 협박 편지를 받았다. "페트로시노는 죽었지만 검은손은 여전히 살아 있다."[16] 편지에는 이렇게 쓰여 있었다. 식료품상은 편지를 경찰서에 가져갔다. 며칠 후 그가 사는 다세대주택에 불이 났다. 건물에 갇힌 주민들은 화염을 피해 옥상으로 피신했다. 한 기자가 당시 상황을 전했다. "여자들과 아이들의 비명과 화재경보 소리가 그 블록에 사는 거의 모든 주민을 잠에서 깨웠다." 사람들은 불길을 피하려고 옥상에서 뛰어내렸고 길바닥에 떨어져 즉사했다. 옥상으로 연결된 사다리 발치에서 사망한 채로 발견된 이들도 있었다. 아동 여섯 명을 포함해 총 아홉 명이 불길 속에 목숨을 잃었고, 그중에는 갓 돌을 지난 영아도 둘 있었다. 페트로시노의 죽음에 이런 극악무도한 사건들이 더해져, 오늘날까지 잔존하는 이탈리아인에 대한 이미지가 굳어졌다. 어느 역사학자 두 명은 "무엇보다도 페트로시노 형사 피살 사건은 미국 조직범죄가 이탈리아에서 수입된 것이라는 생각에 쐐기를 박았다"[17]고 지적하기도 했다.

아델리나는 상심에 잠겨 도저히 라파예트가 233번지에서 계속 살 수 없겠다고 생각했다. 혼자 그 집에 사는 것이 위험할 것 같기도 했다. 벌써 문 앞에 경호원이 한 명씩 배치되어 밤낮으로 경호하고 있었다. 아델리나는 브루클린으로 이사가기로 했다. 남편 관련 서류, 그의 인생 족적이 담긴 신문 기사 일체, 경찰에서 지급받은 권총, 비토리오 에마누엘레 3세가 보낸 금시계, 남편의 소지품, 위문 편지까지 전부 다 가져가기로 했다. 아델리나는 남편의 죽음으로 인해 느끼는 불안감을 내면화했다. 그래서인지 몇 년 후 딸이 경찰관—그것도 아일랜드계 미국인—과 결혼했을 때 아델리나는 겁에 질렸다. "할머니는 같은 일이 반복될까봐 무척 걱정하셨어요."[18] 손녀가 훗날 증언했다. "그래서 처음부터 그 결혼을 반대하셨죠."

뉴욕 시경은 아델리나에 대한 위협을 예의 주시했다. 페트로시노가 세상을 떠나고 50여 년이 흘러[19] 그가 맞서 싸웠던 범죄자들이 죄다 죽거나 노령에 접어든 지도 한참인 1960년대에 그의 일대기를 그린, 어니스트 보그나인 주연의 영화 〈페이 오어 다이Pay or Die〉가 개봉했다. 페트로시노가의 일원들이 경찰의 삼엄한 경호를 받으며 레드 카펫에 섰고, 극장 안에서도 영화가 상영되는 내내 가족 곁에 형사 한 명이 붙어 지키고 있었다. 사실 보그나인보다 한발 앞서 진 켈리가 검은손 협회를 소재로 한 영화에 출연했다. 〈블랙 핸드〉라는 제목의 이 영화에서 진 켈리는 페트로시노를 어렴풋이 닮은 주인공을 연기했는데, 이 역은 그가 처음으로 노래와 춤 없이 연기한 역할이었다. 영화는 물에 물 탄 듯 시시했지만 진 켈리의 연기는 극찬을 받았다.

조지프 페트로시노의 죽음에 복수하려고 이를 가는 자가 한 명 있었는데, 바로 페트로시노의 친구이자 이탤리언 수사반 브루클린 지부 반장인 앤서니 바크리스였다. 그는 살인범들을 잡으러 시칠리아까지 갈 각오도 되어 있었다. "고집 세고 주먹도 거친 바크리스는 (…) 두려움을 모르는 사람이었다"[20]고 브루클린 에지는 평했는데, 꼭 페트로시노를 두고 루스벨트가 한 말을 그대로 되풀이한 것 같은 평이었다. "온갖 형태의 폭력에 수없이 여러 차례 위협받았고 그렇게 살다가는 자루나 나무통에서 시체로 발견될 거라는 말까지 들었지만, 그럴 때마다 그는 협박범들을 크게 비웃을 뿐이다. 어디 자신을 처치할 배짱 있는 망할 놈의 데이고가 있으면 한번 나와보라는 태도다."

친구가 암살당하고 며칠 후 바크리스는 기자들 앞에서 경찰 청장을 향해 자신을 이탈리아로 보내달라고 요구했다. "장담컨 대 페트로시노의 죽음에 책임이 있는 놈들을 잡아올 수 있습니다."[21] 그는 힘주어 말했다. "지금 제게 비밀수사반 한 소대를 대동해 그리로 건너가는 것보다 더 적합한 임무가 있겠습니까. 동지의 죽음에 대한 원한을 갚기 위해 반드시 해야만 하는 일이고, 그렇기에 승인을 요청합니다." 빙엄은 페트로시노의 살인 범을 잡겠다는 제안을 내칠 처지가 아니었기에 곧바로 작전을 승인했다. 바크리스는 수염을 기르고 유태인 사업가 존 사이먼 명의로 신분증명서를 발급받았다. 그러고는 브루클린의 이탈리아인 이민자 거주지를 순찰하면서 이탈리아어를 익힌 아일랜드계 형사 조지프 크롤리와 함께 리버풀행 배에 올랐다. 뉴욕 시경은 페트로시노 때와 똑같은 실수를 반복할 생각이 없었기에, 두 형사는 타국에서 서로의 뒤를 봐줄 의무도 맡았다. 1909년 4월 12일, 두 사람은 유럽 대륙을 향해 출항했다.

이번에는 임무가 극비에 부쳐졌다.[22] 무사히 영국에 도착한 '존 사이먼'과 그의 파트너는 거기서 다시 배를 타고 이탈리아로 이동했다. 그들은 로마에서 짐을 풀고 여행 가방에서 새로운 변장 도구를 꺼냈다. 이탈리아에 있는 동안에는 농부 차림으로 돌아다닐 계획이었다. 두 사람은 수사에 착수해 로마와

제노바, 나폴리를 돌며 사건과 조금이라도 관련된 인물은 죄다 신문했다. 이탈리아 경찰이 그러다간 당신들 목숨이 위험해질 거라고 경고했지만 형사들은 이를 묵살하고 수사를 계속했다. 이탈리아 비밀정보부 요원들의 경호를 받으며 법원 기록실에 앉아 범죄 기록을 샅샅이 뒤지기도 했다. 하지만 체올라가 그랬던 것처럼 바크리스도 페트로시노 살인 사건 수사에서 큰 진전을 보지 못했다.

바크리스는 사건 해결의 단초가 시칠리아에 있다고 봤다. 그가 이탈리아 경관에게 시칠리아에 가봐야겠다고 하자 상대는 펄쩍 뛰었다. "미친 짓이라면서, 가면 십중팔구 죽임을 당할 거라는 겁니다." 바크리스가 당시를 회상하며 말했다. 바크리스와 크롤리는 경찰 당국을 설득하려 해봤지만 소용이 없었다. 어느 날 오후 두 형사는 숙소로 돌아가 변장한 뒤 경호를 선 이탈리아 경관들 눈을 피해 그곳을 빠져나갔다. 귀국을 준비하던 비숍 영사가 형사들의 시칠리아 밀항을 도와주었다. 팔레르모에 도착한 두 사람은 다시 피아차 마리나로 가 페트로시노가 총격당한 장소에서 사진을 찍었다.

두 형사는 페트로시노가 못다 한 임무도 승계해, 형사처벌 기록을 수집하기 시작했다. 그들은 이 일에서 부쩍 진전을 봤다. 뉴욕에 불법체류하고 있는 이탈리아인의 전과 기록을 350건 이상 모은 것이다. 이탈리아 당국도 기록을 뒤져 몇백 건의 전과 기록 사본을 추가로 보내주기로 약속했다.

그런데 수사가 한창이던 때 현지 호텔로 전보가 한 통 왔다. 빙엄 청장이 해고되고 뉴욕 시경의 새 행정부가 출범했으니 즉시 맨해튼으로 복귀하라는 내용이었다. 두 형사는 허겁지겁 짐을 싸 미국행 배 중 가장 먼저 출발하는 증기선 레지나 디탈리아호에 탔다. 배는 8월 11일에 뉴저지에 도착했다.

빙엄의 해고 정황은 베일에 싸여 있다. 그가 정신이 잠깐 나갔는지 맨해튼 '설리번 구역'의 술집과 태머니파 본거지를 탈탈 털었다는 소문이 돌았다. 실제로 일어난 일은 이렇다. 빙엄이 부하들에게 패디 멀린이라는 인물이 소유한 모트가 6번지의 지하 술집을 폐쇄하라고 지시했는데, 패디 멀린은 빅 팀의 친구이자 동업자였다. 모 정치인이 빅 팀의 승인을 받았느냐고 묻자 빙엄은 콧방귀를 뀌며 대꾸했다. "설리번 형제 따위! 경찰청은 그런 놈들 상대해줄 시간 없소이다."[23] 매클렐런 시장은 며칠 후 그를 경찰청장 직위에서 해임했다.

빙엄은 빙엄답게, 조용히 떠나지 않았다. 그는 시장과 시장이 머리 조아리는 태머니파 인사들을 싸잡아 "쓰레기에 파렴치한, 옹고집쟁이"[24]라고 욕하면서, 다음 선거 때 야당들이 연합할 것을 적극 촉구했다. "하, 나를 해고하다니 매클렐런 시장은 큰 실수 한 겁니다." 어느 날 반反태머니파 전당대회에서 빙엄은 청중에게 이렇게 내뱉었다. "문제는 이 빙엄이 해고됐다는 게 아니라, 백인 남자답게 제대로 일을 처리하지 않은 겁니다. 나한테 조용히 사직서를 요구해서 내 입을 막는 식으로 하지 않았단 말입니다. 이렇게 된 이상 나로서는, 솔직히 말하면, 그자를 대차게 땅에 메다꽂아 가루로 만드는 노선을 취할 수밖에 없습니다." 이런 엄포에도 불구하고 '장군' 빙엄의 정치 인생은 끝나버렸다. 페트로시노 피살 사건에서 저지른 실책을 영영 만회하지 못한 것이다.

황급히 떠나야 했음에도 불구하고 바크리스와 크롤리는 이탈리아 출장에서 얻은 성과에 몹시 만족했다. 동료의 암살범을 잡아내지는 못했지만 그가 못다 한 임무는 대신 완수했기 때문이다. 두 사람의 가방은 수백 건의 형사처벌 증명서로 가득했고, 향후 이탈리아 당국이 추가로 보내줄 것이었다. 그러면 수많은 검은손 조직원들을 본국으로 송환할 수 있으니 검은손 사업을 주도하던 갱들도 무릎이 꺾일 터였다. 아예 맨해튼에서 검은손 범죄의 종식을 가져올지도 모를 일이었다.

뉴욕에 도착한 두 형사는 곧장 뉴욕의 새 경찰청장 윌리엄 F. 베이커에게 보고하러 갔다. 베이커 청장은 태머니파에 충성한다는 것 말고는 딱히 이유도 없이 하급 사무원에서 경찰국 최고위직으로 승진한 인물이었다. 그는 보고가 끝나자 일단 공식적으로 두 형사의 귀환을 환영했다. "바크리스 경위와 크롤리 경위는 이탈리아 출장에서 이 땅에 들끓는 이탈리아계 범죄와 관련한 정보를 충분히 수집해 돌아왔습니다." 그는 기자들에게 이렇게 발표했다. "이 정보는 우리에게 큰 도움이 될 것입니다." 하지만 사석에서는 바크리스와 크롤리에게 이번 임무에 대해 기자와 동료 경관에게 입도 뻥긋하지 말라고 명령했다. 그래서 바크리스는 전과자 명단에 이름이 오른 자들의 체포를 승인받고 강제송환 절차를 밟는 대신 책상 앞에 앉아 가져온 서류나 번역해야 했다. 크롤리는 경위에서 경사로 강등되어 형사 직무에서 해제되어 브롱크스로 좌천됐고, 이탈리아인 이민자 구역과 뚝 떨어진 세인트니콜라스 애비뉴의 순찰을 맡게 되었다. 깡촌으로 쫓겨난 꼴이었다.

바크리스는 전과 기록을 번역하며 하루하루를 보냈다.[25] 이탈리아에서 새로운 전과 기록이, 미국으로 도주한 이탈리아인 범죄자의 머그샷과 함께, 끊임없이 도착하고 있었다. 이탈리아 당국이 전보다 문제를 심각하게 여기는 게 분명했다. 이제 전과 기록은 700건 넘게 쌓였다. 페트로시노가 꿈꿨던 이탈리아인 범죄자 영구 추적 시스템에 매우 근접한 형태가 얼추 갖춰졌다. 그런데도 바크리스는 근심을 떨칠 수 없었다. 전과 기록으로 고발된 건 전부 만료 시한이 있었다. 미국에 들어온 범죄자가 이곳에서 버티면서 법에 명시된 3년을 넘기면 더이상 강제송환할 수 없었다. 그런데 몇 날, 몇 주가 지나도록 아무런 절차도 이루어지지 않았다. 전과 기록을 가지러 온 사람도 없었고 범죄자 체포 명령도 내려지지 않았으며 강제송환 역시 단 한 건도 이행되지 않았다.

번역 작업을 마친 바크리스는 안전을 위해 이탈리아어 원본과 번역본을 파일 캐비닛에 넣었다. 그후 바크리스도 크롤리처럼 형사 직위에서 해제됐고, 브롱크스 시티 아일랜드 순찰 임무를 받았다. 이는 복잡미묘한 뉴욕 시경의 상징법으로 해석하면 구소련에서의 강제수용소행이나 마찬가지였다. 새 근무지로 출퇴근하려면 매일 브루클린 베이 리지에 있는 집에서 차로 네 시간 이동해야 했는데, 근무 시간은 저녁 5시부터 새벽 1시까지였다. 그런데 뉴욕 시경 규정상 오전 8시 이전에는 근무지를 떠날 수 없었다. 그래서 바크리스는 경찰서에서 잠을 자는 날이 많았고, 그곳에서 알아서 끼니를 지어 먹으면서 한 번에 며칠씩 가족과 떨어져 지내야 했다. 어느 높으신 분에게 미운털이 박힌 게 틀림없었다.

두 형사가 도대체 뭘 그렇게 잘못했기에 벌을 받았을까? 보아하니 경찰 조직 내부에 근본적이고도 불가해한 모종의 변화가 일어난 것 같았다. 기자들에게 이 이야기를 흘리면 새 청장을 거스르는 모양새가 될 테니 그럴 수도 없었다. 그로턴의 교사 출신으로 뉴욕 시경 부청장이 됐고 페트로시노와도 가까웠던 아서·우즈는 이제 베이커 청장의 장단만 맞춰주고 있었고, 청장의 결정을 뒤집을 권한은 없는 것 같았다. 뉴욕 시경은 페트로시노의 목숨을 앗아간 검은손 협회를 수사할 의지가 전혀 없었다. 경찰이 손놓은 사이 폭탄 테러와 납치 범죄는 계속됐다.

바크리스가 수집한 자료들을 전격 활용했다면 "1910년 말경에는 검은손 소탕이 가능했을 수도 있었다"[26]고 한 시사 잡지는 평했다. 정말로 그렇게 됐을 수도 있었다. 검은손 조직원 700명을 검거해 강제 추방했더라면, 조직범죄 발생 건수를 부쩍 감소시키는 것은 물론 검은손 범죄에 가담할 시 치러야 할 대가가 비교도 못하게 커졌다는 신호도 보내는, 중대한 승리가 됐을 것이다. 기사는 이렇게 이어졌다. "그러나 현실은, 악의 세력이 더 커졌을 뿐이다." 페트로시노가 뉴욕으로 향하는 중이라고 판단되는 범죄자들의 정보를 뉴욕 시경에 전달할 때 사용하기로 이탈리아 당국과 협의한 특수 암호는 단 한 번도 실전에 사용되지 않았다.

어째서 일이 이렇게까지 틀어진 것일까? 바크리스가 진행중이었던 임무를 백지화하라는 명령은 도대체 누가 내린 것일까?

모든 단서가 뉴욕시 의회를 가리켰다. 뉴 아웃룩은 "매클렐런 시장의 명령으로 경찰 본부에서 전과 기록을 덮었다"[27]고 비난의 화살을 겨냥했다. 정황상 빙엄과 페트로시노가 증언했던 바를 뒷받침하는 것으로 보였다. 검은손 조직원을 포함한 범죄자들이 시 당국의 높으신 분들의 비호로 검찰 기소를 피하고 있다는 의혹 말이다. 이런 식의 은폐는 "이들 외국 출신의 무법자에게, 미국 정치 지도자의 권력이 자신을 비호해줄 거라는 확신을 주었다".

살바토레 라구미나가 지적했듯 다른 해석도 가능하다.[28] 빙엄 장군은 줄곧 검은손과의 전쟁에서 최전방에 있었고 바크리스의 이탈리아행도 흔쾌히 승인했다. 이 해외 수사에서 얻은 어떤 결과물도 빙엄의 성취로 기록될 터였다. 매클렐런은 권력 다툼을 벌이다가 공개적으로 빙엄을 해임했기에, 빙엄이 진수시킨 프로젝트를 자신이 이어받아 완수한다면 빙엄에게 든든한 정치적 디딤돌을 놓아주는 꼴이 되었을 것이다. 그럼 매클렐런이 빙엄을 해임한 이유를 두고 의혹이 제기됐을 테고, 어쩌면 빙엄에게 더 높은 직위를, 잘하면 뉴욕 시장까지 노릴 발판을 마련해줬을 수도 있었다. 그러니 바크리스의 이탈리아행, 그리고 페트로시노의 이탈리아행에서 얻은 성과를 모조리 묻어야 할 그럴듯한 전략적 이유가 있었던 셈이다.

진실이 어땠건 안타까운 결과였다. 페트로시노는 임무를 수행하다가 목숨을 잃었는데 그 임무에서 맺어진 결실은 뉴욕 시경 본부에 색인으로 분류된 파일 캐비닛 안에 고이 잠들게 되었으니 말이다. 덕분에 범죄자들은 자유롭게 활보했다. 라구미나는 이렇게 주장했다. "둘 중 어떤 가설이 옳건 매클렐런은 문명 수호의 책임을 등진 혐의에 대해 유죄이며, 그후로 이국 출신의 무법자들이 초래한 끔찍한 참상에 대해 어느 누구보다 책임이 크다."[29] 표현이 다소 과장됐지만 이의를 제기하기 어려운 결론이다. 페트로시노 사망 후 16개월 반 동안 이탈리아인 살인 사건이 백여 건 있었는데, 다수가 검은손과 직접적으로 연관된 죽음이었다. 개중에는 갱단의 방화로 죽은 사상자 열다섯 명, 부모가 몸값을 마련하지 못해 숨을 거둔 납치 피해 아동 두 명도 있었다. 막을 수 있었던 죽음이었다. 이 시기에 검은손 범죄 사건이 유죄 판결을 받은 비율은 10퍼센트 미만으로 급감했다.

1910년, 새로운 시민 단체인 이탤리언-아메리칸민간연맹이 이상주의적이고 냉담한 정치인 존 퍼로이 미첼에게 서한을 한 통 보냈다. 미첼은 윌리엄 게이너 시장이 암살미수 사건에서 총상을 입는 바람에 시장 대행을 수행하고 있었다. 서한은 이탤리언 수사반이 거둔 성공을 열거하면서 운을 뗀 뒤, 페트로시노 사망 후 폭력이 급증하고 테러 범죄가 기승을 부리는 당시 상황을 규탄하는 내용으로 이어졌다. "이 상황이 얼마나 어이없고 부조리한지는 시장 대행께서도 분명히 인지하고 계실 테지요."[30] 연맹은 이렇게 전하면서, "시민의식이 부족한 50만 이탈리아인을 뉴욕의 삶을 이루는 활동적이고 유기적인 일부로 탈바꿈시키고 싶"지만 그러려면 먼저 검은손의 압제로부터 벗어나야 한다고 했다. 한마디로 그들은 뉴욕시가 행동을 취할 것을 촉구하고 있었다.

그러나 미첼은 청원을 묵살했고 게이너도 회복 후 무반응으로 일관했다. 11월 17일에는 이탤리언 수사반이 해체됐다. 페트로시노가 일생을 바쳐 일군 결실은 잊혀갔다.

한편 이탈리아에서는 비토 카시오 페로가 꾸준히 부상해, 이론의 여지 없이 당대 가장 위대하고 막강한 마피아 보스로 당당히 올라섰다. 앞선 몇 년간 카시오 페로의 사법 기록은 세상 모든 범죄자의 질시를 살 만한 것이었다. 중죄 혐의로 69건 기소되어 유죄 판결은 단 한 건도 받지 않았으니 말이다. 악덕이 곧 미덕인 시칠리아 세계에서 페트로시노를 살해했다는 혐의 덕분에 카시오 페로는 더더욱 인기와 힘을 얻었다. 페트로시노 전기를 쓴 작가 아리고 페타코는 이렇게 말했다. "그는 나이 들면서 점점 자신이 왕족이라도 된 듯한 태도를 보였고, 실제로도 왕 같은 존재였다."[31]

1914년, 그간 루포-모렐로 위조지폐 사업을 추적해온 미 비밀임무국이 드디어 안토니오 코미토를 체포했다. 5년 전 뉴욕주 북부의 어느 농가에서 페트로시노에 관한 대화를 엿들었던 그 안토니오 코미토였다. 체포 후 오래도록 이어진 신문에서 검찰국 요원은 코미토를 잘 구슬려, 이냐지오 루포가 농가에 찾아와 페트로시노가 이탈리아로 떠났다고 알린 그날 밤 정확히 무슨 일이 있었는지 털어놓게 했다.

코미토는 그날 그 자리에 있었던 사람들 모두 그 소식에 엄청 놀랐다고 했다.[32] 빈센트 삼촌이라 불리던 남자는 씩 웃으며 이렇게 말했다고 한다. "그럼 좋은 곳으로 갔군. 죽을 테니까."

시토라는 다른 남자가 한마디 얹었다. "계획이 성공하면 좋겠군."

코미토가 페트로시노 살해 음모에 대해 들은 건 그때가 처음이었다. 그는 이어진 대화에 바짝 귀기울였다. 루포는 4개월 전 페트로시노와 대면했던 상황이 떠올랐는지, 이를 갈며 말했다.

"그놈은 수많은 사람의 앞길을 망쳤어. 감옥에 잡혀온 것처럼 들어앉아 수감자들 대화를 엿듣고는 자기가 들은 정보를 이용해 이놈 저놈 체포했을 거라는 걸 다들 알잖아."

"그놈한테 자식을 잃는 바람에 가슴에 대못이 박힌 어머니가 수두룩하지." 빈센트 삼촌이 말했다. "아직도 그놈 때문에 눈물 흘리고 있는 사람도 많고."

루포는 자신이 이탈리아로 돌려보낸 칼라브리아 출신 미켈레라는 자를 언급했다. 미켈레는 정보 전달책이었을까? 아니면 암살범이었을까? 그날 모인 자들은 거기까지는 말하지 않았다.

"잘했어." 위조지폐단 일원인 세칼라라는 자가 이렇게 말하며 루포에게 눈을 찡긋했고, 잔을 들어 건배를 청했다. "이곳에서 우리가 이룬 성공을 축하하며, 그리고 그놈의 죽음을 기원하며 다들 건배하지. 그 카로냐(썩은 고기)는 지옥에나 떨어지길."

루포도 잔을 들어 보인 뒤 와인을 한 모금 마시고 다시 내려놓으며 말했다. "아쉽군. 은밀하게 처리해야 되는 게 참 아쉬워. 그놈이 남들에게 한 것처럼 실컷 고통받다가 뒈지게 해야 하는데. 그렇지만 놈이 워낙 몸을 사리니 재빨리 해치울 수밖에."

일당은 식사를 마친 뒤 루포가 이탈리아어로 한 곡조 뽑는 것을 감상했다. 아마 어렸을 때 고향에서 자주 들은 민요였을 것이다. 루포는 그날따라 목소리가 시원스레 나왔고 "행복에 취한 사람처럼" 노래 불렀다. 모든 것이 준비되어 있었다.

코미토의 말을 믿는다면, 사실 믿지 않을 이유가 없는데(취조한 비밀임무국 요원은 확실히 믿었다), 일당은 페트로시노 암살 계획을 미국에서부터 실행한 것으로 보인다. 루포와 모렐로가 막후에서 음모를 짠 주인공이고, 친구인 비토 카시오 페로는 방아쇠를 당기지는 않았을지언정 팔레르모에서 진행될 작전의 세부 사항을 추진한 주요 용의자다. 그리고 코미토의 자백은 그날 밤 피아차 마리나에서 조지프 페트로시노에게 일어난 일을 가장 근사치로 그려낸 청사진이다.

18장
귀환

1914년 4월, "키가 훤칠하니 크고 피부색이 짙으며 유쾌해 보이는 한 남자"[1]가 센터가街 240번지 뉴욕 시경의 새 본부 계단을 올라가고 있었다. 그는 마주치는 경관들에게 따뜻한 인사를 건네면서, 견고하고 환히 빛나는 하얀 보자르 양식 건물로 들어갔다. 그로턴의 교사 출신으로 수년 전 뉴욕 시경 조직에 발을 들인 아서 우즈였다. 개혁파 신임 시장 존 퍼로이 미첼은 휘몰아치듯 취임한 후 우즈를 청장으로 임관했다.

임기 첫날부터 우즈는 아무에게도 말하지 않은 원대한 계획을 품고 있었다. 뉴욕 시경의 사명 자체를 뜯어고치겠다는 계획이었다. 우즈는 평범한 개혁가가 아니었다. 경찰을 내부에서부터 쇄신하려고 눈에 불을 켜고 달려드는 급진주의자였다. 그는 경찰이 보호 대상인 주민들과 어떻게 소통하면 좋을지, 뉴욕 시경을 무식하게 사람들 머리나 깨부수고 다니고 뇌물만 밝히는 고도비만 게일인 무리에서 지적이고 인자하다고까지 할 집단으로 어떻게 개조시킬지에 대해 참신하고 과감한 아이디어를 생각하고 있었다. 초반에 밀어붙인 아이디어 중 하나는 형사부 전원이 지역 대학에서 응용심리학 수업을 수강하는 것을 의무화하는 안이었다.[2] 결국 마음을 바꾸긴 했지만, 이를 보면 우즈가 어떤 태도로 경찰 개혁에 임했는지 알 수 있다. 그는 역사상 가장 진보적이라 할 만한 뉴욕 경찰청장이었다.

신임 청장 우즈는 조직에 일련의 변화를 주면서 임기의 첫발을 내디뎠다. 우선 경관들에게 살을 빼고 군대식 체력 단련을 받을 것을 명했다. "정치적 뒷배에 기대 의무를 등한시하는 뚱뚱한 경찰은 이로써 영원히 자취를 감췄다"[3]고 한 기자는 극찬했다. 우즈는 또 지역별로 범죄 통계를 정확히 기록할 것을 지시했는데, 이는 1990년대에 개발된 콤프스탯CompStat 프로그램(범죄예측 프로그램)의 전신이 되었다. 이제 미국 최초의 법의학 수사반이라 할 수 있는 훈련받은 화학자가 형사와 함께 범죄 현장으로 달려가 혈흔과 옷을 분석하고, 먼지, 직물, 털, 나무, 금속, 그밖에 현장에서 발견되는 단서를 줄 만한 모든 재료를 수집했다. 컬럼비아대학의 L. E. 비시 교수는 뉴욕 시경 관내에 "사이코패스 도서관"을 열고 직원들과 함께 범죄자를 대상으로 실험을 진행해, 그들이 범죄에 이르는 논리 과정과 성격 타입을 분석했다.[4] 비시의 연구는 세계 최초로 이루어진 대규모 범죄자 정신분석 연구였다. 더 나아가 뉴욕은 최초의 수상 경찰서도 설치했다. 이스트강에 떠 있는 이곳은 숙소와 "사무 공간", 무선통신 장치, 휴게실까지 갖춘 어엿한 경찰서였다. 주기적으로 영화 수업도 진행했다. 형사들은 본부 건물의 어두컴컴한 방에 앉아 연극배우가 재연하는 다양한 범죄 시나리오를 관람하면서 중범죄와 경범죄의 조짐을 식별하는 법을 배웠다.

1914년 8월 우즈는 휘하 경관들에게 아예 특정 형태의 법령, 특히 시 조례를 집행하지 말라고 지시했다. 대신 범법자에게 어떻게 하면 위법을 피할 수 있는지 알려주라고 했다. 무정부주의자 집회에서 감시 임무를 맡은 형사들은 옛날 같으면 군중 속에 뛰어들어 경찰봉을 휘둘렀을 텐데, 이제는 미소 지으며 "선한 기운을 발산"[5]하고 침착하고 평화로운 분위기를 조성하라는 지시를 받았다. 우즈의 신념에 따르면 경찰은 시민의 친구이자 지도자여야 했다. "경찰은 위생의 본을 보이는 교사이자 이로운 습관을 퍼뜨리는 지도자여야 한다. (…) 앙심을 품고 인정사정없이 날뛰는 전제군주 대신 언제든 도움의 손길을 뻗는 친구이자 안내자에 가까운 역할을 수행해야 한다." 경정들은 전표를 배부받아 가지고 다니다가 곤경에 처한 아이 부모들을 만나면 나눠주었다. 그 전표로 사정이 어려운 이들은 우유와 빵, 불을 땔 석탄, 동네 식당의 따뜻한 한 끼를 살 수 있었다. 크리스마스가 되면 발삼나무와 미송으로 관할 서를 꾸며 분위기를 냈고, 빈곤 가정 아이들은 나무 밑에 준비해둔 선물을 집어 갔다. 우즈는 경찰이 "국민의 친구"로 인식되어야 한다고 주장했다. 우즈가 경찰국을 "사회복지 부서"[6]로 둔갑시켰다는 비아냥도 나왔다.

효과는 즉각적이었다.[7] 1915년 상반기에 3만 1759건이던 흉악 범죄가 이듬해 2만 4267건으로 감소했고 살인은 116건에서 94건으로 줄었다. 우즈는 싱싱 교도소에 초빙되어 수감자를 상대로 강연했고 이어서 하버드대학에도 초청됐다. 명문 컬럼비아대학의 학생 클럽에 전과자 30명을 데려가 저녁 만찬에 동석시키기도 했다.

그러나 과거의 유물 하나는 그대로 남아 있었다. 제1차세계대전이 발발하기 전, 뉴욕에는 여전히 자신이 곧 법인 양 활개치는 흉악한 갱단이 들끓었다. 시민은 물론이고 경찰도 접근 불가한 곳으로 간주되는 구역이 존재했다. 이스트강을 따라 95번가부터 그 위로 펼쳐진 ('차고 구역'으로 불리는) 동네에 가면 까만 가로등 기둥에 이렇게 쓰인 표지판이 걸려 있는 것을 심심찮게 볼 수 있었다. "알림: 경찰 출입 금지. 이 블록에는 경찰관의 출입을 금한다. 차고 갱이 명함."[8] 표지를 무시하고 그 구역에 들어간 경관은 어김없이 습격당해 두드려 맞았다. 갱단들은 제복 경찰을 전혀 겁내지 않는 것 같았다. 뉴욕 월드는 "뉴

욕에서는 애리조나의 가장 험한 지역에서 보다 싼 값에 누군
가를 처치할 수 있다"[9]고 비꼬았다.

그런가 하면 검은손 조직도 여전히 건재했다.

검은손은 뉴욕에서뿐만 아니라 미국 전역에서 계속 사람
을 죽이고, 사지를 절단하고, 폭탄 테러를 하고, 갈취를 일삼았
다. 페트로시노 사망 후 다른 경관들도 검은손의 공격을 받았
다. '시카고의 페트로시노'라는 가브리엘레 롱고바르디는 페트
로시노가 암살당하고 바로 몇 달 후 살해당할 뻔했다. 뉴올리
언스의 이탤리언 수사반 반장인 존 단토니오도 그들 손에 목
숨을 잃을 뻔했다. 그보다 3년 전에는 캔자스시티에서 조지프
라이모라는 경관이 술집에 앉아 있는데 다른 테이블에서 한
무리의 이탈리아인과 대화하던 한 남자가 1910년 12월 검은
손 갱단이 쏜 엽총에 목숨을 잃은 식료품상 주인 폴리나 피차
노의 살해범 이름을 흘린 일이 있었다.[10] 그자가 총격범의 이름
을 말하는 순간 갱단 멤버 한 명이 문득 고개를 들었다가 라이
모가 듣고 있는 것을 발견했다. 라이모 경관은 몹시 동요했다.
"폴리나 피차노를 누가 죽였는지 알아." 그는 친구에게 털어놓
았다. "근데 내가 아는 걸 그들이 알고 있어. 언젠가 나는 놈들
한테 당하고 말 거야." 그리고 몇 주 후 라이모가 동네 술집에
서 카드 게임을 하고 집으로 걸어가는데 웬 남자가 엽총을 들
고 그의 앞에 불쑥 나타났다. 큰 총성이 두 번 울렸고 라이모

는 그 자리에서 숨진 채 쓰러졌다. 장례식에서 그의 아내이자 네 자녀의 엄마는 관에 엎드려 "미오 콤파뇨! 미오 카리시모 콤파뇨! (내 인생의 반려자! 내가 너무나 사랑하는 반려자!)"하고 울부짖었다. 라이모의 아내는 슬픔을 주체하지 못해 정신이 이상해졌고 나중에 정신병원에 보내졌다.

검은손 협회는 조직범죄 문화에서 일종의 제도적 변화마저 가져왔다. 수많은 맨해튼 갱, 심지어 유태인이나 아일랜드인 보스가 이끄는 갱도 검은손의 수법을 벤치마킹했다. 뉴욕의 중소 상공업계에서는 갱단의 착취가 만연해서 사업주들이 주기적으로 "밴드맨"이라 불리는 조직원에게 협박을 당했다. 사업주는 "그들이 가장 선호하는 먹잇감이었는데, 감히 경찰서 앞에 얼씬도 못할 만큼 지독하게 겁을 줄 수"[11] 있었기 때문이라고 헤럴드지는 보도했다. "밴드맨들이 사장을 찾아가 주週당 보호비로 엄청난 액수를 요구하면서 돈을 내놓지 않으면 소유한 말들을 죽이고 운전사도 두들겨 팰 거라고 협박했고, 심한 경우 (…) 살해 협박도 일삼았다."'약쟁이' 베니의 갱이 로어 이스트 사이드 구역을 지배했고, 허드슨 더스터스 갱이 웨스트사이드 구역과 부두를 장악했다. 14번가 아래쪽 이탈리아인 이민자 거주지는 잭 시로코 갱과 칙 트리거스가 지배했다. 이들 가운데 악명 높은 파이브 포인트 갱의 자손도 있었다. 하지만 그들을 제외한 나머지 갱은 검은손 협회가 개척한 범죄 사업 모델을 그대로 취했다.

여기에 더해 검은손의 전통을 이었다고 할 만한 갱단이 여전히 뉴욕을 공포로 몰아넣고 있었다. 1909년에서 1914년 사이 납치된 아동 다섯 명이 살해당했다. 로어 맨해튼에서는 아직도 잊을 만하면 폭탄이 터졌고 납치 범죄도 꾸준히 일어났다. 하지만 이제는 주제와 변주를 달리한 이야기가 대중의 관심을 끌었다. 여전히 검은손을 취재하고 있던 프랭크 마셜 화이트는 이렇게 꼬집었다. "(검은손이) 뉴욕뿐 아니라 전국에 걸쳐 하도 잔악무도한 범행을 많이 일으켜서 신문에 실리는 검은손 범죄 보도가 평범한 시민에게 공포를 불러일으키기는커녕 관심조차 끌지 못하는 지경에 이르렀다."[12] 일부 관계자들이 우려했던 대로 검은손은 뉴욕을 포함해 몇몇 대도시의 삶에서 영구불변한 존재가 되어버렸다. 아서 우즈는 거의 모든 면에서 검은손이 장악한 도시에 경찰청장으로 임명된 셈이었다.

우즈는 대부분의 범죄에 대해 범인에게 동정심을 베풀라는 지침을 설교처럼 반복했다. 그러나 검은손 범죄에 한해서는 다른 기준을 적용했다. 페트로시노에게 크게 영향받은 기준이었다. 검은손 범죄에 대한 우즈의 태도를 가장 잘 보여주는 사건은 1915년 5월 13일 수요일에 시작되었다.

그날 오후,[13] 워싱턴 광장 근처 블리커가에 위치한, 가족이 운영하는 빵집 위층의 거주 공간에서 롱고 부인이 평일에 늘 그렇듯 아들 프란시스코가 3호 공립학교에서 하교하기를 기다리고 있었다. 이제 여섯 살 된 "똑똑하고 어여쁜" 프란시스코는 그날 아침에 점심으로 먹을 샌드위치 값 5센트만 달랑 주머니에 넣고 집을 나섰다. 프란시스코는 평소 오후 3시쯤이면 현관문으로 경쾌하게 뛰어들어왔는데, 아이는 코빼기도 안 보였다. 4시에도 5시에도 마찬가지였다. 롱고 부인은 초조해졌다. "기골 장대하고 딴딴한" 남편은 걱정 말라고, 프란시스코는 밖에서 놀고 있을 것이니 곧 돌아올 거라고 했다. 이름이 똑같이 프란시스코인 아이 아빠는 워낙에 호전적인 성격이었다. 당시의 일을 기록한 한 작가는 그를 스코틀랜드 사람들이 종종 좌우명으로 삼는 라틴어 문구 네모 메 임푸네 라케시트, 즉 "나를 도발하고 벌 받지 않을 자 없다"를 이마에 문신으로 새기고 다닐 법한 사람으로 묘사했는데, 그 정도로 위압적인 인상을 풍겼다. 그래서인지 검은손에 협박당한 적이 한 번도 없었다.

하지만 2년 전 롱고의 네 살 난 조카가 검은손에 납치당한 적이 있었다. 롱고는 아이 아빠인 펠리포 디피오레에게 경찰에 신고하라고 종용했고 디피오레가 거부하자 한바탕 말싸움을 벌였다. 롱고는 처남이 아들 몸값을 지불했을 거라고 늘 의심했다. 검은손이 활개치는 세계에서 몸값을 건네는 건 피해자의 일가친척 모두를 위험에 몰아넣는 행위였다. 디피오레는 일이 어떻게 마무리됐는지 이야기하지 않으려 했고, 납치범들의 정체를 알고 있었음에도 매형에게 절대로 입을 열지 않았다.

땅거미가 지기 시작하자 롱고 부인은 프란시스코의 반 친구들 집을 하나씩 찾아가 문을 두드렸다. "프란시스코가 너희랑 같이 여기 왔니?" 롱고 부인은 물었다. 아이들은 하나같이 고개를 저었다. "마지막으로 본 게 언제니?" 아이들은 오전 수업에서 프란시스코를 본 것은 기억했지만 점심시간 이후에는 마주친 적이 없다고 했다. 롱고 부인은 고맙다고 인사한 뒤 학교로 달려가 아직 퇴근 전인 관리인을 만났다. 관리인은 아무것도 못 봤다고 했다. 날은 더 어두워졌고, 롱고 부인은 프란시스코를 맡은 선생님들 집에 찾아갔다. 모두들 점심때 이후로 프란시스코와 마주친 기억이 없다고 했다. 롱고 부인은 마지막 교사의 집에서 나와 집으로 돌아가는 내내 어린이들의 수호성인인 "산타 루치아에게 올리는 기도문을 끊임없이 읊조렸다".

보통의 남자아이처럼 프란시스코도 장난감과 사탕이라면 사족을 못 쓰는지라, 롱고 부인은 돌아가는 길에 학교와 블리커가의 집 사이에 있는 작은 가게들을 일일이 다 들렀으며 이탈리아인 과일 행상에게까지 탐문을 벌였다. "혹시 오늘 프란시스코가 여기 들렀나요?" 상점 주인들은 다 고개를 저었다. 마지막 상점에서 나온 롱고 부인은 길 이쪽저쪽을 정신없이 살폈다. "인구밀도 높은 그 동네의 거리거리에 수백 명의 아이들이 신나게 뛰어놀고 있었다. 멀리서 프란시스코와 조금이라도 닮은 아이를 발견할 때마다 부인은 심장이 입 밖으로 튀어나올 것만 같았다." 한 기자가 당시를 묘사했다. 그때만 해도 롱고 부인은 아들 귀싸대기를 한 대 때려주고 저녁을 굶긴 채 잠자리로 보내는 상상을 하고 있었을 것이다. 하지만 닮은 소년마다 제 새끼가 아닌 남의 집 아이인 게 확인될 때마다 "부인은 그런 모진 생각을 한 자신을 매섭게 나무라고는 아이가 귀가하면, 당연히 해지기 전에는 돌아올 테니까, 저녁식사로 라비올리와 설탕옷 입힌 케이크를 먹인 다음 잠자리에 들 때까지 꼭 안아주겠다고 맹세했을 것이다".

저녁 8시, 프란시스코가 귀가하는 대신 누군가 현관문 밑으로 편지 한 통을 쓱 밀어넣었다. 편지는 속달용 봉투에 담겨 있었고 겉면에 '브루클린, 오후 5:30'이라고 소인이 찍혀 있었다. 내용은 이러했다. "친구에게. 아들 프란시스코를 찾지 말도록. 좋은 사람들이 돌봐줄 테니까. 우리는 총 5천 달러를 원한다. (…) 이 일이 경찰 귀에 들어가면 아들은 소포우편에 담겨 돌려받게 될 거야." 프란시스코가 검은손에 납치된 것이었다.

편지를 읽자마자 프란시스코의 아버지는 처남 집으로 달려가 현관문을 박차고 들어갔다. "자네가 그렇게 겁쟁이처럼 굴지만 않았어도 오늘 내 아들을 빼앗기진 않았을 거야." 그는 디 피오레에게 고함쳤다. 조카를 납치했던 갱단이 자기 아들도 데려간 거라고 확신해 2년 전 납치범들의 이름을 어서 대라고 윽

박질렀다. "(나한테) 말하면 검은손이 자네를 죽일 거라고 했지. 나한테 말하지 않으면 내 손에 죽을 줄 알게." 그런데도 디피오레는 납치범들의 이름을 불지 않았다. 매형이 아무리 사나워도 검은손이 더 무서웠던 것이다.

그래도 디피오레는 매형과 맥두걸가의 경찰서로 동행했다. 서에 도착한 두 사람은 당직 형사를 만나게 해달라고 했다. 사무실 저 뒤편에서 한 남자가 나왔다. 로코 카보네였다. 그는 멘토인 페트로시노가 살해당한 후에도 검은손 사건을 계속 맡아 오고 있었다.

그날 저녁, 우즈 청장이 사건을 보고받았다. 그가 청장으로 취임한 후 처음으로 신고된 검은손 납치 사건이었다. 그는 폭탄 범죄 수사반 반장을 맡고 있으며 검은손 사건에 익숙한 한 경정을 집무실로 호출해 대뜸 말했다. "자네가 이 사건을 맡게. 아이를 찾을 때까지 다른 사건들은 다 보류해. 필요하면 형사부 인력을 몽땅 동원해도 좋네. 가해자들이 빠져나가지 못하게 철저히 증거를 확보하는 데 시간과 노력을 아끼지 말게. 재판에서 물샐틈없이 유죄를 증명할 수 있어야 해." 우즈는 경정에게 수금원과 졸개만이 아니라 우두머리를 잡아들이라고 단단히 일렀다. 시간, 돈, 인력 뭐든 문제되지 않으니 형사들은 바늘귀만한 틈도 없이 탄탄한 기소 근거를 쌓을 때까지 이 수사에만 매달리라고 했다. 우즈는 롱고 사건을 검은손을 일망타진하는 데 이용할 작정이었다.

그러는 와중에도 롱고는 처남에게 아들의 납치범들 이름을 대라고 재차 다그쳤다. 카보네도 디피오레를 신문했다. 그러자 마침내 디피오레가 이름을 불었다. 롱고네 집 근처 베드퍼드가의 제빵사 니콜로 로톨로와 롱아일랜드 아이슬립에 사는 자르코네 형제였다. 15분 후 형사들은 롱고의 빵집과 로톨로의 빵집 지척에 감시 본부를 마련하고 두 곳을 24시간 지켜보았다. 다른 형사들은 아이슬립에 출동했다가 자르코네 형제가 다른 동네로 이사갔으며 현재 행방은 아무도 모른다는 것을 알아냈다.

경찰은 두 빵집 맞은편에 방을 몇 개 빌렸다. 그곳에서 이후 48일 동안 두 사업장을 24시간 감시하게 된다. 더불어 경찰은 빵집에 드나들거나 근처에 서성대는 모든 사람을 지켜볼 정교한 감시 시스템을 마련했다. 용의자들의 동선을 기록하고 그들이 만나는 수상쩍은 인물들도 죄다 미행했다. 갱단이 자신들을 단독으로 미행하는 형사를 식별하는 노하우를 터득한지라, 우즈는 용의자 한 명당 수사관 4인 1조의 팀을 붙였다. 만약 용의자가 첫번째 형사를 알아채면 그 형사는 가던 길을 계속 가고 다음 형사가 배턴을 이어받았다. 미행을 맡은 형사들은 시내 전차 차장, 도랑 치는 인부, 전차 운전사, 개인 운전기사, 소방관 등 매일매일 다른 사람으로 변장했다. 결코 한 용의자를 같은 팀이 두 번 미행하지 않았다. 두 용의자가 영업장 중

한 군데에서 각각 다른 시각에 목격됐다가 나중에 접선할 경우 특별히 예의주시했다. 뉴욕의 모든 자치구는 물론이고 롱아일랜드, 웨스트체스터, 뉴저지주 퍼스 앰보이, 심지어 코네티컷주 브리지포트까지 미행했다.

용의자가 집에 들어가면 잠시 후 우체부나 배달원, 아니면 다른 종류의 방문 서비스직 노동자가 찾아가 문을 두드렸다. 사실은 이들은 모두 변장한 뉴욕 시경 형사였다. 만약 용의자가 자기 집에 관한 평범한 질문에 우물쭈물 대답을 못하면 곧 또다른 형사가 지역 위생국 검사관으로 변장해 방문했다. 있지도 않은 가스 누출을 핑계삼아 이 검사관은 방마다 샅샅이 돌면서 그 집에 프란시스코가 없는지 확인했다.

이렇게 2주가 흐르면서 카보네가 지휘하는 팀은 로톨로 및 그 일당과 연관된 인물들에 대해 방대한 자료를 구축했다. 그런데 이 감시팀 기록에서 이례적인 사항이 발견됐다. 각기 두 빵집에서 미행이 붙은 두 남자가 다른 한 상점에, 이스트 76번가에 프란시스코 마칼루조라는 자가 소유한 식료품점에 각각 따로 방문한 것이다. 마칼루조는 알고 보니 뉴욕 시경도 잘 아는 인물이었다. 다름 아닌 주세페 모렐로와 이냐지오 루포의 오랜 동료였던 것이다. 모렐로와 루포는 화폐 위조죄 유죄 판결을 받아(안토니오 코미토의 자백을 이끌어낸 바로 그 건이다) 애틀랜타의 연방 교도소에 수감됐지만, 마칼루조는 형사들이 판단컨대 아직 활동중이었다. 그는 다른 납치 사건들의 용의자로도 지목됐지만 경찰이 유죄 판결을 받아내기에 충분한 증거를 확보하지 못해 번번이 풀려났다.

수사는 또 한 번 확장됐다. 경찰은 마칼루조의 상점 건너편 아파트를 임대해 상점에 출입하는 사람들을 전부 기록했다. 그중 몇몇이 수사관의 더듬이를 바짝 곤두세웠다. 그 가운데 안토니오 시라고사라는 자는 "경찰에게 익숙한 얼굴"인데다 롱고도 한 번 거래한 적 있는 사람이었다. 역시 경찰에게 낯설지 않은 밀로네 형제가 시라고사의 집과 식료품점에서 목격되었다. 둘 모두에게 각각 감시팀이 붙었다. 눈지오 팔라디노라는 자는 검은손 집합소로 알려진 술집들을 자주 드나들었다. 그에게도 24시간 감시가 붙었다.

카보네는 납치 아동의 아버지와 주기적으로 만나 정보를 교환했다. 몇 주가 흐르면서 카보네는 이상한 낌새를 챘다. 롱고와 접선할 때마다 근처에 같은 남자 서너 명이 얼쩡댄 것이다. 카보네는 검은손이 경찰의 수법을 그대로 따라해 피해 아동의 부친을 미행하고 있다는 결론을 내렸다. 카보네는 자신이 롱고와 함께 있는 모습이 포착되면 프란시스코는 죽은 목숨이나 다름없음을 알았다. 이를 피하기 위해 카보네는 새로운 작전을 세웠다. 길에서 롱고를 만나는 대신 이제 롱고가 평소에 빵을 배달하는 구역에 있는 단골손님의 집에 드나들기 시작했다. 롱고가 그 집 문을 두드리면 카보네는 길에서 보고 있을지 모를 누군가의 눈에 안 띄게 복도 깊숙이 몸을 숨기고 있다가 그를 맞이했다. 두 사람이 짧은 대화를 마친 후 롱고가 밖으로 나가 다음 배달지로 갔다. 혹시 모를 위험을 피하기 위해 카보네는 건물 최상층까지 계단으로 올라가 천창을 열고 인접한 건물 옥상을 몇 개 가로질렀다. 그런 다음 전혀 다른 건물의 천창으로 들어갔다. 미행하던 검은손 조직원들은 그가 블록 반대편 끝에 있는 아파트 계단으로 내려와 빠져나가는 것을 단 한 번도 포착하지 못했고 덕분에 롱고와의 접선은 끝까지 은밀히 이루어졌다.

납치단의 윤곽이 분명해지고 있었지만 갱단 일원들이 경계하는 기색 또한 뚜렷했다. 롱고의 집에 협박 편지 세 통이 더 날아들었지만 그중 어디에도 몸값을 전달할 장소의 주소는 적혀 있지 않았다. 갱단이 뭔가 낌새를 챘는지도 몰랐다. 수사 과정에서 정보가 새나갔을 수도 있었다. 속절없이 시간만 흘렀다.

그러다 카보네는 마침내 검은손을 어쩔 수 없이 움직이게 할 강수를 두기로 했다. 그는 롱고에게 시라고사를 찾아가 납치 사건에 대해 털어놓고 어쩌면 좋을지 조언을 구하라고 했다. 한마디로 검은손의 심리전 전략, 즉 공통의 '친구'를 이용하는 전략을 그대로 검은손에 써먹으려는 속셈이었다. 일단 시라고사가 롱고를 신뢰하게 만들면 그가 은연중에 경찰을 프란시스코가 잡혀 있는 곳으로 안내해줄 수도 있었다. 롱고도 이 작전에 동의했다. 이튿날 그는 시라고사의 가게로 찾아가 실종된 아들 얘기를 경찰에 신고한 것만 빼놓고 털어놓았다. 시라고사는 주의 깊게 끝까지 듣더니 롱고를 위로했다. 그러고는 도움이 될 만한 친구가 있으니 한번 만나보라고 했다. 마칼루조였다.

이제 카보네는 납치범들이 그물망 안에 들어왔음을 알았다. 그는 롱고에게 협상을 개시하라고 했다. 롱고는 마칼루조를 만나러 갔다. 마칼루조는 납치 얘기를 듣고, 자신도 너무 놀랐다며 중재자 역할을 해주겠다고 약속했다. 협상은 며칠을 질질 끌었다. 롱고가 마련할 수 있는 액수를 제시하면 마칼루조가 그 제안을 납치범들(실제로는 그의 동료들)에게 전달했다. 그러고는 돌아와서 더 높은 액수를 불렀다. 긴장이 고조됐다. 카보네는 아직 아이가 어디에 잡혀 있는지조차 알아내지 못했다. 양측은 좀처럼 의견 차를 좁히지 못했다.

그러다가 마칼루조가 롱고에게 최종 제시액을 던졌다. 7백달러를 주면 아들을 돌려받을 거라고 했다. 롱고는 바로 은행으로 가 돈을 인출한 뒤 단골 배달집 중 한 곳에서 카보네와 접선했다. 거기서 카보네에게 돈뭉치를 건네고 다시 그 집 문으로 나갔다. 카보네는 돈을 받아들고 건물 꼭대기까지 재빨리 올라가 천창으로 나갔고 그 길 반대편 끝에 있는 건물을 통해 빠져나갔다. 이튿날 같은 과정을 이번에는 반대 순서로 반복했다. 카보네가 건물 천창을 통해 들어와 경찰이 은밀히 표시한 지폐 꾸러미를 롱고에게 전달했고 롱고는 그 꾸러미를 빵자루에 숨겼다. 그 돈을 건네받은 마칼루조는 롱고에게 며칠 내로 아들이 빵집에 돌아올 거라고 일렀다.

카보네는 한마디로 검은손의 전형적인 범죄 수법을 역이용해 상대에게 한 방 먹인 것이었다. '중재인'은 보통 검은손이 경찰에게 꼬리 잡히지 않게 갱단과 피해자 사이 가교 역할을 했다. 하지만 우즈와 그의 팀은 용의자 감시에 무한대의 자원을 쏟아부은 끝에 검은손의 파이프라인에 접근해 식별 표시가 된 지폐를 주입하는 데 성공했다. 이제 경찰은 용의자 전원의 집에 감시를 붙였다. 용의자 명단은 스무 명으로 불어나 있었다. 이미 몸값이 납치범들에게 전달된 것까지 증거로 남겼다. 이제 아이만 찾아내면 됐다. 아이만 되찾으면 함정 스위치를 켤 수 있었다.

그날 저녁 6시, 프란시스코 롱고가 집에 들어와 엄마 품에 안겼다. 그로부터 한 시간이 채 지나지 않아 형사들이 용의자들 집에 들이닥쳤다. 전원 검거되었고, 자다가 끌려나와 수갑이 채워진 이들도 많았다. 경찰의 감시를 눈치챈 용의자는 한 명도 없었다.

갱단 일원 각자가 맡았던 역할에 따라 혐의가 결정됐다. 빈센조 아세나와 그의 아내는 아이를 집에 억류하는 일을 맡았는데, 빈센조는 기소되어 재판을 받았고 유죄 판결이 나와 징역 50년형을 받았다. 파스콸레 밀로네는 길에서 아이를 낚아채 아세나 부부에게 넘기는 일을 맡았으며 징역 30년형을 선고받았다. 마칼루조는 양형 거래를 해 25년형을 받았다. 시라고사는 납치에 명백히 연루된 증거가 없어서 빠져나갔지만 다른 네 명은 검은손이 저지른 다른 범죄에 가담한 혐의로 기소되어 유죄 인정을 받았다.

형사 수십 명을 동원하고 수천 시간의 시간을 쏟아부어 유례없이 무거운 형량을 얻어낸 이번 수사는 오래도록 뉴욕 시경이 유지해온 '될 대로 되라'식 태도의 180도 반전이었다. 프랭크 마셜 화이트는 이것이 "검은손에게는 마른하늘의 날벼락이었다"고 했다. "뉴욕의 이탈리아인 이민자 거주지에서 납치 범죄를 종식시켰을 뿐 아니라 검은손 범죄 자체도 소멸의 수순으로 접어들었다".

실상은 약간 달랐다. 검은손 범죄의 일부 요소들은 살아남았다. 그러나 우즈는 마지막 묘수 하나를 준비하고 있었다.

우즈 청장은 페트로시노의 또다른 노하우를 재빨리 벤치마킹했다. 자신의 개혁 공약에 정면으로 위배되는 것이었다. 우즈 휘하의 형사들은 신원이 알려진 검은손 조직원들을 따라다니다가 그들을 벽에 밀어붙이고 요즘 뭐하고 다니느냐고 심문하는 등 몇 년 전 이탤리언 수사반이 그랬던 것처럼 상대를 "조지기" 시작했다. 이는 누가 봐도 특정 대상 괴롭히기였다. 화이트는 이렇게 썼다. "구제불능의 이탈리아계 범죄자들은 헌법상 권리라고 믿었던 것을 경찰이 존중하지 않는다는 사실을 차차 깨달았다." 검은손 용의자들은 자기들이 거들먹거리면서 길을 걸어가면 눈만 마주쳐도 여자들이 건너편으로 피하는 것에 익숙해 있었는데, 이제 동네 주민들 앞에서 괴롭힘과 창피와 조롱을 당하고 있었다. 형사들은 때로 한밤중에도 아랑곳하지 않고 그들 집 문을 쾅쾅 두드리고는 문간에 나온 검은손 조직원을 밀치고 들어가 장물(물론 이 '장물'은 존재하지 않을 때가 많았다)을 찾는답시고 집안을 발칵 뒤집어놓았다. 상대가 항의하면 주먹을 써서 입을 다물게 만들었다. 검은손 단원이 길을 걷는데 제복 경찰이 갑자기 막아서고는 당신은 지금 치안을 해치는 행위를 저지르고 있으며 비키지 않으면 체포하겠다고 위협하는 일이 비일비재했다. 검은손 단원이 다른 데로 가면 아까 그 경찰이 쫓아와 당신은 지금 배회 금지령을 위반하고 있다고 고지한다. 그러고는 비키지 않으면 맞을 줄 알라고 으름장 놓는다. 조직원이 그런 대우에 신물이 나서 "그럼 체포하시든지" 라고 대꾸하면 제복 경찰은 그를 서로 데려가 조서를 작성하고 지역 검사에게 알렸다. 검은손 범죄는 지역 검사에게 최우선 처리 대상이 되었고, 범법자들은 법 안에서 최대 형량을 구형받았다.

검은손과 기타 갱단 범죄 수사에 특화된 수사반은 '강압수사반'이라 불리게 되었고, 이어서 곤봉 휘두르기 기술 때문에 '몽둥이 마사지반'이라는 별명이 붙었다. "우즈 청장은 건장한 경찰관이 튼튼한 아까시나무 곤봉을 사정없이 휘두르는 게 협박범, 폭탄 테러범, 무장 강도를 다루는 최선의 방법이라 믿는 사람이다."[14] 워싱턴 포스트는 이렇게 평했다. 나머지 시민에게 청장은 적당한 수준의 자비를 가미한 체계적인 치안 유지를 적용하고자 했다. 하지만 상대가 검은손이라면? "자비 없는 전쟁"에 돌입했다.

범죄를 소탕하라는 압력은 실로 무자비한 수준이 되었다. 우즈는 이미 뉴욕 시경과 뉴욕 사법체계가 검은손과의 전쟁을 전폭 지지하고 있음을 분명히 했다. 게다가 이제는 조직원들을 거칠게 다루는 페트로시노의 수법을 검은손 타도 캠페인에 수직 통합하기까지 했다. 화이트는 "이런 모욕적 대우를 수시로 써먹은 결과 수백 명의 조직원이 우즈가 경찰청장이 된 지 1년 만에 뉴욕을 떠났다"고 했다.

물론 이런 수법은 전적으로 헌법에 위배되는 것이었다. 그러나 우즈는 뉴욕의 검은손을 이번에야말로 뿌리 뽑겠다는 의지가 대단했다. 그리고 그렇게 해냈다.

세상을 뜬 페트로시노와 진즉에 뉴욕을 떠났거나 아메리칸 드림을 포기한 수많은 이탈리아인을 생각하면, 어째서 수년 전에는 그렇게 하지 않았느냐고 묻지 않을 수 없다. 하나로 답할 수 없는 문제다. 편견 때문이고 돈 때문이었다. 태머니파 때문이기도 했다. 매커두의 보수적 방침과 빙엄의 앞뒤 안 가리고 뛰어드는 태도도 한몫했다. 타민족 사람들이 보기에 좀처럼 이해할 수 없는 이탈리아 특유의 문화 때문이었다. 미국인이 이해 불가한 대상에 품은 혐오와 두려움도 작용했다. 페트로시노가 알파벳 'o'로 끝나는 이름을 가졌기 때문이기도 했다. 그가 '어디어디계 미국인'이 아니라 그냥 미국인이었다면, 아서 우즈처럼 유서 깊은 가문 출신의 양키였다면, 앵글로색슨계 신교도 백인에 고상한 가문 혈통이었다면, 십중팔구 우즈 청장이했던 것과 똑같은 방식으로 검은손을 일망타진할 수 있었을 것이다. 그것도 우즈보다 수십 년 앞서.

검은손의 소멸에는 다른 요소도 작용했다. 금주법이 수많은 이탈리아인을 수익성 좋은 밀주 사업에 끌어들인 것,[15] 이민 2세대가 교외 지역으로 이사하면서 이탈리아인 이민자 거주지들이 점차 와해된 것, 그 2세대가 교양 수준이 높아지고 미국화한 것, 그에 따라 이탈리아인 이민자 문화가 구대륙의 미신과 자연히 거리를 두게 된 것, 그리고 연방 검사들이 인지도 높은 몇몇 사건을 연방 법정으로 가져와 재판에 부친 것.

그러나 그 선봉에는 우즈와 그의 대원들이 있었다. 그들이 검은손이건 다른 조직이건 200여 명에 달하는 갱단 조직원을

감옥에 보내고 다른 수백 명을 뉴저지의 황무지로 쫓아냈기에
검은손의 저주를 깰 수 있었다. 이러한 "형사 직무의 완벽한 수
행 사례"[16] 덕분에 뉴욕을 뒤덮은 공포의 안개가 걷혔다. 페트
로시노가 오래전 그려놓은 청사진을 그대로 따랐기에 가능한
일이었다. 그 청사진은 더할 나위 없이 훌륭히 실현됐다. 우즈
가 일을 추진함에 있어 남달랐던 점은 그가 헌신한 대상이었
다. 우즈는 검은손 범죄를 이탈리아인 문제로 여기지 않았다.
미국인의 삶에 대한 위협으로 봤기에 집념을 불태우며 쫓았던
것이다.

　검은손은 위축되고 사방으로 흩어진 채, 발진티푸스나 찰
스턴 댄스처럼 과거의 망령 신세로 몇십 년을 더 머물렀다.
1930년대에 오하이오주 웰스빌이라는 작은 마을에서 검은손
갱단이 동네를 활보하는 모습이 매슈 몬테라는 소년에게 목격
되었다.[17] "그들은 집집마다 문을 두드리고 다녔어요. 동네 이
탈리아계 가정이란 가정은 다 찾아간 거죠." 훗날 몬테가 회상
했다. 검은손의 수법이 진화해서 이제 그들은 보호를 제공하고
빚을 대신 갚아주겠다고 했다. 매슈 몬테의 부친이 그들을 쫓
아버렸지만 일당은 매달 찾아왔다. 1953년에는 뉴올리언스에

서 활동하던 카를로스 마르셀로라는 자가 미국에서 강제 추방된 일이 있었는데, 당시 그는 검은손 갱단의 "보스로 추정"되었다. 이 표현은 실제로는 마피아를 뜻했다. 이 무렵 검은손은 구시대의 유물이 되어 있었으니까.

비토 카시오 페로는 지금도 페트로시노를 살해했을 가능성이 가장 높은 인물로 간주되는데, 페트로시노 사망 사건 후에도 15년간 전성기를 누렸다. 마침내 그를 추락시킨 건 경찰이 아니라 한 독재자였다. 1924년 무솔리니가 정권을 잡으면서 마피아의 영향력이 급격히 감소했다. 카시오 페로는 정계의 친구들에게 버림받았고, 보호비 상납을 거부한 남자 두 명을 살해한 혐의로 1925년 5월 체포됐다. 카시오 페로는 겨우 마련한 보석금을 내고 장장 다섯 달을 자유인으로 지냈지만, 하필 그 시기에 무솔리니가 시칠리아 신임 주지사로 임명한 체사레 모리가 마피아와의 싸움에 이골이 난 인물이었다. 체사레 모리는 마피아와 그 조력자들을 상대로 전면전을 선포했다. 1930년경 카시오 페로가 살인 혐의에 유죄 판결을 받아 독방 감금형 9년을 선고받았을 무렵 시칠리아에서 마피아는 이빨 빠진 호랑이 꼴이 되어 있었다.

음울한 포추올리 교도소에서 카시오 페로를 만나본 자들은 그가 뉴욕에서 활동한 형사 이야기를 자주 입에 올린 것을 기억했다.[18] 카시오 페로는 재소자들에게 이렇게 말했다고 한다.

"내 평생 딱 한 명을 죽여봤어. 페트로시노는 용감한 적수였지. 아무 청부업자나 고용해서 지저분하게 처치해버릴 사람이 아니었다고." 빠져나갈 구멍이 많은 이 '자백'은 페트로시노 암살 일화의 다른 면면처럼 수십 년간 진위 공방의 도마에 올랐다. 카시오 페로가 자신이 피아차 마리나의 그 암살자라고 대놓고 말하지 않았으므로, 많은 이의 주장대로 실제로는 하지 않은 일의 공만 차지할 심산으로 은근슬쩍 말을 흘렸을 수도 있다.

카포는 다시는 살아서 감옥 밖을 보지 못했다. 관대한 처분을 호소했으나 오히려 9년형을 다 채우고도 풀려나지 못했다. 1943년 여름 연합군이 허스키 작전(제2차세계대전 당시 연합군의 시칠리아 침공―옮긴이) 개시 후 시칠리아섬을 공격하면서 교도소가 있던 지역의 이탈리아 방어 전선이 무너졌고, 당국은 감옥이 미국 폭격기에 당하기 전에 부랴부랴 재소자들을 소개疏開했다. 이 무렵 비토 카시오 페로는 노인이 되었고 그가 누린 위용도 과거의 영광이 된 지 오래였다. 어찌된 일인지 간수들이 재소자들을 소개하다가 이 나이든 재소자를 깜빡했고 카시오 페로는 감방에 홀로 남겨졌다. 포추올리의 버림받은 독방수 카시오 페로는 "마치 옛날 신문 연재소설의 악당처럼" 감방에서 탈수증으로 숨을 거두었다.

페트로시노가 남긴 유산은 찾기 여간 어려운 게 아니다. 로어 맨해튼에 '페트로시노 광장'이라고 불리는 공원이 있는데, 형사가 만날 순찰했던 리틀 이틀리 거리에서 멀지 않은 곳에 있다. 하지만 옛 리틀 이틀리는 거의 사라지고 형사가 꿈에도 상상하지 못했을 정도로 온갖 다국어가 들려오는 다채로운 곳이 되었다. 공원 이름에 얽힌 사정은 알고 보면 상당히 아이러니하다. 원래는 켄메어가를 따서 켄메어 광장으로 불렸는데, 그 이름도 빅 팀 설리번의 모친이 태어난 케리군郡의 마을 이름을 딴 것이었다. 아일랜드인은 뉴욕에 너무 늦게 발을 디딘 탓에 그들의 이름을 붙일 곳이 별로 안 남아 있었다. 네덜란드인과 영국인이 중요한 장소에 이름을 붙이고 남은 것이 이 광장이었다. 이런 연유로 헨리 허드슨이 지휘하는 네덜란드 탐험단이 1609년 허드슨만에 들어올 당시 맨해토(17세기 네덜란드 이주민들이 정착한 맨해튼 최남단—옮긴이)의 한 부족이 차지한 이 땅에, 먼저 아일랜드계 이름이 붙었다가 다시 페트로시노라는 이탈리아계 이름이 붙게 된 것이다.

페트로시노가 태어난 파둘라에는 현재 그의 친척이 운영하는 조그만 기념관이 있다. 조카의 아들 중 하나는 페트로시노를 존경해 결국 브루클린 지방 검사가 되어 오래도록 근무했고, 그의 아들은 퀸스에서 경찰관으로 복무하고 있다. 하지만 보거나 만질 수 있는 유산은 거의 없다. 페트로시노는 검은손에 대한 공포가 팽배하고 동포들이 따돌림을 당하던 시대에 살았다. 그의 길거리 무용담은 목숨을 위협받던 이발사, 주부, 어린 소녀가 일이 벌어진 직후에, 그리고 한참 후에도, 다른 사람에게 옮기고 또 되풀이하면서 전승됐다. 어떤 조각상과 명판도 당시 감당하기 버거웠던 신경이 곤두서는 일상의 분위기를 재현하지 못할 것이며, 페트로시노가 1908년 암흑기에 동포에게 어떤 존재였는지 명확히 전달하지 못할 것이다.

페트로시노의 죽음 후 남은 것은 그가 지키려 했던 이들, 맞서 싸웠던 이들, 감동시킨 사람들, 당혹케 했던 사람들이다. 그는 가장 미국적인 사람이었지만 자못 이탈리아식으로, 심지어 전통적이라 할 만한 방식으로 죽었다. 어쩌면 시칠리아 작은 마을에서의 삶의 방식과 미국에서의 삶의 방식이 공존하는 게 거의 불가능하기에 마찰로 생겨나는 폭력성을 분출시킬 대상이 필요했고 페트로시노가 그 역할을 맡게 된 건지도 모른다.

페트로시노는 미국에서 이탈리아인을 보는 시각을 확실히 바꿔놓았다. 그가 암살당하고 5년 뒤 제1차세계대전이 발발하면서 반反이탈리아인 정서가 퍼져나가고 이탈리아인 이주에 대한 새로운 제재가 효력을 발휘한다. 약 20년 후에는 사코와 반체티(1920년 매사추세츠 브레인트리에 있는 구두 공장의 경리 직원과 경비원이 살해당한 사건에서 무정부주의자라는 이유로 누명을 쓰고 유죄 판결을 받아 1927년 사형당한 이탈리아계 미국인 두 사람—

옮긴이)의 처형이 이루어진다. 1909년 말에도 이탈리아인 혐오는 종식되지 않았지만, 페트로시노의 죽음은 하나의 전례가 되어 이탈리아인 혐오를 널리 인지시키고 이해하게 하는 맥락을 만들어주었다.

페트로시노 형사의 장례식 날, 허스트가 거느린 신문사 중 하나인 뉴욕 아메리칸이 파견한 익명의 기자가 퀸스로 이동하는 장례 행렬을 지켜봤다. 그는 한참 동안 군중을 관찰한 뒤—어쩌면 추모객 몇 명을 인터뷰했을지도 모른다—사무실로 돌아가 기사를 작성했다. 뉴욕의 모든 신문사 기자가 편집장의 지시에 따라 토해낸 것과 별반 다를 바 없는 기사였다. 하지만 이 기사는 팔레르모에서 일어난 일의 의미를 가장 명확히 전달한 글이었다. "하고많은 사람이 살고 또 죽지만 뉴욕은 개의치 않는 듯 보인다."[19] 기사는 이렇게 운을 뗐다.

그러나 어떤 인물이 너무나 충격적이고 극적인 정황에서 사망하면 이 도시의 음울한 영혼마저 동하고 흩어져 있던 이목이 한 점에 쏠리기도 한다. (…) 그 인물이 천출이든 지위가 낮았든 상관없이, 세계적으로 위대한 민주주의 도시의 정신은 하나되어 단호히 그를 드높이려 일어난다. 이러한 숭고한 표명 앞에서 감히 누가 이 도시의 문을 박차고 들어온 이민자들이 남의 집에 와 있다고 말할 수 있을까? 뉴욕의 이탈리아계 시민들은 어제

부로 만물을 포용하는 시민 동지들과 함께할 새로운 연대에 발
을 들였다.

감사의 말

먼저 앤서니 지아키노에게 심심한 감사를 표한다. 페트로시노의 생애에 대한 그의 심층 연구 덕분에 더 나은 책을 쓸 수 있었다. 빈스 페트로시노와 그의 딸 코트니에게도, 어디에서도 구할 수 없는 소중한 자료를 너그러이 제공해준 데 감사한다. 관대함과 날카로운 안목으로 줄곧 도움을 준 앤드루 아이젠만에게도 감사한다. 이 자리를 빌려 원고를 다듬어준 HMH의 브루스 니컬스와 벤 하이먼에게 감사를 표한다. 마지막으로 이길이 어디로 향하는지 간파한 스콧 왁스먼에게 감사의 말을 전한다.

참고문헌에 대한 저자주

페트로시노가는 신문 기사 스크랩, 가족 관련 서류, 조지프 페트로시노 사망 후 도착한 조의 편지 등으로 이루어진 방대한 자료를 구축했다. 이러한 자료는 출처를 '페트로시노 아카이브'로 표기했다. 신문 기사 스크랩 중에는 신문 이름과 날짜가 누락된 자료도 있다. 아카이브를 열람할 수 있도록 도와준 수전 버크와 앤서니 지아키노에게 감사한다. '코미토의 자백'은 안토니오 코미토가 미 비밀임무국에 체포된 후 범행을 자백한 진술을 말하며, 최초 진술을 타자로 옮긴 109쪽짜리 자백 문서를 출처로 한다. 이 기록은 현재 허버트 후버 대통령 도서관 및 박물관 '로렌스 리치 기록 자료(Lawrence Richey Papers, 1900~1957)'의 '검은손 자백(Black Hand Confession, 1910)' 폴더에 보관되어 있다.

주

프롤로그

1. 윌리 라바르베라 납치 사건에 대해 자세히 알고 싶다면 다음을 참고하라. Brooklyn Eagle, 1906년 10월 9일, 10일.

2. Washington Post, 1914년 6월 28일.

3. Frank Marshall White, "How the United States Fosters the Black Hand", Outlook, 1909년 10월 30일.

4. Pittsburgh Post, 1904년 9월 4일.

5. New York Times, 1906년 12월 15일 재인용.

6. Wayne Moquin, A Documentary History of the Italian-Americans(New York: Praeger, 1974), 169쪽.

7. 이는 당시 주 이탈리아 대사였던 에드몬도 마요르 데스 플란체스 남작이 검은손을 언급할 때마다 꺼낸 표현이다. 1907년 3월 3일 New York Times 기사 「검은손은 신화인가, 끔찍한 현실인가(Is the Black Hand a Myth or a Terrible Reality?)」에서도 마요르 데스 플란체스가 "몇몇 사람이 (…) 피해자들의 두려움을 이용할 수단으로 검은손 이야기를 퍼뜨리고 있다"고 말했다고 인용되어 있다.

8. Frances J. Oppenheimer, "The Truth About the Black Hand" 팸플릿, National Liberal Immigration League, 1909년 1월 7일, 2쪽: '뉴욕의 이탈리아인을 위한 고용정보센터' 소장 G. E. Di Palma Castiglione 박사의 발언.

9. 회색 눈 묘사는 New York Times 1909년 3월 4일을 출처로 한다. 새카만 눈 묘사는 New York Sun 1908년 2월 12일의 "석탄처럼 새카만 눈을 번득이고 노래하는 듯한 목소리로 말하는, 커다랗고 건장한 남자"에서 따온 것이다. 아서 트레인(Arthur Train)은 자신의 저서 『Courts and Criminals』(New York: McKinlay, Stone & Mackenzie, 1912) 109쪽에서 "새카만 눈에 때때로 번득이는 빛"이라는 표현을 썼다.

10. New York Tribune, 1909년 3월 13일.
11. 페트로시노 아카이브, 날짜 미상의 New York Sun 기사.
12. New York Times, 1905년 4월 30일.
13. Giorgio Bertellini, Italy in Early American Cinema: Race, Landscape, and the Picturesque(Bloomington: Indiana University Press, 2009), 342쪽. 한 이탈리아 출판사는 『Giuseppe Petrosino: Il Sherlock Holmes d'Italia』라는 제목으로 픽션화한 페트로시노 평전을 출간하기도 했다.
14. New York Tribune, 1909년 3월 14일.
15. Evening World, 1927년 4월 29일: "그는 어느 날은 벽돌 나르는 인부로 변장했고, 어느 날은 손풍금을 연주하면서 원숭이에게 재주를 부리게 시켰다. 또 어떤 날은 연락선에서 손님들 구두를 광냈고, 어떤 날은 트럭을 몰았다." 다음 문헌도 참고하라. New York Times, 1944년 3월 12일, Edward Radin, "Detective in a Derby Hat"; Arrigo Pettaco, Joe Petrosino(New York: Macmillan, 1974), 40쪽.
16. Pettaco, Joe Petrosino, 127쪽: "페트로시노는 이탈리아인 3천 명의 얼굴을 한눈에 알아볼 수 있다고 자랑했다." 다음 문헌도 참고하라. New York World, 1909년 3월 13일: "그는 동부에 사는 모든 이탈리아계 범죄자와 무정부주의 범죄자의 얼굴을 알아볼 수 있었다." 페트로시노가 4년 전 시카고 경찰회람에서 사진을 흘끔 본 살인범 시네시를 알아본 2장의 일화도 참고하라.
17. New York Tribune, 1909년 3월 14일: "조지프 페트로시노는 유쾌한 수도사라는 묘사에 딱 맞는 사람이었다. (…) 그는 종종 오페라 소절을 흥얼거리고 다녔다."
18. Pettaco, Joe Petrosino, 40쪽. 평상복 차림의 사진들을 보면 페트로시노는 대개 짙은 색 수트에 검정색 중산모를 쓰고 있다.
19. 페트로시노 아카이브, 출처 미상의 스크랩.
20. Pettaco, Joe Petrosino, 60쪽. 그 외 다수의 출처.
21. Brooklyn Eagle, 1906년 10월 10일.
22. Paul Collins, The Murder of the Century.(New York: Crown, 2011), 3쪽.
23. 조바니 라베리 사건을 참고하라. New York Tribune, 1905년 7월 9일. 다세대주택 소유주인 살바토레 스피넬라도 장전된 산탄총을 들고 자기 건물들 앞을 순찰하는 모습이 목격됐음이 여러 신문 기사에 실렸다(6장 참고).
24. Pittsburgh Post, 1907년 3월 26일.
25. Cleveland Plain Dealer, 1906년 1월 31일.
26. Austin Statesman, 1908년 9월 30일.
27. Cincinnati Enquirer, 1906년 2월 5일.
28. Susan Burke와의 인터뷰. 그 시계는 아직도 페트로시노 유족이 소유하고 있다.
29. New York Times, 1906년 12월 30일: "Petrosini[sic.], Detective and Sociologist".
30. Chicago Daily Tribune, 1908년 1월 1일.
31. H. P. Lovecraft가 Frank Belknap에게 1924년 3월 21일 쓴 편지. Maurice Levy, Lovecraft: A Study in the Fantastic(Detroit: Wayne State University Press, 1988), 28쪽 재인용.

32. New York Evening World, 1927년 4월 29일: "큰 문제가 있어 걱정되거나 너무 지쳤을 때 그는 집에 가서 바이올린으로 라 트라비아타의 디 프로벤차를 쉼없이 연주했다."

1장

1. Michael L. Kurtz, "Organized Crime in Louisiana History: Myth and Reality", Louisiana History: The Journal of Louisiana Historical Association 24, no. 4(Autumn 983): 355-76.
2. 페트로시노의 가족사에 관해서는 다음을 참고하라. Pettaco, Joe Petrosino, 34-37쪽; Ercole Joseph Gaudioso, "The Detective in the Derby", 이탈리아의 아들들 결사단에 대한 기록, http://www.osia.org/documents/Giuseppe_Petrosino.pdf.
3. 페트로시노와 알고 지냈던 아서 트레인은 『Courts and Criminals』 109쪽에 그가 미소를 짓는 일이 "매우 드물었다"고 썼다. 「The Detective in a Derby Hat」을 쓴 라딘(Radin)도 "그는 웃음기가 거의 없었고, 소리 내 웃는 일도 거의 없었다"고 썼다.
4. New Orleans Mascot에 실린 카툰 삽화. 다음 주소에서 볼 수 있다. http://ec-flabs.org/lab/borders/regarding-italian-pupulation.
5. Paul Moses, An Unlikely Union: The Love-Hate Story of New York's Irish and Italians(New York: New York University Press, 2015), 44쪽. Dr. Rafaele Asselta가 전하는 일화로 등장한다.
6. New York Herald, 1914년 7월 5일.
7. 앤서니 마리아(Anthony Marria)가 회상하는 페트로시노 이야기는 다음을 참고하라. New York World, 1909년 3월 14일.
8. 픽션화한 이 인물 묘사에 대해서는 다음을 참고하라. Horatio Alger, Tom Turner's Legacy(New York: A. L. Burt, 1902), 196쪽.
9. Richard Zacks, Island of Vice: Theodore Roosevelt's Quest to Clean Up Sin-Loving New York(New York: Anchor, 2012), 54쪽.
10. 빈센트 페트로시노(Vincent Petrosino)와의 인터뷰, 2014년 12월 22일.
11. 같은 출처.
12. Richard Gambino, Blood of My Blood: The Dilemma of the Italian-Americans(New York: Doubleday, 1974), 120쪽.
13. New York World, 1909년 3월 14일.
14. 페트로시노의 초기 직업 목록의 출처는 다음과 같다. Washington Post, 1914년 7월, A. R. Parkhurst Jr., "The Perils of Petrosino", 5부작 기사 중 1부.
15. New York Herald, 1914년 7월 5일; New York Tribune, 1909년 3월 14일.
16. M. R. Werner, Tammany Hall(New York: Doubleday, 1928), 361쪽.
17. Moses, An Unlikely Union, 119쪽.
18. David Goeway, Crash Out: The True Tale of a Hell's Kitchen Kid and the Bloodies Escape in a Sing Sing History(New York: Crown, 2006), 30쪽.
19. Eric Morris, "From the Horse Power to Horsepower"(UCLA 석사논문, 2006).

20. Maury Klein, The Life and Legend of Jay Gould(Baltimore: Johns Hopkins University Press, 1986), 318쪽.
21. Mike Dash, Satan's Circus: Murder, Vice, Police Corruption, and New York's Trial of the Century(New York: Crown, 2007), 24쪽.
22. 같은 책, 26쪽.
23. William McAdoo, Guarding a Great City(New York: Harpers, 1906), 350쪽.
24. Henry Adams, The Education of Henry Adams: An Autobiography(New York: Houghton Mifflin, 1918), 499쪽.
25. New York Times, 1909년 3월 14일.
26. Pettaco, Joe Petrosino, 38쪽.
27. Henner Hess, Mafia and Mafiosi: The Structure of Power(Lexington, Mass.:Saxon House, 1970), 27쪽.
28. 같은 책, 26쪽.
29. Gambino, Blood of My Blood, 260쪽.
30. Pettaco, Joe Petrosino, 38쪽.
31. New York Times, 1894년 4월 16일.
32. 패러데이 사건에 대해서는 다음을 참고하라. New York Times, 1909년 4월 11일.
33. Thomas Reppetto, James Lardner, NYPD: A City and Its Police(New York: Henry Holt, 2000), 141쪽 재인용.
34. Anna Maria Corradini, Joe Petrosino: 20th Century Hero(Palermo: Provincia Regionale di Palermo, 2009), 25쪽.
35. Arthur Carey, Memoirs of a Murder Man(New York: Doubleday, 1930), 6쪽.
36. Parkhurst, "The Perils of Petrosino", 5부.

2장

1. Sylvia Morris, Edith Kermit Roosevelt: Portrait of a First Lady(New York: Random House, 2009), 153쪽.
2. Jacob August Riis, The Making of an American(New York: Macmillan, 1901), 328쪽.
3. Zacks, Island of Vice, 79쪽.
4. New York Times, 1909년 3월 14일.
5. 페트로시노가 사용한 변장 몇 가지에 대한 묘사는 다음을 참고했다. Pettaco, Joe Petrosino, 40쪽.
6. New York Tribune, 1909년 3월 14일.
7. Pettaco, Joe Petrosino, 41쪽.
8. "Why Petrosino Gets a New Offices", New York Tribune, 1905년 10월 4일.
9. New York Times, 1903년 8월 17일, "Caught After Four Years".
10. Harper's Weekly, 1907년 3월 9일, Frank Marshall White, "New York's Secret Police".
11. Gaudioso, "The Detective in a Derby", 8쪽.
12. White, "New York's Secret Police".

13. John Dickie, Cosa Nostra: A History of the Sicilian Mafia(New York: Palgrave, 2004), 172쪽.
14. Humbert Nelli, The Business of Crime: Italians and Syndicate Crime in the United States(New York: Oxford University Press, 1976), 95쪽.
15. 카르보네 사건의 세부 사항 중 다수는 뉴욕 로이드 실리 도서관의 마이크로필름 자료 중 1883-1927년 뉴욕 일반재판법정 기록, 그중에서도 공판 기록에서 나온 것이다.
16. Pettaco, Joe Petrosino, 43쪽. 페타코는 수감자를 "카르보니(Carboni)"라고 칭했으나 공판 기록은 그의 이름을 "카르보네(Carbone)"로 명시하고 있다.
17. 카르보네 사건의 단서를 찾기 위한 페트로시노의 여행과 세라멜로의 체포는 같은 책 44쪽에 묘사되어 있다.
18. 페트로시노 아카이브, 출처 미상의 기사. 스펠링은 원문 그대로 옮겼다.
19. 같은 출처.
20. Moses, An Unlikely Union, 126쪽.
21. 페트로시노가 아카이브, "The Italian White Hand Society: Studies, Actions, and Results", 팸플릿.
22. New York Evening World, 1927년 4월 29일.
23. Train, Courts and Criminals, 108쪽.
24. New York Sun, 1908년 2월 12일.
25. Radin, "Detective in a Derby Hat".
26. Pettaco, Joe Petrosino. 60쪽과, 70쪽부터 카르보네 사건을 언급한 여러 자료에 이르기까지, 페트로시노가 이렇게 말하는 장면이 여러 번 등장한다.
27. 페트로시노 아카이브, 출처 미상의 기사.
28. 페트로시노 아카이브, 날짜 미상의 New York Sun 기사.
29. Michael Fiaschetti, You Gotta Be Rough: The Adventures of Detective Fiaschetti of the Italian Squad(New York: A. L. Burt, 1931), 19쪽.
30. 위키피디아 '페트로시노' 페이지에 실려 있는 이야기.
31. 나무통 살인 일화는 다수의 출처를 참고했다. Dash, The First Family 1장; Dickie, Cosa Nostra, 165-70쪽.
32. Pettaco, Joe Petrosino, 13쪽.
33. 같은 책, 29쪽.
34. 같은 책, 57쪽.
35. 같은 책, 90쪽. 페타코는 이 발언이 지어낸 말이라고 생각했지만 그렇게 판단한 근거는 제시하지 않았다.
36. 페트로시노의 신문 스크랩 아카이브, 출처 미상의 기사.
37. Mercantile and Financial Times, 1908년 4월 8일.

3장

1. Parkhurst, "The Perils of Petrosino", 2부. 파크허스트는 이 일기 장절이 검은 손이 유대인 행상 마이어 와이스바드를 처치한 1901년 1월 '트렁크 살인' 전후에 쓰인 것으로 어림잡고 있다.
2. 따로 표기가 없는 한, 카피엘로 사건에 대한 이야기는 New York Herald 1903년

9월 13일자 기사 및 동일 매체의 후속 기사들에서 가져온 것이다.

3. Dickie, Cosa Nostra, 171쪽 재인용.
4. New York Herald, 1903년 9월 13일.
5. 같은 출처.
6. 만니노 납치 사건 이야기는 다음을 참고했다. New York Times, 1904년 8월 11일, 8월 13일, 8월 16일; Los Angeles Times, 1904년 8월 14일; Chicago Daily Tribune, 1904년 8월 18일; New York Tribune, 1904년 8월 18일, 8월 20일.
7. New York Times, 1904년 8월 13일.
8. 페트로시노 아카이브, 출처 미상의 기사.
9. 같은 출처.
10. New York Tribune, 1904년 8월 18일.
11. 페트로시노 아카이브, 출처 미상의 기사.
12. Brooklyn Eagle, 1904년 10월 8일.
13. 페트로시노 아카이브, 출처 미상의 기사.
14. 같은 출처.
15. New York Times, 1907년 3월 3일, "Is the Black Hand a Myth or a Terrible Reality?".
16. New York Tribune, 1904년 8월 21일.
17. 같은 출처.
18. Pittsburgh Post, 1904년 6월 6일.
19. The Independent, 1911년 4월 6일, Sydney Reid, "The Death Sign".
20. Washington Post, 1907년 9월 20일.
21. New York Times, 1904년 8월 29일, "'Black Hand' in Murder".
22. New York Evening World, 1904년 8월 11일, "Record of the Nefarious Work of the Black Hand."
23. 페트로시노 아카이브, 출처 미상의 기사.
24. Nashville American, 1904년 10월 7일.
25. Los Angeles Tims, 1904년 8월 14일.
26. New York Mail, 1904년 10월 17일.
27. Nashville American, 1904년 10월 17일.
28. Parkhurst, "The Perils of Petrosino", 5부.
29. Pittsburgh Post, 1904년 9월 4일.
30. McAdoo, Guarding a Great City, 43쪽, 50쪽.
31. Terry Galway, Machine Made: Tammany Hall and the Creation of Modern American Politics(New York: Liveright, 2014), 161쪽.
32. Moses, An Unlikely Union, 133쪽 재인용.
33. Arthur Train, "Imported Crime: The Story of the Camorra in America", McClure's 39(1912년 5월).
34. Pettacco, Joe Petrosino, 32쪽.
35. Pittsburgh Post, 1906년 10월 23일.
36. White, "How the United States Fosters the Black Hand".
37. Parkhurst, "The Perils of Petrosino", 5부.

38. New York Times, 1906년 12월 30일.
39. Parkhurst, "The Perils of Petrosino", 2부.
40. Austin Statesman, 1905년 9월 22일.
41. Corradini, Joe Petrosino, 63쪽.
42. Pettacco, Joe Petrosino, 31쪽.
43. New York Times, 1905년 10월 15일, "New York Is Full of Italian Brigands".
44. Pettacco, Joe Petrosino, 41쪽 재인용.

4장

1. Pettaco, Joe Petrosino, 59쪽.
2. New York Times, 1904년 9월 4일.
3. Pettaco, Joe Petrosino, 59쪽.
4. New York Evening World, 1907년 4월 29일.
5. 같은 출처.
6. 같은 출처.
7. Thomas M. Pitkin, The Black Hand: A Chapter in Ethnic Crime(New York: Rowman and Littlefield, 1977), 56쪽.
8. 이 통계 수치는 국세 조사국이 수집한 Historical Statistics of the U. S. Colonial Times to 1957(Washington D. C.: U. S. Department of Commerce, 1960), 56-57쪽에 수록된 "연간 미국으로 유입되는 이탈리아 이민자" 보고서의 도표에서 취한 것이다.
9. New York Times, 1905년 10월 15일.
10. George E. Pozzetta, "The Italians in New York City, 1890-1914"(Ph.D. diss, University of North Carolina at Chapel Hill, 1971), 211쪽.
11. Frank Marshall Whites, "The Passing of the Black Hand", Century, 1918년 1월.
12. Frank Marshall Whites, "The Black Hand in Control in Italian New York", Outlook, 1913월 8월 16일.
13. Moses, An Unlikely Union, 133쪽.
14. New York Times, 1906년 12월 30일.
15. New York Tribune, 1905년 9월 17일.
16. Washington Post, 1905년 9월 11일.
17. New York Times, 1905년 9월 11일.
18. Washington Post, 1905년 9월 11일.
19. New York Times, 1905년 9월 11일.
20. Pittsburgh Post, 1904년 9월 2일.
21. Washington Post, 1905년 10월 8일.
22. New York Times, 1905년 11월 9일.
23. Washington Post, 1908년 2월 16일.
24. Baltimore Sun, 1908년 3월 5일.

5장

1. New York Times, 1905년 10월 18일.
2. New York Times, 1907년 9월 4일.
3. Austin Statesman, 1905년 9월 26일.
4. 같은 신문, 1905년 9월 22일.
5. 페트로시노의 신문 스크랩 아카이브, 출처 미상의 기사.
6. 페트로시노는 New York Times 1907년 3월 3일에 실린 인터뷰에서 그 수법을 자세히 설명했다.
7. Cincinnati Enquirer, 1905년 10월 19일.
8. White, "How the United States Fosters the Black Hand"에 실린 액수.
9. Dash, The First Family, 100쪽, 98쪽.
10. 만젤라 사건에 대해서는 다음을 참고하라. New York Times, 1909년 3월 17일.
11. Pittsburgh Post, 1904년 9월 4일.
12. Cosmopolitan 1909년 6월호에 실린 "The Black Hand Scourge"에 나오는, 익명의 작가가 전한 일화.
13. New York Times 1905년 12월 19일자에 실린 은행원 Angelo Cuneo의 사건을 참고하라.
14. Fiaschetti, You Gotta Be Rough, 100쪽.
15. New York Times, 1905년 9월 12일.
16. New York Times, 1905년 9월 29일.
17. Detroit Free Press, 1905년 10월 1일.
18. Washington Post, 1906년 9월 16일.
19. Pettaco, Joe Petrosino, 70쪽.
20. Pozzetta, "The Italians in New York City, 1890-1914", 206쪽.
21. Parkhusrt, "The Perils of Petrosino", 5부.
22. 같은 출처.
23. 카보네 일화는 페트로시노의 신문 스크랩 아카이브에서 나온 뉴욕 이브닝 월드 기사가 출처로, 일자는 "4월, 토요일"로 되어 있으나 연도나 구체적인 날짜는 표기되어 있지 않다.
24. Parkhusrt, "The Perils of Petrosino", 5부
25. 같은 출처.
26. New York Times, 1905년 10월 18일.
27. New York Tribune, 1905년 10월 4일.
28. Moses, An Unlikely Union, 136쪽.

6장

1. 지마발보 가족 일화와 페트로시노의 다른 미해결 사건들에 대해 알고 싶다면 다음을 참고하라. New York Times, 1905년 10월 18일.
2. 스피넬라 일화는 당시 신문들이 대서특필했다. New York Times, 1908년 7월 25일; Parkhurst, "The Perils of Petrosino", 6부; White, "The Black Hand in Control".

3. New York Times, 1905년 10월 18일. 과일상 일화도 같은 출처.
4. New York Times, 1905년 10월 19일.
5. Pitkin, The Black Hand, 114쪽 재인용.
6. Reid, "The Death Sign", 711쪽.
7. New York Times, 1905년 10월 18일.
8. 같은 출처.
9. New Outlook, 1901년 8월 10일, 859쪽, Frank H. Nichols, "The Anarchists in America".
10. Parkhurst, "The Perils of Petrosino", 1부.
11. Pettaco, Joe Petrosino, 50쪽.
12. 페트로시노의 무정부주의 단체 수사에 대한 세부사항은 같은 책 48-55쪽을 참고했다. 그밖에 다음을 참고하라. Radin, Detective in a Derby Hat; Parkhurst, "The Perils of Petrosino" 1부.
13. Parkhurst, "The Perils of Petrosino", 1부.
14. White, How the United States Fosters the Black Hand.
15. Pettaco, Joe Petrosino, 53쪽.
16. 마르크스 사건의 상세 내용은 New York Tribune 1904년 8월 21일을 참고했다.
17. Brooklyn Eagle, 1905년 1월 19일.
18. New York Times, 1905년 10월 21일.

7장

1. McAdoo, Guarding a Great City, 149쪽.
2. 이 장면의 묘사는 다음 책의 내용을 바탕으로 했다. Dash, The First Family, 60쪽.
3. Gay Talese, Unto the Sons(New York: Knopf, 2006), 킨들 에디션.
4. Elizabeth Ewen, Immigrant Women in the Land of Dollar: Life and Culture on the Lower East Side, 1890-1925(New York: Monthly Review Press, 1985), 55쪽.
5. Salvatore Lupo, History of the Mafia(New York: Columbia University Press, 2009), 202쪽.
6. 같은 책, 91쪽.
7. Moquin, A Documentary History of the Italian-Americans, 120쪽 재인용.
8. Lupo, History of the Mafia, 94쪽.
9. New York Times, 1907년 12월 29일.
10. 같은 신문, 1906년 3월 13일.
11. 같은 신문, 1906년 2월 12일.
12. Los Angeles Times, 1906년 3월 13일.
13. 같은 출처.
14. Washington Post, 1906년 1월 26일.
15. New York Times, 1906년 8월 21일
16. Baltimore Sun, 1908년 3월 3일. 볼드윈 탐정사무소(Baldwin Detective Agency)의 Charles Rosenfeld에게 온 편지.

17. 이 협박 사건들에 대한 자세한 사항은 다음을 참고하라. Cleveland Plain Dealer, 1906년 1월 31일. Austin Statesman 1906년 2월 5일에도 개인을 상대로 한 비슷한 일련의 협박에 대한 기사가 실렸다.

18. 웨슨 사건은 전국 신문에 대서특필되었다. 여기에 옮긴 내용은 St. Louis Dispatch 1906년 8월 5일과 8월 19일, Boston Daily Globe 1906년 1월 28일, Washington Post 1906년 8월 8일 등 여러 신문 기사를 취합한 것이다.

19. Washington Post, 1906년 8월 8일.

20. St. Louis Dispatch, 1906년 8월 19일.

21. Boston Daily Globe, 1906년 1월 28일.

22. Claire Bond Potter, War on Crime: Bandits, G-Men, and the Politics of Mass Culture(New Brunswick, NJ: Rutgers University Press, 1998), 111쪽 재인용.

23. Atlanta Constitution, 1909년 4월 7일.

24. Washington Post, 1908년 2월 16일.

25. 같은 신문, 1905년 1월 9일.

26. New York Tribune, 1906년 5월 27일.

27. Cincinnati Enquirer, 1907년 9월 30일.

28. 힐스빌과 뉴캐슬 두 지역의 사례 모두 다음을 참고했다. Pittsburgh Post, 1907년 5월 9일.

29. 데길다 일화는 다음을 참고했다. Philadelphia North American, 1908년 8월 17일.

30. Pittsburgh Post, 1906년 6월 24일.

31. New York Tribune, 1907년 12월 19일.

32. Washington Post, 1908년 1월 28일.

33. Los Angeles Times, 1908년 1월 1일.

34. Robert E. Park. Old World Traits Transplanted(New York: Harper, 1921), 257쪽, 1910년 1월 29일, Bollettino della Sera 재인용.

35. 빈첸조 부파르도(Vincenzo Buffardo) 사건은 New York Times 1907년 5월 15일자를 참고하라.

36. Parkhurst, "The Perils of Petrosino", 2부.

37. "The Long Arm of the Black Hand", 페트로시노 아카이브, 출처 미상의 기사.

38. Nashville American, 1908년 10월 25일.

39. Hartford Courant, 1907년 11월 8일.

40. Pittsburgh Post, 1905년 3월 29일.

41. Pitkin, The Black Hand, 68쪽 재인용.

42. New York Times, 1908년 6월 28일.

43. 같은 신문, 1907년 8월 11일.

44. Lawrence P. Gooley, Lyon Mountain: The Tragedy of a Mining Town(Rutland, Vt.: Bloated Toe, 2004), 242쪽.

45. 같은 책, 235쪽.

46. 같은 책, 242쪽. 빅토리아 로빈슨 부인(Mrs. Victoria Robinson)의 증언.

47. Cincinnati Enquirer, 1909년 7월 29일.

48. Baltimore Sun, 1908년 2월 12일.

49. Baltimore Sun, 1907년 5월 1일.

50. The Independent, 1906년 2월 1일, 244쪽. The Los Angeles Times 1906년 1월 24일자도 참고하라.

8장

1. New York Times 1906년 10월 10일자에 실린 "Willie's Own Story of His Kidnapping" 기사를 토대로 옮긴 내용.

2. Chicago Daily Tribune, 1908년 10월 14일.

3. Dash, The First Family, 68쪽.

4. Reid, "The Death Sign", 711쪽.

5. Michael Scott, The Great Caruso(London: Hamish Hamilton, 1988), 168쪽.

6. Los Angeles Times, 1907년 4월 28일.

7. 같은 출처.

8. Princeton(Minn.) Union, 1907년 4월 4일.

9. 같은 출처.

10. 같은 출처.

11. 같은 출처.

12. 같은 출처.

13. Pitkin, The Black Hand, 64쪽.

14. Los Angeles Times, 1907년 4월 28일.

15. 같은 출처.

16. Princeton(Minn.) Union, 1907년 4월 4일.

17. Pettaco, Joe Petrosino, 69쪽.

18. 우즈의 배경에 대해서는 다음을 참고하라. New York Times 1907년 8월 31일.

19. Boston Daily Globe, 1907년 7월 25일.

20. Christian Science Monitor의 날짜 미상의 기사, 페트로시노의 신문 스크랩 아카이브.

21. Thomas M. Henderson, Tammany Hall and the New Immigrants: The Progressive Years(New York: Arno Press, 1976), 4쪽, 10쪽.

22. New York Times, 1909년 12월 23일.

23. Albany Evening Journal, 1913년 9월 13일.

24. Werner, Tammany Hall, 439쪽.

25. Pozzetta, "The Italians in New York, 1890~1914", 208쪽.

26. Theodore Bingham, "The Organized Criminals of New York" McClure's, 1909년 11월.

27. 아델리노 사울리노를 향한 페트로시노의 구애 일화는 다음을 참고했다. 두 사람의 손녀인 Susan Burke의 인터뷰; Pettaco, Joe Petrosino, 71쪽.

28. Pettaco, Joe Petrosino, 70쪽.

9장

1. 셀라로 박사 일화의 출처는 다음과 같다. Pitkin, The Black Hand, 60쪽; New York Times, 1905년 9월 2일. 그의 출신 배경에 대해서는 Order of Sons of Italy 홈페이지에 실린 창립자 전기와 New York Times 1932년 11월 30일자를 참고하라.
2. New York Times, 1905년 9월 2일.
3. 날짜 미상의 Baltimore Sun 기사, 페트로시노의 신문 스크랩 아카이브.
4. Gino Speranza, "Solving the Immigration Problem", Outlook 76(1904년 4월 일): 928.
5. Gino Speranza, "How It Feels to Be a Problem", Charities Magazine, 1904년 5월.
6. 코라오 이야기를 더 자세히 알고 싶다면 다음을 참고하라. New York Tribune 1908년 9월 4일, 1909년 3월 14일 기사; Moses, An Unlikely Union, 138-152쪽.
7. 엔리코 알파노가 이탈리아를 탈출한 일화에 대해서는 다음을 참고하라. New York Times, 1907년 4월 22일.
8. Hess, Mafia and Mafiosi, 34쪽.
9. 같은 책 70쪽.
10. 살인 사건 및 수사 일화는 Walter Littlefield, "The Neapolitan Camorra and the Great Trial at Viterbo", Metropolitan Magazine 34, no. 4(July 1911): 405-19의 내용을 바탕으로 했다.
11. St. Louis Post-Dispatch, 1907년 4월 23일.
12. 알파노의 체포에 대해서는 다음을 참고하라. New York Evening World, 1927년 4월 29일.
13. 재판에 대해서는 다음을 참고하라. New York Times, 1912년 7월 9일, "Camorrist Leaders Get 30-year Terms".
14. 페트로시노가 아카이브, William Bishop Yale Papers. 빙엄 경찰청장이 받은 편지에 쓰인 표현.
15. Gaudiose, "The Detective in the Derby", 12쪽.
16. Detroit Free Press, 1908년 2월 3일.
17. 코미토의 자백(Comito confession), 69쪽.
18. Pettaco, Joe Petrosino, 31쪽.
19. 같은 출처.
20. 같은 책, 120쪽.
21. Carey, Memoirs of a Murder Man, 6쪽.
22. Lincoln Steffens, The Autobiography of Lincoln Steffens(New York: Heyday, 1931), 277쪽.
23. James Lardner and Thomas Reppetto, NYPD: A City and Its Police(New York: Macmillan, 2001), 129쪽.
24. Corradini, Joe Petrosino, 63쪽.
25. 페트로시노 아카이브, 출처 미상의 기사에 실린 일화.
26. Dash, The First Family, 99쪽 재인용.
27. Parkhurst, "The Perils of Petrosino", 2부.

28. 루포 구타 일화의 출처는 다음과 같다. New York Times, 1909년 3월 17일.
29. Pitkin, The Black Hand, 118쪽.

10장

1. Corradini, Joe Petrosino, 63쪽, Luigi Barzini의 말 재인용.
2. 보주피 사건은 New York Times 1906년 3월 25일자를 주로 참고했지만, 3월 8일자도 참고 바란다.
3. 프란시스코 아바테 일화의 자세한 내용은 Los Angeles Times 1909년 3월 5일자 기사를 참고하라.
4. New York Evening World 1909년 3월 4일, "Black Hand Chief Slain by Men He Sought to Trap."
5. 이 문단에 나오는 두 일화는 모두 페트로시노 아카이브의 출처 미상의 기사를 참고했다.
6. New York Times, 1905년 5월 7일.
7. Atlanta Constitution, 1905년 7월 7일.
8. 빅 짐 콜로시모에 대해서는 다음을 참고하라. Luciano Iorizzio and Salvatore Mondello, "Origins of Italian-American Criminality", Italian Americana 1(Spring 1975), 219.

11장

1. New York Times, 1907년 12월 29일.
2. White, "How the United States Fosters the Black Hand" 재인용.
3. Nelli, The Business of Crime, 77쪽.
4. Pitkin, The Black Hand, 73쪽.
5. Toronto Globe, 1908년 9월 26일.
6. New York Tribune, 1906년 5월 27일.
7. White, "The Passing of the Black Hand".
8. Parkhurst, "The Perils of Petrosino", 3부.
9. 같은 출처.
10. New York Times, 1904년 7월 29일.
11. Fiaschetti, You Gotta Be Rough 18쪽.
12. Washington Post, 1907년 1월 26일.
13. New York Times, 1907년 8월 31일.
14. New York Times, 1907년 12월 29일.
15. Chicago Daily Tribune, 1907년 7월 30일.
16. Radin, "Detective in a Derby Hat."
17. New York World, 1909년 3월 13일.
18. Pozzetta, "The Italians in New York City, 1890-1914." 210쪽.
19. New York Evening World, 1907년 8월 21일.
20. Baltimore Sun, 1908년 2월 7일.
21. Chicago Daily Tribune, 1907년 8월 18일.

22. Detroit Free Press, 1908년 11월 24일.
23. New York Times, 1907년 4월 18일.
24. 화이트 핸드 협회 창립에 관해서는 Chicago Daily Tribune 1907년 11월 29일자와 1908년 9월 24일자를 참고할 것을 권한다. 추가로 다음의 자료도 참고하라. Nelli, The Business of Crime 94-95쪽; The Italian White Hand Society in Chicago, Illinois: Studies, Actions and Results(Chicago: Italia, 1908).
25. Nelli, The Business of Crime, 94쪽.
26. The Italian White Hand Society in Chicago, 23쪽.
27. New York Times, 1907년 12월 10일.
28. 프랭크 디마요의 작전에 대한 가장 훌륭한 묘사는 Cincinnati Enquirer 1909년 7월 29일자 기사에서 읽어볼 수 있다.
29. Chicago Daily Tribune, 1908년 2월 7일.
30. New York Tribune, 1908년 2월 24일, "An Impatient Correspondent".

12장

1. Pettaco, Joe Petrosino, 71쪽.
2. New York Evening Sun, 1908년 1월 8일.
3. 같은 출처.
4. New York Times, 1909년 11월 30일.
5. New York Tribune, 1904년 5월 30일.
6. New York Times, 1908년 3월 2일.
7. Baltimore Sun, 1908년 2월 5일.
8. New York Times, 1908년 2월 21일.
9. 같은 신문, 1908년 3월 2일.
10. New York Evening Herald, 1908년 5월 26일.
11. Boston Daily Globe, 1908년 12월 10일.
12. 페트로시노 아카이브, 출처 미상의 1908년 4월 21일 기사.
13. Washington Post, 1908년 2월 8일.
14. Baltimore Sun, 1908년 7월 15일.
15. New York Times, 1908년 2월 6일.
16. New York Tribune, 1908년 3월 10일.
17. New York Times, 1904년 1월 8일.
18. Cincinnati Enquirer, 1908년 10월 30일; Washington Post, 1908년 10월 30일.
19. Nelli, The Business of Crime, 94쪽.
20. Chicago Daily Tribune, 1907년 11월 9일.
21. 같은 신문, 1908년 1월 1일.
22. 같은 신문, 1908년 2월 23일.
23. Detroit Free Press, 1908년 12월 14일.
24. New York Tribune, 1908년 2월 7일.
25. 같은 신문, 1908년 3월 9일.
26. Washington Post, 1908년 1월 19일.

27. Chicago Daily Tribune, 1908년 11월 18일.
28. Washington Post, 1908년 2월 4일.
29. Austin Statesman, 1908년 4월 18일.
30. Atlanta Constitution, 1908년 4월 2일.
31. Cincinnati Enquirer, 1908년 4월 13일.
32. New York Times, 1908년 1월 26일.
33. Detroit Free Press, 1908년 11월 24일 기사에 인용된 A. H. Barr 목사의 발언.
34. Nashville American, 1906년 5월 14일, "Does the South Want Them?".
35. Hearings Before Committee on Immigration and Naturalization, House of Representatives, Sixty-First Congress(Washington D. C.: U. S. Government Printing Office, 1910) 86쪽.
36. Pittsburgh Post, 1908년 11월 6일.
37. 같은 출처.
38. San Francisco Call, 1908년 3월 22일.
39. New York Tribune, 1908년 8월 23일.
40. Detroit Free Press, 1908년 2월 13일.
41. Moses, An Unlikely Union, 138쪽.
42. New York Evening Herald, 1908년 5월 26일.
43. New York Times, 1908년 7월 8일.
44. Brooklyn Eagle, 1908년 7월 27일.
45. 같은 신문, 1909년 3월 15일.
46. Current Literature, May 1909, 480쪽.

13장

1. 페트로시노가 아카이브, 조의 편지 모음, Mary March Phillips의 편지.
2. Pettaco, Joe Petrosino, 110쪽.
3. New York Sun, 1908년 2월 7일.
4. Theodore Bingham, "Foreign Criminals in New York", North American Review(September, 1908): 383-94.
5. New York Times, 1908년 4월 2일.
6. New York Evening Journal, 1909년 3월 19일.
7. Nashville American, 1908년 10월 18일.
8. Atlanta Constitution, 1908년 11월 12일.
9. Pettaco, Joe Petrosino, 69쪽 재인용.
10. 같은 책, 108쪽.
11. New York Times 1908년 3월 5일.
12. Pitkin, The Black Hand, 90쪽.
13. 페트로시노 아카이브, 날짜 미상의 기사.
14. New York Times, 1908년 9월 2일.
15. 같은 신문, 1909년 1월 13일.
16. New York Tribune, 1909년 2월 20일.
17. White, "The Black Hand in Control".

18. Pitkin, The Black Hand, 110쪽.
19. New York Tribune, 1909년 3월 14일.
20. New York Times, 1909년 4월 13일.
21. 같은 신문, 1909년 3월 14일.
22. 수잔 버크(Susan Burke)와의 인터뷰.
23. Pettaco, Joe Petrosino, 119쪽.
24. 위와 같은 출처.
25. 코미토의 자백, 69-71쪽.

14장

1. 페트로시노 아카이브, 조의 편지 모음.
2. 마피아의 시초에 대한 내용은 다음을 참고했다. Hess, Mafia and Mafiosi, 15-32쪽; Lupo, History of the Mafia, ix-8쪽.
3. 카시오 페로의 초기 이력에 대한 내용은 다음을 참고했다. Hess, Mafia and Mafiosi, 44-48쪽; Corradini, Joe Petrosino, 139-44쪽; Pettaco, Joe Petrosino, 90-101쪽.
4. Luigi Barzini, Corradini, Joe Petrosino, 143쪽.
5. Carlo Levi, Words Are Stones: Impressions of Sicily(New York: Farrar, Straus and Cudahy, 1958), Lupo의 History of the Mafia, xi쪽 재인용.
6. Pettaco, Joe Petrosino, 97쪽 재인용.
7. 같은 출처.
8. 같은 책, 121쪽.
9. Ewen, Immigrant Women in the Land of Dollars, 234쪽.
10. Pettaco, Joe Petrosino, 129쪽.
11. 같은 책, 130쪽.
12. 같은 책, 131쪽.
13. Corradini, Joe Petrosino, 77-78쪽.
14. 같은 책, 118쪽 재인용.
15. Pettaco, Joe Petrosino, 131쪽.

15장

1. 페트로시노의 시칠리아행에 대한 내용은 다음 자료들을 바탕으로 취합했다. Corradini, Joe Petrosino; Pettaco, Joe Petrosino, 133-45쪽; 1909년 3월 14일부터 4월 30일까지 New York Time, New York Sun, New York Tribune에 실린 페트로시노 관련 기사들.
2. Pettaco, Joe Petrosino, 136쪽.
3. 같은 출처.
4. 같은 책, 139쪽.
5. 같은 책, 140쪽.
6. 같은 책, 141쪽.
7. 페트로시노에게 원한이 있던 여러 인물에 대해서는 다음을 참고하라. Corradini,

Joe Petrosino, 116-137쪽.

8. 같은 책, 152쪽.
9. 같은 출처, 익명의 발신자가 보낸 편지 재인용.
10. 같은 책, 119쪽.
11. 같은 책, 263쪽.
12. 카시오 페로의 움직임에 대해서는 같은 책 123-125쪽을 참고하라.
13. Pettaco, Joe Petrosino, 145쪽.
14. Corradini, Joe Petrosino, 66쪽. 원문에는 "모종의 이유가 있음에도"라고 돼 있지만, 이는 오역임이 분명하다.
15. 같은 책 123쪽.
16. 같은 책 68쪽.
17. Pettaco, Joe Petrosino, 154쪽.

16장

1. New York Times, 1909년 3월 14일.
2. 같은 출처.
3. New York Tribune, 1909년 3월 14일.
4. Detroit Free Press, 1909년 3월 19일.
5. 페트로시노 아카이브, 출처 미상의 기사.
6. Corradini, Joe Petrosino, 76쪽.
7. New York Sun, 1909년 3월 15일.
8. 페트로시노 아카이브, 비숍이 국무부에 보낸 보고서, 1910년 2월 5일.
9. New York Times, 1909년 8월 9일.
10. The Survey, 1909년 4월 3일.
11. 페트로시노 아카이브, New York World, 날짜 미상의 사설 "Petrosino—The Lesson."
12. New York Sun, 1909년 3월 16일.
13. 미 비밀임무국은 용의자를 다수 검거했지만 끝내 유죄 판결은 받아내지 못했다. New York Times 1910년 1월 9일 기사 "Petrosino's Slayer Working as a Miner"를 참고하라.
14. New York Sun, 1909년 3월 17일.
15. 페트로시노 아카이브, New York Herald 추정 날짜 미상의 기사.
16. 페트로시노 아카이브, 날짜 미상의 기사.
17. 같은 출처.
18. New York Sun, 1909년 4월 4일.
19. Boston Daily Globe, 1909년 3월 15일.
20. Gabmino, Blood of My Blood, 261쪽.
21. 페트로시노 아카이브, 날짜 미상의 기사.
22. New York Globe, 1909년 3월 19일.
23. Washington Post, 1909년 3월 20일.
24. 관에 대한 자세한 내용은 다음을 참고하라. New York World, 1909년 3월 19일.
25. 팔레르모에서 치러진 장례에 대해서는 다음을 참고하라. Corradini, Joe Petros-

ino, 88-95쪽.

26. 같은 책, 130쪽.
27. Police Chronicle, 1909년 5월 8일.
28. 페트로시노 아카이브, 출처 미상의 기사.
29. 위와 같은 출처.
30. 경야 의식의 묘사는 페트로시노 아카이브에서 가져왔다. 이 아카이브에서 그 과정이 묘사된 기사 수십 건을 발견했으며, 자료 대부분에는 출처가 된 신문 이름과 날짜가 기록되어 있지 않았다.
31. American Israelite, 1901년 5월 9일.
32. New York Times, 1909년 5월 3일.
33. Catholic Times, 1909년 4월 13일.
34. 인용한 편지들은 전부 페트로시노가 아카이브에 보관된 조의 편지들에서 발췌했다.
35. 장례식 관련 묘사는 다수의 뉴욕 일간지 기사들에서 가져왔다. 다음을 참고하라. New York Times 1909년 4월 11일과 13일; New York Herald와 New York World, New York Sun, 1909년 4월 13일; Radin, "The Detective in a Derby Hat".
36. Radin, "The Detective in a Derby Hat."
37. 페트로시노 아카이브, 출처 미상의 기사.
38. 저자가 뉴욕 경찰악대 소속 토니 조르지오(Tony Giorgio) 부관과 나눈 이메일.
39. New York Times, 1909년 4월 13일.
40. 페트로시노 아카이브, 출처 미상의 기사.
41. 같은 출처.

17장

1. New York World, 1909년 3월 15일.
2. New York Journal, 1909년 8월 7일.
3. New York World, 1909년 3월 13일.
4. New York Times, 1909년 3월 14일.
5. 페트로시노 아카이브, New York Times, 1909년 3월 14일 혹은 15일.
6. New York Times, 1909년 3월 16일.
7. Washington Post, 1909년 3월 21일.
8. New York Tribune, 1909년 3월 14일.
9. Frank Marshall White, New York Times, 1909년 3월 21일, "The Increasing Menace of the Black Hand".
10. Barbie Latza Nadeau, "Who Really Murdered Joe Petrosino?", Dailybeast. com., 2014년 6월 24일.
11. New York World, 1910년 3월 14일.
12. 페트로시노 아카이브, 날짜 미상의 New York Evening Telegram 기사.
13. New York Sun, 1909년 3월 27일.
14. Washington Post, 1909년 3월 20일.
15. New York Times, 1909년 5월 3일.

16. Pitkin, The Black Hand, 116쪽 재인용.
17. Iorizzio and Mondello, "The Origins of Italian-American Criminality".
18. 수전 버크(Susan Burke)와의 인터뷰.
19. 같은 출처.
20. Brooklyn Eagle, 1907년 10월 26일.
21. Nashville American, 1909년 3월 14일.
22. 바크리스의 임무에 대한 자세한 내용은 다음을 참고하라. White, "The Black Hand in Control".
23. 다음 책에 실린 일화다. Richard F. Welch, King of the Bowery: Big Tim Sullivan, Tammany Hall, and New York City from Gilded Age to the Progressive Era(New York: Excelsior Editions, 2009), 129쪽.
24. New York Times, 1909년 10월 13일, "Bingham Comes Out Against Tammany".
25. 뉴욕 시경 내 바크리스의 좌천과 임무 은폐에 대해서는 다음을 참고하라. White, "The Passing of the Black Hand".
26. New Outlook 1916년 6월 14일, 347쪽, "The Black Hand Under Control."
27. 같은 출처, 재인용.
28. Savatore LaGumina, Wop! A Documentary History of Anti-Italian Discrimination(Toronto: Guernica Edition, 1999), 101쪽.
29. 같은 출처.
30. Collier's Weekly, September 1910, 49쪽, Frank Marhall White, "Against the Black Hand."
31. Pettaco, Joe Petrosino, 193쪽.
32. 코미토의 자백.

18장

1. New York Sun, 1914년 4월 8일.
2. Carey, Memoirs of a Murder Man, 133쪽.
3. Town Topics, 1916년 6월 26일.
4. New York Sunday World, 1916년 8월 27일.
5. Arthur Woods, Policeman and Public(New York: Arno Press, 1971), 75, 67쪽 재인용.
6. The Churchman 31, no.11(November 1917).
7. New York Telegram, 1916년 8월 25일.
8. Cary, Memoirs of a Murder Man, 141쪽.
9. New York World, 1914년 12월 2일.
10. Terence O'Malley, Blackhand Strawman(저자 출판, 2011), 3쪽.
11. New York Herald, 1918년 9월 2일, "The Nightstick and the Blackjack, Well Handled, Have Driven New York's Bandmen into Prison or Ways of Decent Living". 우즈 청장 임기 당시 갱단 관련 일화 대부분은 이 장편 기사를 출처로 한다.
12. White, "The Passing of the Black Hand".

13. 롱고 사건에 대해서는 같은 책을 참고하라.
14. Washington Post, 1914년 12월 14일.
15. Fiaschetti, You Gotta Be Rough, 15쪽에 다음과 같은 내용이 나온다. "18번 헌법수정조항 덕분에 검은손은 두둑한 자금을 손에 넣을 수 있었는데, 그들은 고립된 이탈리아 이민자 구역들에서 돈을 쓸어 담아 여러 도시에서 흥청망청 뿌렸다".
16. White, "The Passing of the Black Hand".
17. Charles Zappia, "Labor, Race and Ethnicity in the West Virginia Mines", Journal of American Ethnic History 30, no. 4(Summer, 2011), 44-50쪽.
18. 카시오 페로의 최후에 대해서는 다음을 참고하라. Pettaco, Joe Petrosino 193-195쪽.
19. New York American, 1909년 4월 13일.

THE
BLACK
HAND

옮긴이 **허형은**

번역하는 사람. 옮긴 책으로 『뜨거운 미래에 보내는 편지』『하프 브로크』『죽어 마땅한 자』
『디어 가브리엘』『미친 사랑의 서』『토베 얀손, 일과 사랑』『오늘도 별일 없었어요』 등이 있다.

블랙 핸드
천재 형사의 뉴욕 마피아 소탕 실화

초판 인쇄 2023년 3월 3일 | 초판 발행 2023년 3월 10일

지은이 스테판 탈티 | 옮긴이 허형은
책임편집 황수진 | 편집 유지연
디자인 백주영 이정민 | 저작권 박지영 형소진 이영은
마케팅 정민호 이숙재 김도윤 한민아 이민경 안남영 김수현 왕지경 황승현 김혜원
브랜딩 함유지 함근아 박민재 김희숙 고보미 정승민
제작 강신은 김동욱 임현식 | 제작처 영신사

펴낸곳 ㈜문학동네 | 펴낸이 김소영
출판등록 1993년 10월 22일 제2003-000045호
주소 10881 경기도 파주시 회동길 210
전자우편 editor@munhak.com | 대표전화 031) 955-8888 | 팩스 031) 955-8855
문의전화 031) 955-2696(마케팅) 031) 955-1913(편집)
문학동네카페 http://cafe.naver.com/mhdn
인스타그램 @munhakdongne | 트위터 @munhakdongne
북클럽문학동네 http://bookclubmunhak.com

ISBN 978-89-546-9112-3 03350

잘못된 책은 구입하신 서점에서 교환해드립니다.
기타 교환 문의: 031) 955-2661, 3580

www.munhak.com